KB037293

ESAT

이랜드그룹 인적성검사

(주)시대고시기획

2023 하반기 SD에듀 ESAT 이랜드그룹 인적성검사
7개년 기출 + 모의고사 5회 + 무료이랜드특강

Always **with you**

사람의 인연은 길에서 우연하게 만나거나 함께 살아가는 것만을 의미하지는 않습니다.
책을 펴내는 출판사와 그 책을 읽는 독자의 만남도 소중한 인연입니다.
SD에듀는 항상 독자의 마음을 헤아리기 위해 노력하고 있습니다. 늘 독자와 함께하겠습니다.

머리말 |

이랜드그룹은 1980년 잉글런드를 오픈하여 당시 양분화되어 있던 캐쥬얼 의류의 유명브랜드와 시장 제품의 장단점을 취합하여 저렴한 가격으로 소비자에게 신뢰를 줄 수 있는 제품을 기획하였고, 의류업계 최초로 프랜차이즈 시스템을 통해 시간과 장소에 구애받지 않는 동일한 이미지를 구축하여 브랜드의 신뢰도와 인지도를 높였다. 이랜드그룹은 30여 년간 쌓아온 패션·유통업계의 노하우와 Off-line 인프라를 바탕으로 On-line 분야에 대한 지속적인 투자를 통해 새로운 '이랜드 신화'를 이룩하고 21세기를 대표하는 지식경영회사로 자리매김하고 있다.

이에 따라 이랜드그룹은 채용 절차에서 취업 준비생들이 업무에 필요한 역량을 갖추고 있는지 평가하기 위해 인적성검사를 실시하여 맞춤인재를 선발하고 있다.

이랜드그룹의 인적성검사인 ESAT는 기초인재검사와 직무적성검사, 상황판단검사, 인재유형검사로 구성되어 있다. 미리 문제 유형을 익혀 대비하지 않으면 자칫 시간이 부족하여 문제를 다 풀지 못하는 경우가 많다.

이에 SD에듀에서는 이랜드그룹에 입사하고자 하는 수험생들에게 좋은 길잡이가 되어주고자 다음과 같은 특징을 가진 본서를 출간하게 되었다.

도서의 특징

❶ 다년간의 기출복원문제를 수록하여 최근 출제경향을 한눈에 파악할 수 있도록 하였다.

❷ 영역별 출제유형분석과 실전예제를 수록하여 단계별로 학습이 가능하도록 하였다.

❸ 최종점검 모의고사 3회분과 온라인 모의고사 2회분을 제공하여 실전과 같은 연습이 가능하도록 하였다.

❹ 적성검사와 함께 보는 인재유형검사부터 이후 치를 면접까지 채용 관련 내용을 꼼꼼하게 다루어 본서 한 권으로도 마지막 관문까지 무사히 통과할 수 있도록 구성하였다.

끝으로 본서를 통해 이랜드그룹 입사를 준비하는 여러분 모두가 합격의 기쁨을 누리기를 진심으로 기원한다.

SDC(Sidae Data Center) 씀

⬡ 미션

> 합리적인 가격과 최고의 품질로 '모두가 누리는 세상'을 만들어 간다.

⬡ 경영이념

> 이랜드가 가장 소중하게 지켜온 가치이자 신념

나눔
SHARING

벌기 위해서가 아니라 쓰기 위해서 일한다.
기업은 반드시 이익을 내야 하고, 그 이익을 바르게 사용해야 한다.
지속적으로 수익을 낼 뿐 아니라, 순수익의 10%는 사회에 환원한다.

바름
RIGHTNESS

돌아가더라도 바른 길을 가는 것이 지름길이다.
기업은 이익을 내는 과정에서 정직해야 한다.
빛과 소금의 선한 영향력을 끼치며, 바른 성공 모델을 만든다.

자람
GROWTH

직장은 인생의 학교이다.
일하는 과정에서 배우고, 그 과정도 우리의 목표이다.
성숙한 인격과 탁월한 능력을 갖춘 바른 지도자를 양성한다.

섬김
SERVING

만족한 고객이 최선의 광고이다.
기업은 고객을 위해 운영되어야 한다.
기업은 모든 고객과 사회 전반에 플러스를 남겨야 한다.

기업문화

> ### 빠른성장과 정직한 비즈니스의 기회

빠른 성장의 기회

이랜드는 직원들에게 다양하고 수준 높은 교육의 기회를 제공하고 더불어 3×5 CDP 제도를 통해 청년 글로벌 CEO를 배출해 내고 있다.

업계 최고의 보상 제도

이랜드는 2011년 창립 30주년을 맞이하여 업계 최고의 급여 제도를 발표하였다. 기본급, 업적급, 성과급으로 구성된 성과 연봉제도는 이랜드의 우수한 인재들에게 또 하나의 프라이드가 되고 있다.

품격 있는 기업문화

이랜드는 창업 초기부터 송페스티발, 전 가족수련회, 전 직원 체육대회, 김밥 송년회 등 다양한 문화활동을 지속해 왔다. 문화 활동을 통해 우리가 하는 일의 의미를 되돌아보고, 가정에 감사를 표현하는 시간을 갖고 있다.

높은 기준의 윤리경영

정직은 이랜드의 경영이념의 첫 번째이다. 이랜드는 높은 윤리경영 기준을 가지고 직원들이 양심을 지키며 일을 할 수 있도록 하고 있다.

다양한 기회의 제공

이랜드는 패션, 유통, 호텔레저, 외식, IT, 건설등 다양한 비즈니스뿐 아니라, 복지재단과 같은 사회사업을 운영하고 있다. 직원들은 사내공모 제도를 통해 산업과 직무의 기회를 가질 수 있다.

2023년 상반기 기출분석

이랜드그룹 ESAT

유형별로 난이도 차이가 다소 있었지만, 전체적으로 난이도가 낮았다는 의견이 많았다. 상대적으로 쉽게 느낄 수 있는 언어비평검사 I (언어추리)·언어비평검사 II (독해) 영역으로 인해 수리비평검사 영역이 상대적으로 어렵고 시간이 많이 걸렸다는 평가가 지배적이었다. 타 기업 대비 적성검사의 난이도는 낮지만, 훨씬 짧은 시간 안에 더 많은 문제를 풀어내야 하는 구조이므로 오답을 하나하나 걸러내는 전략보다는 의심할 여지가 없는 명확한 정답을 선택하고 바로 다음 문제로 넘어가 최대한 시간을 줄이는 전략을 취하는 것이 합리적이다.

◇ 이랜드그룹 인적성검사 핵심전략

새로운 유형이나 영역의 변경 없이 기존에 출제되던 방식으로 출제되었으며, 문항 수와 시간 또한 동일했다. 중하 정도의 난도로 빠르고 정확하게 푸는 것이 시험의 당락을 갈랐으며 수리비평은 다소 숫자가 깔끔하게 떨어지지 않은 반면, 언어추리와 독해는 제시문의 길이가 길지 않은 편이라 빠르게 읽고 문제를 풀 수 있었다.

어려운 문제를 푸는 것보다 빠르게 정답을 짚어내는 것이 중요한 시험이므로, 영역별로 접근하는 것이 필요하다. 먼저 영역별로 자주 출제되는 문제 유형을 익히고, 가장 자신 있는 유형과 자신 없는 유형을 파악해야 한다. 평소에도 문제 순서를 미리 정해 강한 유형을 먼저 풀고 약한 유형에 나머지 시간을 투자하는 연습을 한다.

또한, 이랜드그룹은 적성검사만큼 인재유형검사의 반영 비율 또한 높다. 적성검사를 먼저 풀고 인재유형검사를 풀게 되므로 많은 문항 수에 지치지 않도록 체력 안배를 해두는 것이 중요하며, 비슷한 질문을 하는 문제들이 무작위 순서로 나오기 때문에 항상 일관성있는 답변 태도를 유지하는 것이 중요하다.

◇ 시험 진행

영역		문항 수	응시시간
직무적성검사	언어비평검사 I (언어추리)	20문항	10분
	언어비평검사 II (독해)	25문항	22분
	수리비평검사	25문항	24분
상황판단검사		32문항	45분
인재유형검사		462문항	60분

⬡ 필수 준비물

❶ 신분증 : 주민등록증, 외국인등록증, 여권, 운전면허증 중 하나

❷ 필기도구 : 컴퓨터용 사인펜

❸ 수험표

⬡ 유의사항

❶ 컴퓨터용 사인펜 이외의 필기구는 사용할 수 없다.

❷ 시험지에 필기하면 불이익을 받을 수 있다.

❸ 직무적성검사가 끝난 후 제공되는 도서와 함께, 집에서 수행해야 하는 추가 과제가 별도로 주어진다.

❹ 오답 감점에 대한 사항은 계열사별로 차이가 있을 수 있으므로 사전에 확인한다.

⬡ 알아두면 좋은 Tip

❶ 적성검사보다 인재유형검사가 더 긴 시험이므로 끝까지 집중력을 유지한다.

❷ 약 4시간 동안 진행되는 시험이므로 간단한 간식 등을 미리 챙긴다.

❸ 시험지에 필기가 불가하므로 평소 답안지에 바로 마킹하는 연습을 한다.

신입사원 채용 안내

⬡ 채용시기

수시채용으로 계열사 또는 본부별로 채용

⬡ 지원방법

이랜드그룹 채용 포털(careers.eland.co.kr) 접속 후 지원서 작성 및 제출

⬡ 채용절차

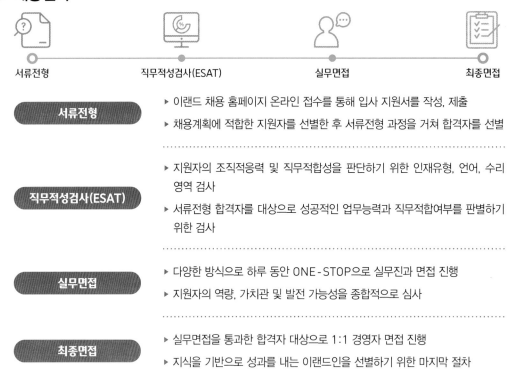

| 서류전형 | 직무적성검사(ESAT) | 실무면접 | 최종면접 |

서류전형
▸ 이랜드 채용 홈페이지 온라인 접수를 통해 입사 지원서를 작성, 제출
▸ 채용계획에 적합한 지원자를 선별한 후 서류전형 과정을 거쳐 합격자를 선별

직무적성검사(ESAT)
▸ 지원자의 조직적응력 및 직무적합성을 판단하기 위한 인재유형, 언어, 수리 영역 검사
▸ 서류전형 합격자를 대상으로 성공적인 업무능력과 직무적합여부를 판별하기 위한 검사

실무면접
▸ 다양한 방식으로 하루 동안 ONE-STOP으로 실무진과 면접 진행
▸ 지원자의 역량, 가치관 및 발전 가능성을 종합적으로 심사

최종면접
▸ 실무면접을 통과한 합격자 대상으로 1:1 경영자 면접 진행
▸ 지식을 기반으로 성과를 내는 이랜드인을 선별하기 위한 마지막 절차

⬡ 유의사항

❶ 각 부문에 따라 채용 과정이 달라질 수 있으며, 상황에 따라 유동적으로 운영될 수 있다.
❷ 지원서 작성 내용이 사실과 다르거나 증빙할 수 없는 경우, 합격 취소 또는 전형상의 불이익을 받을 수 있다.

❖ 시험 내용은 채용유형, 채용직무, 채용시기 등에 따라 변동될 수 있으므로 반드시 발표되는 채용공고를 확인하기 바랍니다.

이랜드그룹 직무적성검사 합격기

"추천합니다!"

이랜드는 언제부턴가 공채를 진행하지 않아서, 다른 기업들처럼 미리 준비하기가 어려웠습니다. 서류를 합격하고 보니 시험일까지 일주일도 안 남아서, 벼락치기로 다 풀 수 있겠다 싶은 문제집을 구입했습니다. 이 책은 정말 시험 준비 과정이 잘 압축되어 있는 책입니다. 복원된 기출문제 풀고, 이론 보면서 공부하고, 모의고사 시간 재서 푸니까 정말 알차게 공부한 기분이었습니다. 특히 상황판단검사는 꼭 전부 다 풀어보고 가시는 것을 추천드려요!! 개인적으로 정말 많은 도움을 받았습니다. 이랜드는 인성검사를 정말 다양한 유형으로 많이 보는데, 개인적으로는 상황판단검사가 제일 힘들었거든요. 다른 기업에 흔하게 나오는 인성검사와 다르니까 연습하고 가면 반드시 도움이 될 것입니다.

"이직 준비하시는 분들에게도 유용합니다."

경력직으로 이랜드그룹에 이직하게 되었습니다. 보통 경력직은 인성검사만 보고 직무적성검사는 생략하는 경우가 많은데, 시험을 동일하게 진행해서 SD에듀 책 한 권 사서 풀고 시험장에 들어갔습니다. 일단 책의 내용과 동일한 유형으로 시험이 출제되어서 한결 편안한 마음으로 응시할 수 있었습니다. 한 영역당 3문제 정도 못 풀었는데, 책의 난이도가 시험지와 비슷해서 실전에서 좀 더 편하게 풀 수 있었던 것 같습니다. 이랜드로 이직 준비하시는 분들 너무 걱정하지 마시고, SD에듀에서 ESAT 도서 한 권 사서 풀고 시험을 보시면 충분히 좋은 결과 있으실 것입니다.

❖ 본 독자 후기는 실제 SD에듀의 도서를 통해 공부하여 합격한 독자들의 후기를 재구성한 것입니다.

주요 대기업 적중 문제

TEST CHECK

언어비평 I ▶ 언어추리

2023년 적중

02 다음 명제들이 참일 때, 옳지 않은 추론은?

- 책을 좋아하면 영화를 좋아한다.
- 여행을 좋아하지 않으면 책을 좋아하지 않는다.
- 산책을 좋아하면 게임을 좋아하지 않는다.
- 영화를 좋아하면 산책을 좋아한다.

① 책을 좋아하면 산책을 좋아한다.
② 영화를 좋아하지 않으면 책을 좋아하지 않는다.
③ 책을 좋아하면 여행을 좋아한다.
④ 게임을 좋아하면 영화를 좋아하지 않는다.
⑤ 여행을 좋아하지 않으면 게임을 좋아하지 않는다.

언어비평 II ▶ 독해

2023년 적중

01 다음 글의 주제로 가장 적절한 것은?

반대는 필수불가결한 것이다. 지각 있는 대부분의 사람이 그러하듯 훌륭한 정치가는 항상 열렬한 지지자보다는 반대자로부터 더 많은 것을 배운다. 만약 반대자들이 위험이 있는 곳을 지적해 주지 않는다면, 그는 지지자들에 떠밀려 파멸의 길을 걷게 될 수 있기 때문이다. 따라서 현명한 정치가라면 그는 종종 친구들로부터 벗어나기를 기도할 것이다. 친구들이 자신을 파멸시킬 수도 있다는 것을 알기 때문이다. 그리고 비록 고통스럽다 할지라도 결코 반대자 없이 홀로 남겨지는 일이 일어나지 않기를 기도할 것이다. 반대자들이 자신을 이성과 양식의 길에서 멀리 벗어나지 않도록 해준다는 사실을 알기 때문이다. 자유의지를 가진 국민의 범국가적 화합은 정부의 독단과 반대당의 혁명적 비타협성을 무력화시키는 정치권력의 충분한 균형에 의존하고 있다. 그 균형이 어떤 상황 때문에 강제로 타협하게 되지 않는 한, 그리고 모든 시민이 어떤 정책에 영향을 미칠 수는 있으나 누구도 혼자 정책을 지배할 수 없다는 것을 느끼게 되지 않는 한, 그리고 습관과 필요에 의해서 서로 조금씩 양보하지 않는 한, 자유는 유지될 수 없기 때문이다.

수리비평

2023년 적중

04 다음은 통계청에서 집계한 장래인구추계에 관한 자료이다. 이 자료를 보고 판단한 것으로 옳은 것은?

〈장래인구추계〉

(단위 : 천억 원, %)

연도	노년부양비	노령화지수
1980년	6.1	11.2
1990년	7.4	20.0
2000년	10.1	34.3
2010년	15.0	67.7
2016년	18.2	100.7
2020년	21.7	125.9
2030년	37.7	213.8
2040년	56.7	314.8

삼성

수리 〉 자료해석

14 다음은 마트 유형별 비닐봉투·종이봉투·에코백 사용률을 조사한 자료이다. 이에 대한 설명으로 〈보기〉에서 적절한 것을 모두 고르면?

〈마트별 비닐봉투·종이봉투·에코백 사용률〉

구분	대형마트 (2,000명 대상)	중형마트 (800명 대상)	개인마트 (300명 대상)	편의점 (200명 대상)
비닐봉투	7%	18%	21%	78%
종량제봉투	28%	37%	43%	13%
종이봉투	5%	2%	1%	0%
에코백	16%	7%	6%	0%
개인장바구니	44%	36%	29%	9%

※ 마트 유형별 전체 조사자수는 상이하다.

보기

ㄱ. 대형마트의 종이봉투 사용자 수는 중형마트의 6배 이상이다.

ㄴ. 대형마트의 종량제봉투 사용자 수는 전체 종량제봉투 사용자 수의 절반 이하이다.

ㄷ. 비닐봉투 사용률이 가장 높은 곳과 비닐봉투 사용자 수가 가장 많은 곳은 동일하다.

추리 〉 명제

※ 제시된 명제가 모두 참일 때, 빈칸에 들어갈 명제로 가장 적절한 것을 고르시오. [1~5]

01

전제1. 봄이 오면 꽃이 핀다.
전제2. _____
결론. 봄이 오면 제비가 돌아온다.

① 제비가 돌아오지 않으면 꽃이 핀다.

② 제비가 돌아오지 않으면 꽃이 피지 않는다.

③ 꽃이 피면 봄이 오지 않는다.

④ 꽃이 피면 제비가 돌아오지 않는다.

추리 〉 진실게임

Hard

09 S그룹에서 근무하는 A ~ E사원 중 한 명은 이번 주 금요일에 열리는 세미나에 참석해야 한다. 다음 A ~ E사원의 대화에서 2명이 거짓말을 하고 있다고 할 때, 다음 중 이번 주 금요일 세미나에 참석하는 사람은 누구인가?(단, 거짓을 말하는 사람은 거짓만을 말한다)

A사원 : 나는 금요일 세미나에 참석하지 않아.

B사원 : 나는 금요일에 중요한 미팅이 있어. D사원이 세미나에 참석할 예정이야.

C사원 : 나와 D는 금요일에 부서 회의에 참석해야 하므로 세미나는 참석할 수 없어.

D사원 : C와 E 중 한 명이 참석할 예정이야.

E사원 : 나는 목요일부터 금요일까지 휴가라 참석할 수 없어. 그리고 C의 말은 모두 사실이야.

① A사원   ② B사원

③ C사원   ④ D사원

SK

Hard

08 B씨는 다음과 같은 건물에 페인트칠을 하면, $1m^2$당 200원을 받는다. 모든 면에 페인트칠을 할 때, B씨가 받는 돈은 얼마인가?(단, 길이 단위는 m이다)

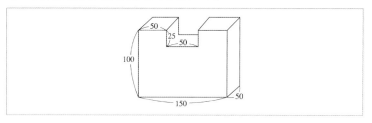

① 1,100만 원   ② 1,200만 원
③ 1,300만 원   ④ 1,400만 원
⑤ 1,500만 원

Hard

11 1월부터 7월까지 A상품의 매달 판매량은 매달 평균 5,000개씩 증가하였다. 기록 중인 8월의 판매량을 살펴보니 3,500개를 판매한 1일부터 매일 하루 평균 100개씩 증가하며 팔리고 있다. 8월 말일까지 매일 100개가 증가하면서 팔렸다고 하면 전월 대비 8월의 판매량 증감률은?(단, 1월 판매량은 9만 개이고, 소수점 첫째 자리에서 반올림한다)

① 약 11%   ② 약 17%
③ 약 23%   ④ 약 29%
⑤ 약 35%

☑ 제한시간 60초

27 다음 〈보기〉의 입장에서 제시문을 비판하는 내용으로 가장 적절한 것은?

로봇의 발달로 일자리가 줄어들 것이라는 사람들의 불안이 커지면서 최근 로봇세(Robot稅) 도입에 대한 논의가 활발하다. 로봇세는 로봇을 사용해 이익을 얻는 기업이나 개인에 부과하는 세금이다. 로봇으로 인해 일자리를 잃은 사람들을 지원하거나 사회 안전망을 구축하기 위해 예산을 마련하자는 것이 로봇세 도입의 목적이다. 이처럼 로봇의 사용으로 일자리가 감소할 것이라는 이유로 로봇세의 필요성이 제기되었지만, 역사적으로 볼 때 새로운 기술로 인해 전체 일자리는 줄지 않았다. 산업혁명을 거치면서 새로운 기술에 대한 걱정은 늘 존재했지만, 산업 전반에서 일자리는 오히려 증가해 왔다는 점이 이를 뒷받침한다. 따라서 로봇의 사용으로 일자리가 줄어들 가능성은 낮다.
우리는 로봇 덕분에 어렵고 위험한 일이나 반복적인 일로부터 벗어나고 있다. 로봇 사용의 증가 추세에서 알 수 있듯이 로봇 기술이 인간의 삶을 편하게 만들어 주는 것은 틀림이 없다. 로봇세의 도입으로 이러한 편안한 삶이 지연되지 않기를 바란다.

<hr>

보기

로봇 기술의 발전에 따라 로봇의 생산 능력이 비약적으로 향상되고 있다. 이는 로봇 하나당 대체할 수 있는 인간 노동자의 수도 지속적으로 증가함을 의미한다. 로봇 사용이 사회 전반에 빠르게 확산되는 현실을 고려할 때, 로봇 사용으로 인한 일자리 대체 규모가 기하급수적으로 커질 것이다.

① 산업 혁명의 경우와 같이 로봇의 생산성 증가는 인간의 새로운 일자리를 만드는 데 기여할 것이다

포스코

언어이해 ▶ 주제 찾기

Easy
02 다음 글의 주제로 가장 적절한 것은?

> 빅데이터는 스마트 팩토리 등 산업 현장 및 ICT 소프트웨어 설계 등에 주로 활용되어 왔다. 유통이나 물류 업계의 '콘텐츠가 대량으로 이동하는 현장'에서는 데이터가 발생하면, 이를 분석하고 활용하는 쪽으로 주로 사용됐다. 이제는 다양한 영역에서 빅데이터의 적용이 빨라지고 있다. 대표적인 사례가 금융권이다. 국내의 은행들은 현재 빅데이터 스타트업 회사를 상대로 대규모 투자에 나서고 있다. 뉴스와 포털 등 현존하는 데이터를 확보하여 금융 키워드 분석에 활용하기 위해서다. 의료업계도 마찬가지다. 정부는 바이오헬스 산업의 혁신전략을 통해 연구개발 투자를 2025년까지 4조 원이상으로 확대하겠다고 밝혔으며, 빅데이터와 인공 지능 등을 연계한 다양한 로드맵을 준비하고 있다. 벌써 의료 현장에 빅데이터 전략을 구사하고 있는 병원도 다수이다. 국세청도 빅데이터에 관심이 많다. 빅데이터 플랫폼 인프라 구축을 끝내는 한편, 50명 규모의 빅데이터 센터를 가동하기 시작했다. 조세 행정에서 빅데이터를 통해 탈세를 예방·적발하는 등 다양한 쓰임새를 고민하고 있다.

① 빅데이터의 정의와 장·단점
② 빅데이터의 종류
③ 빅데이터의 중요성
④ 빅데이터의 다양한 활용 방안

자료해석

Easy
01 다음은 인터넷 공유활동 참여 현황을 정리한 자료이다. 다음의 자료를 올바르게 이해하지 못한 사람은 누구인가?

〈인터넷 공유활동 참여율(복수응답)〉

(단위 : %)

구분		커뮤니티 이용	퍼나르기	블로그 운영	댓글달기	UCC게시
성별	남성	79.1	64.1	49.9	52.2	46.1
	여성	76.4	59.6	55.1	38.4	40.1
연령	10대	75.1	63.9	54.7	44.3	51.3
	20대	88.8	74.4	76.3	47.3	54.4
	30대	77.3	58.5	46.3	44.0	37.5
	40대	66.0	48.6	27.0	48.2	29.6

※ 성별, 연령별 조사인원은 동일함

① A사원 : 자료에 의하면 20대가 다른 연령대에 비해 인터넷상에서 공유활동을 활발히 참여하고 있네요.
② B주임 : 대체로 남성이 여성에 비해 상대적으로 활발한 활동을 하고 있는 것 같아요. 그런데 블로그 운영 활동은 여성이 더 많네요.
③ C대리 : 10대와 30대의 공유활동 참여율을 크기순으로 나열하면 재미있게도 두 연령대의 활동 순위가 동일하네요.
④ D사원 : 남녀 간의 참여율 격차가 가장 큰 영역은 댓글달기이네요. 반면에 커뮤니티 이용은 남녀 간의 참여율 격차가 가장 적네요.

도서 200% 활용하기

기출복원문제로 출제경향 파악

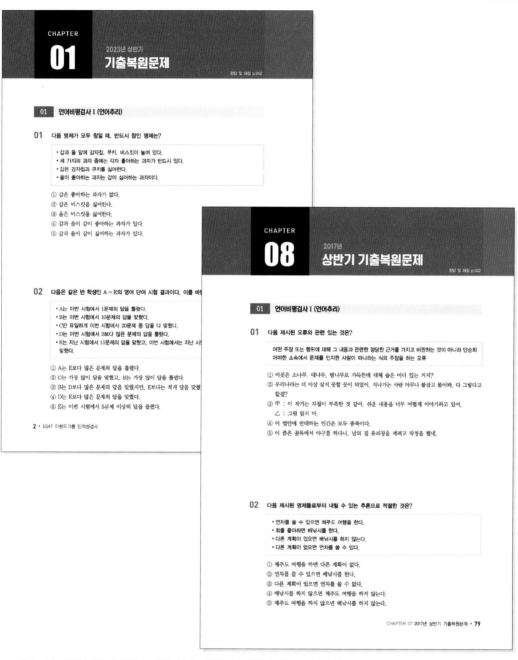

▶ 7개년 기출복원문제를 수록하여 최신 출제 경향을 파악할 수 있도록 하였다. 이를 바탕으로 학습을 시작하기 전 자신의 실력을 판단할 수 있다.

이론점검, 출제유형분석, 실전예제로 영역별 학습

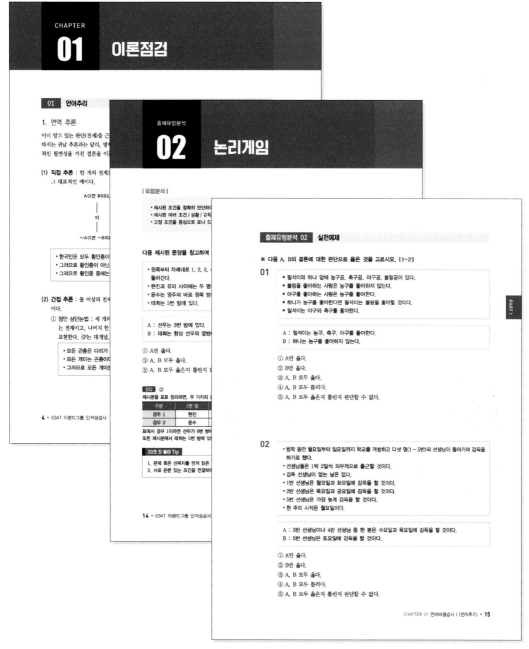

▶ 출제되는 영역에 대한 이론점검, 출제유형분석과 실전예제를 수록하여 최근 출제되는 유형을 익히고 점검할 수 있도록 하였다. 이를 바탕으로 기본기를 튼튼히 준비할 수 있다.

최종점검 모의고사 3회+OMR 답안지로 실전연습

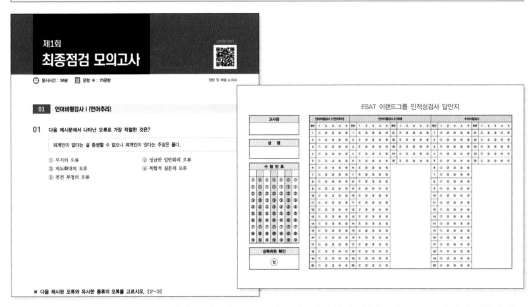

▶ 실제 시험과 유사하게 구성된 최종점검 모의고사를 통해 최종 마무리를 할 수 있다. 또한 OMR 답안지도 함께 제공하여 시험을 보는 것처럼 최종 마무리 연습을 할 수 있도록 하였다.

인재유형검사부터 면접까지 한 권으로 대비하기

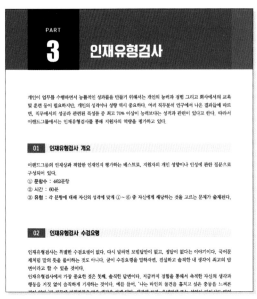

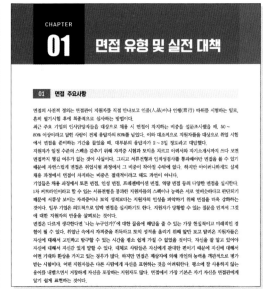

▶ 인재유형검사 모의연습을 통해 인재유형검사에 대비하여 연습할 수 있고, 면접 기출 질문을 통해 실제 면접에서 나오는 질문에 미리 대비할 수 있도록 하였다.

Easy & Hard로 난이도별 시간 분배 연습

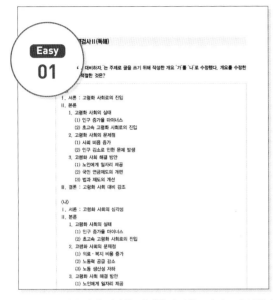

▶ 조금만 연습하면 시간을 절약할 수 있는 난이도가 낮은 문제와 함께, 다른 문제에서 절약한 시간을 투자해야 하는 고난도 문제를 각각 표시하였다. 이를 통해 일반적인 문제들과는 다르게 시간을 적절하게 분배하여 풀이하는 연습이 가능하도록 하였다.

정답 및 오답분석으로 풀이까지 완벽 마무리

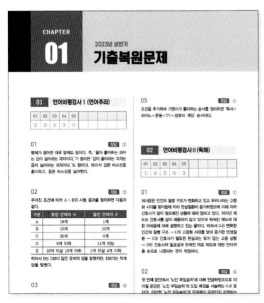

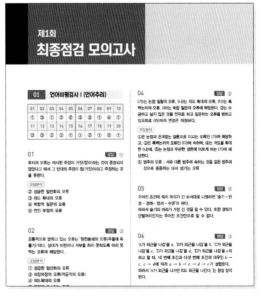

▶ 정답에 대한 자세한 해설은 물론 문제별 오답분석을 수록하여 오답이 되는 이유를 올바르게 이해할 수 있도록 하였다.

학습플랜

1주 완성 학습플랜

본서에 수록된 전 영역을 단기간에 끝낼 수 있도록 구성한 학습 플랜이다. 한 번에 전 영역을 공부하지 않고, 한 영역을 집중적으로 공부할 수 있도록 하였다. 인성검사 및 필기시험에 대한 기초 학습은 되어 있으나, 학습 계획 세우기에 자신이 없는 분들이나 미리 시험에 대비하지 못해 단시간에 많은 분량을 봐야 하는 수험생에게 추천한다.

ONE WEEK STUDY PLAN

	1일 차 ☐	2일 차 ☐	3일 차 ☐
	_____월_____일	_____월_____일	_____월_____일

Start!

4일 차 ☐	5일 차 ☐	6일 차 ☐	7일 차 ☐
_____월_____일	_____월_____일	_____월_____일	_____월_____일

STUDY CHECK BOX

구분	1일 차	2일 차	3일 차	4일 차	5일 차	6일 차	7일 차
기출복원문제							
PART 1							
최종점검 모의고사 1회							
최종점검 모의고사 2회							
최종점검 모의고사 3회							
다회독 1회							
다회독 2회							
다회독 3회							
오답분석							

스터디 체크박스 활용법

1주 완성 학습플랜에서 계획한 학습량을 어느 정도 실천하였는지 표시하여 자신의 학습량을 효율적으로 관리할 수 있다.

구분	1일 차	2일 차	3일 차	4일 차	5일 차	6일 차	7일 차
기출복원문제	언어 추리	X	X	완료			

이 책의 차례

Add+

특별부록

01 언어비평검사 I (언어추리)

01 다음 명제가 모두 참일 때, 반드시 참인 명제는?

> • 갑과 을 앞에 감자칩, 쿠키, 비스킷이 놓여 있다.
> • 세 가지의 과자 중에는 각자 좋아하는 과자가 반드시 있다.
> • 갑은 감자칩과 쿠키를 싫어한다.
> • 을이 좋아하는 과자는 갑이 싫어하는 과자이다.

① 갑은 좋아하는 과자가 없다.
② 갑은 비스킷을 싫어한다.
③ 을은 비스킷을 싫어한다.
④ 갑과 을이 같이 좋아하는 과자가 있다.
⑤ 갑과 을이 같이 싫어하는 과자가 있다.

02 다음은 같은 반 학생인 A ~ E의 영어 단어 시험 결과이다. 이를 바탕으로 바르게 추론한 것은?

> • A는 이번 시험에서 1문제의 답을 틀렸다.
> • B는 이번 시험에서 10문제의 답을 맞혔다.
> • C만 유일하게 이번 시험에서 20문제 중 답을 다 맞혔다.
> • D는 이번 시험에서 B보다 많은 문제의 답을 틀렸다.
> • E는 지난 시험에서 15문제의 답을 맞혔고, 이번 시험에서는 지난 시험보다 더 많은 문제의 답을 맞혔다.

① A는 E보다 많은 문제의 답을 틀렸다.
② C는 가장 많이 답을 맞혔고, B는 가장 많이 답을 틀렸다.
③ B는 D보다 많은 문제의 답을 맞혔지만, E보다는 적게 답을 맞혔다.
④ D는 E보다 많은 문제의 답을 맞혔다.
⑤ E는 이번 시험에서 5문제 이상의 답을 틀렸다.

03 다음의 '증인'이 범하고 있는 오류로 적절한 것은?

> 우리는 몇 년 전 국회 청문회에서 과거의 비리를 밝히기 위해 국회의원들이 권력층에 있었던 사람들을 증인으로 출두시켜 신문한 적이 있었다. 그때 어느 증인은 다음과 같은 발언을 하였다. "내가 입을 열면 엄청난 사태가 벌어질 것입니다. 그러한 사태는 전적으로 당신들의 책임입니다."

① 인신공격의 오류
② 순환 논증의 오류
③ 성급한 일반화의 오류
④ 감정에 호소하는 오류
⑤ 군중에 호소하는 오류

※ 다음 제시문을 읽고 문제가 참이면 ①, 거짓이면 ②, 문제의 진위를 알 수 없으면 ③을 고르시오. **[4~5]**

> • 가영이는 독서보다 피아노 치는 것을 좋아한다.
> • 가영이는 독서보다 운동을 좋아한다.
> • 가영이는 운동보다 TV 시청을 좋아한다.
> • 가영이는 TV 시청보다 컴퓨터 게임을 좋아한다.

04 가영이는 피아노 치는 것보다 컴퓨터 게임을 좋아한다.

① 참   ② 거짓   ③ 알 수 없음

05 가영이가 피아노 치는 것보다 운동하는 것을 더 좋아한다고 하면, 독서< 피아노< 운동< TV< 컴퓨터 게임 순서로 좋아한다.

① 참   ② 거짓   ③ 알 수 없음

01 다음 문단을 논리적 순서대로 바르게 나열한 것은?

> (가) 하지만 지금은 고령화 시대를 맞아 만성질환이 다수다. 꾸준히 관리받아야 건강을 유지할 수 있다. 치료보다 치유가 대세다. 이 때문에 미래 의료는 간호사 시대라고 말한다. 그럼에도 간호사에 대한 활용은 시대 흐름과 동떨어져 있다.
>
> (나) 인간의 질병 구조가 변하면 의료 서비스의 비중도 바뀐다. 과거에는 급성질환이 많았다. 맹장염(충수염)이나 구멍 난 위궤양 등 수술로 해결해야 할 상황이 잦았다. 따라서 질병 관리 대부분을 의사의 전문성에 의존해야 했다.
>
> (다) 현재 2년 석사과정을 거친 전문 간호사가 대거 양성되고 있다. 하지만 이들의 활동은 건강보험 의료수가에 반영되지 않고, 그러니 병원이 전문 간호사를 적극적으로 채용하려 하지 않는다. 의사의 손길이 미치지 못하는 곳은 전문성을 띤 간호사가 그 역할을 대신해야 함에도 말이다.
>
> (라) 고령 장수 사회로 갈수록 간호사의 역할은 커진다. 병원뿐 아니라 다양한 공간에서 환자를 돌보고 건강관리가 이뤄지는 의료 서비스가 중요해졌다. 간호사 인력 구성과 수요는 빠르게 바뀌어 가는데 의료 환경과 제도는 한참 뒤처져 있어 안타깝다.

① (나) – (가) – (다) – (라)　　　② (나) – (라) – (가) – (다)
③ (다) – (라) – (가) – (나)　　　④ (가) – (다) – (라) – (나)
⑤ (가) – (나) – (다) – (라)

02 다음 글을 읽고 이어질 문단을 논리적 순서대로 바르게 나열한 것은?

> 서울교통공사의 무임승차로 인한 손해액이 연간 약 3,000억 원에 달하자, 서울시는 8년 만에 지하철·버스 요금을 300원 가까이 인상을 추진하였고 이에 노인 무임승차가 다시 논란이 되었다.

> (가) 이에 네티즌들은 요금인상 대신 노인 무임승차 혜택을 중단하거나 축소해야 한다고 주장했지만, 서울시는 그동안 노인 무임승차 중단 이야기를 꺼내지 못했다.
>
> (나) 우리나라에서 65세 이상 노인에 대한 지하철·버스 무임승차는 전두환 전 대통령의 지시로 시작되어 지난 40년간 유지되었다.
>
> (다) 이는 서울시장이 선출직인 이유와 더불어 우리나라의 오래된 미덕인 경로사상의 영향 때문이다. 실제로 지하철을 운영하는 각 지자체는 노인 무상승차를 거부할 법적 권한이 있지만 활용하지 못하고 있는 상황이다.
>
> (라) 하지만 초고령화 시대가 접어들면서 복지혜택을 받는 노인 인구가 급격히 늘어나 무임승차 기준인 65세 이상 인구가 지난 2021년 전체 인구의 16.8%에 달하면서 도시철도의 동반부실도 급격히 심화되었다.

① (가) – (나) – (라) – (다)
② (가) – (다) – (나) – (라)
③ (나) – (가) – (라) – (다)
④ (나) – (라) – (가) – (다)
⑤ (나) – (라) – (다) – (가)

03 다음 밑줄 친 '정원'에 대한 설명으로 적절하지 않은 것은?

> 야생의 자연이라는 이상을 고집하는 자연 애호가들은 인류가 자연과 내밀하면서도 창조적인 관계를 맺었던 반(反)야생의 자연, 즉 '정원'을 간과한다. 정원은 울타리를 통해 농경지보다 야생의 자연과 분명한 경계를 긋는다. 집약적인 토지 이용이라는 전통은 정원에서 시작되었다. 정원은 대규모의 농경지 경작이 행해지지 않은 원시적인 문화에서도 발견된다. 만여 종의 경작용 식물들은 모두 대량 생산에 들어가기 전에 정원에서 자라는 단계를 거쳐 온 것으로 보인다.
> 농업경제의 역사에서 정원이 갖는 의미는 시대와 지역에 따라 매우 달랐다. 좁은 공간에서 집약적인 농사를 짓는 지역에서는 농부가 곧 정원사였다. 반면 예전의 독일 농부들은 정원이 곡물 경작에 사용될 퇴비를 앗아가므로 정원을 악으로 여기기도 했다. 하지만 여성들의 입장은 지역적인 편차가 없었다. 아메리카의 푸에블로 인디언부터 근대 독일의 농부 집안까지 정원은 농업 혁신에 주도적인 역할을 해온 여성들에게는 자신들의 제국이자 자존심이었다. 그곳에는 여성들이 경험을 통해 쌓은 지식 전통이 살아 있었다. 환경사에서 여성이 갖는 특별한 역할의 물질적 근간은 대부분 정원에서 발견된다. 지난 세기들의 경우 이는 특히 여성 제후들과 관련되어 있으며 자료가 풍부하다. 작센의 여성 제후인 안나는 식물에 관한 지식을 늘 공유했던 긴밀하고도 광범위한 사회적 네트워크를 가지고 있었는데, 그중에는 식물 경제학에 관심이 깊은 고귀한 신분의 여성들도 많았으며 수도원 소속의 여성들도 있었다.
> 여성들이 정원에서 쌓은 경험의 특징은 무엇일까? 정원에서는 땅을 면밀히 살피고 손으로 흙을 부스러뜨리는 습관이 생겨났을 것이다. 정원에서 즐겨 이용되는 삽도 다양한 토질의 층을 자세히 연구하도록 부추겼을 것이 분명하다. 넓은 경작지보다는 정원에서 땅을 다룰 때 더 아끼고 보호했을 것이다. 정원이라는 매우 제한된 공간에는 옛날에도 충분한 퇴비를 줄 수 있었다. 경작지보다도 다양한 종류의 퇴비로 실험할 수 있었고 새로운 작물을 키우며 경험을 수집할 수 있었다. 정원에서는 좁은 공간에서 다양한 식물이 자라기 때문에 모든 종류의 식물들이 서로 잘 지내지는 않는다는 사실에도 주의를 기울였다. 이는 식물 생태학의 근간을 이루는 통찰이었다.
> 결론적으로 정원은 여성들이 주도가 되어 토양과 식물을 이해하고, 농경지 경작에 유용한 지식과 경험을 배양할 수 있는 좋은 장소였다.

① 울타리를 통해 야생의 자연과 분명한 경계를 긋는다.
② 집약적 토지 이용의 전통이 시작된 곳으로 원시적인 문화에서도 발견된다.
③ 시대와 지역에 따라 정원에 대한 여성들의 입장이 달랐다.
④ 정원에서는 모든 종류의 식물들이 서로 잘 지내지는 않는다.
⑤ 여성이 갖는 특별한 역할의 물질적 근간이 대부분 발견되는 곳이다.

04 다음 글의 내용이 비판하는 주장으로 가장 적절한 것은?

'모래언덕'이나 '바람'같은 개념은 매우 모호해 보인다. 작은 모래 무더기가 모래언덕이라고 불리려면 얼마나 높이 쌓여야 하는가? 바람이 되려면 공기는 얼마나 빨리 움직여야 하는가?

그러나 지질학자들이 관심이 있는 대부분의 문제 상황에서 이런 개념들은 아무 문제없이 작동한다. 더 높은 수준의 세분화가 요구될 만한 맥락에서는 그때마다 '30m에서 40m 사이의 높이를 가진 모래언덕'이나 '시속 20km와 시속 40km 사이의 바람'처럼 수식어구가 달린 표현이 과학적 용어의 객관적인 사용을 뒷받침한다.

물리학 같은 정밀과학에서도 사정은 비슷하다. 물리학의 한 연구 분야인 저온물리학은 저온현상, 즉 초전도 현상을 비롯하여 절대온도 0도인 $-273.16℃$ 부근의 저온에서 나타나는 흥미로운 현상들을 연구한다. 그렇다면 정확히 몇 도부터 저온인가? 물리학자들은 이 문제를 놓고 다투지 않는다. 때로는 이 말이 헬륨의 끓는점($-268.6℃$) 같은 극저온 근방을 가리키는가 하면, 질소의 끓는점($-195.8℃$)이 기준이 되기도 한다.

과학자들은 모호한 것을 싫어한다. 모호성은 과학의 정밀성을 훼손할 뿐만 아니라 궁극적으로 과학의 객관성을 약화하기 때문이다. 그러나 모호성에 대응하는 길은 모든 측정의 오차를 0으로 만드는 데 있는 것이 아니라 대화를 통해 그 상황에 적절한 합의를 하는 데 있다.

① 과학의 정확성은 측정기술의 정확성에 달려 있다.
② 물리학 같은 정밀과학에서도 오차는 발생하기 마련이다.
③ 과학의 발달은 과학적 용어체계의 변화를 유발할 수 있다.
④ 과학적 언어의 객관성은 그 언어가 사용되는 맥락 속에서 확보된다.
⑤ 과학적 언어의 객관성은 용어의 엄밀하고 보편적인 정의에 의해서만 보장된다.

05 다음은 '고등학교 진로 교육 내실화 방안'에 관한 글을 쓰기 위해 작성한 개요이다. 다음 빈칸에 들어갈 내용으로 가장 적절한 것은?

Ⅰ. 서론 : 진로 교육의 중요성
Ⅱ. 본론
    1. 현황 : 고등학교 현장에서 형식적으로 운영되는 진로 교육 실태
    2. 문제점 분석
        가. 고등학교 교사의 진로 교육에 대한 낮은 이해도
        나. 진로 교육에 임하는 학생들의 소극적인 태도
        다. 교육청의 체계적 지원 부족
    3. 개선 방안
        가. _____
        나. 진로 교육에 대한 학생들의 적극적 참여 기회 확대
        다. 지역 사회, 기업 등과 연계한 지원 체계 마련을 위한 교육청의 노력
Ⅲ. 결론

① 학생들의 관심과 흥미를 유발할 수 있는 진로 교육 프로그램 개발
② 진로 교육에 대한 학생들의 인식 변화
③ 고등학교 교사들을 위한 체계적인 진로 교육 연수 확대
④ 진로 상담을 통한 교사와 학생 간의 유대감 형성
⑤ 지역 사회와 연계하여 다양한 직업 체험 활동 실시

01 다음은 E국의 2018 ~ 2022년 부양인구비를 나타낸 표이다. 2022년 15세 미만 인구 대비 65세 이상 인구의 비율은? (단, 비율은 소수점 둘째 자리에서 반올림한다)

<부양인구비>

(단위 : %)

구분	2018년	2019년	2020년	2021년	2022년
부양비	37.3	36.9	36.8	36.8	36.9
유소년부양비	22.2	21.4	20.7	20.1	19.5
노년부양비	15.2	15.6	16.1	16.7	17.3

※ (유소년부양비) $= \dfrac{(15\text{세 미만 인구})}{(15 \sim 64\text{세 인구})} \times 100$

※ (노년부양비) $= \dfrac{(65\text{세 이상 인구})}{(15 \sim 64\text{세 인구})} \times 100$

① 72.4% ② 77.6%

③ 81.5% ④ 88.7%

⑤ 90.1%

02 다음은 모바일 뱅킹 서비스 이용 실적에 관한 분기별 표이다. 이에 대한 설명으로 옳지 않은 것은?

<모바일 뱅킹 서비스 이용 실적>

(단위 : 천 건, %)

구분	2019년				2020년
	1/4분기	2/4분기	3/4분기	4/4분기	1/4분기
조회 서비스	817	849	886	1,081	1,106
자금 이체 서비스	25	16	13	14	25
합계	842(18.6)	865(2.7)	899(3.9)	1,095(21.8)	1,131(3.3)

※ (   )는 전 분기 대비 증가율

① 조회 서비스 이용 실적은 매 분기 계속 증가하였다.

② 2019년 2/4분기의 조회 서비스 이용 실적은 전 분기보다 3만 2천 건 증가하였다.

③ 자금 이체 서비스 이용 실적은 2019년 2/4분기에 감소하였다가 다시 증가하였다.

④ 모바일 뱅킹 서비스 이용 실적의 전 분기 대비 증가율이 가장 높은 분기는 2019년 4/4분기이다.

⑤ 2019년 4/4분기의 조회 서비스 이용 실적은 자금 이체 서비스 이용 실적의 약 77배이다.

03 E편의점은 3 ~ 8월까지 6개월간 캔 음료 판매현황을 아래와 같이 정리하였다. 이에 대한 설명으로 옳지 않은 것은? (단, 3 ~ 5월은 봄, 6 ~ 8월은 여름이다)

〈E편의점 캔 음료 판매현황〉

(단위 : 캔)

구분	맥주	커피	탄산음료	이온음료	과일음료
3월	601	264	448	547	315
4월	536	206	452	523	362
5월	612	184	418	519	387
6월	636	273	456	605	406
7월	703	287	476	634	410
8월	812	312	513	612	419

① 맥주는 매월 커피의 2배 이상 판매되었다.
② 모든 캔 음료는 봄보다 여름에 더 잘 팔렸다.
③ 이온음료는 봄에 탄산음료보다 더 잘 팔렸다.
④ 맥주는 매월 가장 많은 판매 비중을 보이고 있다.
⑤ 모든 캔 음료는 여름에 매월 꾸준히 판매량이 증가하였다.

04 다음은 국내 이민자의 경제활동에 대한 표이다. 이에 대한 설명으로 옳은 것을 〈보기〉에서 모두 고르면?

<국내 이민자 경제활동인구>

(단위 : 천 명, %)

구분	이민자			국내인 전체
	외국인		귀화허가자	
	남성	여성		
15세 이상 인구	695.7	529.6	52.7	43,735
경제활동인구	576.1	292.6	35.6	27,828
취업자	560.5	273.7	33.8	26,824
실업자	15.6	18.8	1.8	1,003.0
비경제활동인구	119.5	237.0	17.1	15,907.0
경제활동 참가율	82.8	55.2	67.6	63.6

보기

㉠ 15세 이상 국내 인구 중 이민자가 차지하는 비율은 4% 이상이다.
㉡ 15세 이상 외국인 중 실업자의 비율이 귀화허가자 중 실업자의 비율보다 낮다.
㉢ 외국인 취업자의 수는 귀화허가자 취업자 수의 20배 이상이다.
㉣ 외국인 여성의 경제활동 참가율이 국내인 여성의 경제활동 참가율보다 낮다.

① ㉠, ㉡
② ㉠, ㉢
③ ㉡, ㉢
④ ㉠, ㉡, ㉢
⑤ ㉡, ㉢, ㉣

※ 상황판단검사는 정답을 따로 제공하지 않는 영역이니 참고하기 바랍니다.

01 G사원은 주어진 업무를 생각보다 일찍 끝냈다. 개인 업무를 일찍 끝낸 뒤 바쁜 다른 팀원들을 위해 팀 공동 업무까지 끝낸 상황이다. 다른 사람들은 바쁜 가운데 혼자 일이 없어 눈치가 보인다. 이런 상황에서 당신이 G사원이라면 어떻게 행동하겠는가?

① K팀장이 자신에게 일을 줄 때까지 자리에서 조용히 기다린다.
② K팀장을 찾아가 자신의 상황을 설명하고, 새로운 업무에 관해 물어본다.
③ 눈치껏 다른 업무를 찾아본다.
④ 일이 많아 보이는 같은 팀 선배 사원의 일을 도와준다.
⑤ 실수한 것이 없는지 다시 한 번 살펴본 후, K팀장에게 업무를 보고한다.

02 A사원은 입맛이 까다로운 편이다. 얼마 전 A사원이 입사한 회사는 전반적으로 맘에 들지만, 문제가 있다면 자신과 입맛이 정반대인 B상사이다. B상사는 매일 점심마다 자신이 좋아하지 않는 메뉴를 점심 메뉴로 선택하기 때문이다. 이에 A사원은 매일 점심마다 고역을 치르고 있다. 이런 상황에서 당신이 A사원이라면 어떻게 행동하겠는가?

① 일상적인 일일지라도 상사의 제안이므로 이를 존중하여 아무 말도 하지 않는다.
② 자신과 비슷한 생각을 하는 동료들을 모아 반대 여론을 조성한다.
③ 상사에게 자신의 심정을 있는 그대로 솔직하게 토로한다.
④ 점심 메뉴를 결정할 때 자신의 선호 메뉴를 적극적으로 주장한다.
⑤ 적당한 핑계를 대고 점심을 혼자 먹는다.

03 C사원은 운동을 하기보다는 영화관에 가서 영화를 보거나 새로 나온 책을 읽으며 쉬는 것을 선호하는 편이다. 그러나 C사원이 속한 부서의 B부장은 C사원과 반대로 운동을 취미로 삼고 있다. 문제는 사원들과 친밀한 관계를 유지하고 싶어 하는 B부장이 C사원에게도 계속해서 같은 운동을 취미로 삼을 것을 강요한다는 점이다. 이런 상황에서 당신이 C사원이라면 어떻게 행동하겠는가?

① 관계 유지 및 개선을 위해 요구를 받아들여 운동을 취미로 삼는다.
② 주말 등 별도의 시간을 투자하여 해당 운동에서 두각을 드러낼 수 있도록 한다.
③ B부장에게 자신은 운동에 흥미가 없음을 밝히고 정중하게 거절한다.
④ B부장에게 개개인의 특성을 고려하지 않은 업무 외의 일방적인 요구는 옳지 않다고 딱 잘라 말한다.
⑤ 비슷한 생각을 지닌 동료들과 B부장에 대한 반대 여론을 만든다.

01 다음 명제가 모두 참일 때, 반드시 참인 명제는?

> • 창조적인 기업은 융통성이 있다.
> • 오래 가는 기업은 건실하다.
> • 오래 가는 기업이라고 해서 모두가 융통성이 있는 것은 아니다.

① 융통성이 있는 기업은 건실하다.
② 창조적인 기업이 오래 갈지 아닐지 알 수 없다.
③ 융통성이 있는 기업은 오래 간다.
④ 어떤 창조적인 기업은 건실하다.
⑤ 창조적인 기업은 오래 간다.

02 다음 명제가 모두 참일 때, 반드시 참인 명제는?

> • 사람은 빵도 먹고 밥도 먹는다.
> • 사람이 아니면 생각을 하지 않는다.
> • 모든 인공지능은 생각을 한다.
> • T는 인공지능이다.

① 사람이면 T이다.
② 생각을 하면 인공지능이다.
③ 인공지능이 아니면 밥을 먹지 않거나 빵을 먹지 않는다.
④ 빵을 먹지 않거나 밥을 먹지 않으면 생각을 한다.
⑤ T는 빵도 먹고 밥도 먹는다.

03 다음 제시문의 논리적 오류로 적절한 것은?

> 촉망받던 K농구 선수는 많은 연봉을 제시한 구단으로 이적했지만, 별다른 활약을 펼치지 못했다. 반면, 전보다 낮은 연봉을 받고 이적한 L농구 선수는 경기에 몰두하기 시작하면서 높은 성적을 거두었다. 결국 고액의 연봉이 오히려 선수의 동기를 낮아지게 하므로 선수들의 연봉을 낮춰야 한다.

① 성급한 일반화의 오류   ② 무지에 호소하는 오류
③ 인신공격의 오류   ④ 대중에 호소하는 오류
⑤ 순환논증의 오류

04 다음과 동일한 오류를 저지른 사례는?

> 노사 간의 갈등이 있는 사업장에 노조파괴 컨설팅을 제공한 혐의를 받고 있는 C대표는 아들의 건강 문제로 자신의 공판기일을 연기해 줄 것을 재판부에 요청했다. 최근 급격히 나빠진 아들의 건강 상태로 인해 예정 공판기일에 자신이 참석할 수 없다는 것이었다.

① 이번엔 반드시 복권에 당첨될 것 같아. 어젯밤 꿈속에서 할머니가 번호를 불러줬거든.
② 너 지난번에 쌀국수는 좋아하지 않는다고 했잖아. 그런데 오늘 점심에 왜 싫어하는 쌀국수를 먹었어?
③ 진희의 말은 믿을 수 없다. 그녀는 단 한 번도 약속을 지킨 적이 없기 때문이다.
④ 죄 없는 많은 생명이 죽어가고 있습니다. 우리 모두 기부 행사에 참여합시다.
⑤ 신이 존재한다고 믿으십니까? 그 누구도 신의 존재를 증명하지 못합니다. 따라서 신은 존재하지 않습니다.

05 다음 명제가 모두 참일 때, 반드시 참인 명제는?

> • 도보로 걷는 사람은 자가용을 타지 않는다.
> • 자전거를 타는 사람은 자가용을 탄다.
> • 자전거를 타지 않는 사람은 버스를 탄다.

① 자가용을 타는 사람은 도보로 걷는다.
② 버스를 타지 않는 사람은 자전거를 타지 않는다.
③ 버스를 타는 사람은 도보로 걷는다.
④ 도보로 걷는 사람은 버스를 탄다.
⑤ 도보로 걷는 사람은 자전거를 탄다.

06 E사에서는 사내 직원들의 친목 도모를 위해 산악회를 운영하고 있다. A ~ D 중 최소 1명 이상이 산악회 회원이라고 할 때, 다음 내용에 따라 항상 참인 것은?

> • C가 산악회 회원이면 D도 산악회 회원이다.
> • A가 산악회 회원이면 D는 산악회 회원이 아니다.
> • D가 산악회 회원이 아니면 B가 산악회 회원이 아니거나 C가 산악회 회원이다.
> • D가 산악회 회원이면 B는 산악회 회원이고 C도 산악회 회원이다.

① A는 산악회 회원이다.
② B는 산악회 회원이 아니다.
③ C는 산악회 회원이 아니다.
④ B와 D의 산악회 회원 여부는 같다.
⑤ A ~ D 중 산악회 회원은 2명이다.

01 다음 문단을 논리적 순서대로 바르게 나열한 것은?

> (가) 그런데 '의사, 변호사, 사장' 등은 그 직업이나 직책에 있는 모든 사람을 가리키는 것이어야 함
> 에도 불구하고, 실제로는 남성을 가리키는 데 주로 사용되고, 여성을 가리킬 때는 '여의사, 여
> 변호사, 여사장' 등이 따로 사용되고 있다. 즉, 여성을 예외적인 경우로 취급함으로써 남녀차별
> 의 가치관을 이 말들에 반영하고 있는 것이다.
>
> (나) 언어에는 사회상의 다양한 측면이 반영되어 있다. 그렇기 때문에 남성과 여성의 차이도 언어에
> 반영되어 있다. 한편 우리 사회는 꾸준히 양성평등을 향해서 변화하고 있지만, 언어의 변화 속
> 도는 사회의 변화 속도를 따라가지 못한다. 따라서 국어에는 남녀차별의 사회상을 알게 해 주
> 는 증거들이 있다.
>
> (다) 오늘날 남녀의 사회적 위치가 과거와 다르고 지금 이 순간에도 계속 변하고 있다. 여성의 사회
> 적 지위 향상의 결과가 앞으로 언어에 반영되겠지만, 현재 언어에 남아 있는 과거의 흔적은
> 우리 스스로의 노력으로 지워감으로써 남녀의 '차이'가 더 이상 '차별'이 되지 않도록 노력을
> 기울여야 하겠다.
>
> (라) 우리말에는 그 자체에 성별을 구분해 주는 문법적 요소가 없다. 따라서 남성을 지칭하는 말과
> 여성을 지칭하는 말, 통틀어 지칭하는 말이 따로 존재해야 하지만, 국어에는 그런 경우도 있고
> 그렇지 않은 경우도 있다. 예를 들어 '아버지'와 '어머니'는 서로 대등하게 사용되고, '어린이'도
> 남녀를 구별하지 않고 가리킬 때 쓰인다.

① (나) – (가) – (라) – (다) ② (나) – (라) – (가) – (다)
③ (다) – (가) – (라) – (나) ④ (다) – (나) – (라) – (가)
⑤ (다) – (라) – (나) – (가)

02 다음 문장을 논리적 순서대로 바르게 나열한 것은?

> (가) 여름에는 찬 음식을 많이 먹거나 냉방기를 과도하게 사용하는 경우가 많은데, 그렇게 되면 체
> 온이 떨어져 면역력이 약해지기 때문이다.
>
> (나) 만약 감기에 걸렸다면 탈수로 인한 탈진을 방지하기 위해 수분을 충분히 섭취해야 한다.
>
> (다) 특히 감기로 인해 열이 나거나 기침을 할 때에는 따뜻한 물을 여러 번에 나누어 먹는 것이
> 좋다.
>
> (라) 여름철 감기를 예방하기 위해서는 찬 음식은 적당히 먹어야 하고 냉방기에 장시간 노출되는
> 것을 피해야 하며, 충분한 휴식을 취하고, 집에 돌아온 후에는 손발을 꼭 씻어야 한다.
>
> (마) 일반적으로 감기는 겨울에 걸린다고 생각하지만 의외로 여름에도 감기에 걸린다.

① (가) – (라) – (다) – (마) – (나) ② (마) – (다) – (라) – (나) – (가)
③ (가) – (다) – (나) – (라) – (마) ④ (마) – (가) – (라) – (나) – (다)
⑤ (가) – (라) – (마) – (나) – (다)

03 교육부에서는 학생들이 다양한 교과 지식을 균형 있게 이수하고, 흥미나 적성에 따라 배우고 싶은 과목을 선택할 수 있도록 새롭게 교육과정을 편성·운영하는 방안을 마련하고자 한다. 이와 관련하여 작성된 개요에 대한 설명으로 적절하지 않은 것은?

> Ⅰ. 서론
>   1. 학생 과목 선택권 확대의 필요성 ················· ㉠
>
> Ⅱ. 본론
>   1. 개정 교육과정의 편성
>   (1) 개정 교육과정 주요 사항 ····················· ㉡
>   (2) 개정 교육과정 편성 운영 절차 ·············· ㉢
>   2. 개정 교육과정 운영의 실제
>   (1) 학기당 3단위 8과목 선택인 경우
>   (2) 학기당 3단위 3과목, 4단위 2과목 선택인 경우
>   (3) 학기당 3단위 5과목 선택인 경우 ··········· ㉣
>   (4) 학기당 2단위 4과목 선택인 경우
>   3. _____ ·············· ㉤
>
> Ⅲ. 결론
>   1. 과목 선택권 확대에 따른 변화

① ㉠ : 이전 교육과정의 문제점을 지적하고, 학생의 과목 선택 필요성에 대해 제시한다.

② ㉡ : 교과별 필수 이수 단위를 최소 수준으로 설정하도록 하는 내용을 포함시킨다.

③ ㉢ : 학기 전체 편성 운영 절차를 제시하고, 시기별 세부 운영 절차는 생략한다.

④ ㉣ : 선택 경우에 따른 권장 교육과정 편성 예시를 제시한다.

⑤ ㉤ : Ⅱ- 1, 2의 내용을 고려하여 교육과정 편성, 운영 시 유의사항을 추가한다.

04 다음 글의 내용으로 가장 적절한 것은?

보름달 중에 가장 크게 보이는 보름달을 슈퍼문이라고 한다. 이때 보름달이 크게 보이는 이유는 달이 평소보다 지구에 가까이 있기 때문이다. 슈퍼문이 되려면 보름달이 되는 시점과 달이 지구에 가장 가까워지는 시점이 일치하여야 한다. 달의 공전 궤도가 완벽한 원이라면 지구에서 달까지의 거리가 항상 똑같을 것이다. 하지만 실제로는 타원 궤도여서 달이 지구에 가까워지거나 멀어지는 현상이 생긴다. 유독 달만 그런 것은 아니고 태양계의 모든 행성이 태양을 중심으로 타원 궤도로 돈다. 이것이 바로 그 유명한 케플러의 행성운동 제1법칙이다.

지구와 달의 평균 거리는 약 38만km인 반면 슈퍼문일 때는 그 거리가 35만 7,000km 정도로 가까워진다. 달의 반지름은 약 1,737km이므로, 지구와 달의 거리가 평균 정도일 때 지구에서 보름달을 바라보는 *시각도는 0.52도 정도인 반면, 슈퍼문일 때는 시각도가 0.56도로 커진다. 반대로 보름달이 가장 작게 보일 때, 다시 말해 보름달이 지구에서 제일 멀 때는 그 거리가 약 40만km여서 보름달을 보는 시각도가 0.49도로 작아진다.

밀물과 썰물이 생기는 원인은 지구에 작용하는 달과 태양의 중력 때문인데, 달이 태양보다는 지구에 훨씬 더 가깝기 때문에 더 큰 영향을 미친다. 달이 지구에 가까워지면 평소 달이 지구를 당기는 힘보다 더 강하게 지구를 당긴다. 그리고 달의 중력이 더 강하게 작용하면, 달을 향한 쪽의 해수면은 평상시보다 더 높아진다. 실제 우리나라에서도 슈퍼문일 때 제주도 등 해안가에 바닷물이 평소보다 더 높게 밀려 들어와서 일부 지역이 침수 피해를 겪기도 했다.

한편 달의 중력 때문에 높아진 해수면이 지구와 함께 자전을 하다보면 지구의 자전을 방해하게 된다. 일종의 브레이크가 걸리는 셈이다. 이 때문에 지구의 자전 속도가 느려지게 되고 그 결과 하루의 길이에 미세하게 차이가 생긴다. 실제 연구 결과에 따르면 100만 년에 17초 정도씩 길어지는 효과가 생긴다고 한다.

*시각도 : 물체의 양끝에서 눈의 결합점을 향하여 그은 두 선이 이루는 각을 의미함

① 지구에서 태양까지의 거리는 1년 동안 항상 일정하다.
② 해수면의 높이는 지구와 달의 거리와 관계가 없다.
③ 달이 지구에서 멀어지면 궤도에서 벗어나지 않기 위해 평소보다 더 강하게 지구를 잡아당긴다.
④ 지구와 달의 거리가 36만km 정도인 경우, 지구에서 보름달을 바라보는 시각도는 0.49도보다 크다.
⑤ 달의 중력 때문에 지구가 자전하는 속도는 점점 빨라지고 있다.

05 다음 글의 내용으로 적절하지 않은 것은?

> 연방준비제도(이하 연준)가 고용 증대에 주안점을 둔 정책을 입안한다 해도 정책이 분배에 미치는 영향을 고려하지 않는다면, 그 정책은 거품과 불평등만 부풀릴 것이다. 기술 산업의 거품 붕괴로 인한 경기 침체에 대응하여 2000년대 초에 연준이 시행한 저금리 정책이 이를 잘 보여준다.
>
> 특정한 상황에서는 금리 변동이 투자와 소비의 변화를 통해 경기와 고용에 영향을 줄 수 있다. 하지만 다른 수단이 훨씬 더 효과적인 상황도 많다. 가령 부동산 거품에 대한 대응책으로는 금리 인상보다 주택 담보 대출에 대한 규제가 더 합리적이다. 생산적 투자를 위축시키지 않으면서 부동산 거품을 가라앉힐 수 있기 때문이다.
>
> 경기 침체기라 하더라도, 금리 인하는 은행의 비용을 줄여주는 것 말고는 경기 회복에 별다른 도움이 되지 않을 수 있다. 대부분의 부문에서 설비 가동률이 낮은 상황이라면, 대출 금리가 낮아져도 생산적인 투자가 별로 증대하지 않는다. 2000년대 초가 바로 그런 상황이었기 때문에, 당시의 저금리 정책은 생산적인 투자 증가 대신에 주택 시장의 거품만 초래한 것이다.
>
> 금리 인하는 국공채에 투자했던 퇴직자들의 소득을 감소시켰다. 노년층에서 정부로, 정부에서 금융업으로 부의 대규모 이동이 이루어져 불평등이 심화되었다. 이에 따라 금리 인하는 다양한 경로로 소비를 위축시켰다. 은퇴 후의 소득을 확보하기 위해, 혹은 자녀의 학자금을 확보하기 위해 사람들은 저축을 늘렸다. 연준은 금리 인하가 주가 상승으로 이어질 것이므로 소비가 늘어날 것이라고 주장했다. 하지만 2000년대 초 연준의 금리 인하 이후 주가 상승에 따라 발생한 이득은 대체로 부유층에 집중되었으므로 대대적인 소비 증가로 이어지지 않았다.
>
> 2000년대 초 고용 증대를 기대하고 시행한 연준의 저금리 정책은 노동을 자본으로 대체하는 투자를 증대시켰다. 인위적인 저금리로 자본 비용이 낮아지자 이런 기회를 이용하려는 유인이 생겨났다. 노동력이 풍부한 상황인데도 노동을 절약하는 방향의 혁신이 강화되었고, 미숙련 노동자들의 실업률이 높은 상황인데도 가게들은 계산원을 해고하고 자동화 기계를 들여놓았다. 경기가 회복되더라도 실업률이 떨어지지 않는 구조가 만들어진 것이다.

① 2000년대 초 연준의 금리 인하로 국공채에 투자한 퇴직자의 소득이 줄어들어 금융업으로부터 정부로 부가 이동하였다.

② 2000년대 초 연준은 고용 증대를 기대하고 금리를 인하했지만, 결과적으로 고용 증대가 더 어려워지도록 만들었다.

③ 2000년대 초 기술 산업 거품의 붕괴로 인한 경기 침체기에 설비 가동률은 대부분의 부문에서 낮은 상태였다.

④ 2000년대 초 연준이 금리 인하 정책을 시행한 후 주택 가격과 주식 가격은 상승하였다.

⑤ 금리 인상은 부동산 거품 대응 정책 가운데 가장 효과적인 정책이 아닐 수 있다.

※ 다음 글을 읽고 이어지는 질문에 답하시오. [6~7]

발전된 산업 사회는 인간을 단순한 수단으로 지배하기 위한 새로운 수단을 발전시키고 있다. 여러 사회 과학들과 심층 심리학이 이를 위해서 동원되고 있다. 목적이나 이념의 문제를 배제하고 가치 판단으로부터의 중립을 표방하는 사회 과학들은 쉽게 인간 조종을 위한 기술적·합리적인 수단을 개발해서 대중 지배에 이바지한다. 마르쿠제는 발전된 산업 사회에 있어서의 이러한 도구화된 지성을 비판하면서 이것을 '현대인의 일차원적 사유'라고 불렀다. 비판과 초월을 모르는 도구화된 사유라는 것이다. 따라서 산업 사회에서의 합리화라는 것은 기술적인 수단의 합리화를 의미하는 데 지나지 않는다.

발전된 산업 사회는 이와 같이 사회 과학과 도구화된 지성을 동원해서 인간을 조종하고 대중을 지배할 뿐만 아니라 향상된 생산력을 통해서 인간을 매우 효율적으로 거의 완전하게 지배한다. 곧 발전된 산업 사회는 그의 높은 생산력을 통해서 늘 새로운 수요들을 창조하고 이러한 새로운 수요들을 광고와 매스컴과 모든 선전 수단을 동원해서 인간의 삶을 위한 불가결의 것으로 만든 다. 그뿐만 아니라 사회 구조와 생활 조건을 변화시켜서 그러한 수요들을 필수적인 것으로 만들어서 인간으로 하여금 그것들을 지향하지 않을 수 없게 한다. 이렇게 산업 사회는 늘 새로운 수요의 창조와 그 공급을 통해서 인간의 삶을 거의 완전히 지배하고 그의 인격을 사로잡아 버릴 수 있게 되어가고 있다.

06 다음 중 윗글의 중심 내용으로 가장 적절한 것은?

① 산업 사회에서 도구화된 지성의 필요성
② 산업 사회의 발전과 경제력 향상
③ 산업 사회의 특징과 문제점
④ 산업 사회의 대중 지배 양상
⑤ 산업 사회의 새로운 수요의 창조와 공급

07 윗글의 내용으로 보아 다음 중 우리가 취해야 할 태도로 가장 적절한 것은?

① 문화적인 개성을 살리는 방향으로 나아간다.
② 전통 문화와 외래문화를 조화시켜 발전시킨다.
③ 산업 사회의 긍정적인 측면을 최대한 부각시킨다.
④ 보다 효율적인 산업 사회로의 발전 방향을 모색한다.
⑤ 산업 사회에서 인간 소외를 줄이는 방향으로 생활양식을 변화시킨다.

01 E사는 사무실을 새롭게 꾸미기 위해 바닥에 붙일 타일을 구매하려고 한다. 타일을 붙일 사무실 바닥의 크기는 가로 8m, 세로 10m이며, 다음 3개의 타일 중 하나를 선택하여 구매하려고 할 때, 가장 저렴한 타일로 한다면 어느 타일이고, 총 가격은 얼마인가?

〈업체별 타일 정보〉

구분	크기(가로×세로)	단가(원)	배송비(원)
A타일	20cm×20cm	1,000	50,000원
B타일	25cm×25cm	1,500	30,000원
C타일	25cm×20cm	1,250	75,000원

① A타일, 2,050,000원 ② A타일, 1,950,000원
③ B타일, 2,050,000원 ④ B타일, 1,950,000원
⑤ C타일, 1,950,000원

02 다음은 당해연도 방송사별 연간 방송시간과 편성 비율자료이다. 이에 대한 설명으로 적절하지 않은 것을 〈보기〉에서 모두 고르면?

〈연간 방송시간〉

(단위 : 시간)

구분	보도시간	교양시간	오락시간
A방송사	2,343	3,707	1,274
B방송사	791	3,456	2,988
C방송사	1,584	2,520	3,243
D방송사	1,586	2,498	3,310

보기
ㄱ. 4개 방송사의 총 연간 방송시간은 교양시간, 오락시간, 보도시간의 순이다.
ㄴ. A방송사의 연간 방송시간 중 보도시간 비율은 D방송사의 교양시간 비율보다 높다.
ㄷ. 각 방송사의 연간 방송시간 중 보도시간 비율이 가장 높은 방송사는 A이다.
ㄹ. 4개 방송사의 총 연간 방송시간 중 오락시간 비율은 40% 이상이다.

① ㄱ, ㄴ ② ㄱ, ㄷ
③ ㄴ, ㄷ ④ ㄴ, ㄹ
⑤ ㄷ, ㄹ

03 다음은 최근 5개년 동안의 연령대별 평균 데이트폭력 경험횟수를 나타낸 자료이다. 이에 대한 설명으로 적절하지 않은 것은?

〈연도별 각 연령대의 평균 데이트폭력 경험횟수〉

(단위 : 회)

구분	2017년	2018년	2019년	2020년	2021년
10대	3.2	3.9	5.7	7.9	10.4
20대	9.1	13.3	15.1	19.2	21.2
30대	8.8	11.88	14.2	17.75	18.4
40대	2.5	5.8	9.2	12.8	18
50대	4.1	3.8	3.5	3.3	2.9

① 2019년 이후 20대와 30대의 평균 데이트폭력 경험횟수의 합은 전 연령대 평균 데이트폭력 경험횟수의 절반 이상이다.

② 10대의 평균 데이트폭력 경험횟수는 매년 증가하고 있지만, 50대는 매년 감소하고 있다.

③ 2021년 40대의 평균 데이트폭력 경험횟수는 2017년의 7.2배에 해당한다.

④ 30대의 2020년 전년 대비 데이트폭력 경험횟수 증가율은 2018년보다 크다.

⑤ 연도별 평균 데이트폭력 경험횟수가 가장 높은 연령대는 동일하다.

04 다음은 카페 판매음료에 대한 연령별 선호도를 조사한 자료이다. 이에 대한 설명으로 적절한 것을 〈보기〉에서 모두 고르면?

〈연령별 카페 음료 선호도〉

구분	20대	30대	40대	50대
아메리카노	42%	47%	35%	31%
카페라테	8%	18%	28%	42%
카페모카	13%	16%	2%	1%
바닐라라테	9%	8%	11%	3%
핫초코	6%	2%	3%	1%
에이드	3%	1%	1%	1%
아이스티	2%	3%	4%	7%
허브티	17%	5%	16%	14%

보기

ㄱ. 연령대가 높아질수록 아메리카노에 대한 선호율은 낮아진다.

ㄴ. 아메리카노와 카페라테의 선호율 차이가 가장 적은 연령대는 40대이다.

ㄷ. 20대와 30대의 선호율 하위 3개 메뉴는 동일하다.

ㄹ. 40대와 50대의 선호율 상위 2개 메뉴가 전체 선호율의 70% 이상이다.

① ㄱ, ㄴ   ② ㄱ, ㄹ

③ ㄴ, ㄷ   ④ ㄴ, ㄹ

⑤ ㄷ, ㄹ

※ 상황판단검사는 정답을 따로 제공하지 않는 영역이니 참고하시기 바랍니다.

※ 제시된 선택지에서 자신과 가장 가깝다고 생각하는 것과 멀다고 생각하는 것을 각각 한 가지씩 고르시오. [1~3]

01 퇴근 시간이 가까워져 오고 있지만, A사원이 오늘까지 처리해야 할 업무가 아직 많이 남아 있다. 주어진 업무를 모두 마치기 위해서 A사원은 오늘 밤 야근을 해야 한다. 그러나 A사원의 상사인 B가 퇴근을 앞두고 다 같이 회식을 가자고 제안했다. 이 상황에서 당신이 A사원이라면 어떻게 할 것인가?

① 상사의 제안이니 회식에 간다.
② 업무가 있다고 말하고 회식 자리에 참석하지 않는다.
③ 동료에게 업무를 처리해 달라고 부탁하고 회식에 참석한다.
④ 회식에 참석하되 회식 이후 밤을 새워 업무를 수행한다.
⑤ 업무 기일을 연기해달라고 상사에게 부탁한다.

02 A사원은 평소 밝고 긍정적인 성격의 소유자로 자신이 속한 부서에서 다른 사원들과 두루두루 친하게 지내며 즐겁게 회사 생활을 하고 있다. 그러나 요즘 들어 부쩍 B대리가 A사원에게 장난을 거는 일이 잦아졌다. 특히 B대리는 A사원의 신체적 약점을 꼬집어 반복적으로 놀린다는 점에서 A사원은 스트레스를 받고 있는 상황이다. 당신이 A사원이라면 이런 상황에서 어떻게 하겠는가?

① B대리에게 자신의 신체적 약점을 놀리지 말 것을 요구한다.
② 힘들지만 B대리가 상사이므로 인내한다.
③ B대리의 이러한 행동에 대해 직장 동료들에게 이야기한다.
④ B대리의 상사에게 부탁해서 조치해 달라고 한다.
⑤ 다른 부서로의 이동을 신청하여 B대리와의 접촉을 최소화한다.

03 B대리는 직원들의 근태를 관리하는 일을 한다. 어느 날 B대리와 친한 C사원이 지각을 하였다. D팀장은 항상 늦게 출근을 하여 아직 C사원이 지각을 한 사실을 모른다. 이때 C사원이 B대리를 찾아와 자신과 친하다는 점을 부각하며 지각한 사실을 덮어달라고 한다. 이 상황에서 당신이 B대리라면 어떻게 하겠는가?

① D팀장도 매일 지각을 하니 C사원도 한번 봐준다.
② 건방진 C사원의 군기를 잡는다.
③ C사원의 말을 무시하고 지각한 사실을 D팀장에게 보고한다.
④ 앞으로 이런 일이 계속될 것 같으니 근태 관리하는 것을 그만둔다.
⑤ C사원의 잘못된 태도를 지적하고 보고하겠다고 이야기한다.

01 언어비평검사 I (언어추리)

01 다음 명제가 참일 때 항상 참인 것은?

> • 수학 수업을 듣지 않는 학생들은 국어 수업을 듣지 않는다.
> • 모든 학생들은 국어 수업을 듣는다.
> • 수학 수업을 듣는 어떤 학생들은 영어 수업을 듣는다.

① 모든 학생들은 영어 수업을 듣는다.
② 모든 학생들은 국어, 수학, 영어 수업을 듣는다.
③ 어떤 학생들은 국어와 영어 수업만 듣는다.
④ 어떤 학생들은 국어, 수학, 영어 수업을 듣는다.
⑤ 모든 학생들은 국어 수업을 듣거나 수학 수업을 듣는다.

02 다음은 논리적 오류를 보여주는 예이다. 다음 중 유사한 오류를 범하고 있는 것은?

> 모래알 하나하나는 가볍다. 그러므로 한 트럭의 모래도 가볍다.

① 최고의 투수 박찬호와 최고의 골프 선수 박세리가 결혼하면 최고의 운동선수가 탄생할 것이다.
② 바보 중에 착한 사람은 없다. 그러므로 천재 중에도 착한 사람은 없다.
③ 비가 오면 땅이 젖는다. 땅이 젖어 있다. 따라서 비가 왔다.
④ 경진아, 어서 가서 공부해라. 공부 안 하면 나쁜 어린이가 된단다.
⑤ 수민이는 IQ가 높고 머리가 좋아서 좋은 대학교에 갔다.

03 다음 중 중대장이 범하는 오류와 유형상 가장 유사한 것은?

> 중대장 : 자네는 왜 그렇게 목소리에 군기가 없는가?
> 병사　 : 감기에 걸려서 목소리에 힘이 없습니다.
> 중대장 : 그게 무슨 말인가? 목소리에 군기가 빠져 있고 힘이 없으니 감기 따위에 걸리는 게 아닌가!

① 내가 쓰는 휴대 전화가 제일 좋은 것이야. 왜냐하면 그게 제일 많이 팔리니까.

② 내가 본 모든 골초들은 나중에 폐렴을 앓았지. 오늘 소개를 받은 김 형사 역시 골초더구먼. 김 형사도 폐렴을 앓게 될 거야.

③ CEO는 직원보다 뉴스 시청 시간이 많다는 연구 결과가 있다. 당신은 CEO가 되길 원하는가? 그렇다면 뉴스를 자주 시청하라!

④ 급격한 원화 절상은 수출 감소를 초래하며, 수출 감소는 고용 부진으로 이어진다. 원화가 갑자기 절상했다. 따라서 틀림없이 고용 부진이 나타날 것이다.

⑤ 소크라테스의 인생철학은 가치가 없다. 왜냐하면 그는 공처가였기 때문이다.

04 K는 게임 동호회 회장으로 주말에 진행되는 게임 행사에 동호회 회원인 A ~ E의 참여 가능 여부를 조사하려고 한다. 다음 내용을 참고하여 E가 행사에 참여하지 않는다고 할 때, 다음 중 행사에 참여 가능한 사람은 몇 명인가?

> • A가 행사에 참여하지 않으면 B가 행사에 참여한다.
> • A가 행사에 참여하면 C는 행사에 참여하지 않는다.
> • B가 행사에 참여하면 D는 행사에 참여하지 않는다.
> • D가 행사에 참여하지 않으면 E가 행사에 참여한다.

① 1명　　　　　　　　　　　　　② 2명

③ 3명　　　　　　　　　　　　　④ 4명

⑤ 5명

05 환경부의 인사실무 담당자는 환경정책과 관련된 특별위원회를 구성하는 과정에서 외부 환경전문가를 위촉하려 한다. 현재 거론되고 있는 외부 전문가는 A ~ F 6명으로, 인사실무 담당자는 다음 〈조건〉에 따라 외부 환경전문가를 위촉해야 한다. 만약 B가 위촉되지 않는다면, 총 몇 명의 환경전문가가 위촉되는가?

> **조건**
> • 만약 A가 위촉되면 B와 C도 위촉되어야 한다.
> • 만약 A가 위촉되지 않는다면 D가 위촉되어야 한다.
> • 만약 B가 위촉되지 않는다면 C나 E가 위촉되어야 한다.
> • 만약 C와 E가 위촉되면 D는 위촉되지 않는다.
> • 만약 D나 E가 위촉되면 F도 위촉되어야 한다.

① 1명 ② 2명
③ 3명 ④ 4명
⑤ 5명

06 다음 〈조건〉을 바탕으로 했을 때, 5층에 있는 부서로 옳은 것은?(단, 한 층에 한 부서씩 있다)

> **조건**
> • 기획조정실의 층수에서 경영지원실의 층수를 빼면 3이다.
> • 보험급여실은 경영지원실 바로 위층에 있다.
> • 급여관리실은 빅데이터운영실보다는 아래층에 있다.
> • 빅데이터운영실과 보험급여실 사이에는 두 층이 있다.
> • 경영지원실은 가장 아래층이다.

① 빅데이터운영실 ② 보험급여실
③ 경영지원실 ④ 기획조정실
⑤ 급여관리실

01 다음 문단을 논리적 순서대로 바르게 나열한 것은?

> (가) 과거에 한 월간 잡지가 여성 모델이 정치인과 사귄다는 기사를 내보냈다가 기자는 손해배상을 하고 잡지도 폐간된 경우가 있었다. 일부는 추측 기사이고 일부는 사실도 있었지만, 사실이든 허위든 관계없이 남의 명예와 인권을 침해하였기에 그 책임을 진 것이다.
>
> (나) 인권이라는 이름으로 남의 사생활을 침해하는 일은 자기 인권을 내세워 남의 불행을 초래하는 것이므로 보호받을 수 없다. 통상 대중 스타나 유명인들의 사생활은 일부 노출되어 있고, 이러한 공개성 속에서 상품화되므로 비교적 보호 강도가 약하기는 하지만 그들도 인간으로서 인권이 보호되는 것은 마찬가지다.
>
> (다) 우리 사회에서 이제 인권이라는 말은 강물처럼 넘쳐흐른다. 과거에는 인권을 말하면 붙잡혀 가고 감옥에도 가곤 했지만, 이제는 누구나 인권을 스스럼없이 주장한다. 그러나 중요한 점은 인권이라 하더라도 무제한 보장되는 것이 아니라 남의 행복과 공동체의 이익을 침해하지 않는 범위 안에서만 보호된다는 것이다.
>
> (라) 그런데 남의 명예를 훼손하여도 손해배상을 해주면 그로써 충분하고, 자기 잘못을 사죄하는 광고를 신문에 강제로 싣게 할 수는 없다. 헌법재판소는 남의 명예를 훼손한 사람이라 하더라도 강제로 사죄 광고를 싣게 하는 것은 양심에 반하는 가혹한 방법이라 하여 위헌으로 선고했다.

① (가) – (나) – (다) – (라)
② (나) – (가) – (다) – (라)
③ (다) – (나) – (가) – (라)
④ (다) – (나) – (라) – (가)
⑤ (라) – (다) – (나) – (가)

02 다음 빈칸에 들어갈 가장 적절한 접속어는?

> '딥페이크(Deepfake)'란 딥러닝(Deep Learning)과 페이크(Fake)의 합성어로, 인공 지능(AI) 기술을 이용해 제작된 가짜 동영상 또는 가짜 동영상 제작 프로세스 자체를 의미한다. 생성적 적대 신경망(GAN)이라는 기계학습 기술을 사용하여 사진이나 영상을 원본 영상에 겹쳐서 만들어낸다. 이는 미국의 한 네티즌이 온라인 소셜 커뮤니티인 레딧(Reddit)에 할리우드 배우의 얼굴과 포르노 영상 속 인물의 얼굴을 악의적으로 합성한 편집물을 올리면서 시작되었다. 연예인이나 정치인 등 유명인뿐만 아니라 일반인도 딥페이크의 피해자가 될 수 있다는 우려가 커지면서 사회적 문제가 되고 있다.
> _____ 딥페이크 기술을 유용하게 쓰는 방안도 등장했다. 과학기술 전문지 〈뉴 사이언티스트〉에 따르면 이스라엘의 기업인 '캐니 인공 지능(Canny AI)'은 동영상을 여러 다른 언어로 더빙하는 데 딥페이크 기술을 이용하고 있다. 이 기업은 현재 유명 연예인이 촬영한 광고나 홍보 동영상을 다양한 언어로 더빙하는 데 딥페이크 기술을 활용하고 있으며, 향후 텔레비전 프로그램이나 영화 더빙에 이를 확대 적용할 예정이다.

① 이를 통해
② 그러므로
③ 한편
④ 즉
⑤ 그래서

03 다음 중 레드 와인의 효능으로 적절하지 않은 것은?

알코올이 포함된 술은 무조건 건강에 좋지 않다고 생각하는 사람들이 많다. 그러나 포도를 이용하여 담근 레드 와인은 의외로 건강에 도움이 되는 성분들을 다량으로 함유하고 있어 적당량을 섭취할 경우 건강에 효과적일 수 있다.

레드 와인은 심혈관 질환을 예방하는 데 특히 효과적이다. 와인에 함유된 식물성 색소인 플라보노이드 성분은 나쁜 콜레스테롤의 수치를 떨어트리고, 좋은 콜레스테롤의 수치를 상대적으로 향상시킨다. 이는 결국 혈액 순환 개선에 도움이 되어 협심증이나 뇌졸중 등의 심혈관 질환 발병률을 낮출 수 있다.

레드 와인은 노화 방지에도 효과적이다. 레드 와인은 항산화 물질인 폴리페놀 성분을 다량 함유하고 있는데, 활성산소를 제거하는 항산화 성분이 몸속에 쌓여 노화를 빠르게 촉진하는 활성산소를 내보냄으로써 노화를 자연스럽게 늦출 수 있는 것이다.

또한 레드 와인을 꾸준히 섭취할 경우 섭취하기 이전보다 뇌의 활동량과 암기력이 높아지는 것으로 알려져 있다. 레드 와인에 함유된 레버라트롤이란 성분이 뇌의 노화를 막고 활동량을 높이는 데 도움을 주기 때문이다. 이를 통해 인지력과 기억력이 향상되고 나아가 노인성 치매와 편두통 등의 뇌와 관련된 질병을 예방할 수 있다.

레드 와인은 면역력을 상승시켜주기도 한다. 면역력이란 외부의 바이러스나 세균 등의 침입을 방어하는 능력을 말하는데, 레드 와인에 포함된 퀘르세틴과 갈산이 체온을 상승시켜 체내의 면역력을 높인다.

이외에도 레드 와인은 위액의 분비를 촉진하여 소화를 돕고 식욕을 촉진하기도 한다. 그러나 와인을 마실 때 상대적으로 떫은맛이 강한 레드 와인부터 마시게 되면 탄닌 성분이 위벽에 부담을 주고 소화를 방해할 수 있다. 따라서 단맛이 적고 신맛이 강한 스파클링 와인이나 화이트 와인부터 마신 후 레드 와인을 마시는 것이 좋다.

① 위벽 보호
② 식욕 촉진
③ 노화 방지
④ 기억력 향상
⑤ 면역력 강화

맹사성은 고려 시대 말 문과에 급제하여 정계에 진출해 조선이 세워진 후 황희 정승과 함께 조선 전기의 문화 발전에 큰 공을 세운 인물이다. 맹사성은 성품이 맑고 깨끗하며, 단정하고 묵직해서 재상으로 지내면서 재상으로서의 품위를 지켰다. 또 그는 청렴하고 검소하여 늘 ㉠ 남루한 행색으로 다녔는데, 이로 인해 한 번은 어느 고을 수령의 야유를 받았다. 나중에서야 맹사성의 실체를 알게 된 수령이 후사가 두려워 도망을 가다가 관인을 못에 빠뜨렸고, 후에 그 못을 인침연(印沈淵)이라 불렀다는 일화가 남아 있다.

조선 시대의 학자 서거정은 『필원잡기』에서 이런 맹사성이 평소에 어떻게 살았는가를 소개했다. 서거정의 소개에 따르면 맹사성은 음률을 ㉡ 깨우쳐서 항상 하루에 서너 곡씩 피리를 불곤 했다. 그는 혼자 문을 닫고 조용히 앉아 피리 불기를 계속할 뿐 ㉢ 사사로운 손님을 받지 않았다. 일을 보고하러 오는 등 꼭 만나야 할 손님이 오면 잠시 문을 열어 맞이할 뿐 그 밖에는 오직 피리를 부는 것만이 그의 삶의 전부였다. 일을 보고하러 오는 사람은 동구 밖에서 피리 소리를 듣고 맹사성이 방 안에 있다는 것을 알 정도였다.

맹사성은 여름이면 소나무 그늘 아래에 앉아 피리를 불고, 겨울이면 방 안 부들자리에 앉아 피리를 불었다. 서거정의 표현에 의하면 맹사성의 방에는 '오직 부들자리와 피리만 있을 뿐 다른 물건은 없었다.'고 한다. 당시 한 나라의 정승까지 ㉣ 맡고 있었던 사람의 방이었건만 그곳에는 온갖 ㉤ 요란한 장신구나 수많은 장서가 쌓여 있지 않고 오직 피리 하나만 있었던 것이다.

옛 왕조의 끝과 새 왕조의 시작이라는 격동기를 살면서 급격한 변화를 경험해야 했던 맹사성이 방에 오직 부들자리와 피리만을 두면서 생각한 것은 무엇일까? 그는 어떤 생각을 하며 어떤 삶을 살아갔을까? 피리 소리만 남겨둔 채 늘 비우는 방과 같이 늘 마음을 비우려 노력했던 것은 아닐까.

04 다음 글의 내용으로 가장 적절한 것은?

① 맹사성은 조선 전기 과거에 급제하여 조선의 문화 발전에 큰 공을 세웠다.
② 맹사성은 자신을 야유한 고을 수령의 뒤를 쫓다 인침연에 빠졌다.
③ 맹사성은 자신의 평소 생활 모습을 『필원잡기』에 담았다.
④ 맹사성은 혼자 문을 닫고 앉아 일체의 손님을 받지 않았다.
⑤ 맹사성은 여름과 겨울을 가리지 않고 피리를 불었다.

05 다음 중 밑줄 친 ㉠~㉤의 의미가 잘못 연결된 것은?

① ㉠ : 옷 따위가 낡아 해지고 차림새가 너저분한
② ㉡ : 깨달아 알아서
③ ㉢ : 보잘것없이 작거나 적은
④ ㉣ : 어떤 일에 대한 책임을 지고 담당하고
⑤ ㉤ : 정도가 지나쳐 어수선하고 야단스러운

06 다음 글의 내용으로 가장 적절한 것은?

> 베라 고부노바 미국 로체스터대 교수 겸 노화연구센터 공동책임자는 KAIST 글로벌전략연구소가 '포스트 코로나, 포스트 휴먼 – 의료·바이오 혁명'을 주제로 개최한 제3차 온라인 국제포럼에서 "대다수 포유동물보다 긴 수명을 가진 박쥐는 바이러스를 체내에 보유하고 있으면서도 염증 반응이 일어나지 않는다."며 "박쥐의 염증 억제 전략을 생물학적으로 이해하면 코로나19는 물론 자가면역 질환 등 다양한 염증 질환 치료제에 활용될 수 있을 것"이라고 말했다.
>
> 박쥐는 밀도가 높은 군집 생활을 한다. 또한 포유류 중 유일하게 날개를 지닌 생물로서 뛰어난 비행 능력과 비행 중에도 고온의 체온을 유지하는 것 등의 능력으로 먼 거리까지 무리를 지어 날아다니기 때문에 쉽게 질병에 노출된다. 그럼에도 오랜 기간 지구상에 존재하며 바이러스에 대항하는 면역 기능이 발달된 것으로 추정된다. 에볼라나 코로나바이러스에 감염돼도 염증 반응이 일어나지 않기 때문에 대표적인 바이러스 숙주로 지목된다.
>
> 고부노바 교수는 "인간은 도시에 모여 산 것도, 비행기를 타고 돌아다닌 것도 사실상 약 100년 정도로 오래되지 않아 박쥐만큼 바이러스 대항 능력이 강하지 않다."며 "그렇다고 박쥐처럼 약 6,000~7,000만 년에 걸쳐 진화할 수도 없다."라고 설명했다. 그러면서 "박쥐 연구를 통해 박쥐의 면역체계를 이해하고 바이러스에 따른 다양한 염증 반응 치료제를 개발하는 전략이 필요하다."라고 강조했다.
>
> 고부노바 교수는 "이 같은 비교생물학을 통해 노화를 억제하고 퇴행성 질환에 대응하기 위한 방법을 찾을 수 있다."며 "안전성이 확인된 연구 결과물들을 임상에 적용해 더욱 발전해 나가는 것이 필요하다."라고 밝혔다.

① 박쥐의 수명은 긴 편이지만 평균적인 포유류 생물의 수명보다는 짧다.
② 박쥐는 날개가 있는 유일한 포유류지만 짧은 거리만 날아서 이동이 가능하다.
③ 박쥐는 현재까지도 바이러스에 취약한 생물이지만 긴 기간 지구상에 존재할 수 있었다.
④ 박쥐가 많은 바이러스를 보유하고 있는 것은 무리생활과 더불어 수명과도 관련이 있다.
⑤ 박쥐의 면역은 인간에 직접 적용할 수 없기에 연구가 무의미하다.

07 다음 글의 내용 전개 방식으로 가장 적절한 것은?

> 지구가 스스로 빙빙 돈다는 것, 또 그런 상태로 태양 주변을 빙빙 돌고 있다는 것은 선구자들의 연구 덕분에 증명된 사실이다. 하지만 돌고 있는 것은 지구뿐만이 아니다. 물 역시 지구 내에서 끊임없이 돌고 있다. '물이 돌고 있다.'는 의미는 지구처럼 물이 시계방향이나 반시계방향으로 빙빙 돌고 있다는 뜻은 아니다. 지구 내 물의 전체 양은 변하지 않은 채 상태와 존재 위치만 바뀌면서 계속해서 '순환'하고 있음을 말한다.
>
> 그러면 '물의 순환'을 과학적으로 어떻게 정의할 수 있을까? 한마디로 물이 기체, 액체, 고체로 그 상태를 바꾸면서 지표면과 지하, 대기 사이를 순환하고, 이 과정에서 비와 눈 같은 여러 가지 기상현상을 일으킨다고 할 수 있다. 강과 바다에서 물이 증발하면 수증기가 되는데, 수증기가 상공으로 올라가다 보면 기압이 낮아져 팽창하게 된다. 그러면서 에너지를 쓰게 되고 온도가 낮아지다 보면 수증기는 다시 작은 물방울이나 얼음 조각으로 변하는데, 그것이 우리가 알고 있는 구름이다. 구름의 얼음 조각이 커지거나 작은 물방울들이 합해지면 큰 물방울이 눈이나 비가 되어 내리고, 지표 사이로 흘러 들어간 물은 다시 강과 바다로 가게 된다. 이러한 현상은 영원히 반복된다.
>
> 이처럼 물의 순환은 열을 흡수하느냐와 방출하느냐에 따라 물의 상태가 변함으로써 발생한다. 쉽게 말해 얼음이 따뜻한 곳에 있으면 물이 되고, 물에 뜨거운 열을 가하면 수증기가 되는 것처럼, '고체 → 액체 → 기체' 혹은 '고체 → 기체'로 변화할 때는 열을 흡수하고, 반대의 경우에는 열을 방출하는 것이다. 흡수된 열에너지는 운동에너지로 전환되어 고체보다는 액체, 액체보다는 기체 상태에서 분자 사이의 움직임을 더 활발하게 만든다.

① 대상에 대한 다양한 관점을 소개하면서 이를 서로 절충하고 있다.
② 전문가의 견해를 토대로 현상의 원인을 분석하고 있다.
③ 비유의 방식을 통해 대상의 속성을 드러내고 있다.
④ 대상의 상태 변화 과정을 통해 현상을 설명하고 있다.
⑤ 묘사를 통해 대상을 구체적으로 설명하고 있다.

01 다음은 E사 필기시험 응시자와 합격자를 나타낸 자료이다. 다음 자료에 따를 때, 제1차 시험 대비 제2차 시험 합격률의 증가율은 얼마인가?

〈필기시험 현황〉

(단위 : 명, %)

구분	접수자	응시자	응시율	합격자
제1차 시험	250,000	155,000	62	32,550
제2차 시험	120,000	75,000	62.5	17,325

※ 응시율은 접수자 중 응시자의 비율을 의미하고, 합격률은 응시자 중 합격자의 비율을 의미함

① 0.1% ② 1%

③ 2% ④ 5%

⑤ 10%

02 다음은 지난달 봉사 장소별 봉사자 수를 연령별로 조사한 자료이다. 다음 〈보기〉에서 이에 대한 설명으로 적절한 것을 모두 고르면?

〈봉사 장소의 연령대별 봉사자 수〉

(단위 : 명)

구분	10대	20대	30대	40대	50대	전체
보육원	148	197	405	674	576	2,000
요양원	65	42	33	298	296	734
무료급식소	121	201	138	274	381	1,115
노숙자쉼터	0	93	118	242	347	800
유기견보호소	166	117	56	12	0	351
합계	500	650	750	1,500	1,600	5,000

보기

ㄱ. 전체 보육원 봉사자 중 30대 이하가 차지하는 비율은 36%이다.
ㄴ. 전체 무료급식소 봉사자 중 40 ~ 50대는 절반 이상이다.
ㄷ. 전체 봉사자 중 50대의 비율은 20대의 3배이다.
ㄹ. 노숙자쉼터 봉사자 중 30대는 15% 미만이다.

① ㄱ, ㄷ ② ㄱ, ㄹ

③ ㄴ, ㄷ ④ ㄴ, ㄹ

⑤ ㄷ, ㄹ

03 다음은 태양광 산업 분야 투자액 및 투자건수에 대한 표이다. 이에 대한 설명으로 옳지 않은 것은?

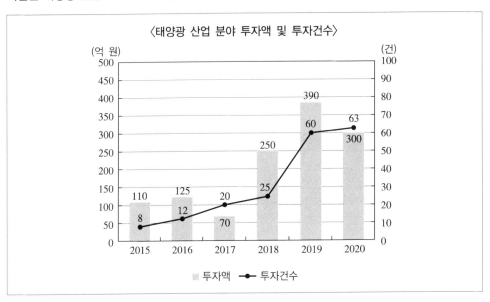

① 2016년부터 2020년까지 투자액의 전년 대비 증가율은 2019년이 가장 높다.

② 2016년부터 2020년까지 투자건수의 전년 대비 증가율은 2020년이 가장 낮다.

③ 2015년과 2018년 투자건수의 합은 2020년 투자건수보다 작다.

④ 투자액이 가장 큰 해는 2019년이다.

⑤ 투자건수는 매년 증가하였다.

04 다음은 2020년 4월 기준 의료인력 코로나19 주요 감염 경로에 대한 자료이다. 다음 〈보기〉에서 자료에 대한 설명으로 적절하지 않은 것을 모두 고르면?

〈의료인력 코로나19 주요 감염 경로(2020년 4월 기준)〉

(단위 : 명)

구분		계	의사	간호인력	기타
	총계	241	25	190	26
의료 관련 감염	확진자 진료	–	–	–	–
	선별 진료	3	1	2	–
	일반 진료 중 감염	66	6	57	3
	원내 집단발생 등	32	4	23	5
지역사회감염 등		101	7	76	18
감염경로불명 등		26	5	21	–
조사 중		13	2	11	–

보기

ㄱ. 감염된 전체 인력 중 의사의 수는 감염된 전체 간호인력 수의 15% 이상이다.

ㄴ. 일반 진료 중 감염된 인원 수 중 간호인력이 차지하는 비율은 원내 집단발생 등에 따른 감염인원 중 간호인력이 차지하는 비율보다 높다.

ㄷ. 감염된 간호인력 중 감염경로불명 등으로 감염된 인원의 수는 지역사회감염 등에 따라 감염된 인원의 수의 30% 이상이다.

ㄹ. 전체 감염 의료인력 중 기타 인원이 차지하는 비중은 지역사회감염 등에 따라 감염된 인원 중 기타 인원이 차지하는 비중보다 낮다.

① ㄱ, ㄴ
② ㄱ, ㄷ
③ ㄴ, ㄷ
④ ㄴ, ㄹ
⑤ ㄷ, ㄹ

※ 제시된 선택지에서 자신과 가장 가깝다고 생각하는 것과 멀다고 생각하는 것을 각각 한 가지씩 고르시오. [1~3]

01 A주임은 오늘 중요한 가족 모임이 있다. 업무를 마치고 집으로 돌아가던 중 A주임은 본인이 제출한 파일에 수정해야 할 사항이 있는 것을 발견했다. 파일의 마감 기한은 오늘까지이며, 다시 회사로 돌아가려면 1시간이 걸리는 상황이다. 이때, A주임의 입장에서 어떻게 할 것인가?

① 친한 동료인 B주임에게 대신 업무를 처리해줄 것을 부탁한다.
② 상사인 C팀장에게 사정을 설명하고, 제출일을 다음 날로 미룬다.
③ 불가피한 상황이므로 회사에 다시 돌아가서 파일을 수정한 후 제출한다.
④ 사소한 실수이므로 아무도 모를 거라 생각하며 집으로 간다.
⑤ 집으로 가서 모임에 참여한 이후 회사로 돌아와 업무를 마무리한다.

02 모바일 관련 부서에서 근무를 했던 F사원은 최근 인터넷 관련 부서로 발령이 나서 이동한 후 업무가 재미가 없어 고민에 빠졌다. 이전에는 모바일 검색 관련 업무를 했으나 부서 이동 후에는 인터넷 홍보 관련 일을 하려니까 업무가 잘 익숙해지지 않고 있다. 이런 상황에서 F사원은 어떻게 해야 될까?

① 모바일 관련 부서로 부서 이동을 신청한다.
② 인터넷 관련 업무 중 홍보 외의 것을 달라고 요청한다.
③ 홍보 관련 업무에 대해 주변 동료들을 조언을 받아 기량을 발전시킨다.
④ 다른 회사의 모바일 관련 부서로 이직을 한다.
⑤ 개인적으로 인터넷 관련 업무에 대한 정보를 검색해 자신의 흥미를 끌 수 있는 것을 찾는다.

03 A프로젝트를 진행하고 있던 K부서장은 자신이 오랫동안 하고 싶었고 확실한 성과를 낼 수 있는 C프로젝트를 진행할 부서를 곧 설치한다는 정보를 알게 되었다. 두 프로젝트를 모두 진행하기에는 업무의 양이 상당히 많은 상황에서 당신이 K부서장이라면 어떻게 할 것인가?

① 업무량이 너무 많아지기 때문에 A프로젝트만 진행한다.
② A프로젝트를 보류하고, C프로젝트를 진행한다.
③ 부서원들에게 성과급을 말하고 두 프로젝트를 모두 진행한다.
④ C프로젝트에 참여할 사람을 모집하여 그 사람들 하고만 진행한다.
⑤ C프로젝트의 일정을 A프로젝트 다음으로 연기해달라고 회사에 요청한다.

01 언어비평검사 I (언어추리)

01 민국이는 A박스를 발견하여 뚜껑을 열어보았고, 그 속에는 사탕이 한가득 들어 있었다. 이를 본 철수는 그 옆에 있는 B박스를 보고 똑같이 사탕이 들어 있을 거라 생각하였다. 이때 철수가 저지른 오류는 무엇인가?

① 흑백사고의 오류
② 논점 일탈의 오류
③ 성급한 일반화의 오류
④ 전건 부정의 오류
⑤ 정황에 호소하는 오류

02 다음 제시된 오류와 관련 있는 것은?

> 어떤 주장이 참(거짓)임을 입증할 수 있는 방도를 모른다는 것을 근거로 그것이 거짓(참)이라고 논증하는 오류

① 소금과 간장은 짜다. 그러므로 소금과 간장이 함께 들어간 음식은 너무 짜서 도저히 먹을 수 없다.
② 세상에는 키가 큰 남자와 작은 남자, 두 종류밖에 없다.
③ 저는 영수를 때리지 않았어요. 제가 영수를 때리는 걸 아무도 못 봤다고 하잖아요.
④ '나는 아직도 배가 고프다.'는 히딩크 감독은 식사를 잘 거르나 보다.
⑤ 나도 투표에 참여하는 것이 매우 중요하다고 생각해. 하지만 너무 날씨가 추워서 밖에 나가기 싫으니까 투표를 안 할 거야.

03 다음의 대화에서 교수의 논리의 모순점을 지적한 기술로 적절하지 않은 것은?

> 교수 : 이번 시험을 위해 확실히 공부했나?
> 학생 : 네. 내분비계에 대해서만큼은 2시간 정도 공부했습니다.
> 교수 : 순환기계에 대해서는?
> 학생 : 교과서를 3번 읽었습니다.
> 교수 : 정직하게 말하게. 만약 공부했다면 좌심실과 우심실의 기능의 차이, 이런 기본적인 항목에
>   서 헷갈렸을 리가 없지 않은가.

① 집중력이 낮으면 기억력이 저하되는 가능성에 대해서 고려하고 있지 않다.
② 이 학생이 말한 공부 방법은 효과적이라고 가정하고 있다.
③ 몇 번이고 반복해서 읽는 것과 기억하는 것은 관련이 있다고 가정하고 있다.
④ 공부를 확실히 했다면 기본적인 항목은 다 맞출 것이라고 가정하고 있다.
⑤ 기본적인 항목은 기억하기 쉽다고 가정하고 있다.

04 다음 제시된 명제들로부터 추론할 수 있는 결론으로 적절한 것은?

> • 어떤 안경은 바다를 좋아한다.
> • 바다를 좋아하는 것은 유리로 되어 있다.
> • 모든 유리로 되어 있는 것은 열쇠이다.

① 모든 안경은 열쇠이다.
② 유리로 되어 있는 어떤 것 중 안경이 있다.
③ 바다를 좋아하는 모든 것은 안경이다.
④ 바다를 좋아하는 어떤 것은 유리로 되어 있지 않다.
⑤ 안경이 아닌 것은 바다를 좋아하지 않는다.

05 마지막 명제가 참일 때, 다음 빈칸에 들어갈 명제로 가장 적절한 것은?

> • 낡은 것을 버려야 새로운 것을 채울 수 있다.
> • _____
> • 그러므로 새로운 것을 채우지 않는다면 더 많은 세계를 경험할 수 없다.

① 새로운 것을 채운다면 낡은 것을 버릴 수 있다.

② 낡은 것을 버리지 않는다면 새로운 것을 채울 수 없다.

③ 새로운 것을 채운다면 더 많은 세계를 경험할 수 있다.

④ 낡은 것을 버리지 않는다면 더 많은 세계를 경험할 수 없다.

⑤ 더 많은 세계를 경험하지 못한다면 새로운 것을 채울 수 없다.

06 현수, 정훈, 승규, 태경, 형욱 다섯 명이 마라톤 경기에서 뛰고 있다. 한 시간이 지난 후에 다섯 명 사이의 거리가 다음 〈조건〉과 같다면, 〈보기〉에 대한 판단으로 가장 적절한 것은?

> **조건**
> • 태경이는 승규보다 3km 앞에서 뛰고 있다.
> • 형욱이는 태경이보다 5km 뒤에서 뛰고 있다.
> • 현수는 승규보다 5km 앞에서 뛰고 있다.
> • 정훈이는 태경이보다 뒤에서 뛰고 있다.
> • 1등과 5등의 거리는 10km 이상 벌어지지 않는다.

> **보기**
> 정훈이와 승규의 거리는 2km 이내이다.

① 확실히 아니다.

② 확실하지 않지만 틀릴 확률이 높다.

③ 확실하지 않지만 맞을 확률이 높다.

④ 확실히 맞다.

⑤ 알 수 없다.

01 다음 글의 내용으로 가장 적절한 것은?

> 우리는 '재활용'이라고 하면 생활 속에서 자주 접하는 종이, 플라스틱, 유리 등을 다시 활용하는 것만을 생각한다. 하지만, 에너지 역시도 재활용이 가능하다고 한다.
>
> 에너지는 우리가 인지하지 못하는 일상생활 속 움직임을 통해 매 순간 만들어지고 또 사라진다. 문제는 이렇게 생산되고 또 사라지는 에너지의 양이 적지 않다는 것이다. 이처럼 버려지는 에너지를 수집해 우리가 사용할 수 있도록 하는 기술이 에너지 하베스팅이다.
>
> 에너지 하베스팅은 열, 빛, 운동, 바람, 진동, 전자기 등 주변에서 버려지는 에너지를 모아 전기를 얻는 기술을 의미한다. 이처럼 우리 주위 자연에 존재하는 청정에너지를 반영구적으로 사용하기 때문에 공급의 안정성, 보안성 및 지속 가능성이 높고, 이산화탄소를 배출하는 화석연료를 사용하지 않기 때문에 환경공해를 줄일 수 있어 친환경 에너지 활용 기술로도 각광 받고 있다.
>
> 이처럼 에너지원의 종류가 많은 만큼, 에너지 하베스팅의 유형도 매우 다양하다. 체온, 정전기 등 신체의 움직임을 이용하는 신체 에너지 하베스팅, 태양광을 이용하는 광 에너지 하베스팅, 진동이나 압력을 가해 이용하는 진동 에너지 하베스팅, 산업 현장에서 발생하는 수많은 폐열을 이용하는 열에너지 하베스팅, 방송 전파나 휴대전화 전파 등의 전자파 에너지를 이용하는 전자파 에너지 하베스팅 등이 폭넓게 개발되고 있다.
>
> 영국의 어느 에너지 기업은 사람의 운동 에너지를 전기 에너지로 바꾸는 기술을 개발했다. 사람이 많이 다니는 인도 위에 버튼식 패드를 설치하여 사람이 밟을 때마다 전기가 생산되도록 하는 것이다. 이 장치는 2012년 런던 올림픽에서 테스트를 한 이후 현재 영국의 12개 학교 및 미국 뉴욕의 일부 학교에서 설치하여 활용 중이다.
>
> 이처럼 전 세계적으로 화석연료에서 신재생 에너지로 전환하려는 노력이 계속되고 있는 만큼, 에너지 전환 기술인 에너지 하베스팅에 대한 관심은 계속될 것이며 다양한 분야에 적용될 것으로 예상하고 있다.

① 재활용은 유체물만 가능하다.

② 에너지 하베스팅은 버려진 에너지를 또 다른 에너지로 만든다.

③ 에너지 하베스팅을 통해 열, 빛, 전기 등 여러 에너지를 얻을 수 있다.

④ 태양광과 폐열은 같은 에너지원에 속한다.

⑤ 사람의 운동 에너지를 전기 에너지로 바꾸는 기술은 사람의 체온을 이용한 신체 에너지 하베스팅 기술이다.

02 다음 중 밑줄 친 빈칸에 들어갈 내용으로 가장 적절한 것은?

경기적 실업이란 경기 침체의 영향으로 기업 활동이 위축되고 이로 인해 노동에 대한 수요가 감소하여 고용량이 줄어들어 발생하는 실업이다. 다시 말해 경기적 실업은 노동 시장에서 노동의 수요와 공급이 균형을 이루고 있는 상태라고 가정할 때, 경기가 침체되어 물가가 하락하게 되면 _____ 경기적 실업은 다른 종류의 실업에 비해 생산량 측면에서 경제적으로 큰 손실을 발생시킬 수 있기에 경제학자들은 이를 해결하기 위한 정부의 역할에 대해 다양한 의견을 제시한다.

① 기업은 생산량을 줄이게 되고 이로 인해 노동에 대한 공급이 감소하여 발생한다.
② 기업은 생산량을 늘리게 되고 이로 인해 노동에 대한 수요가 증가하여 발생한다.
③ 기업은 생산량을 늘리게 되고 이로 인해 노동에 대한 공급이 감소하여 발생한다.
④ 기업은 생산량을 줄이게 되고 이로 인해 노동에 대한 수요가 감소하여 발생한다.
⑤ 기업은 생산량을 줄이게 되고 이로 인해 노동에 대한 수요가 증가하여 발생한다.

03 다음 문장을 논리적 순서대로 바르게 나열한 것은?

(가) 하지만 예후가 좋지 못한 암으로 여겨져 왔던 식도암도 정기적 내시경 검사로 조기에 발견하여 수술 등 적절한 치료를 받을 경우 치료 성공률을 높일 수 있는 것으로 밝혀졌다.
(나) 이처럼 조기에 발견해 수술을 받을수록 치료 효과가 높음에도 불구하고 실제로 S병원에서 식도암 수술을 받은 환자 중 초기에 수술을 받은 환자는 25%에 불과했으며, 어느 정도 식도암이 진행된 경우 60%가 수술을 받은 것으로 조사됐다.
(다) 식도암을 치료하기 위해서는 50세 이상의 남자라면 매년 정기적으로 내시경 검사, 식도조영술, CT 촬영 등 검사를 통해 식도암을 조기에 발견하는 것이 중요하다.
(라) 서구화된 식습관으로 인해 식도암은 남성 중 6번째로 많이 발생하고 있으며, 전체 인구 10만 명당 3명이 사망하는 것으로 나타났다.
(마) S병원 교수팀이 식도암 진단 후 수술을 받은 808명을 대상으로 추적 조사한 결과, 발견 당시 초기에 치료할 경우 생존율이 높았지만, 반대로 말기에 치료할 경우 치료 성공률과 생존율 모두 크게 떨어지는 것으로 나타났다고 밝혔다.

① (다) – (라) – (나) – (마) – (가)
② (다) – (나) – (라) – (마) – (가)
③ (라) – (가) – (마) – (나) – (다)
④ (라) – (다) – (마) – (나) – (가)
⑤ (가) – (나) – (다) – (라) – (마)

04 다음 개요에 대한 수정 방안으로 적절하지 않은 것은?

주제문 : ㉠ 학교 급식 문제의 해법은?
Ⅰ. 서론 : 학교 급식에 대한 문제 제기
    – 급식 재료에 수입 농산물의 비중이 크다.
Ⅱ. 본론
    1. 수입 농산물 사용의 문제점
        가. ㉡ 유전자 조작 농산물의 안전성에 대한 우려
        나. 미래 우리 국민의 입맛과 농업 구조에 미칠 영향
    2. 문제 발생의 원인
        가. ㉢ 비용에 대한 부담으로 저렴한 수입 농산물 구매
        나. 급식 재료의 중요성에 대한 사회적 인식 부족
    3. 문제 해결의 방안
        가. 급식 재료에 우리 농산물 사용 확대
        나. ㉣ 학생들에 대한 올바른 식습관 교육
        다. 급식 운영에 대한 국가적 지원 확대
Ⅲ. 결론 : 수입 농산물 사용 자제 촉구

---

① ㉠ : 주제가 분명히 드러나도록 '학교 급식 재료에 우리 농산물 사용을 늘리자.'로 진술한다.
② ㉡ : 범주가 다르므로 '수입 농산물'로 교체한다.
③ ㉢ : 논지 전개상 어색하므로 '본론 1'의 하위 항목으로 옮긴다.
④ ㉣ : 논지와 무관한 내용의 항목이므로 삭제한다.
⑤ 글의 완결성을 고려하여 '본론 3'에 '급식 재료의 중요성에 대한 사회적 인식 제고'라는 하위 항목을 추가한다.

01 다음은 연도별 국내 출생아 및 혼인 현황에 대한 표이다. 〈정보〉를 보고 (ㄱ), (ㄴ), (ㄷ)에 들어갈 적절한 수를 바르게 나열한 것은?

〈연도별 출생아 및 혼인 현황〉

(단위 : 명)

구분	2011	2012	2013	2014	2015	2016	2017	2018	2019
출생아 수	471,265	484,550	436,455	435,435	438,420	406,243	357,771	326,822	(ㄷ)
합계출산율	(ㄱ)	1.297	1.187	1.205	1.239	1.172	1.052	0.977	0.918
출생성비	105.7	105.7	105.3	105.3	(ㄴ)	105.0	106.3	105.4	105.5
혼인건수(건)	329,087	327,073	322,807	305,507	302,828	281,635	264,455	257,622	239,159

※ 합계출산율은 한 여자가 가임기간(15 ~ 49세)에 낳을 것으로 기대되는 평균 출생아 수임

※ 출생성비 $(=\dfrac{(\text{남자 출생아})}{(\text{여자 출생아})} \times 100)$는 여자 출생아 100명당 남자 출생아 수임

〈정보〉

• 출생아 수는 2016 ~ 2019년 동안 전년 대비 감소하는 추세이며, 그 중 2019년도의 전년 대비 감소한 출생아 수가 가장 적다.

• 2011 ~ 2019년까지 연도별 합계출산율에서 2011년 합계출산율은 두 번째로 많다.

• 2013년부터 3년 동안 출생성비는 동일하다.

	(ㄱ)	(ㄴ)	(ㄷ)
①	1.204	105.0	295,610
②	1.237	105.0	295,610
③	1.244	105.3	302,676
④	1.237	105.3	302,676
⑤	1.251	105.3	295,873

02 다음은 학년별 온라인수업 수강 방법에 대해 조사한 자료이다. 이에 대한 설명으로 옳은 것을 〈보기〉에서 모두 고르면?

〈학년별 온라인수업 수강 방법〉

(단위 : %)

구분		스마트폰	태블릿PC	노트북	PC
학년	초등학생	7.2	15.9	34.4	42.5
	중학생	5.5	19.9	36.8	37.8
	고등학생	3.1	28.5	38.2	30.2
성별	남학생	10.8	28.1	30.9	30.2
	여학생	3.8	11.7	39.1	45.4

보기

㉠ 초등학생에서 중학생, 고등학생으로 올라갈수록 스마트폰과 PC의 이용률은 감소하고, 태블릿 PC와 노트북의 이용률은 증가한다.
㉡ 초·중·고등학생의 노트북과 PC의 이용률의 차이는 고등학생이 가장 작다.
㉢ 태블릿PC의 남학생·여학생 이용률의 차이는 노트북의 남학생·여학생 이용률의 2배이다.

① ㉠
② ㉠, ㉡
③ ㉠, ㉢
④ ㉡, ㉢
⑤ ㉠, ㉡, ㉢

03 다음은 2020년도 E자동차 회사에서 출시한 차량 종류별 생산 비율을 나타낸 것이다. 이에 대한 설명으로 옳은 것을 〈보기〉에서 모두 고르면?

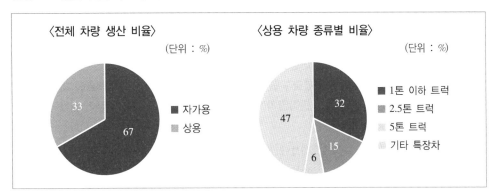

〈전체 차량 생산 비율〉 (단위 : %)
- 자가용
- 상용

〈상용 차량 종류별 비율〉 (단위 : %)
- 1톤 이하 트럭
- 2.5톤 트럭
- 5톤 트럭
- 기타 특장차

보기

ㄱ. 전체 차량 생산에서 1톤 이하 상용 차량이 차지하는 비율은 20%이다.
ㄴ. 이 회사의 상용 차량에서 특장차의 생산 대수가 트럭보다 많다.
ㄷ. 2.5톤 트럭의 상용 차량 생산 대수가 270대라면 자가용의 대수는 약 3,655대이다.

① ㄱ
② ㄴ
③ ㄱ, ㄴ
④ ㄷ
⑤ ㄴ, ㄷ

※ 상황판단검사는 정답을 따로 제공하지 않는 영역이니 참고하기 바랍니다.

※ 제시된 선택지에서 자신과 가장 가깝다고 생각하는 것과 멀다고 생각하는 것을 각각 한 가지씩 고르시오. [1~3]

01 E사에 근무하는 A사원은 동료로부터 다른 팀에서 새로 진행하는 프로젝트에 대한 이야기를 들었다. A사원은 평소 관심 있던 분야인 이번 프로젝트에 투입되고 싶은 욕심이 생겼다. 당신이 A사원이라면 어떻게 하겠는가?

① 다른 팀 팀장님에게 프로젝트에 참여하고 싶다고 말씀드린다.
② 상사에게 프로젝트에 참여하고 싶다고 말씀드린다.
③ 소속된 팀을 옮긴다.
④ 다른 팀으로부터 프로젝트를 빼앗는다.
⑤ 프로젝트를 다른 팀과 별개로 진행한다.

02 올해 E사 신입사원이 된 K사원은 M상사와 함께 거래처 첫 미팅에 참여했다. 그런데 회의에서 M상사가 K사원을 소개하지 않고 회의를 곧바로 진행하기 시작했다. 당신이 K사원이라면 어떻게 하겠는가?

① 회의를 끊고 거래처 사람들에게 본인을 소개한다.
② 회의가 다 끝나고 거래처 사람들에게 본인을 소개한다.
③ 회의가 다 끝나고 M상사에게 본인을 사람들에게 소개해달라고 한다.
④ 본인을 소개하지 않았으므로 회의에 참여하지 않는다.
⑤ 회의에는 지장이 없으니 소개하지 않고 넘어간다.

03 E프로젝트를 진행하는 A대리는 R과장에게 보고할 E프로젝트 중간보고서를 만들었다. R과장에게 보고하기 전 A대리는 E프로젝트를 함께 진행하고 있는 B대리에게 중간보고서를 검토해달라고 부탁했다. 중간보고서 파일을 B대리에게 보내주고 난 다음날 A대리는 B대리에게 보낸 파일이 중간보고서의 최종파일이 아닌 수정 전 파일임을 알게 되었다. 당신이 A대리라면 어떻게 하겠는가?

① 실수를 인정하고 바로 B대리에게 최종파일을 보내주며 처음부터 다시 검토해달라고 부탁한다.
② B대리에게는 알리지 않고 다른 동료에게 최종파일을 검토해달라고 부탁한다.
③ B대리에게 검토를 중단하라고 한 후, 다른 동료에게 최종파일을 검토해달라고 부탁한다.
④ 치명적인 오류가 아니면 B대리가 검토한 수정 전 파일로 보고한다.
⑤ B대리에게 파일을 넘긴 후 수정한 것처럼 다시 전달한다.

01 언어비평검사 I (언어추리)

01 다음 빈칸에 들어갈 문장으로 적절한 것은?

> • 검은 양은 더위를 많이 탄다.
> • 어미 양이 검은 양이면 새끼 양도 검은 양이다.
> • 그러므로 _____

① 새끼 양이 검은 양이 아니면 어미 양은 검은 양이다.

② 어미 양이 더위를 많이 타면 새끼 양도 더위를 많이 탄다.

③ 새끼 양이 검은 양이면 어미 양은 더위를 많이 탄다.

④ 어미 양이 검은 양이면 새끼는 더위를 많이 탄다.

⑤ 어미 양이 검은 양이 아니면 새끼 양도 검은 양이 아니다.

※ 다음 제시된 문장을 참고하여 내린 A, B의 결론에 대한 판단으로 옳은 것을 고르시오. **[2~3]**

02

> • 1교시부터 4교시까지 국어, 수학, 영어, 사회 4과목의 수업이 한 시간씩 있다.
> • 국어는 1교시가 아니다.
> • 영어는 2교시가 아니다.
> • 영어는 국어와 수학 시간 사이에 있다.

> • A : 2교시가 수학일 때, 1교시는 사회이다.
> • B : 3교시는 영어이다.

① A만 옳다.

② B만 옳다.

③ A, B 모두 옳다.

④ A, B 모두 틀리다.

⑤ A, B 모두 옳은지 틀린지 판단할 수 없다.

03

> - 아침에 시리얼을 먹는 사람은 두뇌 회전이 빠르다.
> - 아침에 토스트를 먹는 사람은 피곤하다.
> - 에너지가 많은 사람은 아침에 밥을 먹는다.
> - 피곤하면 회사에 지각한다.
> - 두뇌 회전이 빠르면 일 처리가 빠르다.

> - A : 회사에 지각하지 않은 사람은 아침에 토스트를 먹지 않았다.
> - B : 일 처리가 빠른 사람은 아침에 시리얼을 먹은 것이다.

① A만 옳다.
② B만 옳다.
③ A, B 모두 옳다.
④ A, B 모두 틀리다.
⑤ A, B 모두 옳은지 틀린지 판단할 수 없다.

04 어느 날 밤 11시경 회사 사무실에 도둑이 들었다. CCTV를 확인해 보니 도둑은 한 명이며, 수사 결과 용의자는 갑, 을, 병, 정, 무로 좁혀졌다. 이 중 2명은 거짓말을 하고 있으며, 그 중 한 명이 범인이다. 범인은 누구인가?

> 갑 : 그날 밤 11시에 저는 을, 무하고 셋이서 함께 있었습니다.
> 을 : 갑은 그 시간에 무와 함께 타 지점에 출장 중이었어요.
> 병 : 갑의 진술은 참이고, 저도 회사에 있지 않았습니다.
> 정 : 을은 밤 11시에 저와 단둘이 있었습니다.
> 무 : 저는 사건이 일어났을 때 집에 있었습니다.

① 갑   ② 을
③ 병   ④ 정
⑤ 무

05 다음과 동일한 오류를 범한 사례는?

> 나는 지난 겨울방학에 이어 이번 여름방학에 알래스카를 다시 방문했는데, 흰 눈과 얼음으로 뒤덮여 있던 내 기억 속의 겨울 알래스카와 전혀 다른 모습이라 당황스러웠어.

① 소크라테스는 독배를 들고 죽은 사람이므로 그의 말은 믿을 것이 못된다.
② 게임을 좋아하는 철수보다 책을 좋아하는 영희가 똑똑한 이유는 게임보다 책을 좋아하는 사람이 더 지적이기 때문이야.
③ 천국이나 지옥이 없다는 것을 증명할 수 없으므로 천국이나 지옥의 존재를 인정해야 한다.
④ ○○치약을 사용하는 사람이 900만 명이나 되는 걸 보면 ○○치약이 가장 좋은 제품이야.
⑤ 요즘 청소년들의 사고가 많은 걸 보니 청소년들은 전부 문제가 많은 모양이야.

---

02   언어비평검사 Ⅱ (독해)

01 다음 중 밑줄 친 ㉠, ㉡에 들어갈 접속어가 바르게 연결된 것은?

> 평화로운 시대에 시인의 존재는 문화의 비싼 장식일 수 있다. ___㉠___ 시인의 조국이 비운에 빠졌거나 분단되었을 때 시인은 장식의 의미를 떠나 민족의 예언가가 될 수 있고, 민족혼을 불러일으키는 선구자적 지위에 놓일 수도 있다. 예를 들면 스스로 군대를 가지지 못한 채 제정 러시아의 가혹한 탄압 아래 있던 폴란드 사람들은 시인의 존재를 민족의 재생을 예언하고 굴욕스러운 현실을 탈피하도록 격려하는 예언자로 여겼다. ___㉡___ 통일된 국가를 가지지 못하고 이산되어 있던 이탈리아 사람들은 시성 단테를 유일한 '이탈리아'로 숭앙했고, 제1차 세계대전 때 독일군의 잔혹한 압제 하에 있었던 벨기에 사람들은 베르하렌을 조국을 상징하는 시인으로 추앙하였다.

	㉠	㉡
①	그러므로	따라서
②	그러므로	반대로
③	그러나	반대로
④	그러나	또한
⑤	그리고	또한

02 다음 문장을 논리적 순서대로 나열한 것은?

(가) 1970년 이후 적정기술을 기반으로 많은 제품이 개발되어 현지에 보급되어 왔지만, 그 성과에 대해서는 여전히 논란이 있다.
(나) 적정기술은 새로운 기술이 아닌 우리가 알고 있는 여러 기술 중의 하나로, 어떤 지역의 직면한 문제를 해결하는 데 적절하게 사용된 기술이다.
(다) 빈곤 지역의 문제 해결을 위해서는 기술 개발 이외에도 지역 문화에 대한 이해와 현지인의 교육까지도 필요하다.
(라) 이는 기술의 보급만으로는 특정 지역의 빈곤 탈출과 경제적 자립을 이룰 수 없기 때문이다.

① (가) – (나) – (다) – (라)
② (가) – (라) – (나) – (다)
③ (나) – (가) – (라) – (다)
④ (나) – (다) – (라) – (가)
⑤ (다) – (라) – (나) – (가)

03 다음 글의 중심 내용으로 가장 적절한 것은?

칸트는 인간이 이성을 부여받은 것은 욕망에 의해 움직이지 않게 하기 위함이라고 말하면서 자신의 행복을 우선시하기보다는 도덕적인 의무를 먼저 수행해야 한다고 주장했다. 칸트의 시각에서 볼 때 행동의 도덕적 가치를 결정하는 것은 어떠한 상황에서든 모든 사람들이 그 행동을 했을 때에 아무런 모순이 생기지 않아야 한다는 보편주의이다. 내가 타인을 존중하지 않으면서 타인이 나를 존중하고 도와줄 것을 기대한다면, 이는 보편주의를 위배하는 것이다. 그러므로 남이 나에게 해주길 바라는 것을 실천하는 것이 바로 도덕적 행동이라는 것이다. 따라서 도덕적 행동이 나의 이익이나 본성과 일치하지 않더라도 나는 나의 의무를 수행해야 한다고 역설했다.

① 칸트의 도덕관에 대한 비판
② 칸트가 생각하는 도덕적 행동
③ 도덕적 가치에 대한 칸트의 관점
④ 무목적성을 지녀야 하는 도덕적 행위
⑤ 칸트의 도덕적 의무론이 지니는 가치

04 다음 글의 내용으로 적절하지 않은 것은?

사람의 눈이 원래 하나였다면 세계를 입체적으로 지각할 수 있었을까? 입체 지각은 대상까지의 거리를 인식하여 세계를 3차원으로 파악하는 과정을 말한다. 입체 지각은 눈으로 들어오는 시각 정보로부터 다양한 단서를 얻어 이루어지는데, 이를 양안 단서와 단안 단서로 구분할 수 있다.

양안 단서는 양쪽 눈이 함께 작용하여 얻어지는 것으로, 양쪽 눈에서 보내오는 시차(視差)가 있는 유사한 상이 대표적이다. 단안 단서는 한쪽 눈으로 얻을 수 있는 것인데, 사람은 단안 단서만으로도 이전의 경험으로부터 추론에 의하여 세계를 3차원으로 인식할 수 있다. 망막에 맺히는 상은 2차원이지만 그 상들 사이의 깊이의 차이를 인식하게 해 주는 다양한 실마리들을 통해 입체 지각이 이루어진다.

동일한 물체의 크기가 다르게 시야에 들어오면 우리는 더 큰 시각(視角)을 가진 쪽이 더 가까이 있다고 인식한다. 이렇게 물체의 상대적 크기는 대표적인 단안 단서이다. 또 다른 단안 단서로는 직선 원근이 있다. 우리는 앞으로 뻗은 길이나 레일이 만들어 내는 평행선의 폭이 좁은 쪽이 넓은 쪽보다 멀리 있다고 인식한다. 또 하나의 단안 단서인 결 기울기는 같은 대상이 집단적으로 어떤 면에 분포할 때, 시야에 동시에 나타나는 대상들의 연속적인 크기 변화로 얻어진다. 예를 들면 들판에 만발한 꽃을 보면 앞쪽은 꽃이 크고 뒤로 가면서 서서히 꽃이 작아지는 것으로 보이는데, 이러한 시각적 단서가 쉽게 원근감을 일으킨다.

어떤 경우에는 운동으로부터 단안 단서를 얻을 수 있다. 운동 시차는 관찰자가 운동할 때 정지한 물체들이 얼마나 빠르게 움직이는 것처럼 보이는지가 물체들까지의 상대적 거리에 대한 실마리를 제공하는 것이다. 예를 들어 기차를 타고 가다 창밖을 보면 가까이에 있는 나무는 빨리 지나가고 멀리 있는 산은 거의 정지해 있는 것처럼 보인다.

① 세계를 입체적으로 지각하기 위해서는 단서가 되는 다양한 시각 정보가 필요하다.
② 단안 단서에는 물체의 상대적 크기, 직선 원근, 결 기울기, 운동 시차 등이 있다.
③ 사고로 한쪽 눈의 시력을 잃은 사람은 입체 지각이 불가능하다.
④ 대상까지의 거리를 인식할 수 있어야 세계를 입체적으로 지각할 수 있다.
⑤ 이동하는 차 안에서 창밖을 보면 가까이에 있는 건물이 멀리 있는 건물보다 더 빨리 지나간다.

※ 다음 글을 읽고 이어지는 질문에 답하시오. [5~7]

수면은 피로가 누적된 심신을 회복하기 위해 주기적으로 잠을 자는 상태를 의미한다. 수면은 '비-REM수면'과 급속한 안구 운동을 동반하는 'REM(Rapid Eye Movement)수면'이 교대로 나타난다. 일반적으로 비-REM수면 이후 REM수면이 진행된다. 비-REM수면은 4단계로 진행되면서 깊은 잠에 빠져들게 되는 수면이다. 이러한 수면의 양상은 수면 단계에 따라 달리 측정되는 뇌파로 살펴볼 수 있다. ㉠

먼저 막 잠이 들기 시작하는 1단계 수면 상태에서 뇌는 '세타파'를 내보낸다. 세타파란 옅은 잠을 자는 상태에서 나타나는 뇌파로, 이때는 언제든 깰 수 있을 정도의 수면 상태이다. 이 단계는 각성 상태에서 수면으로 넘어가는 과도기적 상태로 뇌파가 각성 상태보다 서서히 느려진다. ㉡

2단계 수면에서는 세타파 사이사이에 '수면방추'와 'K-복합체'라는 독특한 뇌파의 모습이 보인다. 수면방추는 세타파 중간마다 마치 실이 감겨 있는 것처럼 촘촘한 파동의 모습인데, 분당 2~5번 정도 나타나며 수면을 유지시켜 주는 역할을 한다. K-복합체는 2단계 수면에서 나타나는데, 세타파 사이사이에 아래위로 갑자기 삐죽하게 솟아오르는 모습을 보인다. 실험에 의하면 K-복합체는 수면 중 갑작스러운 소음이 날 때 활성화된다. ㉢

깊은 수면의 단계로 진행되면 뇌파 가운데 가장 느리고 진폭이 큰 '델타파'가 나타난다. 3단계와 4단계는 '델타파'의 비중에 따라 구별된다. 보통 델타파의 비중이 20~50%일 때는 3단계로, 50%를 넘어서 더 깊은 수면에 빠지는 상태가 되면 4단계로 본다. 때문에 4단계 수면은 '서파수면(Slow-wave-sleep)'으로도 알려져 있다. ㉣

서파수면은 대뇌의 대사율과 혈류량이 각성 수준의 75%까지 감소되는 깊은 잠의 상태이고, REM수면은 잠에 빠져 있음에도 정신 활동이 이루어지는 상태이다. 이 때문에 서파수면 상태에 있는 사람을 깨우면 정신을 못 차리고 비틀거리며 혼란스러워 하고, REM수면 상태의 사람을 깨우면 금세 각성 상태로 돌아온다. ㉤ 자극에 반응을 하지 않을 정도의 비-REM수면은 온전한 휴식을 통해 진정한 심신의 회복을 가져다준다. 자면서도 정신 활동이 이루어지는 REM수면은 인간의 뇌의 활동이나 학습에도 도움을 준다. 비-REM수면이든 REM수면이든 문제가 생기면 인간의 활동은 영향을 받게 된다.

05 다음 중 윗글의 주된 내용 전개 방식으로 가장 적절한 것은?

① 현상의 과정을 단계별로 나누어 설명하고 있다.
② 현상에 대한 다양한 관점을 비교・분석하고 있다.
③ 현상에 대한 해결 방안을 제시하고 있다.
④ 구체적인 사례를 통해 관련 현상을 설명하고 있다.
⑤ 새로운 시각으로 현상을 분석하는 이론을 소개하고 있다.

06 다음 중 윗글을 이해한 내용으로 적절하지 않은 것은?

① 세타파만 측정되는 수면 상태라면 작은 소음에도 쉽게 깰 수 있겠어.

② 세타파 사이사이에 아래위로 뾰족하게 솟아오르는 뇌파는 분당 5번 정도 나타나는군.

③ 델타파의 속도는 세타파보다 느리지만, 진폭은 세타파보다 커.

④ 서파수면 상태의 사람과 REM수면 상태의 사람이 동시에 잠에서 깨 일어난다면 REM수면 상태의 사람이 더 빨리 움직이겠군.

⑤ 피로가 누적된 사람에게는 REM수면보다 비-REM수면이 필요해.

07 윗글의 ㉠ ~ ㉤ 중 〈보기〉의 문장이 들어갈 위치로 가장 적절한 곳은?

> **보기**
>
> 이를 통해 이것은 잠자는 사람이 깨는 것을 방지해 주는 역할을 하여 깊은 수면을 유도함을 알 수 있다.

① ㉠

② ㉡

③ ㉢

④ ㉣

⑤ ㉤

01 다음은 성인의 독서프로그램 정보 획득 경로에 대한 자료이다. 관공서, 도서관 등의 안내에 따라 독서프로그램 정보를 획득한 여성 수 대비 스스로 탐색하여 독서프로그램 정보를 획득한 남성 수의 비율은?(단, 인원은 소수점 첫째 자리에서, 비율은 소수점 둘째 자리에서 반올림한다)

〈성인의 독서프로그램 정보 획득 경로〉

(단위 : %)

구분	남성	여성
사례 수(명)	137	181
지인	23.4	20.1
스스로 탐색	22.0	27.6
소속단체에서의 권장	28.8	23.0
관공서, 도서관 등의 안내	22.8	20.5
인터넷, 동호회, SNS	3.0	6.4
기타	-	2.4

① 72.6%
② 75.5%
③ 79.8%
④ 81.1%
⑤ 84.7%

02 다음은 우리나라 건강보험 재정현황에 대한 자료이다. 이에 대한 설명으로 옳지 않은 것은?(단, 수지율은 소수점 첫째 자리에서 반올림한다)

〈건강보험 재정현황〉

(단위 : 조 원, %)

구분	2010년	2011년	2012년	2013년	2014년	2015년	2016년	2017년
수입	33.6	37.9	41.9	45.2	48.5	52.4	55.7	58.0
보험료 수입 등	28.7	32.9	36.5	39.4	42.2	45.3	48.6	51.2
정부지원	4.9	5.0	5.4	5.8	6.3	7.1	7.1	6.8
지출	34.9	37.4	38.8	41.6	43.9	48.2	52.7	57.3
보험급여비	33.7	36.2	37.6	40.3	42.5	46.5	51.1	55.5
관리운영비 등	1.2	1.2	1.2	1.3	1.4	1.7	1.6	1.8
수지율	104	99	93	92	91	92	95	99

※ 수지율(%) = $\frac{(지출)}{(수입)} \times 100$

① 2010년 대비 2017년 건강보험 수입의 증가율과 건강보험 지출의 증가율의 차이는 15%p 이상이다.

② 2011년부터 건강보험 수지율이 전년 대비 감소한 해에는 정부지원 수입이 전년 대비 증가했다.

③ 2015년 보험료 수입 등이 건강보험 수입에서 차지하는 비율은 75% 이상이다.

④ 건강보험 수입과 지출의 전년 대비 증감 추이는 2012년부터 2015년까지 동일하다.

⑤ 2011년부터 2013년까지 건강보험 지출 중 보험급여비가 차지하는 비중은 매년 90%를 초과했다.

03 다음은 국가별 크루즈 외래객 점유율에 대한 그래프이다. 이에 대한 설명으로 적절한 것을 〈보기〉에서 모두 고르면?

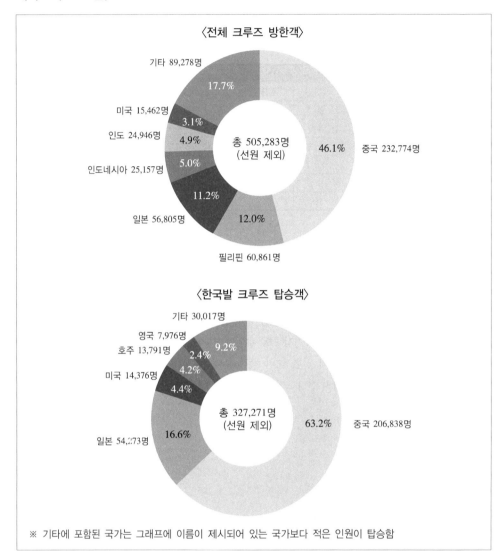

〈전체 크루즈 방한객〉

기타 89,278명
17.7%
미국 15,462명
3.1%
인도 24,946명
4.9%
인도네시아 25,157명
5.0%
일본 56,805명
11.2%
12.0%
필리핀 60,861명

총 505,283명
(선원 제외)
46.1% 중국 232,774명

〈한국발 크루즈 탑승객〉

기타 30,017명
영국 7,976명
9.2%
호주 13,791명
2.4%
미국 14,376명
4.2%
4.4%
일본 54,273명
16.6%

총 327,271명
(선원 제외)
63.2% 중국 206,838명

※ 기타에 포함된 국가는 그래프에 이름이 제시되어 있는 국가보다 적은 인원이 탑승함

보기

ㄱ. 전체 크루즈 방한객의 수와 한국발 크루즈 승객 수의 국가별 순위는 동일하다.
ㄴ. 미국 크루즈 방한객 수 대비 미국의 한국발 크루즈 탑승객 수의 비율은 85% 이상이다.
ㄷ. 필리핀의 크루즈 방한객 수는 필리핀의 한국발 크루즈 탑승객 수의 최소 8배 이상이다.
ㄹ. 영국의 한국발 크루즈 탑승객의 수는 일본의 한국발 크루즈 탑승객의 수의 20% 미만이다.

① ㄱ, ㄴ   ② ㄱ, ㄷ
③ ㄴ, ㄷ   ④ ㄴ, ㄹ
⑤ ㄷ, ㄹ

※ 다음은 음식 업종 사업자 수 현황에 대한 자료이다. 이어지는 질문에 답하시오. [4~5]

<음식 업종 사업자 수 현황>

(단위 : 명)

구분	2014년	2015년	2016년	2017년
커피음료점	25,151	30,446	36,546	43,457
패스트푸드점	27,741	31,174	32,982	34,421
일식전문점	12,997	13,531	14,675	15,896
기타외국식전문점	17,257	17,980	18,734	20,450
제과점	12,955	13,773	14,570	15,155
분식점	49,557	52,725	55,013	55,474
기타음식점	22,301	24,702	24,818	24,509
한식전문점	346,352	360,209	369,903	375,152
중식전문점	21,059	21,784	22,302	22,712
호프전문점	41,796	41,861	39,760	37,543
간이주점	19,849	19,009	17,453	16,733
구내식당	35,011	31,929	29,213	26,202
합계	632,026	659,123	675,969	687,704

04 2014년 대비 2017년 사업자 수의 감소율이 두 번째로 큰 업종의 감소율을 바르게 구한 것은?(단, 소수점 둘째 자리에서 반올림한다)

① 25.2%
② 18.5%
③ 15.7%
④ 10.2%
⑤ 9.9%

05 다음 중 자료에 대한 설명으로 옳지 않은 것은?

① 기타음식점의 2017년 사업자 수는 전년보다 309명 감소했다.
② 2015년의 전체 음식 업종 사업자 수에서 분식점 사업자 수가 차지하는 비중과 패스트푸드점 사업자 수가 차지하는 비중의 차이는 5%p 미만이다.
③ 사업자 수가 해마다 감소하는 업종은 두 곳이다.
④ 2014년 대비 2016년 일식전문점 사업자 수의 증감률은 약 15.2%이다.
⑤ 전체 음식 업종 사업자 수 중 구내식당의 비중은 2014년이 가장 높다.

※ 다음은 2019년 범죄의 수사단서이다. 자료를 읽고 이어지는 질문에 답하시오. **[6~7]**

〈2019년 범죄의 수사단서〉

(단위 : 건)

범죄 구분		합계	현행범	신고	미신고
합계		1,824,876	142,309	1,239,772	442,795
형법범죄	소계	958,865	122,097	753,715	83,053
	재산범죄	542,336	23,423	470,114	48,799
	강력범죄(흉악)	36,030	7,366	23,364	5,300
	강력범죄(폭력)	238,789	60,042	171,824	6,923
	위조범죄	19,502	286	13,399	5,817
	공무원범죄	3,845	69	1,560	2,216
	풍속범죄	12,161	2,308	4,380	5,473
	과실범죄	8,419	169	7,411	839
	기타형법범죄	97,783	28,434	61,663	7,686
특별법범죄	소계	866,011	20,212	486,057	359,742

06 다음 〈보기〉에서 자료에 대한 설명으로 옳지 않은 것을 모두 고르면?

> **보기**
>
> ㄱ. 풍속범죄의 경우 수사단서 중 미신고 유형이 가장 많다.
> ㄴ. 수사단서 중 현행범 유형의 건수가 가장 많은 범죄는 재산범죄이다.
> ㄷ. 형법범죄의 수사단서 합계보다 특별법범죄의 수사단서 합계가 더 많다.
> ㄹ. 수사단서 중 미신고 유형의 건수가 5만 건 이상인 범죄는 없다.

① ㄴ, ㄷ
② ㄱ, ㄴ, ㄷ
③ ㄱ, ㄴ, ㄹ
④ ㄱ, ㄷ, ㄹ
⑤ ㄴ, ㄷ, ㄹ

07 다음 중 형법범죄 중 수사단서로 신고의 건수가 가장 많은 범죄와 가장 적은 범죄의 신고 건수의 차이는?

① 410,045
② 468,052
③ 468,554
④ 473,179
⑤ 485,102

04 상황판단검사

※ 상황판단검사는 정답을 따로 제공하지 않는 영역이니 참고하기 바랍니다.

※ 제시된 선택지에서 자신이 가장 타당하다고 생각하는 것과 멀다고 생각하는 것을 각각 한 개씩 고르시
오. [1~3]

01 구매팀에 근무하는 A대리는 새로운 거래처를 찾기 위해 심사 중이었다. 최종 E와 G를 최종적으로
남겨 두고 고민하고 있는데, 그 중 G거래처 사장이 식사 도중 5만 원 상당의 선물을 건넸다. 당신이
A대리라면 어떻게 하겠는가?

① 상사에게 G거래처 사장의 행동을 이야기하고 후보에서 탈락시킨다.

② 개인적인 선물이라고 생각하고 감사히 받는다.

③ 선물을 받으면서 이런 행동이 심사 결과에 아무런 영향을 끼치지 않는다는 것을 단호히 말한다.

④ 식사자리에서 바로 화를 내며 거절한다.

⑤ 정중히 거절하고 없었던 일처럼 행동한다.

02 고객만족팀에서 일하는 P과장은 자사의 음식에서 이물질이 발생되었다는 전화를 받았다. 확인 결
과 실제로 상품에 문제가 있었다. 이에 대해 P과장은 회사 내규에 따른 보상 절차를 설명했지만,
고객은 규정보다 더 큰 보상을 요구하고 있다. 당신이 P과장이라면 어떻게 하겠는가?

① 회사의 실수이므로 고객이 원하는 보상을 모두 해줄 것을 요구한다.

② 규정에 없는 내용이므로 절대 불가능하다는 것을 설명한다.

③ 개인적인 비용으로 처리하고, 고객을 블랙컨슈머로 등록한다.

④ 회사에 공론화를 하여 문제 해결 방안을 찾는다.

⑤ 고객에게 과한 요구를 하면 법적으로 대응하겠다고 설명한다.

03 A사원은 다른 업무에는 자신이 있지만 유독 컴퓨터를 사용하는 업무에는 자신이 없다. 그러나 A사
원의 상사인 B부장은 종종 자신의 능력 밖인 컴퓨터 사용 업무를 부탁하곤 한다. A사원은 B부장이
자신에게 업무를 부탁하는 것 자체는 상관없지만, 컴퓨터 사용 업무는 잘하지 못하기 때문에 곤란
한 상황이다. 당신이 A사원이라면 어떻게 하겠는가?

① B부장에게 부탁하는 일들이 자신의 능력 밖임을 밝히고 정중히 거절한다.

② B부장에게 업무가 밀려있다고 말하며 부탁을 정중히 거절한다.

③ B부장을 도와줄 수 있는 다른 동료나 선배를 찾는다.

④ 업무 외에 별도 지시를 반복해서 내리는 B부장에 대한 반대 여론을 조성한다.

⑤ 컴퓨터 능력을 개선하기 위해 별도의 시간을 투자한다.

01   언어비평검사 I (언어추리)

01   다음 명제가 참일 때, 빈칸에 들어갈 명제로 가장 적절한 것은?

> • 채소를 좋아하는 사람은 해산물을 싫어한다.
> • _____
> • 디저트를 좋아하는 사람은 채소를 싫어한다.

① 채소를 싫어하는 사람은 해산물을 좋아한다.
② 디저트를 좋아하는 사람은 해산물을 싫어한다.
③ 채소를 싫어하는 사람은 디저트를 싫어한다.
④ 디저트를 좋아하는 사람은 해산물을 좋아한다.
⑤ 디저트를 싫어하는 사람은 해산물을 싫어한다.

02   다음 제시된 문장을 참고하여 내린 A, B의 결론에 대한 판단으로 옳은 것은?

> • 운동화는 슬리퍼보다 비싸다.
> • 구두는 운동화보다 비싸다.
> • 부츠는 슬리퍼보다 싸다.

> • A : 운동화는 부츠보다 비싸다.
> • B : 슬리퍼는 구두보다 싸다.

① A만 옳다.
② B만 옳다.
③ A, B 모두 옳다.
④ A, B 모두 틀리다.
⑤ A, B 모두 옳은지 틀린지 판단할 수 없다.

03 어젯밤에 탕비실 냉장고에 보관되어 있던 행사용 케이크가 없어졌다. 어제 야근을 한 갑, 을, 병, 정, 무를 조사했더니 다음과 같이 진술했다. 케이크를 먹은 범인은 2명이고, 다음 중 단 2명만이 진실을 말한다고 할 때, 범인이 될 수 있는 사람으로 짝지어진 것은?(단, 모든 사람은 진실만 말하거나 거짓만 말한다)

> • 갑 : 을이나 병 중에 한 명만 케이크를 먹었어요.
> • 을 : 무는 확실히 케이크를 먹었어요.
> • 병 : 정과 무가 모의해서 함께 케이크를 훔쳐먹는 걸 봤어요.
> • 정 : 저는 절대 범인이 아니에요.
> • 무 : 사실대로 말하자면 제가 범인이에요.

① 갑, 을   ② 을, 정
③ 을, 무   ④ 갑, 정
⑤ 정, 무

04 다음 제시된 오류와 관련 있는 것은?

> 판단의 기준이 절대적인 것이 아닌 다른 대상과의 비교를 통해서 평가하는 오류이다. 대비되는 정보로 인해 평가자의 판단이 왜곡되는 현상이라고 볼 수 있다.

① 민아는 철수의 여자친구니까, 이번 회장으로 뽑아야겠다.
② TV에 나오는 여배우는 참 예쁘구나. 그럼 나는 못생긴 것 같다.
③ (두 명의 학생이 인사하는 것을 보고) 우리 학교 학생들은 참 인사를 잘하는구나.
④ A작가의 B소설 내용이 사회비판적인 것을 보니, A작가는 시회비판적인 소설가이다.
⑤ C가 아이스 커피를 싫어하는 것을 보니 뜨거운 커피를 좋아하는 게 확실하다.

01 다음 중 ㉠, ㉡에 들어갈 접속어가 적절하게 짝지어진 것은?

> 공황발작이란 일반적으로 극심한 불안을 말한다. 사람은 누구나 생명의 위협을 느끼거나 매우 놀라는 위기 상황에서 극심한 불안을 느끼며, 이는 정상적인 생리 반응이다. ㉠ 공황장애에서의 공황발작은 아무런 이유 없이 아무 때나 예기치 못하게 반복적으로 발생한다. 공황발작이 일어나면 심장이 두근거리기도 하고 가슴이 답답하고 아플 수도 있으며, 숨쉬기 어렵거나 숨이 막힐 것 같은 기분이 들 수 있다. 또한 구역질이 나거나 복통이 있을 수도 있고, 두통이나 어지러움이 느껴져 기절할 것 같은 느낌이 들고 땀이 나면서 온몸에 힘이 빠지거나 손발이 저릿할 수도 있다. 이러한 여러 가지 증상들이 모두 다 나타날 수도 있고, 이 중에 몇 가지만 나타날 수도 있는데, 특징적으로 이러다 미쳐버릴 것 같거나, 이러다 죽을지도 모른다는 공포감을 느끼게 된다. 특별한 위기 상황이나 스트레스 상황이 아닌데도 길을 걷다가, 앉아서 수업을 듣다가, 자려고 누웠다가 공황발작이 발생할 수 있다. ㉡ 예기치 못하게 공황발작이 나타나게 되면 다음에 또다시 발작이 생길까 걱정하며 본인 나름의 발작 이유나 결과에 대해 생각하며 행동의 변화가 생기게 된다. 특히 언제 다시 발작이 생길지 몰라 불안해하며, 발작이 생기면 도움을 청할 수 있는 사람과 함께 있으려 한다든지, 혼자 외출을 못하고 집에만 있으려고 해 일상생활이 어려워지는 경우도 많다.

	㉠	㉡
①	그리고	그러므로
②	그리고	그러므로
③	그러나	하지만
④	그러나	이와 같이
⑤	그러므로	이와 같이

02 다음 문장을 논리적 순서대로 나열한 것은?

> (가) 근대에 접어들어 모든 사물이 생명력을 갖지 않는 일종의 기계라는 견해가 강조되면서, 아리스토텔레스의 목적론은 비과학적이라는 이유로 많은 비판에 직면했다.
>
> (나) 대표적인 근대 사상가인 갈릴레이는 목적론적 설명이 과학적 설명으로 사용될 수 없다고 주장했고, 베이컨은 목적에 대한 탐구가 과학에 무익하다고 평가했으며, 스피노자는 목적론이 자연에 대한 이해를 왜곡한다고 비판했다.
>
> (다) 일부 현대 학자들은 근대 사상가들이 당시 과학에 기초한 기계론적 모형이 더 설득력을 갖는다는 일종의 교조적 믿음에 의존했을 뿐, 아리스토텔레스의 목적론을 거부할 충분한 근거를 제시하지 못했다고 비판한다.
>
> (라) 이들의 비판은 목적론이 인간 이외의 자연물도 이성을 갖는 것으로 의인화한다는 것이다. 그러나 이런 비판과는 달리 아리스토텔레스는 자연물을 생물과 무생물로, 생물을 식물·동물·인간으로 나누고, 인간만이 이성을 지닌다고 생각했다.

① (가) – (라) – (나) – (다) 　　　　② (가) – (나) – (라) – (다)

③ (가) – (다) – (나) – (라) 　　　　④ (나) – (다) – (라) – (가)

⑤ (나) – (라) – (다) – (가)

03 다음 글의 내용으로 적절하지 않은 것은?

> 현재 전해지는 조선 시대의 목가구는 대부분 조선 후기의 것들로 단단한 소나무·느티나무·은행나무 등의 곧은결을 기둥이나 쇠목으로 이용하고, 오동나무·느티나무·먹감나무 등의 늘결을 판재로 사용하여 자연스런 나뭇결의 재질을 살렸다. 또한 대나무 혹은 엇갈리거나 소용돌이 무늬를 이룬 뿌리 부근의 목재 등을 활용하여 자연스러운 장식이 되도록 하였다.
>
> 조선 시대의 목가구는 대부분 한옥의 온돌에서 사용되었기에 온도와 습도 변화에 따른 변형을 최대한 방지할 수 있는 방법이 필요하였다. 그래서 단단하고 가느다란 기둥재로 면을 나누고, 기둥재에 홈을 파서 판재를 끼워 넣는 특수한 짜임과 이음의 방법을 사용하였으며, 꼭 필요한 부위에만 접착제와 대나무 못을 사용하여 목재가 수축·팽창하더라도 뒤틀림과 휘어짐이 최소화될 수 있도록 하였다. 조선 시대 목가구의 대표적 특징으로 언급되는 '간결한 선'과 '명확한 면 분할'은 이러한 짜임과 이음의 방법에 기초한 것이다. 짜임과 이음은 조선 시대 목가구 제작에 필수적인 방법으로, 겉으로 드러나는 아름다움은 물론 보이지 않는 내부의 구조까지 고려한 격조 높은 기법이었다.
>
> 한편 물건을 편리하게 사용할 수 있게 해주며, 목재의 결합 부위나 모서리에 힘을 보강하는 금속 장석은 장식의 역할도 했지만 기능상 반드시 필요하거나 나무의 질감을 강조하려는 의도에서 사용되어, 조선 시대 목가구의 절제되고 간결한 특징을 잘 살리고 있다.

① 조선 시대 목가구는 온도와 습도 변화에 따른 변형을 방지할 방법이 필요했다.

② 금속 장석은 장식의 역할도 했지만, 기능상 필요에 의해서도 사용되었다.

③ 나무의 곧은결을 기둥이나 쇠목으로 이용하고, 늘결을 판재로 사용하였다.

④ 접착제와 대나무 못을 사용하면 목재의 수축과 팽창이 발생하지 않게 된다.

⑤ 목재의 결합 부위나 모서리에 힘을 보강하기 위해 금속 장석을 사용하였다.

서민들의 생활문화에서 생성되고, 향수되었던 민속음악에는 궁중음악이나 선비 풍류 음악과 다른 특성이 깃들어 있다. 먼저 민속음악은 기쁘고, 노엽고, 슬프고, 즐거운 마음의 변화를 드러내는 것을 주저하지 않는다. 풀어질 수 있는 데까지 풀어져 보고, 직접 음악에 뛰어들어 보는 현실적인 음악성을 추구하며, 흥과 신명은 드러내고 한(恨)을 풀어냄으로써 팍팍한 삶의 고비를 흥겹게 넘게 하는 음악, 이것이 민속음악이 지닌 큰 미덕이라고 할 수 있다.

다음으로 민속음악은 일정한 격식이나 외적인 연주 조건에 얽매이지 않기 때문에 악대의 편성과 공연 방식이 매우 개방적이다. 일상에서는 한두 가지 악기로 장단과 가락에 맞추어 노래하거나 춤을 곁들이는 경우가 많고, 또한 음악에서 격식이나 사상을 표출하기보다는 음악에 개인의 생활과 감정을 담기 때문에 표현도 직접적이고 적극적인 경우가 많다. 음악의 농현이나 시김새를 변화 있게 사용하여 흥과 한, 신명을 마음껏 표현한다. 음을 떨어내는 농현을 격렬하게 해서 음악을 극적으로 유도하며 음의 진행에 나타나는 '조이고 푸는' 과정을 뚜렷하게 내보인다. 음악의 속도는 느린 것과 빠른 것이 짝을 이루기도 하고, 음악의 진행에 따라 속도가 조절되기도 하지만, 대체로 느리고 엄숙한 이미지를 지닌 궁중음악이나 선비 풍류 음악에 비해 빠르고 발랄하다. 그런가 하면 민속음악에서는 곱고 예쁘게 다듬어내는 음보다 힘있고 역동적으로 표출되는 음이 아름답다고 여긴다. 판소리 명창이 고함치듯 질러대는 높은 소리에 청중들은 기다렸다는 듯이 '얼씨구'라는 추임새로 호응한다. 이러한 특성은 서양 클래식이나 정악의 개념에서 볼 때 이해하기 어려운 부분이다. 민속음악은 또 즉흥적인 신명성을 추구한다. 악보나 작곡자의 뜻이 강하게 반영되는 음악과 달리 우리의 민속음악가들은 어느 정도의 음악적 틀을 지키는 가운데 그때그때의 흥을 실어 즉흥적인 음악성을 발휘하는 것이다. 그것은 또 청중의 음악적 기대와도 상통한다. 즉, 민속음악을 듣는 데 귀가 트인 명창들은 판소리 명창들이 매번 똑같이 연주하는 것을 '사진 소리'라 하여 생명력 없는 음악으로 여겼다는 것은 널리 알려진 사실이다. 이러한 점은 산조에서도 마찬가지고 시나위 연주에서도 마찬가지여서 민속음악은 '배운대로 잘하면 대가가 되는 것'이 아니라 자기가 음악을 자유자재로 이끌어 갈 수 있도록 민속음악의 어법에 완전히 달통한 경지에 이르러야 비로소 좋은 연주를 하게 되는 것이다.

또한 민속음악이 지닌 가장 큰 특징 중 하나는 지역에 따라 음악의 표현 요소가 많이 다르다는 것이다. 마치 각 지역의 방언이 다르듯, 민속음악은 서도와 남도, 동부, 경기 지역에 따라 다른 음악 언어를 갖는다. 민요와 풍물, 무속음악을 말할 때 반드시 지역을 구분하는 것은 민속음악이 지닌 지역적 특징 때문이다.

04 다음 중 제시문의 주된 내용 전개방식으로 가장 적절한 것은?

① 여러 가지 대상들을 비교 분석하고 있다.

② 현상이 나타나게 된 원인을 제시하고 있다.

③ 대상이 가진 특징에 대해 설명하고 있다.

④ 특정 주장에 대해 비판하고 있다.

⑤ 여러 가지 대상들의 차이점을 제시하고 있다.

05 다음 중 제시문에 제시된 민속음악의 특징으로 적절하지 않은 것은?

① 기쁘고, 노엽고, 슬프고, 즐거운 마음의 변화를 드러낸다.

② 일정한 격식이나 외적인 연주 조건에 얽매이지 않는다.

③ 음악의 농현이나 시김새를 변화 있게 사용하여 흥과 한, 신명을 마음껏 표현한다.

④ 곱고 예쁘게 다듬어내는 음에 청중들이 추임새로 호응한다.

⑤ 서도와 남도, 동부, 경기 지역에 따라 다른 음악 언어를 갖는다.

06 다음 중 제시문에 대한 이해를 심화·발전시키기 위한 활동으로 가장 적절한 것은?

① 각 지역적 민속음악 요소를 반영한 공연을 관람한다.

② 서양의 클래식과 궁중음악의 공통점과 차이점을 비교해 보았다.

③ 박물관에 가서 전통 악보에 대해 관찰하고 보고서를 작성했다.

④ 민속음악과 서양음악의 협업 공연을 관람한다.

⑤ 전통음악을 하는 명창들과 현대의 대중가수를 비교·분석하여 공통점을 찾아보았다.

01 　다음은 전년 대비 주택전세가격 평균 증감률에 대한 그래프이다. 이에 대한 설명으로 옳지 않은 것은?

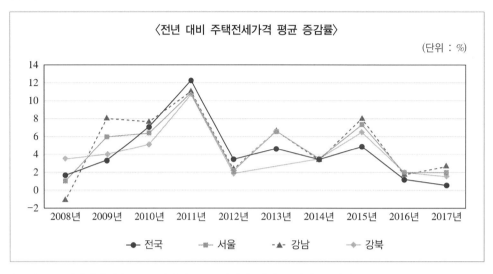

① 전국 주택전세가격은 2008년부터 2017년까지 매년 증가하고 있다.

② 2011년 강북의 주택전세가격은 2009년과 비교해 20% 이상 증가했다.

③ 2014년 이후 서울의 주택전세가격 증가율은 전국 평균 증가율보다 높다.

④ 강남 지역의 전년 대비 주택전세가격 증가율이 가장 높은 시기는 2011년이다.

⑤ 2008년부터 2017년까지 전년 대비 주택전세가격이 감소한 적이 있는 지역은 한 곳뿐이다.

02 　다음은 5개 회사에서 판매 중인 사이다를 비교한 자료이다. 어느 회사의 사이다가 mL당 가장 저렴한가?(단, 소수점 셋째 자리에서 반올림한다)

〈회사별 사이다 용량 및 가격〉

구분	A사	B사	C사	D사	E사
한 묶음 가격(원)	25,000	25,200	25,400	25,600	25,800
한 개당 용량(mL)	340	345	350	355	360
한 묶음 개수(개)	25	24	25	24	24

※ 사이다는 한 묶음으로만 판매함

① A사 　　　　　　　　　　　② B사

③ C사 　　　　　　　　　　　④ D사

⑤ E사

03 다음은 2018년 국내 지역별 백미 생산량을 나타낸 자료이다. 이에 대한 설명으로 옳지 않은 것은?

〈2018년 국내 백미 생산량〉

(단위 : ha, 톤)

구분	논벼		밭벼	
	면적	생산량	면적	생산량
서울·인천·경기	91,557	468,506	2	4
강원	30,714	166,396	0	0
충북	37,111	201,670	3	5
세종·대전·충남	142,722	803,806	11	21
전북	121,016	687,367	10	31
광주·전남	170,930	871,005	705	1,662
대구·경북	105,894	591,981	3	7
부산·울산·경남	77,918	403,845	11	26
제주	10	41	117	317

① 광주·전남 지역은 백미 생산 면적이 가장 넓고 백미 생산량도 가장 많다.

② 제주 지역의 밭벼 생산량은 제주 지역 백미 생산량의 약 88.5%를 차지한다.

③ 면적당 논벼 생산량이 가장 많은 지역은 세종·대전·충남이다.

④ 전국 밭벼 생산 면적 중 광주·전남 지역의 면적이 차지하는 비율은 80% 이상이다.

⑤ 제주를 제외한 지역의 면적당 논벼 생산량은 5톤 이상이다.

※ 다음은 공장 규모별 시설면적 및 등록현황 비율에 대한 자료이다. 이어지는 질문에 답하시오. **[4~5]**

〈공장 규모별 시설면적 비율〉

(단위 : %)

구분		2017년 상반기	2017년 하반기	2018년 상반기
공장용지	소계	100.0	100.0	100.0
	대기업	24.7	24.6	23.4
	중기업	22.0	21.5	20.9
	소기업	53.3	53.9	55.7
제조시설	소계	100.0	100.0	100.0
	대기업	20.1	20.4	21.5
	중기업	27.9	26.3	22.7
	소기업	52.0	53.3	55.8
부대시설	소계	100.0	100.0	100.0
	대기업	24.4	24.5	38.2
	중기업	23.8	22.9	20.0
	소기업	51.8	52.6	41.8

〈공장 규모별 등록현황 비율〉

(단위 : %)

구분		2016년 상반기	2016년 하반기	2017년 상반기	2017년 하반기	2018년 상반기
등록완료	소계	100.0	100.0	100.0	100.0	100.0
	대기업	0.6	0.5	0.5	0.5	0.5
	중기업	5.3	5.3	5.3	5.3	5.3
	소기업	94.1	94.2	94.2	94.2	94.2
부분등록	소계	100.0	100.0	100.0	100.0	100.0
	대기업	3.5	3.5	3.4	2.8	2.8
	중기업	8.7	9.2	8.8	9.2	8.6
	소기업	87.8	87.3	87.8	87.9	88.6
휴업	소계	100.0	100.0	100.0	100.0	100.0
	대기업	0.0	0.0	0.0	0.0	0.0
	중기업	3.2	3.1	2.9	2.8	2.7
	소기업	96.8	96.9	97.1	97.2	97.3
전체	소계	100.0	100.0	100.0	100.0	100.0
	대기업	0.6	0.6	0.5	0.5	0.5
	중기업	5.4	5.3	5.3	5.3	5.3
	소기업	94.0	94.1	94.2	94.2	94.2

04 다음 2017년 상반기부터 2018년 상반기까지의 공장 규모별 시설면적 비율에 대한 설명으로 옳은 것을 〈보기〉에서 모두 고르면?

> **보기**
>
> ㄱ. 면적 비율이 큰 순으로 순위를 매길 때, 공장용지면적 비율의 순위는 2017년과 2018년 상반기 모두 동일하다.
> ㄴ. 2017년 하반기 제조시설면적은 소기업이 중기업의 2배 이상이다.
> ㄷ. 2018년 상반기에 소기업들은 부대시설면적보다 제조시설면적을 더 많이 보유하고 있다.
> ㄹ. 제시된 기간 동안 대기업이 차지하는 공장용지면적 비율과 소기업의 부대시설면적 비율의 증감 추이는 동일하다.

① ㄱ, ㄴ   ② ㄱ, ㄹ
③ ㄴ, ㄷ   ④ ㄴ, ㄹ
⑤ ㄷ, ㄹ

05 다음 2016년 상반기부터 2018년 상반기까지의 공장 규모별 등록현황 비율에 대한 설명으로 옳지 않은 것은?

① 2016년 상반기부터 2017년 하반기까지 부분등록 된 중기업의 비율과 휴업 중인 중기업 비율의 증감추이는 다르다.
② 부분등록 된 공장 중 대기업과 중기업의 비율의 차는 2016년 상반기보다 2017년 상반기에 증가하였다.
③ 휴업 중인 공장 중 소기업의 비율은 2016년 상반기부터 계속 증가하였다.
④ 등록완료 된 중기업 공장의 수는 2016년 상반기부터 2018년 상반기까지 동일하다.
⑤ 2018년 상반기에 부분등록 된 기업 중 대기업의 비율은 중기업 비율의 30% 이상이다.

01 고객지원팀에 근무하는 C대리는 여러 가지 트집을 잡아 자주 보상을 요구하는 블랙컨슈머 때문에 고민을 하고 있다. 그러던 어느 날 자사의 주력 식당인 A에서 이물질이 나왔다며 보상을 해주지 않으면 인터넷에 올리겠다는 전화를 받았다. 당신이 C대리라면 어떻게 하겠는가?

① 인터넷에 올라가면 회사에 막대한 손해를 끼칠 것이므로 보상해주고 사과한다.

② 잦은 항의를 하는 블랙컨슈머의 말은 믿을 수 없으므로 무시한다.

③ 상사에게 보고한 후, 사실관계를 파악한다.

④ 사실관계를 파악한 후, 내규상 금전적인 보상이 불가하다는 것을 안내한다.

02 새로운 프로젝트를 위해 팀에 들어가게 된 A사원은 V팀장으로부터 업무를 받았다. 그러나 A사원은 모두에게 나눠진 업무량이 공평하지 않고, 몇몇 사람에게만 편중되어 있다는 것을 알게 되었다. 당신이 A사원이라면 어떻게 하겠는가?

① 자신이 불공정하다고 느끼는 점을 인사팀에 고발한다.

② V팀장에게 찾아가 업무가 많다는 것을 말하고 도움을 요청한다.

③ 인사고과에 불리할 수도 있으므로 어떻게든 일을 끝마친다.

④ 처음부터 너무 많은 양을 준 V팀장의 잘못이므로 할 수 있는 만큼만 하고 퇴근한다.

01   언어비평검사 I (언어추리)

01 다음 제시된 오류와 동일한 오류를 범하고 있는 것은?

> 그 책은 재미없는 책이다. 내 친구 A가 재미없다고 했기 때문이다. A는 거짓말하지 않는 친구이다.

① 넌 나랑 더 친한데, 어떻게 저 아이의 편을 들어줄 수 있어?
② 예로부터 하나를 보면 열을 알 수 있다고 했는데, 옷 입은 꼴을 보니 그 친구는 성품이 좋지 않은 것 같구나. 그 아이랑은 같이 다니지 말거라.
③ 왜 점심을 안 먹는다는 거니? 밥도 안 먹고 굶어 죽으려고 작정했구나.
④ 신랑과 신부 모두 훌륭한 인재들이므로 가정을 화목하고 지혜롭게 꾸려나갈 것이 틀림없다.
⑤ 모르핀은 왜 고통을 느끼지 못하게 하는가. 모르핀에는 고통을 느끼지 못하게 하는 효과가 있기 때문이다.

02 다음 제시된 오류에 대한 예시로 가장 적절한 것은?

> 자신의 주장에 반론의 가능성이 있는 요소를 비난하여 반론 자체를 하지 못하도록 원천적으로 막아 버리는 오류

① 서민을 위해 일하겠다고 한 국회의원이 이런 고급 옷을 입는다는 것이 말이 되니?
② 베스트셀러 1위라니, 이 책은 훌륭한 책임이 틀림없어.
③ 올림픽에서 우리나라를 응원하지 않는 사람은 민족 반역자이다.
④ 관두고 밥이나 먹읍시다.
⑤ 너 요즘은 동생 안 때리니?

다음 제시문 A를 읽고 제시문 B가 참인지, 거짓인지, 혹은 알 수 없는지 고르면?

[제시문 A]
• 테니스를 하는 사람은 마라톤을 한다.
• 마라톤을 하는 사람은 축구를 하지 않는다.
• 축구를 하는 사람은 등산을 한다.

[제시문 B]
축구를 하는 사람은 테니스를 하지 않는다.

① 참   ② 거짓   ③ 알 수 없음

01 다음 글을 읽고 밑줄 친 빈칸에 들어갈 접속어를 적절하게 나열한 것은?

우리가 탄수화물을 계속 섭취하지 않으면 우리 몸은 에너지로 사용하던 연료가 고갈되는 상태에 이르게 된다. 이 경우 몸은 자연스레 '대체 연료'를 찾기 위해 처음에는 근육의 단백질을 분해하고, 이어 내장지방을 포함한 지방을 분해한다. 지방 분해 과정에서 '케톤'이라는 대사성 물질이 생성되면서 수분 손실이 나타나고 혈액 내의 당분이 정상보다 줄어들게 된다. 이 과정에서 체내 세포들의 글리코겐 양이 감소한다. ___㉠___ 이러한 현상은 간세포에서 두드러지게 나타난다. ___㉡___ 혈액 및 소변 등의 체액과 인체 조직에서는 케톤 수치가 높아지면서 신진대사 불균형이 생기면 두통, 설사, 집중력 저하, 구취 등의 불편한 증상이 나타난다. ___㉢___ 탄수화물을 극단적으로 제한하는 식단은 바람직하지 않다.

	㉠	㉡	㉢
①	결국	따라서	따라서
②	결국	그러므로	그러므로
③	특히	이로 인해	따라서
④	특히	그런데	그러나
⑤	즉	그러나	그리고

인지부조화는 한 개인이 가지는 둘 이상의 사고, 태도, 신념, 의견 등이 서로 일치하지 않거나 상반될 때 생겨나는 심리적인 긴장 상태를 의미한다. 인지부조화는 불편함을 유발하기 때문에 사람들은 이것을 감소시키려고 한다. 인지부조화를 감소시키는 방법은 서로 모순관계에 있어서 양립할 수 없는 인지들 가운데 하나 이상의 인지가 갖는 내용을 바꾸어 양립할 수 있게 만들거나, 서로 모순되는 인지들 간의 차이를 좁힐 수 있는 새로운 인지를 추가하여 부조화된 인지 상태를 조화된 상태로 전환하는 것이다.

그런데 실제로 부조화를 감소시키는 행동은 비합리적인 면이 있다. 그 이유는 그러한 행동들이 사람들로 하여금 중요한 사실을 배우지 못하게 하고 자신들의 문제에 대해서 실제적인 해결책을 찾지 못하도록 할 수 있기 때문이다. 부조화를 감소시키려는 행동은 자기방어적인 행동이고, 부조화를 감소시킴으로써 우리는 자신의 긍정적인 이미지, 즉 자신이 선하고 현명하며 상당히 가치 있는 인물이라는 긍정적인 측면의 이미지를 유지하게 된다. 비록 자기방어적인 행동이 유용한 것으로 생각될 수 있지만, 이러한 행동은 부정적인 결과를 초래할 수 있다.

한 실험에서 연구자는 인종차별 문제에 대해서 확고한 입장을 보이는 사람들을 선정하였다. 일부는 차별에 찬성하였고, 다른 일부는 차별에 반대하였다. 선정된 사람들에게 인종차별에 대한 찬성과 반대 의견이 실린 글을 모두 읽게 하였는데, 어떤 글은 지극히 논리적이고 그럴듯하였고, 다른 글은 터무니없고 억지스러운 것이었다. 실험에서는 참여자들이 과연 어느 글을 기억할 것인지에 관심이 있었다. 인지부조화 이론에 따르면, 사람들은 현명한 사람을 자기 편, 우매한 사람을 다른 편이라 생각할 때 마음이 편안해질 것이다. 그렇다면 이 실험에서 인지부조화 이론은 다음과 같은 ㉠ 결과를 예측할 것이다.

02 다음 중 제시문의 내용으로 가장 적절한 것은?

① 사람들은 인지부조화가 일어날 경우 이것을 무시하고 방치하려는 경향이 있다.

② 부조화를 감소시키는 행동은 합리적인 면과 비합리적인 면이 함께 나타난다.

③ 부조화를 감소시키는 행동의 비합리적인 면 때문에 문제에 대한 본질적인 해결책을 찾지 못할 수 있다.

④ 부조화의 감소는 사람들로 하여금 자신의 긍정적인 이미지를 유지할 수 있게 하고, 부정적인 이미지를 감소시킨다.

⑤ 부조화를 감소시키는 자기방어적인 행동은 사람들에게 긍정적인 결과를 가져온다.

03 다음 중 ⊙에 해당하는 내용으로 가장 적절한 것은?

① 참여자들은 자신의 의견과 동일한 주장을 하는 모든 글과 자신의 의견과 반대되는 주장을 하는 모든 글을 기억한다.

② 참여자들은 자신의 의견과 동일한 주장을 하는 모든 글과 자신의 의견과 반대되는 주장을 하는 모든 글을 기억하지 못한다.

③ 참여자들은 자신의 의견과 동일한 주장을 하는 형편없는 글과 자신의 의견과 반대되는 주장을 하는 형편없는 글을 기억한다.

④ 참여자들은 자신의 의견과 동일한 주장을 하는 논리적인 글과 자신의 의견과 반대되는 주장을 하는 형편없는 글을 기억한다.

⑤ 참여자들은 자신의 의견과 동일한 주장을 하는 형편없는 글과 자신의 의견과 반대되는 주장을 하는 논리적인 글을 기억한다.

04 다음 글을 통해 추론할 수 있는 내용으로 적절하지 않은 것은?

> 2001년 인간 유전체 프로젝트가 완료된 후, 영국의 일요신문 『옵저버』는 "드디어 밝혀진 인간 행동의 비밀, 열쇠는 유전자가 아니라 바로 환경"이라는 제목의 기사를 실었다. 유전체 연구 결과, 인간의 유전자 수는 애당초 추정치인 10만 개에 크게 못 미치는 3만 개로 드러났다. 해당 기사는 인간 유전체 프로젝트의 핵심 연구자였던 크레이그 벤터 박사의 주장을 다음과 같이 인용하였다.
> "유전자 결정론이 옳다고 보기에는 유전자 수가 턱없이 부족합니다. 인간 행동과 형질의 놀라운 다양성은 우리의 유전자 속에 들어있지 않다는 것이죠. 환경에 그 열쇠가 있습니다. 우리의 행동양식은 유전자가 환경과 상호작용함으로써 비로소 결정되죠. 인간은 유전자의 지배를 받는 존재가 아닌 것이죠. 우리는 자유의지를 발휘할 수 있는 존재인 것입니다." 여러 신문들은 이 같은 기사를 실었다. 이를 계기로, 본성 대 양육이라는 해묵은 논쟁은 인간의 행동을 결정하는 것이 유전인지 아니면 환경인지 하는 논쟁의 형태로 재점화되었다. 인간이란 결국 신체를 구성하는 물질에 의해 구속받는 존재인지 아니면 인간에게 자유의지가 허락되는지를 놓고도 열띤 토론이 벌어졌다.

① 처음 인간의 유전자 수는 약 10만 개 정도로 추정되었다.

② 『옵저버』에 실린 기사는 크레이그 벤터 박사의 주장을 인용하고 있다.

③ 제시된 기사는 인간의 행동을 결정하는 것이 유전자와 환경의 상호작용이라 보고 있다.

④ 인간의 행동양식을 결정하는 것이 본성인지 양육인지에 대한 논쟁은 오래전부터 존재했다.

⑤ 여러 신문사의 기사를 통해 인간의 행동이 유전자와 환경의 상호작용에 의해 결정된다는 것이 정설로 여겨짐을 알 수 있다.

05 다음 글의 흐름으로 보아 밑줄 친 빈칸에 들어갈 내용으로 가장 적절한 것은?

> 동물들은 홍채에 있는 근육의 수축과 이완을 통해 눈동자를 크게 혹은 작게 만들어 눈으로 들어오는 빛의 양을 조절하므로 눈동자 모양이 원형인 것이 가장 무난하다. 그런데 고양이와 늑대와 같은 육식동물은 세로로, 양이나 염소와 같은 초식동물은 가로로 눈동자 모양이 길쭉하다. 특별한 이유가 있는 것일까?
>
> 육상동물 중 모든 육식동물의 눈동자가 세로로 길쭉한 것은 아니다. 주로 매복형 육식동물의 눈동자가 세로로 길쭉하다. 이는 숨어서 기습을 하는 사냥 방식과 밀접한 관련이 있는데, 세로로 길쭉한 눈동자가 _____
>
> 일반적으로 매복형 육식동물은 양쪽 눈으로 초점을 맞춰 대상을 보는 양안시로, 각 눈으로부터 얻는 영상의 차이인 양안시차를 하나의 입체 영상으로 재구성하면서 물체와의 거리를 파악한다. 그런데 이러한 양안시차뿐만 아니라 거리지각에 대한 정보를 주는 요소로 심도 역시 중요하다. 심도란 초점이 맞는 공간의 범위를 말하며, 심도는 눈동자의 크기에 따라 결정된다. 즉, 눈동자의 크기가 커져 빛이 많이 들어오게 되면, 커지기 전보다 초점이 맞는 범위가 좁아진다. 이렇게 초점의 범위가 좁아진 경우를 '심도가 얕다.'고 하며, 반대인 경우를 '심도가 깊다.'고 한다.

① 사냥감의 주변 동태를 정확히 파악하는 데 효과적이기 때문이다.
② 사냥감의 움직임을 정확히 파악하는 데 효과적이기 때문이다.
③ 사냥감의 위치를 정확히 파악하는 데 효과적이기 때문이다.
④ 사냥감과의 거리를 정확히 파악하는 데 효과적이기 때문이다.
⑤ 사냥감과의 경로를 정확히 파악하는 데 효과적이기 때문이다.

01 다음은 상품군별 온라인쇼핑 거래액에 관한 자료이다. 이에 대한 설명으로 옳지 않은 것은?

⟨상품군별 온라인쇼핑 거래액⟩

(단위 : 억 원)

구분	2016년 9월 온라인	모바일	2017년 9월 온라인	모바일
합계	50,000	30,000	70,000	42,000
컴퓨터 및 주변기기	2,450	920	3,700	1,180
가전·전자·통신기기	5,100	2,780	7,000	3,720
소프트웨어	50	10	50	10
서적	1,000	300	1,300	500
사무·문구	350	110	500	200
음반·비디오·악기	150	65	200	90
의복	5,000	3,450	6,000	4,300
신발	750	520	1,000	760
가방	900	640	1,500	990
패션용품 및 액세서리	900	580	1,500	900
스포츠·레저용품	1,450	1,000	2,300	1,300
화장품	4,050	2,970	5,700	3,700
아동·유아용품	2,200	1,500	2,400	1,900
음·식료품	6,200	4,500	11,500	7,600
생활·자동차용품	5,500	3,340	6,700	4,500
가구	1,300	540	1,850	1,000
애완용품	250	170	400	300
여행 및 예약서비스	9,000	4,360	11,000	5,800
각종 서비스 및 기타*	1,400	1,330	3,000	1,750

※ 꽃은 각종 서비스 및 기타에 포함됨

① 2017년 9월 온라인쇼핑 거래액은 7조 원으로 전년 동월 대비 40% 증가했다.

② 2017년 9월 온라인쇼핑 거래액 중 모바일쇼핑 거래액은 4조 2,000억 원으로 전년 동월 대비 40% 증가했다.

③ 2017년 9월 모바일 거래액 비중은 전체 온라인쇼핑 거래액의 60%를 차지한다.

④ 2017년 9월 온라인쇼핑 거래액이 전년 동월보다 낮아진 상품군이 있다.

⑤ 2017년 9월 온라인쇼핑 중 모바일 거래액의 비중이 가장 작은 상품군은 소프트웨어이다.

02 다음 자료는 4대강 BOD 농도를 나타낸 그래프이다. 이에 대한 설명으로 옳지 않은 것은?

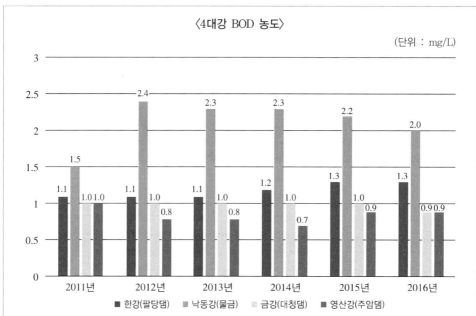

〈4대강 BOD 농도〉

(단위 : mg/L)

※ 생물학적 산소요구량(BOD)은 물속의 미생물이 유기물을 분해·안정화하는 데 필요한 산소의 양으로, 유기
물질에 의한 오염 정도를 나타냄(수치가 클수록 오염이 심한 것임)

※ BOD 1mg/L 이하인 경우 수질등급 : '매우 좋음'으로 용존산소가 풍부하고, 오염물질이 없는 청정 상태의
생태계로 간단한 정수처리 후 생활용수로 사용할 수 있음

※ BOD 2mg/L 이하인 경우 수질등급 : '좋음'으로 용존산소가 많은 편이며, 오염물질이 거의 없는 청정 상태
에 근접한 생태계로 볼 수 있음

※ BOD 3mg/L 이하인 경우 수질등급 : '약간 좋음'으로 약간의 오염물질은 있으나, 용존산소가 많은 상태의
다소 좋은 생태계로 일반적 정수처리 후 생활용수 또는 수영용수로 사용할 수 있는 경우를 말함

① 대청댐은 '매우 좋음'의 수질등급을 유지하고 있다.

② 2012년 이후 팔당댐을 제외한 3대강은 전년도에 비해 BOD가 줄거나 같았다.

③ 물속의 미생물이 유기물을 분해·안정화하는 데 필요한 산소의 양이 가장 많이 필요했던 곳은
2012년 낙동강이었다.

④ 가장 적게 오염이 된 곳은 영산강이다.

⑤ 낙동강은 '좋음'과 '약간 좋음'의 등급을 반복한다.

※ 다음은 E회사의 협력 건설자재회사별 자재 가격이다. 이어지는 질문에 답하시오. [3~4]

〈건설자재회사별 자재 가격〉

구분	내장재(원/판)	천장재(원/판)	단열재(원/판)	바닥재(원/roll)
K자재	2,000	1,200	1,500	2,700
L자재	2,200	1,200	1,500	2,500
H자재	2,000	1,000	1,600	2,600
D자재	2,200	1,100	1,500	2,500
A자재	2,200	1,100	1,600	2,700

〈E회사 주문량〉

구분	내장재	천장재	단열재	바닥재
주문량	20판	70판	100판	5roll

03 가장 저렴한 업체를 선정하여 필요한 자재를 주문하려 할 때, E회사가 주문을 넣을 건설자재회사는?

① K자재회사
② L자재회사
③ H자재회사
④ D자재회사
⑤ A자재회사

04 바닥재 주문량을 7roll로 늘리면 어떻게 되는가?

① K자재가 가장 저렴하다.
② L자재가 가장 저렴하다.
③ 여전히 H자재가 가장 저렴하다.
④ D자재가 가장 저렴하다.
⑤ K자재가 가장 비싸다.

※ 상황판단검사는 정답을 따로 제공하지 않는 영역이니 참고하기 바랍니다.

01 사원 L의 자리는 같은 팀의 Y대리 옆이다. 평소 Y대리는 남의 부탁을 잘 들어주고, 항상 밝은 표정으로 사람을 대하는데, 기분이 나쁘거나 다른 사람이 무리한 부탁을 받고 거절하지 못할 때에는 혼자 자리에 앉아 종이를 소리 나게 찢거나 펜을 세게 내려놓는 등의 행동을 하여 L사원이 업무에 집중하는 데 방해가 될 때가 있다. 당신이 L사원이라면 어떻게 하겠는가?

① Y대리와 조용한 곳에 가서 그런 행동이 업무에 방해가 된다고 정중하게 말한다.

② Y대리에게 말을 하면 상처 받을 것 같으니 그냥 참고 넘어간다.

③ Y대리에게 말하기는 껄끄러우므로 상사를 찾아가 다른 이유를 대며 자리를 바꿔달라고 요청한다.

④ Y대리에게 스트레스를 해소할 다른 방법을 찾아보라고 말한다.

02 사원 O는 사원 P와 같은 해에 입사하여 친하게 지내고 있다. 사원 O와 사원 P는 부서가 달라 서로 다른 건물에서 근무하고 있는데, 어느 날 사원 P가 사원 O를 불러 얼마 전에 있었던 연봉 협상 결과에 대해 꼬치꼬치 묻는 것이었다. 사원 O는 사적인 내용이니 밝히지 않겠다고 했는데, 그다음부터 사원 P가 다른 사람들에게 사원 O의 속이 좁다는 등 험담을 하고 다닌다는 것을 알게 되었다. 당신이 사원 O라면 어떻게 하겠는가?

① 사원 P를 찾아가 왜 뒤에서 자신의 험담을 하고 다니느냐고 따진다.

② 사원 P와 마찬가지로 다른 사람들에게 사원 P의 험담을 하고 다닌다.

③ 사원 P를 의도적으로 무시하고 연락을 끊는다.

④ 괜한 일 만들기 싫으니 그냥 무시하고 넘어간다.

03 입사한 지 몇 달 되지 않은 사원 T(여성)는 같은 부서에 근무하는 W대리(남성)와 대화하는 것이 불편하다. 평소 휴식시간에 대화를 할 때는 물론이고, 업무에 대해 이야기를 할 때에도 W대리가 자신의 신체 부위를 보고 있다는 느낌을 받았기 때문이다. 자신의 착각일 거라는 생각도 해보았지만, 시선이 느껴질 때마다 눈이 마주치는 것을 보면 착각은 아닌 것 같다. 당신이 사원 T라면 어떻게 하겠는가?

① 같은 부서의 여자 상사에게 이 이야기를 털어놓고 고민을 상담한다.

② 의도적으로 W대리를 피하거나, W대리가 보이지 않는 곳으로 자리를 옮겨 달라고 한다.

③ 상사에게 W대리가 자신의 신체 부위를 보며, 그런 행동이 수치심을 유발한다고 고발한다.

④ W대리를 직접 찾아가 지켜보는 시선이 불편하니 삼가 달라고 말한다.

01 언어비평검사 I (언어추리)

01 다음 제시된 오류와 관련 있는 것은?

> 어떤 주장 또는 행위에 대해 그 내용과 관련한 정당한 근거를 가지고 비판하는 것이 아니라 단순히 어떠한 소속에서 문제를 인지한 사람이 떠나라는 식의 주장을 하는 오류

① 이곳은 소나무, 대나무, 밤나무로 가득한데 대체 숲은 어디 있는 거지?

② 우리나라는 더 이상 살지 못할 곳이 되었어. 지나가는 사람 아무나 붙잡고 물어봐. 다 그렇다고 할걸?

③ 甲 : 이 작가는 자질이 부족한 것 같아. 쉬운 내용을 너무 어렵게 이야기하고 있어.

   乙 : 그럼 읽지 마.

④ 이 법안에 반대하는 인간은 모두 종북이다.

⑤ 이 좁은 골목에서 야구를 하다니, 남의 집 유리창을 깨려고 작정을 했네.

02 다음 제시된 명제들로부터 내릴 수 있는 추론으로 가장 적절한 것은?

> • 연차를 쓸 수 있으면 제주도 여행을 한다.
> • 회를 좋아하면 배낚시를 한다.
> • 다른 계획이 있으면 배낚시를 하지 않는다.
> • 다른 계획이 없으면 연차를 쓸 수 있다.

① 제주도 여행을 하면 다른 계획이 없다.

② 연차를 쓸 수 있으면 배낚시를 한다.

③ 다른 계획이 있으면 연차를 쓸 수 없다.

④ 배낚시를 하지 않으면 제주도 여행을 하지 않는다.

⑤ 제주도 여행을 하지 않으면 배낚시를 하지 않는다.

03 다음 제시문 A를 읽고 제시문 B가 참인지 거짓인지 혹은 알 수 없는지 고르면?

[제시문 A]
- 피로가 쌓이면 휴식을 취한다.
- 마음이 안정되지 않으면 휴식을 취하지 않는다.
- 피로가 쌓이지 않으면 모든 연락을 끊지 않는다.

[제시문 B]
모든 연락을 끊으면 마음이 안정된다.

① 참   ② 거짓   ③ 알 수 없음

---

02 **언어비평검사 Ⅱ (독해)**

01 다음 글을 읽고 밑줄 친 빈칸에 들어갈 접속어를 바르게 나열한 것은?

동물들의 행동을 잘 살펴보면 동물들도 우리가 사용하는 말 못지않은 의사소통 수단을 가지고 있는 듯이 보인다. ___㉠___ 동물들도 여러 가지 소리를 내거나 몸짓을 함으로써 자신들의 감정과 기분을 나타낼 뿐 아니라 경우에 따라서는 인간과 다를 바 없이 의사를 교환하고 있는 듯하다. ___㉡___ 그것은 단지 겉모습의 유사성에 지나지 않을 뿐이고 사람의 말과 동물의 소리에는 아주 근본적인 차이가 존재한다는 점을 잊어서는 안 된다. 동물들이 사용하는 소리는 단지 배고픔이나 고통 같은 생물학적인 조건에 대한 반응이거나, 두려움이나 분노 같은 본능적인 감정들을 표현하기 위한 것에 지나지 않는다. ___㉢___ 동물들이 내는 소리가 때때로 의사소통의 수단으로 이용된다고 해서 그것을 대화나 토론이나 회의와 같은 언어활동이라고 할 수 없다.

	㉠	㉡	㉢
①	즉	하지만	그러나
②	즉	그래서	그리고
③	즉	그러나	따라서
④	하지만	즉	따라서
⑤	그런데	즉	그리고

02 다음 글을 읽고 〈보기〉 중에서 적절한 것을 모두 고르면?

우리는 우리가 생각한 것을 말로 나타낸다. 또 다른 사람의 말을 듣고, 그 사람이 무슨 생각을 가지고 있는가를 짐작한다. 그러므로 생각과 말은 서로 떨어질 수 없는 깊은 관계를 가지고 있다.

그러면 말과 생각이 얼마만큼 깊은 관계를 가지고 있을까? 이 문제를 놓고 사람들은 오랫동안 여러 가지 생각을 하였다. 그 가운데 가장 두드러진 것이 두 가지 있다. 그 하나는 말과 생각이 서로 꼭 달라붙은 쌍둥이인데 한 놈은 생각이 되어 속에 감추어져 있고, 다른 한 놈은 말이 되어 사람 귀에 들리는 것이라는 생각이다. 다른 하나는 생각이 큰 그릇이고 말은 생각 속에 들어가는 작은 그릇이어서 생각에는 말 이외에도 다른 것이 더 있다는 생각이다.

이 두 가지 생각 가운데서 앞의 것은 조금만 깊이 생각해 보면 틀렸다는 것을 즉시 깨달을 수 있다. 우리가 생각한 것은 거의 대부분 말로 나타낼 수 있지만, 누구든지 가슴 속에 응어리진 어떤 생각이 분명히 있기는 한데 그것을 어떻게 말로 표현해야 할지 애태운 경험을 가지고 있을 것이다. 이것만 보더라도 말과 생각이 서로 안팎을 이루는 쌍둥이가 아님은 쉽게 판명된다.

인간의 생각이라는 것은 매우 넓고 큰 것이며, 말이란 결국 생각의 일부분을 주워 담는 작은 그릇에 지나지 않는다. 그러나 아무리 인간의 생각이 말보다 범위가 넓고 큰 것이라고 하여도 그것을 가능한 한 말로 바꾸어 놓지 않으면 그 생각의 위대함이나 오묘함이 다른 사람에게 전달되지 않기 때문에 생각이 형님이요, 말이 동생이라고 할지라도 생각은 동생의 신세를 지지 않을 수가 없게 되어 있다. 그러니 말을 통하지 않고는 생각을 전달할 수가 없는 것이다.

보기
㉠ 생각이 말보다 더 위대한 것이다.
㉡ 생각과 말이 서로 꼭 닮은 쌍둥이라는 것은 사실이 아니다.
㉢ 동생인 말은 형님인 생각에게 전적으로 도움을 받는 입장이다.
㉣ 말은 생각이라는 작은 그릇을 담고 있는 큰 그릇이라 할 수 있다.

① ㉠
② ㉡
③ ㉡, ㉢
④ ㉡, ㉣
⑤ ㉡, ㉢, ㉣

01 다음은 2012 ~ 2015년 갑국 기업의 남성육아휴직제 시행 현황에 대한 그래프이다. 이에 대한 설명으로 옳은 것은?

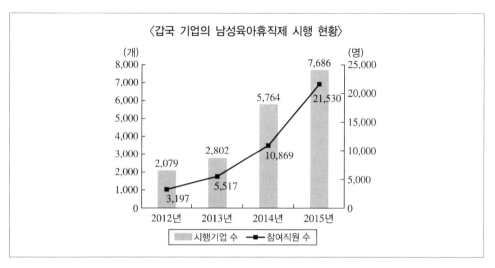

① 2015년 남성육아휴직제 참여직원 수는 2013년의 4배 이상이다.

② 시행기업당 참여직원 수가 가장 많은 해는 2013년이다.

③ 2013년 대비 2015년 시행기업 수의 증가율은 참여직원 수의 증가율보다 낮다.

④ 2012년부터 2015년까지 연간 참여직원 수 증가 인원의 평균은 5,000명 정도이다.

⑤ 2013년 이후 전년보다 참여직원 수가 가장 많이 증가한 해는 2015년이고, 시행기업 수가 가장 많이 증가한 해는 2013년이다.

02 다음은 어느 도서관의 도서 대여 건수에 대하여 일정 기간 작성한 자료이다. 다음 중 자료에 대한 설명으로 옳지 않은 것은?(단, 비율은 소수점 둘째 자리에서 반올림한다)

〈도서 대여건수〉

(단위 : 권)

구분	비소설		소설	
	남자	여자	남자	여자
40세 미만	520	380	450	600
40세 이상	320	400	240	460

① 소설의 전체 대여 건수가 비소설의 전체 대여 건수보다 많다.
② 40세 미만보다 40세 이상이 대여 건수가 더 적다.
③ 소설을 대여한 남자의 수가 소설을 대여한 여자의 수의 70% 이상이다.
④ 전체 40세 미만 대여 수에서 비소설 대여 수가 차지하는 비율은 40%를 넘는다.
⑤ 40세 이상 전체 대여 횟수에서 소설 대여 횟수가 차지하는 비율은 50% 미만이다.

※ 상황판단검사는 정답을 따로 제공하지 않는 영역이니 참고하기 바랍니다.

01 S대리는 업무를 진행하면서 새로운 프로그램을 이용하여 작업을 해 나가고 있는데, 처음 써보는 프로그램이라 혼자 작업하는 데 애를 먹고 있었다. 그러던 중, 타 부서의 U사원이 프로그램에 능숙하다는 이야기를 듣고 U사원에게 도움을 요청하였다. U사원을 찾아가 프로그램에 대해 도움을 받는데, 그럴 때마다 U사원은 이런 것도 모르냐며 은근히 무시를 하는 것이었다. 앞으로 작업할 일이 많은데, 기분이 상해 U사원을 찾아가기 꺼려진다. 당신이 S대리라면 어떻게 하겠는가?

① U사원에게 프로그램을 알려주는 것은 고마우나 말투나 행동이 자신을 무시하는 것 같아서 기분이 나쁘다고 말하며 훈계한다.

② U사원에게 도움받는 것을 그만두고, 퇴근 후 학원을 등록하거나 인터넷 등을 통해 스스로 배운다.

③ 같은 부서원들에게 U사원에 대해 흉을 보면서 기분을 푼다.

④ U사원에게 더욱 친절하게 굴며 친해지려고 노력한다.

02 L사원은 전부터 보고 싶었던 뮤지컬 내한공연을 어렵게 예약하였다. 몇 주 전부터 공연 볼 생각에 들떠서 여러 사람들에게 이야기를 하고 다녔고, 팀원들도 공연 날짜를 다 알고 있을 정도였다. 공연 당일 제 시각에 퇴근하여 공연장으로 갈 생각으로 열심히 일하고 있었는데, 갑자기 회사에 급한 일이 생겨서 팀 전체가 야근을 하게 되었다. 당신이 L사원이라면 어떻게 하겠는가?

① 팀원들이 모두 남아서 야근을 하는데 혼자 공연을 보러 간다고 퇴근할 수 없으므로, 어쩔 수 없이 공연을 포기하고 남아서 야근을 한다.

② 팀원들에게 양해를 구하고 공연을 보기 위해 퇴근한다.

③ 자신이 맡은 업무는 밤을 새워서라도 해 올 테니 먼저 퇴근하겠다고 하고 간다.

④ 바로 퇴근하지 않고 남아서 상황을 지켜본 다음, 퇴근해도 될 것 같을 때 빠르게 나가 공연장으로 간다.

PART 1

출제유형분석

CHAPTER 01
언어비평검사 I (언어추리)

합격 CHEAT KEY

언어비평검사 I 은 언어추리 유형으로 20문항이 출제되며 10분의 시간이 주어진다. 3 ~ 6문장의 조건이나 명제가 제시되고 이를 추론하는 논리게임 문제, 논리적 오류 문제, 참 / 거짓을 판단하는 명제 문제가 출제된다.

01 명제

명제 사이의 관계를 이용해 풀어야 하는 문제가 출제된다. 명제 사이의 관계 중에서도 제시된 조건과 항상 참·거짓이 같은 대우 명제가 가장 중요한 관계이고, 경우에 따라 참·거짓이 달라지는 역/이 명제가 문제에 제시될 경우가 있으므로 각 명제의 관계는 필수적으로 학습해 두어야 한다.

02 오류

논증과정에서 발생하는 오류와 관련된 문제를 풀기 위해서는 여러 가지 논리적 오류에 대한 지식이 필요하다. 본서에 수록되어 있는 이론을 참고하여 반드시 숙지하도록 한다.

03 논리력

중요한 것은 문장 이해력이다. 특히 조건에 사용된 조사의 의미와 제한 사항 등을 제대로 이해해야만 정답을 찾을 수 있으므로 문제를 꼼꼼히 확인하는 습관을 길러야 한다.

1. 연역 추론

이미 알고 있는 판단(전제)을 근거로 새로운 판단(결론)을 유도하는 추론이다. 연역 추론은 진리일 가능성을 따지는 귀납 추론과는 달리, 명제 간의 관계와 논리적 타당성을 따진다. 즉, 연역 추론은 전제들로부터 절대적인 필연성을 가진 결론을 이끌어내는 추론이다.

(1) **직접 추론** : 한 개의 전제로부터 중간적 매개 없이 새로운 결론을 이끌어내는 추론이며, 대우 명제가 그 대표적인 예이다.

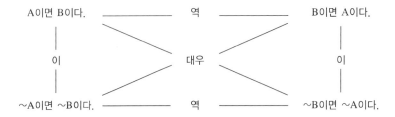

• 한국인은 모두 황인종이다.	(전제)
• 그러므로 황인종이 아닌 사람은 모두 한국인이 아니다.	(결론 1)
• 그러므로 황인종 중에는 한국인이 아닌 사람도 있다.	(결론 2)

(2) **간접 추론** : 둘 이상의 전제로부터 새로운 결론을 이끌어내는 추론이다. 삼단논법이 가장 대표적인 예이다.

① **정언 삼단논법** : 세 개의 정언명제로 구성된 간접추론 방식이다. 세 개의 명제 가운데 두 개의 명제는 전제이고, 나머지 한 개의 명제는 결론이다. 세 명제의 주어와 술어는 세 개의 서로 다른 개념을 표현한다. (P는 대개념, S는 소개념, M은 매개념이다)

• 모든 곤충은 다리가 여섯이다.	M은 P이다.(대전제)
• 모든 개미는 곤충이다.	S는 M이다.(소전제)
• 그러므로 모든 개미는 다리가 여섯이다.	S는 P이다.(결론)

② **가언 삼단논법** : 가언명제로 이루어진 삼단논법을 말한다. 가언명제란 두 개의 정언명제가 '만일 ~ 이라면'이라는 접속사에 의해 결합된 복합명제이다. 여기서 '만일'에 의해 이끌리는 명제를 전건이라고 하고, 그 뒤의 명제를 후건이라고 한다. 가언 삼단논법의 종류로는 혼합가언 삼단논법과 순수가언 삼단논법이 있다.

　㉠ **혼합가언 삼단논법** : 대전제만 가언명제로 구성된 삼단논법이다. 긍정식과 부정식 두 가지가 있으며, 긍정식은 'A면 B다. A다. 그러므로 B다.'이고, 부정식은 'A면 B다. B가 아니다. 그러므로 A가 아니다.'이다.

> • 만약 A라면 B다.
> • B가 아니다.
> • 그러므로 A가 아니다.

　㉡ **순수가언 삼단논법** : 대전제와 소전제 및 결론까지 모두 가언명제들로 구성된 삼단논법이다.

> • 만약 A라면 B다.
> • 만약 B라면 C다.
> • 그러므로 만약 A라면 C다.

③ **선언 삼단논법** : '~이거나 ~이다.'의 형식으로 표현되며 전제 속에 선언 명제를 포함하고 있는 삼단논법이다.

> • 내일은 비가 오거나 눈이 온다.　　　　　　　　　　　A 또는 B이다.
> • 내일은 비가 오지 않는다.　　　　　　　　　　　　　A가 아니다.
> • 그러므로 내일은 눈이 온다.　　　　　　　　　　　　그러므로 B다.

④ **딜레마 논법** : 대전제는 두 개의 가언명제로, 소전제는 하나의 선언명제로 이루어진 삼단논법으로, 양도추론이라고도 한다.

> • 만일 네가 거짓말을 하면, 신이 미워할 것이다.　　　　　　　　　(대전제)
> • 만일 네가 거짓말을 하지 않으면, 사람들이 미워할 것이다.　　　　(대전제)
> • 너는 거짓말을 하거나, 거짓말을 하지 않을 것이다.　　　　　　　(소전제)
> • 그러므로 너는 미움을 받게 될 것이다.　　　　　　　　　　　　(결론)

2. 귀납 추론

특수한 또는 개별적인 사실로부터 일반적인 결론을 이끌어 내는 추론을 말한다. 귀납 추론은 구체적 사실들을 기반으로 하여 결론을 이끌어 내기 때문에 필연성을 따지기보다는 개연성과 유관성, 표본성 등을 중시하게 된다. 여기서 개연성이란, 관찰된 어떤 사실이 같은 조건 하에서 앞으로도 관찰될 수 있는가 하는 가능성을 말하고, 유관성은 추론에 사용된 자료가 관찰하려는 사실과 관련되어야 하는 것을 일컬으며, 표본성은 추론을 위한 자료의 표본 추출이 공정하게 이루어져야 하는 것을 가리킨다. 이러한 귀납 추론은 일상생활 속에서 많이 사용하고, 우리가 알고 있는 과학적 사실도 이와 같은 방법으로 밝혀졌다.

- 히틀러도 사람이고 죽었다.
- 스탈린도 사람이고 죽었다.
- 그러므로 모든 사람은 죽는다.

그러나 전제들이 참이어도 결론이 항상 참인 것은 아니다. 단 하나의 예외로 인하여 결론이 거짓이 될 수 있다.

- 성냥불은 뜨겁다.
- 연탄불도 뜨겁다.
- 그러므로 모든 불은 뜨겁다.

위 예문에서 '성냥불이나 연탄불이 뜨거우므로 모든 불은 뜨겁다.'라는 결론이 나왔는데, 반딧불은 뜨겁지 않으므로 '모든 불이 뜨겁다.'라는 결론은 거짓이 된다.

(1) **완전 귀납 추론** : 관찰하고자 하는 집합의 전체를 다 검증함으로써 대상의 공통 특질을 밝혀내는 방법이다. 이는 예외 없는 진실을 발견할 수 있다는 장점은 있으나, 집합의 규모가 크고 속성의 변화가 다양할 경우에는 적용하기 어려운 단점이 있다.
    [예] 1부터 10까지의 수를 다 더하여 그 합이 55임을 밝혀내는 방법

(2) **통계적 귀납 추론** : 통계적 귀납 추론은 관찰하고자 하는 집합의 일부에서 발견한 몇 가지 사실을 열거함으로써 그 공통점을 결론으로 이끌어 내려는 방식을 가리킨다. 관찰하려는 집합의 규모가 클때 그 일부를 표본으로 추출하여 조사하는 방식이 이에 해당하며, 표본 추출의 기준이 얼마나 적합하고 공정한가에 따라 그 결과에 대한 신뢰도가 달라진다는 단점이 있다.
    [예] 여론조사에서 일부의 국민에 대한 설문 내용을 바탕으로, 이를 전체 국민의 여론으로 제시하는 것

(3) **인과적 귀납 추론** : 관찰하고자 하는 집합의 일부 원소들이 지닌 인과 관계를 인식하여 그 원인이나 결과를 이끌어 내려는 방식을 말한다.
    ① **일치법** : 공통적인 현상을 지닌 몇 가지 사실 중에서 각기 지닌 요소 중 어느 한 가지만 일치한다면 이 요소가 공통 현상의 원인이라고 판단
        [예] 마을 잔칫집에서 돼지고기를 먹은 사람들이 집단 식중독을 일으켰다.
            따라서 식중독의 원인은 상한 돼지고기가 아닌가 생각한다.
    ② **차이법** : 어떤 현상이 나타나는 경우와 나타나지 않은 경우를 놓고 보았을 때, 각 경우의 여러 조건 중 단 하나만이 차이를 보인다면 그 차이를 보이는 조건이 원인이 된다고 판단
        [예] 현수와 승재는 둘 다 지능이나 학습 시간, 학습 환경 등이 비슷한데 공부하는 태도에는 약간의 차이가 있다.
            따라서 둘의 성적이 차이를 보이는 것은 학습 태도의 차이 때문으로 생각된다.

③ **일치·차이 병용법** : 몇 개의 공통 현상이 나타나는 경우와 몇 개의 그렇지 않은 경우를 놓고 일치법과 차이법을 병용하여 적용함으로써 그 원인을 판단

　　예 학업 능력 정도가 비슷한 두 아동 집단에 대해 처음에는 같은 분량의 과제를 부여하고 나중에는 각기 다른 분량의 과제를 부여한 결과, 많이 부여한 집단의 성적이 훨씬 높게 나타났다. 이로 보아, 과제를 많이 부여하는 것이 적게 부여하는 것보다 학생의 학업 성적 향상에 도움이 된다고 판단할 수 있다.

④ **공변법** : 관찰하는 어떤 사실의 변화에 따라 현상의 변화가 일어날 때 그 변화의 원인이 무엇인지 판단

　　예 담배를 피우는 양이 각기 다른 사람들의 집단을 조사한 결과, 담배를 많이 피울수록 폐암에 걸릴 확률이 높다는 사실이 발견되었다.

⑤ **잉여법** : 앞의 몇 가지 현상이 뒤의 몇 가지 현상의 원인이며, 선행 현상의 일부분이 후행 현상의 일부분이라면, 선행 현상의 나머지 부분이 후행 현상의 나머지 부분의 원인임을 판단

　　예 어젯밤 일어난 사건의 혐의자는 정은이와 규민이 두 사람인데, 정은이는 알리바이가 성립되어 혐의 사실이 없는 것으로 밝혀졌다.
　　　 따라서 그 사건의 범인은 규민이일 가능성이 높다.

3. 유비 추론

두 개의 대상 사이에 일련의 속성이 동일하다는 사실에 근거하여 그것들의 나머지 속성도 동일하리라는 결론을 이끌어내는 추론, 즉 이미 알고 있는 것에서 다른 유사한 점을 찾아내는 추론을 말한다. 그렇기 때문에 유비 추론은 잣대(기준)가 되는 사물이나 현상이 있어야 한다. 유비 추론은 가설을 세우는 데 유용하다. 이미 알고 있는 사례로부터 아직 알지 못하는 것을 생각해 봄으로써 쉽게 가설을 세울 수 있다. 이때 유의할 점은 이미 알고 있는 사례와 이제 알고자 하는 사례가 매우 유사하다는 확신과 증거가 있어야 한다. 그렇지 않은 상태에서 유비 추론에 의해 결론을 이끌어 내면, 그것은 개연성이 거의 없고 잘못된 결론이 될 수도 있다.

> • 지구에는 공기, 물, 흙, 햇빛이 있다.
> 　A는 a, b, c, d의 속성을 가지고 있다.
> • 화성에는 공기, 물, 흙, 햇빛이 있다.
> 　B는 a, b, c, d의 속성을 가지고 있다.
> • 지구에 생물이 살고 있다.
> 　A는 e의 속성을 가지고 있다.
> • 그러므로 화성에도 생물이 살고 있을 것이다.
> 　그러므로 B도 e의 속성을 가지고 있을 것이다.

1. 형식적 오류

(1) 순환 논증의 오류 : 결론에서 주장하고자 하는 바를 전제로 제시하는 오류

  예 이 책에 쓰인 내용은 사실이다. 왜냐하면 이 책에 그렇게 적혀 있기 때문이다.

(2) 자가당착의 오류 : 앞뒤의 주장이나 전제와 결론 사이에 모순이 발생함으로써 일관된 논점을 갖지 못하는 오류

  예 언론의 자유는 무조건 보장되어야 한다. 하지만 특별한 경우에는 제한할 수도 있다.

(3) 전건 부정의 오류 : 전건을 부정하여, 후건을 부정한 것을 결론으로 도출하는 데서 발생하는 오류

  예 컴퓨터 게임에 몰두하면 눈이 나빠진다($p \rightarrow q$).
  희철이는 컴퓨터 게임에 몰두하지 않는다($\sim p$). 그러므로 희철이는 눈이 나빠지지 않는다($\sim q$).

(4) 후건 긍정의 오류 : 후건을 부정하여 전건을 부정한 것을 결론으로 도출하는 데서 발생하는 오류

  예 비가 오면 땅이 젖는다($p \rightarrow q$). 지금 땅이 젖어 있다(q). 따라서 비가 왔다(p).

(5) 선언지 긍정의 오류 : 대전제의 어느 한 명제를 긍정하는 것이 필연적으로 다른 명제의 부정을 도출한다고 여기는 오류

  예 어떤 예술가는 화가이거나 피아니스트이다($p \vee q$).
  그 사람은 화가이다(p). 따라서 그 사람은 피아니스트가 아니다($\sim q$).

2. 비형식적 오류

(1) 심리적 오류 : 어떤 주장에 대해 논리적으로 타당한 근거를 제시하지 않고, 심리적인 면에 기대어 상대방을 설득하려고 할 때 발생하는 오류

  ① **인신공격의 오류** : 주장하는 사람의 인품, 직업, 과거 정황의 비난받을 만한 점을 트집 잡아 비판하는 오류

    예 그 사람 말은 믿을 수 없어. 그 사람은 전과자이니까.

  ② **피장파장의 오류(역공격의 오류)** : 자신이 비판받는 바가 상대방에게도 역시 적용될 수 있음을 내세워 공격함으로써 벗어나는 오류

    예 내가 뭘 잘못했다고 그래? 내가 보니까, 오빠는 더 하더라.

  ③ **정황에 호소하는 오류** : 어떤 사람이 처한 정황을 비난하거나 논리의 근거로 내세움으로써 자신의 주장이 타당하다고 믿게 하려는 오류

    예 자네 생각과는 달라도, 이건 우리 회사의 기본 방침이네.

  ④ **동정에 호소하는 오류** : 상대방의 동정심이나 연민의 정을 유발하여 자신의 주장을 정당화하려는 오류

    예 사장님, 제가 해고를 당하면 저희 식구들은 굶어 죽습니다.

⑤ 공포에 호소하는 오류 : 상대방을 윽박지르거나 증오심을 표현하여 자신의 주장을 받아들이게 하는 오류

　　예 우리의 요구를 받아들이지 않으면, 엄청난 사태가 벌어질 것입니다.

⑥ 쾌락이나 유머에 호소하는 오류 : 사람의 감정이나 쾌락, 재미 등을 내세워 논지를 받아들이게 하는 오류

　　예 인류가 원숭이로부터 진화해왔다고 하시는데, 그렇다면 당신의 조상은 원숭이인가요?

⑦ 사적 관계에 호소하는 오류 : 개인적인 친분 관계를 내세워 자신의 논지를 받아들이게 하는 오류

　　예 자네가 나의 제안에 반대하다니, 나는 자네만은 찬성해줄 줄 알았네.

⑧ 아첨에 호소하는 오류 : 아첨에 의해 논지를 받아들이게 하는 오류

　　예 야, 너 한 번 나가서 항의해 봐. 너만큼 똑똑한 사람이 아니면 누가 그걸 하겠어.

⑨ 군중에 호소하는 오류 : 많은 사람이 그렇게 행동하거나 생각한다고 내세워 군중심리를 자극하는 오류

　　예 이 논리학 책이 가장 좋은 책입니다. 올 상반기 동안 가장 많이 팔린 책이 아닙니까?

⑩ 부적합한 권위에 호소하는 오류 : 직접적인 관련이 없는 권위자의 견해를 근거로 들거나 논리적인 타당성과는 무관하게 권위자의 견해라는 것을 내세워 자기주장의 타당함을 입증하는 오류

　　예 교황이 천동설이 옳다고 했다. 따라서 천체가 지구를 돌고 있음에 틀림없다.

⑪ 원천 봉쇄의 오류(우물에 독약 치기) : 자신의 주장에 반론의 가능성이 있는 요소를 비난하여 반론 자체를 원천적으로 봉쇄하는 오류

　　예 수일아, 이제 가서 자거라. 일찍 자야 착한 어린이가 된단다.

(2) **자료적 오류** : 어떤 자료에 대해 잘못 판단하여 이를 논거로 삼을 경우 범하게 되는 오류

① 성급한 일반화의 오류 : 제한된 정보, 부적합한 증거, 대표성을 결여한 사례를 근거로 마치 전부가 그런 것처럼 일반화하는 오류

　　예 하나를 보면 열을 안다고. 지금 너의 행동을 보니, 형편없는 애구나.

② 잘못된 유추의 오류 : 유사성이 없는 측면까지 유사성이 있는 것처럼 비유를 부당하게 적용하는 오류

　　예 컴퓨터와 사람은 유사점이 많아. 그러니 컴퓨터도 사람처럼 감정이 있을 거야.

③ 무지에 호소하는 오류 : 어떤 주장에 대해 증명할 수 없거나 결코 알 수 없음을 들어 거짓이라고 반박하는 오류

　　예 귀신은 분명히 있어. 지금까지 귀신이 없다는 것을 증명한 사람은 없으니까.

④ 논점 일탈의 오류 : 원래의 논점과는 다른 방향으로 논지를 이끌어감으로써 무관한 결론에 이르게 되는 오류

　　예 너희는 형제가 텔레비전을 가지고 싸우냐? 그렇게 할 일이 없으면 가서 공부나 해!

⑤ 의도 확대의 오류 : 의도하지 않은 결과에 대해 원래부터 어떤 의도가 있었다고 확대 해석하는 오류

　　예 일도 하지 않고 어떻게 돈을 벌려고 하니? 너 요즘 일도 안 하고 죽으려고 결심한 거구나.

⑥ 흑백 논리의 오류 : 어떤 집합의 원소가 단 두 개밖에 없다고 여기고, 이것이 아니면 저것일 수밖에 없다고 단정 짓는 데서 오는 오류

　　예 너 나 좋아하지 않지? 그럼 날 싫어한다는 말이구나.

⑦ 분할(분해)의 오류 : 전체 또는 집합이 어떤 성질을 가지고 있기 때문에 그 부분 또는 원소도 그와 같은 성질을 가지고 있다고 추론하는 오류

　　예 소금은 먹을 수 있으니 나트륨과 염소도 먹을 수 있을 것이다.

⑧ 거짓 딜레마의 오류 : 둘 다 거짓일수도 있는 상황(제3의 대안이 있는 상황)에서 둘 중 하나가 반드시 참이라고 전제할 때 범하는 오류

　예 이 많은 군사가 강을 건너기 위해 헤엄쳐서 간다면 급류에 휩쓸릴 것이고, 다리로 간다면 무게 때문에 무너져버릴 것이다. 따라서 이 강을 건너는 것은 불가능하다.

⑨ 우연(원칙 혼동)의 오류 : 본질적인 경우와 우연적인 경우를 혼동할 때 범하는 오류

　예 칼로 상처를 내는 것은 범죄행위이다. 외과의사는 칼로 상처를 낸다. 따라서 외과의사는 범죄자이다.

(3) 언어적 오류 : 다의적(多義的)이거나 모호한 말에 의해 논지가 잘못 전개됨으로써 나타나는 오류

① 애매어의 오류 : 두 가지 이상의 의미를 가진 말을 동일한 의미의 말인 것처럼 애매하게 사용함으로써 생기는 오류

　예 성경은 모든 인간이 죄인이라고 말하고 있다. 따라서 모든 인간은 감옥에 가두어야 한다.

② 복합질문의 오류 : 어떻게 대답하건 대답하면 숨어 있는 질문에 대하여 긍정하게 되도록 질문할 경우의 오류

　예 너 요즘 아내한테 안 맞지?

③ 범주의 오류 : 서로 다른 범주에 속하는 것을 같은 범주의 것으로 혼동하는 데서 생기는 오류

　예 운동장이랑 교실은 다 둘러봤는데, 그럼 학교는 어디에 있습니까?

④ 강조의 오류 : 문장의 어느 한 부분을 강조하여 발생하는 오류

　예 잔디를 밟지 마시오. / 그럼 밟지 않고 불태우는 것은 상관없겠군.

01 명제

| 유형분석 |

- 명제 간의 관계를 정확히 알고 이를 활용할 수 있는지를 평가한다.
- 삼단논법을 활용해서 풀이하는 유형이 있다.
- 명제의 역·이·대우 및 '~보다', '가장' 등의 표현에 유의해 풀어야 한다.

마지막 명제가 참일 때, 다음 빈칸에 들어갈 명제로 가장 적절한 것은?

- 아이스크림을 좋아하면 피자를 좋아하지 않는다.
- 갈비탕을 좋아하지 않으면 피자를 좋아한다.
- _____
- 그러므로 아이스크림을 좋아하면 짜장면을 좋아한다.

① 피자를 좋아하면 짜장면을 좋아한다.
② 짜장면을 좋아하면 갈비탕을 좋아한다.
③ 갈비탕을 좋아하면 짜장면을 좋아한다.
④ 짜장면을 좋아하지 않으면 피자를 좋아하지 않는다.
⑤ 피자와 갈비탕을 좋아하면 짜장면을 좋아한다.

정답 ③

아이스크림을 좋아함 $=p$, 피자를 좋아함 $=q$, 갈비탕을 좋아함 $=r$, 짜장면을 좋아함 $=s$라 하면, 첫 번째, 두 번째, 네 번째 명제는 각각 $p \rightarrow \sim q$, $\sim r \rightarrow q$, $p \rightarrow s$이다. 두 번째 명제의 대우와 첫 번째 명제에 따라 $p \rightarrow \sim q \rightarrow r$이 되어 $p \rightarrow r$이 성립하고, 결론이 $p \rightarrow s$가 되기 위해서는 $r \rightarrow s$가 추가로 필요하다. 따라서 빈칸에 들어갈 명제는 '갈비탕을 좋아하면 짜장면을 좋아한다.' 이다.

30초 컷 풀이 Tip

간단한 명제가 주어지는 경우에는 문장을 기호화할 필요가 없지만, 제시된 명제가 많아지는 경우에는 문장을 기호화시켜 도식화하면 빠르고 간단하게 문제를 해결할 수 있다.

01 다음 제시된 명제가 참일 때, 빈칸에 들어갈 명제로 가장 적절한 것은?

> • A세포가 있는 동물은 물체의 상을 감지할 수 없다.
> • B세포가 없는 동물은 물체의 상을 감지할 수 있다.
> • _____
> • A세포가 있는 동물은 빛의 유무를 감지할 수 있다.

① 빛의 유무를 감지할 수 있는 동물은 B세포가 있다.
② B세포가 없는 동물은 빛의 유무를 감지할 수 없다.
③ B세포가 있는 동물은 빛의 유무를 감지할 수 있다.
④ 물체의 상을 감지할 수 있는 동물은 빛의 유무를 감지할 수 있다.
⑤ 빛의 유무를 감지할 수 없는 동물은 물체의 상을 감지할 수 없다.

※ 다음 제시된 명제가 항상 참일 때, 옳게 추론한 것을 고르시오. **[2~3]**

Easy

02

> • 축산산업이 발전하면 소득이 늘어난다.
> • 해외 수입이 줄어들면 축산산업이 발전한다.

① 해외수입이 줄어들면 소득이 줄어든다.
② 해외수입이 늘어나면 소득이 늘어난다.
③ 축산산업이 발전되지 않으면 소득이 늘어난다.
④ 축산산업이 발전되면 소득이 줄어든다.
⑤ 해외수입이 줄어들면 소득이 늘어난다.

03

> • 냉면을 좋아하는 사람은 여름을 좋아한다.
> • 호빵을 좋아하는 사람은 여름을 좋아하지 않는다.

① 호빵을 좋아하는 사람은 냉면을 좋아한다.
② 여름을 좋아하는 사람은 냉면을 좋아한다.
③ 냉면을 좋아하는 사람은 호빵을 좋아한다.
④ 호빵을 좋아하는 사람은 냉면을 좋아하지 않는다.
⑤ 호빵을 좋아하지 않는 사람은 냉면을 좋아하지 않는다.

04 A~D 4명은 각각 1명의 자녀를 두고 있는 아버지이다. 4명의 아이 중 2명은 아들이고, 2명은 딸이다. 아들의 아버지인 두 명만 사실을 말할 때, 다음 중 옳은 것은?

> • A : B와 C의 아이는 아들이다.
> • B : C의 아이는 딸이다.
> • C : D의 아이는 딸이다.
> • D : A와 C의 아이는 딸이다.

① A의 아이는 아들이다.
② B의 아이는 딸이다.
③ C의 아이는 아들이다.
④ D의 아이는 아들이다.
⑤ D와 A의 아이는 딸이다.

| 유형분석 |

- 제시된 조건을 정확히 판단하여 나열하고, 이를 통해 올바른 결론을 도출할 수 있는지 판단한다.
- 제시된 여러 조건 / 상황 / 규칙들을 정리하여 경우의 수를 구한 후 문제를 해결해야 한다.
- 고정 조건을 중심으로 표나 도식으로 정리하여 확실한 조건과 배제해야 할 조건들을 정리한다.

다음 제시된 문장을 참고하여 내린 A, B의 결론에 대한 판단으로 옳은 것은?

- 왼쪽부터 차례대로 1, 2, 3, 4, 5, 6번 방이 있고, 한 방에 현진, 유미, 윤수, 영주, 태희, 선우 중 한 명씩 들어간다.
- 현진과 유미 사이에는 두 명이 있고, 유미가 항상 현진의 오른편에 있다.
- 윤수는 영주의 바로 왼쪽 방에 있다.
- 태희는 5번 방에 있다.

A : 선우는 3번 방에 있다.
B : 태희는 항상 선우의 옆방에 있다.

① A만 옳다.   ② B만 옳다.
③ A, B 모두 옳다.   ④ A, B 모두 틀리다.
⑤ A, B 모두 옳은지 틀린지 판단할 수 없다.

정답 ②

제시문을 표로 정리하면, 두 가지의 경우가 나온다.

구분	1번 방	2번 방	3번 방	4번 방	5번 방	6번 방
경우 1	현진	윤수	영주	유미	태희	선우
경우 2	윤수	영주	현진	선우	태희	유미

표에서 경우 1이라면 선우가 6번 방에 있고 경우 2라면 4번 방에 있다. 따라서 A는 틀리다.
또한 제시문에서 태희는 5번 방에 있다고 했으므로, B는 항상 옳다.

30초 컷 풀이 Tip

1. 문제 혹은 선택지를 먼저 읽은 후 문제에서 요구하는 규칙과 조건을 파악한다.
2. 서로 관련 있는 조건을 연결하여 나올 수 있는 경우의 수를 정리한다.

※ 다음 제시된 문장을 참고하여 내린 A, B의 결론에 대한 판단으로 옳은 것을 고르시오. **[1~2]**

01

- 필석이와 하나 앞에 농구공, 축구공, 야구공, 볼링공이 있다.
- 볼링을 좋아하는 사람은 농구를 좋아하지 않는다.
- 야구를 좋아하는 사람은 농구를 좋아한다.
- 하나가 농구를 좋아한다면 필석이는 볼링을 좋아할 것이다.
- 필석이는 야구와 축구를 좋아한다.

A : 필석이는 농구, 축구, 야구를 좋아한다.
B : 하나는 농구를 좋아하지 않는다.

① A만 옳다.
② B만 옳다.
③ A, B 모두 옳다.
④ A, B 모두 틀리다.
⑤ A, B 모두 옳은지 틀린지 판단할 수 없다.

02

- 방학 동안 월요일부터 일요일까지 학교를 개방하고 다섯 명(1 ~ 5반)의 선생님이 돌아가며 감독을 하기로 했다.
- 선생님들은 1박 2일씩 의무적으로 출근한다.
- 감독 선생님이 없는 날은 없다.
- 1반 선생님은 월요일과 화요일에 감독을 한다.
- 2반 선생님은 목요일과 금요일에 감독을 한다.
- 5반 선생님은 가장 늦게 감독을 한다.
- 한 주의 시작은 월요일이다.

A : 3반 선생님이나 4반 선생님 중 한 분은 수요일과 목요일에 감독을 한다.
B : 5반 선생님은 토요일에 감독을 한다.

① A만 옳다.
② B만 옳다.
③ A, B 모두 옳다.
④ A, B 모두 틀리다.
⑤ A, B 모두 옳은지 틀린지 판단할 수 없다.

※ 다음 제시문을 읽고 문제가 참이면 ①, 거짓이면 ②, 문제의 진위를 알 수 없으면 ③을 고르시오.
  [3~5]

'지문 인식'이란 이용자가 지문 인식 센서를 이용해 지문을 입력하면, 그것을 시스템에 등록되어 있는 지문 영상과 비교하여 본인 여부를 확인하는 기술이다. 이용자가 본인임을 인증받기 위해서는 먼저 자신의 지문을 시스템에 등록해야 한다. '지문 등록'을 위해 이용자가 지문을 센서에 대면 지문의 특징이 추출되어 영상으로 저장된다. 이 영상은 본인 여부를 판정하는 기준이 된다.

등록된 영상으로 본인 여부를 판정하는 과정을 '정합 판정' 과정이라 한다. 정합 판정 과정에서는 이용자가 지문을 센서에 대면 지문의 특징이 추출되어 영상이 만들어지고, 이 영상과 시스템에 등록되어 있는 영상의 비교가 이루어진다. 그 결과 두 영상의 유사도가 기준치 이상이면 이용자의 지문을 등록되어 있는 지문과 동일한 것으로 판정한다.

03 지문 인식은 지문을 이용해 본인 여부를 확인하는 기술이다.

① 참   ② 거짓   ③ 알 수 없음

04 지문 등록과 정합 판정 과정에서는 지문선이 끊어지거나 갈라지는 것을 통해 지문의 유사도를 확인한다.

① 참   ② 거짓   ③ 알 수 없음

05 정합 판정 과정이 있으려면 지문 등록 과정이 선행되어야 한다.

① 참   ② 거짓   ③ 알 수 없음

출제유형분석

03 오류

|유형분석|

- 논리 전개 과정에서 오류 발생 시 이를 찾아내고 판단할 수 있는지 판단한다.
- 제시된 예를 읽고 공통적인 오류를 찾아 묶을 수 있어야 한다.

다음 제시된 문장과 동일한 오류를 범하고 있는 것은?

> 살생을 하면 안 되기 때문에 육식을 해서는 안 된다.

① 민수는 어제 시계를 샀다. 민수는 사치가 심한 게 틀림없다.
② 거짓말을 하면 안 되므로 모르는 사람이 연락처를 물어오면 정직하게 말해야 한다.
③ 서울대학교를 나온 사람이기 때문에 맞을 것이다.
④ 많은 사람이 신고 있는 것을 보니 이 신발은 좋은 게 분명하다.
⑤ 소크라테스의 인생철학은 가치가 없다. 왜냐하면 그는 공처가였기 때문이다.

정답 ②

제시문과 ②가 공통적으로 범하고 있는 오류는 '우연의 오류'에 해당한다. 일반적인 법칙을 예외적인 상황에 적용할 때 발생하는 오류이다.

오답분석

① 성급한 일반화의 오류 : 특수한 사례를 근거로 일반적인 법칙을 이끌어내는 오류
③ 부적합한 권위에 호소하는 오류 : 직접적인 관련이 없는 권위자의 견해를 근거로 들거나 논리적인 타당성과는 무관하게 권위자의 견해라는 것을 내세워 자기주장의 타당함을 입증하는 오류
④ 대중에 호소하는 오류 : 많은 사람들이 지지하는 점에서 그 주장이 옳음을 주장하는 오류
⑤ 인신공격의 오류 : 어떤 주장에 대한 비판의 근거로, 그 주장을 하는 사람의 인품·성격 등을 비난함으로써 그 주장이 거짓임을 내세우는 오류

30초 컷 풀이 Tip

오류에 대한 개념을 이론적으로 정확하게 알고 있는 것이 아니라면 사례를 많이 접해두는 것이 좋다.

예 ㉠ 계속 울면 호랑이가 잡아 간다.
  ㉡ 내가 뭘 잘못했다고 그래? 너는 더 했잖아.
  ㉢ 조선의 힘이 강했다면 오히려 일본을 침략했을 것이므로 일본의 조선 침략은 정당합니다.
  ㉣ 우리가 동시에 관두면 회사는 큰 손해를 입게 될 것입니다.

위의 예를 보면 정확하게 어떤 오류가 있는지 설명할 수 없어도 두 가지로 나눠 볼 수 있다. ㉠과 ㉣은 상대방을 위협함으로써 자신의 의견을 표현하고 있고, ㉡과 ㉢은 역으로 상대방을 공격해서 자신의 잘못을 정당화하고 있다.

㉠ · ㉣ 공포에 호소하는 오류 : 상대방을 윽박지르거나 증오심을 표현하여 자신의 주장을 받아들이게 하는 오류
㉡ · ㉢ 피장파장의 오류(역공격의 오류) : 자신이 비판받는 내용이 상대방에게도 적용될 수 있음을 내세워 공격함으로써

※ 다음 제시문과 동일한 오류를 범하고 있는 것을 고르시오. [1~2]

01

> 철수가 우등상을 받지 못한 걸 보니 꼴찌를 한 것이 분명하다.

① 아파트 내에서 세차를 하면 구청에 고발하겠습니다.
② 철수, 넌 내 의견에 찬성할 거지? 넌 나의 죽마고우잖아.
③ 영희는 자장면을 좋아하지 않으니까 틀림없이 자장면을 싫어할 거야.
④ 어머니는 용꿈을 꾸었기 때문에 나를 낳았다고 말씀하셨다.
⑤ 지옥에는 행복이 없다. 이 세상은 지옥이다. 따라서 이 세상에는 행복이 없다.

Hard
02

> 넌 항상 불량식품을 먹으면 배가 아프다고 했어. 그런데 지금 배가 아프다고 하는 거 보니, 어디서 불량식품을 먹고 온 것이 틀림없어.

① 이 책이 올해의 베스트셀러라는 신문광고를 봤다. 그러니까 분명히 내용도 훌륭할 것이다.
② 우리의 제안을 거부하신다면, 엄청난 일이 벌어질 수도 있다는 것을 꼭 명심하십시오.
③ 별것도 아닌 일로 둘이 그만 싸우고, 들어가서 공부나 해!
④ 인간의 기본권은 반드시 지켜줘야 한다. 그렇지만 특별한 경우에는 예외가 있을 수 있다.
⑤ 경진이는 저녁 6시가 되면 퇴근을 하는데, 경진이가 퇴근을 하는 걸 보니 지금이 저녁 6시이다.

03 다음의 대화에서 나타난 논리적 오류로 적절한 것은?

> A : 내가 어제 귀신과 싸워서 이겼다.
> B : 귀신이 있어야 귀신과 싸우지.
> A : 내가 봤다니까. 귀신 없는 거 증명할 수 있어?

① 성급한 일반화의 오류　　　　　② 무지에 호소하는 오류
③ 거짓 딜레마의 오류　　　　　　④ 대중에 호소하는 오류
⑤ 인신공격의 오류

04 다음 중 논리적 오류의 성격이 다른 것은?

① 전철에서 현우가 할머니께 자리를 양보하는 것을 봤어. 현우는 모범생이 분명해.
② 벽에 못도 잘 박지 못하는 위인이니까 학생들도 제대로 가르칠 수 없을 거야.
③ 왕눈이 수진이가 겁이 많은 걸 보니 눈 큰 사람들은 겁이 많아.
④ 국내 논술 경시대회에서 E고등학교 학생 민호가 일등을 했다. 그러므로 E고등학교 학생들은 논술을 잘할 것이다.
⑤ 은지는 벌써 두 번이나 회의에 지각했으니, 그는 지각 대장일 것이다.

CHAPTER 02
언어비평검사 II (독해)

합격 CHEAT KEY

언어비평검사 II 는 독해 유형으로 25문항이 출제되며 22분의 시간이 주어진다. 크게는 '문장·문단나열', '개요 및 글의 수정', '빈칸추론', '언어이해'로 나눌 수 있다. '문장·문단 나열'과 '개요 및 글의 수정'에서는 전체적인 글의 구조에 대한 분석력과 논리력을 평가하고, '빈칸추론'과 '언어이해'에서는 전반적인 글의 흐름에 대한 이해력과 이를 토대로 한 추론 능력을 평가한다.

01 문장·문단 나열

문장과 문장, 또는 문단과 문단 사이의 관계를 통해 글의 논리적 구조를 파악할 수 있는지를 평가하는 유형으로, 문장을 논리적 순서대로 나열하는 유형과 비교적 길이가 긴 문단을 나열하는 유형이 있다.

02 개요 및 글의 수정

글의 개요나 주어진 글에서 적절하지 못한 부분을 올바르게 수정할 수 있는지를 평가하기 위한 유형으로 각 개요의 서론·본론·결론 및 각각의 하위 항목을 수정하거나 항목을 추가·제거하는 유형과 글의 어휘·문장의 호응 관계를 고려하여 수정하거나 추가·제거하는 유형이 출제되고 있다.

03 빈칸추론

빈칸추론은 제시문 안의 빈칸에 들어갈 알맞은 문장을 찾는 유형으로, 없는 내용을 유추해야 하기 때문에 이 유형에 어려움을 느끼는 수험생들도 있으나, 글의 전체적인 흐름과 핵심내용을 파악하는 능력을 평가한다는 점에서 독해 유형과 맥을 같이한다.

04 언어이해

언어이해 유형은 내용일치, 주제 / 제목 찾기, 추론하기 등 다양한 유형의 문제가 출제되며, 다른 기업의 적성검사와 달리 다소 어려운 주제나 개념이 지문으로 등장하는 경우가 많아 쉽게 답을 고르기가 어려운 것이 특징이다.

01 논리구조

논리구조에서는 주로 단락과 문장 간의 관계나 글 전체의 논리적 구조를 정확히 파악했는지를 묻는다. 글의 순서를 바르게 배열하는 유형이 출제되고 있다. 제시문의 전체적인 흐름을 바탕으로 각 문단의 특징, 단락 간의 역할 등을 논리적으로 구조화할 수 있는 능력을 길러야 한다.

(1) 문장의 관계와 원리

① 문장과 문장 간의 관계

ⓖ 상세화 관계 : 주지 → 구체적 설명(비교, 대조, 유추, 분류, 분석, 인용, 예시, 비유, 부연, 상술 등)

ⓛ 문제(제기)와 해결 관계 : 한 문장이 문제를 제기하고, 다른 문장이 그 해결책을 제시하는 관계(과제 제시 → 해결 방안, 문제 제기 → 해답 제시)

ⓔ 선후 관계 : 한 문장이 먼저 발생한 내용을 담고, 다음 문장이 나중에 발생한 내용을 담고 있는 관계

ⓡ 원인과 결과 관계 : 한 문장이 원인이 되고, 다른 문장이 그 결과가 되는 관계(원인 제시 → 결과 제시, 결과 제시 → 원인 제시)

ⓜ 주장과 근거 관계 : 한 문장이 필자가 말하고자 하는 바(주지)가 되고, 다른 문장이 그 문장의 증거(근거)가 되는 관계(주장 제시 → 근거 제시, 의견 제안 → 의견 설명)

ⓗ 전제와 결론 관계 : 앞 문장에서 조건이나 가정을 제시하고, 뒤 문장에서 이에 따른 결론을 제시하는 관계

② 문장의 연결 방식

ⓖ 순접 : 원인과 결과, 부연 설명 등의 문장 연결에 쓰임

[예] 그래서, 그리고, 그러므로 등

ⓛ 역접 : 앞글의 내용을 전면적 또는 부분적으로 부정

[예] 그러나, 그렇지만, 그래도, 하지만 등

ⓔ 대등·병렬 : 앞뒤 문장의 대비와 반복에 의한 접속

[예] 및, 혹은, 또는, 이에 반하여 등

ⓡ 보충·첨가 : 앞글의 내용을 보다 강조하거나 부족한 부분을 보충하기 위해 다른 말을 덧붙이는 문맥

[예] 단, 곧, 즉, 더욱이, 게다가, 왜냐하면 등

ⓜ 화제 전환 : 앞글과는 다른 새로운 내용을 이야기하기 위한 문맥

[예] 그런데, 그러면, 다음에는, 이제, 각설하고 등

ⓗ 비유·예시 : 앞글에 대해 비유적으로 다시 말하거나 구체적인 예를 보임

　　예 예를 들면, 예컨대, 마치 등

(2) 원리 접근법

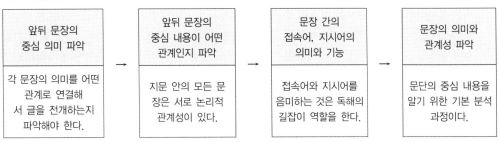

02 논리적 이해

(1) 전제의 추론

전제의 추론은 규칙적으로 주어진 내용의 이면에 내포되어 있는 이미 옳다고 인정된 사실을 유추하는 유형이다.

① 먼저 주장이 무엇인지 명확하게 파악해야 한다.

② 주장이 성립하기 위해서 논리적으로 필요한 요건이 무엇인지 생각해 본다.

③ 선택지 중 주장과 논리적으로 인과 관계를 형성할 수 있는 조건을 찾아낸다.

(2) 결론의 추론

주어진 내용을 명확히 이해한 다음, 이를 근거로 이끌어 낼 수 있는 올바른 결론이나 관련 사항을 논리적인 관점에서 찾는 문제 유형이다. 이와 같은 문제는 평상시 비판적이고 논리적인 관점으로 글을 읽는 연습을 충분히 해 두어야 유리하다고 볼 수 있다.

> **자주 출제되는 유형**
> • 정의가 바르게 된 것
> • 문맥상 삭제해도 되는 부분
> • 빈칸에 들어갈 적절한 것
> • 다음 글에 이어 나올 수 있는 것
> • 글의 내용을 통해 알 수 없는 것
> • 가장 타당한 논증
> • 다음 내용이 들어가기에 가장 적절한 위치

이와 같은 유형의 문제를 풀 때는 먼저 제시문을 읽고, 그 글을 통해 타당성 여부를 검증해 가는 방법을 취하는 것이 좋다. 물론 통독(通讀)을 통해 각 문단에서 다루고 있는 내용이 무엇인지 미리 확인해 두어야만 선택지와 관련된 내용을 이끌어 낼 근거가 언급된 부분을 쉽게 찾을 수 있다.

(3) 주제의 추론

주제와 관련된 추론 문제는 적성검사에서 자주 출제되는 유형으로서, 글의 표제, 부제, 주제, 주장, 의도를 파악하는 형태의 문제와 같은 유형이다. 이러한 유형의 문제는 주제를 글의 첫 문단이나 마지막 문단을 통해서 찾을 수 있으며, 그렇지 않으면 문단의 병렬·대등 관계를 파악하면 쉽게 찾을 수 있다. 여러 문단에서 공통된 주제를 추론할 때는, 각각의 제시문을 먼저 요약한 뒤, 핵심 키워드를 찾은 다음, 이를 토대로 주제문을 가려내어 하나의 주제를 유추하면 된다. 평소에 제시문을 읽고, 핵심 키워드를 찾아 문장을 구성하는 연습을 많이 해두어야 한다. 또한 겉으로 드러난 주제나 정보를 찾는 데 그치지 않고 글 속에 숨겨진 의도나 정보를 찾기 위해 꼼꼼히 관찰하는 태도가 필요하다.

| 유형분석 |

- 문장이나 문단을 올바르게 나열할 수 있는 논리력을 평가한다.
- 문단순서 나열에서 가장 중요한 것은 지시어와 접속어이므로, 접속어의 쓰임에 대해 정확히 알고 있어야 하며, 지시어가 가리키는 것이 무엇인지 잘 파악해야 한다.

다음 문장을 논리적 순서대로 바르게 나열한 것은?

(가) 상품의 가격은 기본적으로 수요와 공급의 힘으로 결정된다. 시장에 참여하고 있는 경제 주체들은 자신이 가진 정보를 기초로 하여 수요와 공급을 결정한다.

(나) 이런 경우에는 상품의 가격이 우리의 상식으로는 도저히 이해하기 힘든 수준까지 일시적으로 뛰어오르는 현상이 나타날 가능성이 있다. 이런 현상은 특히 투기의 대상이 되는 자산의 경우 자주 나타나는데, 우리는 이를 '거품 현상'이라고 부른다.

(다) 그러나 현실에서는 사람들이 서로 다른 정보를 갖고 시장에 참여하는 경우가 많다. 어떤 사람은 특정한 정보를 갖고 있는데 거래 상대방은 그 정보를 갖고 있지 못한 경우도 있다.

(라) 일반적으로 거품 현상이란 것은 어떤 상품 – 특히 자산 – 의 가격이 지속해서 급격히 상승하는 현상을 가리킨다. 이와 같은 지속적인 가격 상승이 일어나는 이유는 애초에 발생한 가격 상승이 추가적인 가격 상승의 기대로 이어져 투기 바람이 형성되기 때문이다.

(마) 이들이 똑같은 정보를 함께 갖고 있으며 이 정보가 아주 틀린 것이 아닌 한, 상품의 가격은 어떤 기본적인 수준에서 크게 벗어나지 않을 것이라고 예상할 수 있다.

① (마) – (가) – (다) – (라) – (나) ② (라) – (가) – (다) – (나) – (마)
③ (나) – (마) – (다) – (가) – (라) ④ (가) – (마) – (다) – (나) – (라)
⑤ (가) – (다) – (나) – (라) – (마)

정답 ④

제시문은 가격을 결정하는 요인과 이를 통해 일반적으로 할 수 있는 예상을 언급한 후, 현실적인 여러 요인으로 인해 나타날 수 있는 '거품 현상'이란 구체적으로 무엇인지를 설명하는 글이다. 따라서 (가) 수요와 공급에 의해 결정되는 가격 → (마) 상품의 가격에 대한 일반적인 예상 → (다) 현실적인 가격 결정 요인 → (나) 이로 인해 예상치 못하게 나타나는 '거품 현상' → (라) '거품 현상'에 대한 구체적인 설명 순서로 연결되어야 한다.

30초 컷 풀이 Tip

접속어와 지시어를 찾아 순서를 유추하고, 접속어나 지시어가 없는 경우 각 문장이나 문단의 핵심어를 찾아 글의 흐름을 파악한다.

※ 다음 제시된 문장을 논리적 순서대로 바르게 나열한 것을 고르시오. [1~3]

Hard

01

> (가) 상품 생산자, 즉 판매자는 화폐를 얻기 위해 자신의 상품을 시장에 내놓는다. 하지만 생산자가 만들어 낸 상품이 시장에 들어서서 다른 상품이나 화폐와 관계를 맺게 되면, 그 상품은 주인에게 복종하기를 멈추고 자립적인 삶을 살아가게 된다.
>
> (나) 이처럼 상품이나 시장 법칙은 인간에 의해 산출된 것이지만, 거꾸로 상품이나 시장 법칙이 인간을 지배하게 된다. 이때 인간들 간의 관계가 소외되는 현상이 나타난다.
>
> (다) 상품은 그것을 만들어 낸 생산자의 분신이지만, 시장 안에서는 상품이 곧 독자적인 인격체가 된다. 즉, 사람이 주체가 아니라 상품이 주체가 된다.
>
> (라) 또한 사람들이 상품들을 생산하여 교환하는 과정에서 시장의 경제 법칙을 만들어 냈지만, 이제 거꾸로 상품들은 인간의 손을 떠나 시장 법칙에 따라 교환된다. 이런 시장 법칙의 지배 아래에서는 사람과 사람 간의 관계가 상품과 상품, 상품과 화폐 등 사물과 사물 간의 관계에 가려 보이지 않게 된다.

① (가) – (다) – (나) – (라)

② (가) – (다) – (라) – (나)

③ (다) – (라) – (가) – (나)

④ (다) – (라) – (나) – (가)

⑤ (다) – (가) – (라) – (나)

02

> (가) 왜냐하면 눈과 자율신경을 통한 인간의 정신적·생리적 삶의 리듬은 일별, 월별로 변화하는 주광에 영향을 받기 때문이다.
>
> (나) 인공광은 변화하는 주광과 달리 시간의 제약 없이 빛의 밝기를 원하는 대로 조절할 수 있지만, 인간의 건강과 안락감에 부정적 영향을 미치는 측면을 간과할 수 없다.
>
> (다) 우리가 전등이라고 부르는 인공광은 빛의 조도 조절, 야간 조명, 기후나 기상에 따른 변화 등에 대처하기 위해서 필요하다.
>
> (라) 하지만 인공광은 생리적 반응에 있어서 자연광과 일치하지 않기 때문에 인간의 시각적 적응 능력을 필요로 하며, 자연 채광이 차단된 밀폐된 공간에서는 상황 판단에 혼란을 일으키기 쉽다는 단점이 있다.

① (다) – (라) – (나) – (가)

② (다) – (나) – (가) – (라)

③ (라) – (가) – (나) – (다)

④ (가) – (다) – (나) – (라)

⑤ (가) – (나) – (다) – (라)

03

> (가) 최초로 입지를 선정하는 업체는 시장의 어디든 입지할 수 있으나 소비자의 이동 거리를 최소화하기 위하여 시장의 중심에 입지한다.
> (나) 최대수요입지론은 산업 입지와 상관없이 비용은 고정되어 있다고 가정한다. 이 이론에서는 경쟁 업체와 가격 변동을 고려하여 수요가 극대화되는 입지를 선정한다.
> (다) 그다음 입지를 선정해야 하는 경쟁 업체는 가격 변화에 따라 수요가 변하는 정도가 크지 않은 경우, 시장의 중심에서 멀어질수록 시장을 뺏기게 되므로 경쟁 업체가 있더라도 가능한 중심에 가깝게 입지하려고 한다.
> (라) 하지만 가격 변화에 따라 수요가 크게 변하는 경우에는 두 경쟁자는 서로 적절히 떨어져 입지하여 보다 낮은 가격으로 제품을 공급하려고 한다.

PART 1

① (나) – (가) – (다) – (라)
② (나) – (라) – (다) – (가)
③ (라) – (가) – (나) – (다)
④ (라) – (가) – (다) – (나)
⑤ (가) – (나) – (라) – (다)

04 다음 글의 이어질 문장을 논리적 순서대로 바르게 나열한 것은?

> 지난해 고금리, 고환율 그리고 고물가까지 겹치면서 경제적 부담이 커지자, 최후의 수단인 보험을 중도 해지한 사람들이 급증하고 있는 것으로 집계되었다.

> (가) 이는 통계 집계가 시작된 2000년 이후 최대에 해당하는 수치로, 글로벌 금융위기를 겪었던 2008년(22조 6,990억 원)보다도 훨씬 큰 규모로 나타났다.
> (나) 이에 해당하는 방법으로는 해지 전 보험료 부담은 낮추면서 보험계약은 지속할 수 있는 감액제도나 일정 한도 내에서 인출이 가능한 중도인출제도가 있고 그 밖에도 보험료를 납부하지 않는 대신 보장기간을 줄일 수 있는 연장정기보험제도나 보험 계약을 해지했다면 이를 다시 복구할 수 있는 계약부활제도가 있다.
> (다) 실제로 지난해 초부터 11월까지 집계된 생명보험 해지환급금은 38조 5,300억 원에 다다랐으며, 이는 전년도보다 10조 원 이상 증가한 것으로 나타났다.
> (라) 이처럼 보험계약 해지가 늘어나고 있는 반면, 반대로 신규 보험 가입자는 전년보다 100만 건가량 감소하고 있다. 이는 비교적 장기간 납부하여야 하는 보험료 특성상 경기가 어려울수록 수요가 감소할 수밖에 없기 때문이다. 다만 보험을 중도해지 시에는 계약자의 손실이 발생하기 때문에 다른 방법은 없는지 따져보는 것이 유리하다.

① (가) – (다) – (나) – (라)
② (가) – (다) – (라) – (나)
③ (가) – (라) – (다) – (나)
④ (다) – (가) – (나) – (라)
⑤ (다) – (가) – (라) – (나)

02 빈칸추론

| 유형분석 |

• 글의 전체적인 주제뿐만 아니라 세부적인 사항까지도 제대로 이해할 수 있는지 평가한다.

다음 글의 빈칸에 들어갈 내용으로 가장 적절한 것은?

오존 구멍을 비롯해 성층권의 오존이 파괴되면 어떤 문제가 생길까. 지표면에서 오존은 강력한 산화물질로 호흡기를 자극하는 대기 오염물질로 분류되지만, 성층권에서는 자외선을 막아주기 때문에 두 얼굴을 가진 물질로 불리기도 한다. 오존층은 강렬한 태양 자외선을 막아주는 역할을 하는데, 오존층이 얇아지면 자외선이 지구 표면까지 도달하게 된다.

사람의 경우 자외선에 노출되면 백내장과 피부암 등에 걸릴 위험이 커진다. 강한 자외선이 각막을 손상시키고 세포 DNA에 이상을 일으키기 때문이다. DNA 염기 중 티민(Thymine, T) 두 개가 나란히 있는 경우 자외선에 의해 티민 두 개가 한 데 붙어버리는 이상이 발생하고, 세포 분열 시 DNA가 복제되면서 다른 염기가 들어가고, 이것이 암으로 이어질 수 있다.

지난 2월 '사이언스'는 극지방 성층권의 오존 구멍은 줄었지만, 많은 인구가 거주하는 중위도 지방에서는 오히려 오존층이 얇아졌다고 지적했다. 중위도 성층권에서도 상층부는 오존층이 회복되고 있지만, 저층부는 얇아졌다는 것이다. 오존층이 얇아지면 더 많은 자외선이 지구 표면에 도달하여 사람들 사이에서 피부암이나 백내장 발생 위험이 커지게 된다. 즉, _____

① 극지방 성층권의 오존 구멍을 줄이는 데 정부는 더 많은 노력을 기울여야 한다.
② 인구가 많이 거주하는 지역일수록 오존층의 파괴가 더욱 심하게 나타난다는 것이다.
③ 극지방의 파괴된 오존층으로 인해 사람들이 더 많은 자외선에 노출되고, 세포 DNA에 이상이 발생한다.
④ 극지방의 오존 구멍보다 중위도 저층부에서 얇아진 오존층이 더 큰 피해를 가져올 수도 있는 셈이다.
⑤ 대기 오염물질로 분류되는 오존이라도 지표면에 적절하게 존재해야 사람들의 피해를 막을 수 있다.

④

제시문에서는 오존층 파괴 시 나타나는 문제점에 대해 설명하고 있으며, 빈칸의 앞 문단에서는 극지방 성층권의 오존 구멍은 줄었지만, 많은 인구가 거주하는 중위도 저층부에서는 오히려 오존층이 얇아졌다고 언급하고 있다. 따라서 많은 인구가 거주하는 중위도 저층부에서의 오존층 파괴는 극지방의 오존 구멍보다 더 큰 피해를 가져올 것이라는 ④가 빈칸에 들어갈 내용으로 가장 적절하다.

오답분석

① 극지방 성층권의 오존 구멍보다 중위도 지방의 오존층이 얇아지는 것이 더욱 큰 문제이다.

② 제시문에서 오존층을 파괴하는 원인은 찾아볼 수 없으며, 인구가 많이 거주하는 지역일수록 오존층의 파괴에 따른 피해가 크다는 것이다.

③ 극지방이 아닌 중위도 지방에서의 얇아진 오존층이 사람들을 더 많은 자외선에 노출시키며, 오히려 극지방의 오존 구멍은 줄어들었다.

⑤ 지표면이 아닌 성층권에서의 오존층의 역할 및 문제점에 대해 설명하고 있다.

30초 컷 풀이 Tip

빈칸추론을 빨리 푸는 방법은 빈칸의 앞 / 뒤 문장을 살펴보고 선택지에서 답을 추론하는 것이라고 알려져 있다. 그러나 최근 빈칸추론 유형의 난이도가 점차 높아지고 있어 글의 전체적인 주제와 맥락을 파악하지 못한다면 풀이에 어려움을 겪을 수 있다.

※ 다음 밑줄 친 빈칸에 들어갈 내용으로 가장 적절한 것을 고르시오. [1~4]

01

> 사회가 변하면 사람들은 그때까지의 생활을 그대로 수긍하지 못한다. 새로운 생활에 맞는 새로운 언어를 필요로 하게 된다. 그 언어가 자연스럽게 육성되기를 기다릴 수도 있지만, 사람들은 대개 외국으로부터 그러한 개념의 언어를 빌려오려고 한다. 돈이나 기술을 빌리는 것에 비하면 언어는 대가 없이 빌려 쓸 수 있으므로 대개는 제한 없이 외래어를 빌린다. 특히 _____ 광복 이후 우리 사회에서 외래어가 넘쳐나는 것은 그간 우리나라의 고도성장과 절대 무관하지 않다.

① 외래어의 증가는 사회의 팽창과 함께 진행된다.
② 새로운 언어는 사회의 변화를 선도하기도 한다.
③ 외래어가 증가하면 범람한다는 비판을 받게 된다.
④ 새로운 언어는 인간의 욕망을 적절히 표현해 준다.
⑤ 새로운 언어는 필연적으로 외국의 개념을 빌릴 수밖에 없다.

02

> 1979년 경찰관 출신이자 샌프란시스코 시의원이었던 화이트 씨는 시장과 시의원을 살해했다는 이유로 1급 살인죄로 기소되었다. 화이트의 변호인은 피고인이 스낵을 비롯해 컵케이크, 캔디 등을 과다 섭취해서 당분 과다로 뇌의 화학적 균형이 무너져 정신에 장애가 왔다고 주장하면서 책임 경감을 요구하였다. 재판부는 변호인의 주장을 인정하여 계획 살인죄보다 약한 일반 살인죄를 적용하여 7년 8개월의 금고형을 선고했다. 이 항변은 당시 미국에서 인기 있던 스낵의 이름을 따 '트윙키 항변'이라 불렸고 사건의 사회성이나 의외의 소송 전개 때문에 큰 화제가 되었다.
> 이를 계기로 1982년 슈엔달러는 교정시설에 수용된 소년범 276명을 대상으로 섭식과 반사회 행동의 상관관계에 대해 실험을 하였다. 기존의 식단에서 각설탕을 꿀로 바꾸어 보고, 설탕이 들어간 음료수에서 천연 과일 주스를 주는 등으로 변화를 주었다. 이처럼 정제한 당의 섭취를 원천적으로 차단한 결과 시설 내 폭행, 절도, 규율 위반, 패싸움 등이 실험 전에 비해 무려 45%나 감소했다는 것을 알게 되었다.
> 따라서 이 실험을 통해 _____

① 과다한 영양 섭취가 범죄 발생에 영향을 미친다는 것을 알 수 있다.
② 과다한 정제당 섭취는 반사회적 행동을 유발할 수 있다는 것을 알 수 있다.
③ 가공 식품의 섭취가 일반적으로 폭력 행위를 증가시킨다는 것을 알 수 있다.
④ 정제당 첨가물로 인한 범죄 행위는 그 책임이 경감되어야 한다는 것을 알 수 있다.
⑤ 범죄 예방을 위해 교정시설 내에 정제당을 제공하지 말아야 한다는 것을 알 수 있다.

03

"너는 냉면 먹어라, 나는 냉면 먹을게."와 같은 문장이 어딘가 이상한 문장이라는 사실과, 어떻게 고쳐야 바른 문장이 된다는 사실을 특별히 심각하게 따져 보지 않고도 거의 순간적으로 파악해 낼 수 있다. 그러나 막상 이 문장이 틀린 이유가 무엇인지 설명하라고 하면, _____ 이를 논리적으로 설명해내기 위해서는 국어의 문법 현상에 관한 상당한 수준의 전문적 식견이 필요하기 때문이다.

① 일반인으로서는 매우 곤혹스러움을 느끼게 된다.
② 전문가들은 설명이 불가능하다고 말한다.
③ 이 역시 특별한 문제없이 설명할 수 있다.
④ 대부분의 사람들은 틀린 이유를 명확하게 찾아낼 수 있다.
⑤ 국어를 모국어로 하는 사람들만이 설명할 수 있다.

04

MZ세대 직장인을 중심으로 '조용한 사직'이 유행하고 있다. '조용한 사직'이라는 신조어는 2022년 7월 한 미국인이 SNS에 소개하면서 큰 호응을 얻은 것으로 실제로 퇴사하진 않지만 최소한의 일만 하는 업무 태도를 말한다. 실제로 MZ세대 직장인은 적당히 하자라는 생각으로 주어진 업무는 하되 더 찾아서 하거나 스트레스 받을 수준으로 많은 일을 맡지 않고, 사내 행사도 꼭 필요할 때만 참여해 일과 삶을 철저히 분리하고 있다.

한 채용 플랫폼의 설문조사 결과에 따르면 직장인 10명 중 7명이 '월급 받는 만큼만 일하면 끝'이라고 답했고, 20대 응답자 중 78.5%, 30대 응답자 중 77.1%가 '받은 만큼만 일한다.'라고 답했다. 설문조사 결과 연령대가 높아질수록 그 비율은 감소해 젊은 층을 중심으로 이 같은 인식이 확산하고 있음을 짐작할 수 있다.

이러한 인식이 확산하는 데는 인플레이션으로 인한 임금 감소, '돈을 많이 모아도 집 한 채를 살 수 있을까?' 등 전반적인 경제적 불만이 기저에 있다고 전문가들은 말했다. 또 MZ세대가 '노력에 상응하는 보상을 받고 있는지'에 민감하게 반응하는 특성을 가지고 있는 것도 한 몫 하고 있다.

문제점은 이러한 '조용한 사직' 분위기가 기업의 전반적인 생산성 저하로 이어지고 있는 것이다. 이에 맞서 기업도 '조용한 사직'으로 대응해 게으른 직원에게 업무를 주지 않는 '조용한 해고'를 하는 상황이 발생하고 있다. 이에 전문가들은 MZ세대 직장인을 나태하다고 구분 짓는 사고방식은 잘못되었다고 지적하며, 기업 차원에서는 "_____"이, 개인 차원에서는 "스스로 일과 삶을 잘 조율하는 현명함을 만드는 것"이 필요하다고 언급했다.

① 직원이 일한 만큼 급여를 올려주는 것
② 직원이 스트레스를 받지 않게 적당량의 업무를 배당하는 것
③ 젊은 세대의 채용을 신중히 하는 것
④ 젊은 세대의 특성을 이해하고 온전히 받아들이는 것
⑤ 젊은 세대가 함께할 수 있도록 분위기를 만드는 것

03 일치 · 불일치

| 유형분석 |

- 글을 읽고 세부 내용을 파악하는 능력을 평가한다.

다음 글의 내용으로 가장 적절한 것은?

녹내장은 안구 내 여러 가지 원인에 의하여 시신경이 손상되고, 이에 따른 시야결손이 발생하는 진행성의 시신경 질환이다. 현재까지 녹내장 발병 원인에 대한 많은 연구가 진행되었으나, 지금까지 가장 확실한 원인은 안구 내 안압의 상승이다. 상승된 안압이 망막시신경섬유층과 시신경을 압박함으로써 시신경이 손상되거나 시신경으로 공급되는 혈류량이 감소됨으로써 시신경 손상이 발생될 수 있다.

녹내장은 일반적으로 주변시야부터 좁아지는 것이 주된 증상이며 그래서 초기에는 환자가 느낄 수 있는 자각증상이 없는 경우가 대부분이다. 그래서 결국은 중심시야까지 침범된 말기가 돼서야 병원을 찾는 경우가 많다. 녹내장은 제대로 관리되지 않으면 각막혼탁, 안구로, 실명의 합병증이 동반될 수 있다.

녹내장을 예방할 수 있는 방법은 아직 알려져 있지 않다. 단지 녹내장은 대부분 장기간에 걸쳐 천천히 진행되는 경우가 많으므로 조기에 발견하는 것이 가장 좋은 예방법이라고 할 수 있다. 정기적인 검진으로 자신의 시신경 상태를 파악하고 그에 맞는 생활패턴의 변화를 주는 것이 도움이 된다. 녹내장으로 진단이 되면 금연을 해야 하며 가능하면 안압이 올라가는 상황을 피하는 것이 좋다. 예를 들면 무거운 물건을 든다든지, 목이 졸리게 넥타이를 꽉 맨다든지, 트럼펫과 같은 악기를 부는 경우에는 병의 경과를 악화시킬 가능성이 있으므로 피해야 한다.

① 녹내장은 일반적으로 중심시야부터 시작하여 주변시야로 시야결손이 확대된다.
② 상승된 안압이 시신경으로 공급되는 혈류량을 증폭시켜 시신경 손상이 발생한다.
③ 녹내장 진단 후 안압이 하강할 수 있는 상황은 되도록 피해야 한다.
④ 녹내장의 발병을 예방할 수 있는 방법은 아직 없다.
⑤ 녹내장은 단기간에 빠르게 진행되는 경우가 대부분이다.

정답 ④

세 번째 문단에서 녹내장을 예방할 수 있는 방법은 아직 알려져 있지 않았고, 가장 좋은 예방법은 조기에 발견하는 것이라고 하였다. 따라서 녹내장 예방법은 아직 없다고 볼 수 있다.

오답분석

① 녹내장은 일반적으로 주변시야부터 좁아지기 시작해 중심시야로 진행되는 병이다.

② 상승된 안압이 시신경으로 공급되는 혈류량을 감소시켜 시신경 손상이 발생될 수 있다.

③ 녹내장은 안압의 상승이 발병 원인이므로 안압이 상승할 수 있는 상황은 되도록 피해야 한다.

⑤ 녹내장은 대부분 장기간에 걸쳐 천천히 진행되는 경우가 많다.

30초 컷 풀이 Tip

주어진 글의 내용으로 적절한 것 또는 적절하지 않은 것을 고르는 문제의 경우, 지문을 읽기 전에 문제와 선택지를 먼저 읽어보는 것이 좋다. 이를 통해 지문 속에서 알아내야 할 정보가 무엇인지를 먼저 인지한 후 글을 읽어야 문제 푸는 시간을 단축할 수 있다.

01 다음 글의 내용으로 적절하지 않은 것은?

> 위기지학(爲己之學)이란 15세기의 사림파 선비들이 『소학(小學)』을 강조하면서 내세운 공부 태도를 가리킨다. 원래 이 말은 위인지학(爲人之學)과 함께 『논어(論語)』에 나오는 말이다. '옛날에 공부하던 사람들은 자기를 위해 공부했는데, 요즘 사람들은 남을 위해 공부한다.' 즉, 공자는 공부하는 사람의 관심이 어디에 있느냐를 가지고 학자를 두 부류로 구분했다. 어떤 학자는 '위기(爲己)란 자아가 성숙하는 것을 추구하며, 위인(爲人)이란 남들에게서 인정받기를 바라는 태도'라고 했다. 조선 시대를 대표하는 지식인 퇴계 이황(李滉)은 이렇게 말했다. '위기지학이란, 우리가 마땅히 알아야 할 바가 도리이며, 우리가 마땅히 행해야 할 바가 덕행이라는 것을 믿고, 가까운 데서부터 착수해 나가되 자신의 이해를 통해서 몸소 실천하는 것을 목표로 삼는 공부이다. 반면 위인지학이란, 내면의 공허함을 감추고 관심을 바깥으로 돌려 지위와 명성을 취하는 공부이다.' 위기지학과 위인지학의 차이는 공부의 대상이 무엇이냐에 있다기보다 공부를 하는 사람의 일차적 관심과 태도가 자신을 내면적으로 성숙시키는 데 있느냐 아니면 다른 사람으로부터 인정을 받는 데 있느냐에 있다는 것이다.
>
> 이것은 학문의 목적이 외재적 가치에 의해서가 아니라 내재적 가치에 의해서 정당화된다는 사고방식이 나타났음을 뜻한다. 이로써 당시 사대부들은 출사(出仕)를 통해 정치에 참여하는 것 외에 학문과 교육에 종사하면서도 자신의 사회적 존재 의의를 주장할 수 있다고 믿었다. 더 나아가 학자 또는 교육자로서 사는 것이 관료 또는 정치가로서 사는 것보다 훌륭한 것이라고 주장할 수 있게 되었다. 또한 위기지학의 출현은 종래 과거제에 종속되어 있던 교육에 독자적 가치를 부여했다는 점에서 역사적 사건으로 평가받아 마땅하다.

① 국가가 위기지학을 권장함으로써 그 위상이 높아졌다.

② 위인지학을 추구하는 사람들은 체면과 인정을 중시했다.

③ 위기적 태도를 견지한 사람들은 자아의 성숙을 추구했다.

④ 공자는 학문을 대하는 태도를 기준으로 삼아 학자들을 나누었다.

⑤ 위기지학은 사대부에게 출사만이 훌륭한 것은 아니라는 근거를 제공했다.

02 다음 글을 읽고 보인 반응으로 적절하지 않은 것은?

> 열차 내에서의 범죄가 급격하게 증가함에 따라 한국철도공사는 열차 내에서의 범죄 예방과 안전 확보를 위해 2023년까지 현재 운행하고 있는 모든 열차의 모든 객실에 CCTV를 설치하고, 모든 열차 승무원에게 바디 캠을 지급하겠다고 밝혔다.
>
> CCTV는 열차 종류에 따라 운전실에서 비상시 실시간으로 상황을 파악할 수 있는 '네트워크 방식'과 각 객실에서의 영상을 저장하는 '개별 독립 방식'의 2가지 방식으로 사용 및 설치가 진행될 예정이며, 각 객실에는 사각지대를 없애기 위해 4대 가량의 CCTV가 설치된다. 이 중 2대는 휴대 물품 도난 방지 등을 위해 휴대 물품 보관대 주변에 위치하게 된다.
>
> 이에 따라 한국철도공사는 CCTV 제품 품평회를 가져 각 제품의 형태와 색상, 재질 등에 대한 의견을 나누고 각 제품이 실제로 열차 운행 시 진동과 충격 등에 대해 적합한지에 대한 시험을 진행한 후 도입할 예정이다.

① 현재는 모든 열차에 CCTV가 설치되어 있진 않다.
② 과거에 비해 승무원에 대한 승객의 범죄행위 증거 취득이 유리해졌다.
③ CCTV를 설치를 통해 인적 피해와 물적 피해 모두 예방할 수 있다.
④ CCTV의 설치를 통해 실시간으로 모든 객실을 모니터링 할 수 있다.
⑤ CCTV의 내구성뿐만 아니라 외적인 디자인도 제품 선택에 영향을 줄 수 있다.

03 다음 글의 내용으로 가장 적절한 것은?

> 우리 속담에도 '울다가도 웃을 일이다.'라는 말이 있듯이 슬픔의 아름다움과 해학의 아름다움이 함께 존재한다면 이것은 우리네의 곡절 많은 역사 속에서 밴 미덕의 하나라고 할 만하다. 울다가도 웃을 일이라는 말은 물론 어처구니가 없을 때 하는 말이기도 하지만 애수가 아름다울 수 있고 또 익살이 세련되어 아름다울 수 있다면 그 사회의 서정과 조형미에 나타나는 표현에도 의당 이러한 것이 반영되어 있어야 한다.
>
> 이러한 고요의 아름다움과 슬픔의 아름다움이 조형 작품 위에 옮겨질 수 있다면 이것은 바로 예술에서 말하는 적조미의 세계이며 익살의 아름다움이 조형 위에 구현된다면 물론 이것은 해학미의 세계일 것이다.

① 익살은 우리 민족만이 지닌 특성이다.
② 익살은 풍속화에서 가장 잘 표현된다.
③ 익살이 조형 위에 구현된다면 적조미이다.
④ 익살은 우리 민족의 삶의 정서를 반영한다.
⑤ 익살은 예술 작품을 통해서만 표현될 수 있다.

04 주제·제목찾기

| 유형분석 |

- 글을 읽고 글의 요지를 올바르게 파악하는지 평가한다.
- 경제·경영·철학·역사·예술·과학 등 다양한 분야와 관련된 지문이 제시되므로 평소에 폭넓은 독서를 해두어야 한다.

다음 글의 주제로 가장 적절한 것은?

> 우리 사회는 타의 추종을 불허할 정도로 빠르게 변화하고 있다. 가족정책도 4인 가족 중심에서 1 ~ 2인 가구 중심으로 변해야 하며, 청년실업률과 비정규직화, 독거노인의 증가를 더 이상 개인의 문제가 아닌 사회문제로 다뤄야 하는 시기이다. 여러 유형의 가구와 생애주기 변화, 다양해지는 수요에 맞춘 공동체 주택이야말로 최고의 주거복지사업이다. 공동체 주택은 공동의 목표와 가치를 가진 사람들이 커뮤니티를 이뤄 사회문제에 공동으로 대처해 나가도록 돕고, 나아가 지역사회와도 연결시키는 작업을 진행하고 있다.
>
> 임대료 부담으로 작품 활동이나 생계에 어려움을 겪는 예술인을 위한 공동주택, 1인 창업과 취업을 위해 골몰하는 청년을 위한 주택, 지속적인 의료서비스가 필요한 환자나 고령자를 위한 의료안심주택은 모두 시민의 삶의 질을 높이고 선별적 복지가 아닌 복지사회를 이루기 위한 노력의 일환이다. 혼자가 아닌 '함께 가는' 길에 더 나은 삶이 있기 때문에 오늘도 수요자 맞춤형 공공주택은 수요자에 맞게 진화하고 있다.

① 주거난에 대비하는 주거복지 정책
② 4차 산업혁명과 주거복지
③ 선별적 복지 정책의 긍정적 결과
④ 수요자 중심의 대출규제 완화
⑤ 다양성을 수용하는 주거복지 정책

정답 ⑤

제시문은 빠른 사회변화 속 다양해지는 수요에 맞춘 주거복지 정책의 예로 예술인을 위한 공동주택, 창업 및 취업자를 위한 주택, 의료안심주택을 들고 있다. 따라서 이 글의 주제로 올바른 것은 다양성을 수용하는 주거복지 정책이다.

30초 컷 풀이 Tip

부분적인 내용만 포함하는 선택지가 정답과 함께 제시되는 경우가 있어 헷갈리기 쉽다. 제시문을 읽고 전체적인 내용을 포괄하는 보기를 골라야 한다.

※ 다음 글의 제목으로 가장 적절한 것을 고르시오. **[1~2]**

01

맥주의 주원료는 양조용수·보리·홉 등이다. 맥주를 양조하기 위해서는 일반적으로 맥주생산량의 10~20배 정도 되는 물이 필요하며, 이것을 양조용수라고 한다. 양조용수는 맥주의 종류와 품질을 좌우하며, 무색·무취·투명해야 한다. 보리를 싹틔워 맥아로 만든 것을 사용하여 맥주를 제조하는데, 맥주용 보리로는 곡립이 고르고 녹말질이 많으며 단백질이 적은 것, 그리고 곡피(穀皮)가 얇으며 발아력이 왕성한 것이 좋다. 홉은 맥주 특유의 쌉쌀한 향과 쓴맛을 만들어 내는 주요 첨가물이며, 맥주를 맑게 하고 잡균의 번식을 막아주는 역할을 한다.

맥주의 제조공정을 살펴보면 맥아제조, 담금, 발효, 저장, 여과의 다섯 단계로 나눌 수 있다. 이 중 발효공정은 맥즙이 발효되어 술이 되는 과정을 말하는데, 효모가 발효탱크 속에서 맥즙에 있는 당분을 알코올과 탄산가스로 분해한다. 이 공정은 1주일간 이어지며, 그동안 맥즙 안에 있던 당분은 점점 줄어들고 알코올과 탄산가스가 늘어나 맥주가 되는 것이다. 이때 발효 중 맥즙의 온도 상승을 막기 위해 탱크를 냉각 코일로 감고 그 표면을 하얀 폴리우레탄으로 단열시키는데, 그 모습이 마치 남극의 이글루처럼 보이기도 한다.

발효의 방법에 따라 하면발효 맥주와 상면발효 맥주로 구분되는데, 이는 어떤 온도에서 발효시키느냐에 달려있다. 세계 맥주 생산량의 70%를 차지하는 하면발효 맥주는 발효 중 밑으로 가라앉는 효모를 사용해 저온에서 발효시킨 맥주를 말한다. 요즘 유행하는 드래프트비어가 바로 여기에 속한다. 반면, 상면발효 맥주는 주로 영국, 미국, 캐나다, 벨기에 등에서 생산되며 발효 중 표면에 떠오르는 효모로 비교적 높은 온도에서 발효시킨 맥주를 말한다. 에일, 스타우트 등이 상면발효 맥주에 포함된다.

① 홉과 발효 방법의 종류에 따른 맥주 구분법
② 주원료에 따른 맥주의 발효 방법 분류
③ 맥주의 주원료와 발효 방법에 따른 맥주의 종류
④ 맥주의 제조공정
⑤ 맥주의 발효 과정

02

물은 너무 넘쳐도 문제고, 부족해도 문제다. 무엇보다 충분한 양을 안전하게 저장하면서 효율적으로 관리하는 것이 중요하다. 하지만 예기치 못한 자연재해가 불러오는 또 다른 물의 재해도 우리를 위협한다. 지진의 여파로 쓰나미(지진해일)가 몰려오고 댐이 붕괴되면서 상상도 못 한 피해를 불러올 수 있다. 이는 역사 속에서 실제로 반복되어 온 일이다.

1755년 11월 1일 아침, 15·16세기 대항해 시대를 거치며 해양 강국으로 자리매김한 포르투갈의 수도 리스본에 대지진이 발생했다. 도시 건물 중 85%가 파괴될 정도로 강력한 지진이었다. 하지만 지진은 재해의 전주곡에 불과했다.

지진이 덮치고 약 40분 후 쓰나미가 항구와 도심지로 쇄도했다. 해일은 리스본뿐 아니라 인근 알가르브 지역의 해안 요새 중 일부를 박살냈고, 숱한 가옥을 무너뜨렸다. 6만 ~ 9만 명이 귀한 목숨을 잃었다. 이 대지진과 이후의 쓰나미는 포르투갈 문명의 역사를 바꿔버렸다. 포르투갈은 이후 강대국 대열에서 밀려나 옛 영화를 찾지 못한 채 지금에 이르고 있다.

또한, 1985년 7월 19일 지진에 의해 이탈리아의 스타바댐이 붕괴하면서 그 여파로 발생한 약 20만 톤의 진흙과 모래, 물이 테세로 마을을 덮쳐 268명이 사망하고 63개의 건물과 8개의 다리가 파괴되는 사고가 일어났다.

① 우리나라는 '물 스트레스 국가'   ② 도를 지나치는 '물 부족'
③ 강력한 물의 재해 '지진'   ④ 누구도 피해갈 수 없는 '자연 재해'
⑤ 자연의 경고 '댐 붕괴'

03 다음 중 제시문의 중심내용으로 가장 적절한 것은?

그리스 철학의 집대성자라고도 불리는 철학자 아리스토텔레스는 자연의 모든 물체는 '자연의 사다리'에 의해 계급화 되어 있다고 생각했다. 자연의 사다리는 아래서부터 무생물, 식물, 동물, 인간, 그리고 신인데, 이러한 계급에 맞춰 각각에 일정한 기준을 부여했다. 18세기 유럽 철학계와 과학계에서는 이러한 자연의 사다리 사상이 크게 유행을 했으며 사다리의 상층인 신과 인간에게는 높은 이성과 가치가 있고, 그 아래인 동물과 식물에게는 인간보다 낮은 가치가 있다고 보기 시작했다. 이처럼 서양의 자연관은 인간과 자연을 동일시하던 고대에서 벗어나 인간만이 영혼이 있으며, 이에 따라 인간만이 자연을 지배할 수 있다고 믿는 기독교 중심의 중세시대를 지나, 여러 철학자들을 거쳐 점차 인간이 자연보다 우월한 자연지배관으로 모습이 바뀌기 시작했다. 이러한 자연관을 토대로 서양에서는 자연스럽게 산업혁명 등을 통한 대량소비와 대량생산의 경제성장구조와 가치체계가 발전되어 왔다.

동양의 자연관 역시 동양철학과 불교 등의 이념과 함께 고대에서 중세시대를 지나게 되었다. 하지만 서양의 인간중심 철학과 달리 동양철학과 불교에서는 자연과 인간을 동일선상에 놓거나 둘의 조화를 중요시 하여 합일론을 주장했다. 이들의 사상은 노자와 장자의 무위자연의 도, 불교의 윤회사상 등에서 살펴볼 수 있다. 대량소비와 대량생산으로 대표되는 자본주의의 한계와 함께 지구온난화, 자원고갈, 생태계 파괴가 대두되는 요즘, 동양의 자연관이 주목받고 있다.

① 서양철학에서 나타나는 부작용   ② 자연의 사다리와 산업혁명
③ 철학과 지구온난화의 상관관계   ④ 서양의 자연관과 동양의 자연관의 차이
⑤ 서양철학의 문제점과 동양철학을 통한 해

04 다음 글의 주제로 가장 적절한 것은?

이제 2023년 6월부터 민법과 행정 분야에서 나이를 따질 때 기존 계산하는 방식에 따라 1~2살까지 차이가 났던 우리나라 특유의 나이 계산법이 국제적으로 통용되는 '만 나이'로 일원화된다. 이는 태어난 해를 0살로 보고 정확하게 1년이 지날 때마다 한 살씩 더하는 방식을 말한다.

이에 대해 여론은 대체적으로 긍정적이나, 일각에서는 모두에게 익숙한 관습을 벗어나 새로운 방식에 적응해야 한다는 점을 우려하고 있다. 특히 지금 받고 있는 행정서비스에 급격한 변화가 일어나 혹시라도 손해를 보거나 미리 따져봐야 할 부분이 있는 건 아닌지, 또 다른 혼선이 야기되는 건 아닌지 하는 것들이 이에 해당한다.

이처럼 국회가 법적 나이 규정을 만 나이로 정비한 이유는 한국의 나이 기준이 우리가 관습적으로 쓰는 '세는 나이'와 민법 등에서 법적으로 규정한 '만 나이', 일부 법령이 적용하고 있는 '연 나이' 등 세 가지로 되어있기 때문에 한 사람의 나이가 계산 방식에 따라 최대 2살이 달라져 이러한 '나이 불일치'로 각종 행정서비스 이용과 계약체결 과정에서 혼선과 법적 다툼이 발생했기 때문이다.

더군다나 법적 나이를 규정한 민법에서조차 표현상으로 만 나이와 일반 나이가 혼재되어 있어 문구를 통일해야 한다는 지적이 나왔다. 표현상 '만 ○○세'로 돼 있지 않아도 기본적으로 만 나이로 보는 게 관례이지만 법적 분쟁 발생 시 이는 해석의 여지를 줄 수 있기 때문이다. 다른 법에서 특별히 나이의 기준을 따로 두지 않았다면 민법의 나이 규정을 따르도록 되어 있는데 실상은 민법도 명확하지 않았던 것이다.

정부는 내년부터 개정된 법이 시행되면 우선 그동안 문제로 지적됐던 법적·사회적 분쟁이 크게 줄어들 것으로 기대하고 있지만 국민 전체가 일상적으로 체감하는 변화는 크지 않을 것으로 보고 있다. 이번 법 개정의 취지 자체가 나이 계산법 혼용에 따른 분쟁을 해소하는 데 맞춰져 있고, 오랜 세월 확립된 나이에 대한 사회적 인식이 법 개정으로 단번에 바뀔 수 있는 건 아니기 때문이다. 또한 여야와 정부는 연 나이를 채택해 또래 집단과 동일한 기준을 적용하는 것이 오히려 혼선을 막을 수 있고 법 집행의 효율성이 담보된다고 합의한 병역법, 청소년보호법, 민방위기본법 등 52개 법령에 대해서는 연 나이 규정 필요성이 크다면 굳이 만 나이 적용을 하지 않겠다고 밝혔다.

① 연 나이 계산법 유지의 필요성
② 우리나라 나이 계산법의 문제점
③ 기존 나이 계산법 개정의 필요성
④ 나이 계산법 혼용에 따른 분쟁 해소 방안
⑤ 나이 계산법의 변화로 달라지는 행정 서비스

| 유형분석 |

구조화된 개요를 통해 전체 글의 구조와 각 구성요소의 적절성을 파악할 수 있는지 평가한다.

다음은 '온라인상의 저작권 침해'에 관한 글을 쓰기 위해 작성한 개요이다. 다음 개요의 수정·보완 및 자료 제시 방안으로 적절하지 않은 것은?

Ⅰ. 서론 : 온라인상에서의 저작권 침해 실태 …… ㉠
Ⅱ. 본론
    1. 온라인상에서의 저작권 침해 문제가 발생하는 원인
        가. 온라인 특성상 정보를 공유해야 한다는 의식 부족 …… ㉡
        나. 해외 서버의 불법 복제를 단속하기 위한 다른 나라와의 협조 체제 미비
        다. 확인되지 않은 악성 루머의 유포 …… ㉢
    2. 온라인상에서의 저작권 침해 문제의 해결 방안
        가. 온라인상에서의 저작권 보호 의식 제고를 위한 교육 실시
        나. _____ …… ㉣
Ⅲ. 결론 : 온라인상에서의 저작권 보호 …… ㉤

① ㉠ : 온라인상에서의 저작권 침해 사례를 보도한 신문 기사를 제시한다.
② ㉡ : 상위 항목을 고려하여 '온라인 특성상 저작권을 보호해야 한다는 의식 부족'으로 수정한다.
③ ㉢ : 글의 주제를 고려하여 삭제한다.
④ ㉣ : 'Ⅱ-1-나'의 내용을 고려하여 '업로드 속도를 향상하기 위한 국내 서버 증설'이라는 내용을 추가한다.
⑤ ㉤ : 내용을 구체화하기 위해 '온라인상에서의 저작권 보호를 위한 개인과 정부의 행동 촉구'로 수정한다.

정답 ④

'Ⅱ-1-나'에 따르면 온라인상에서 저작권 침해 문제가 발생하는 원인으로 주로 해외 서버를 통해 이루어지는 불법 복제를 단속하기 위해 필요한 다른 나라와의 협조 체제가 부족함을 제시하고 있다. ④의 '업로드 속도를 향상하기 위한 국내 서버 증설'은 이러한 내용과 어긋날 뿐만 아니라 불법 복제를 단속하기 위한 방안으로 보기 어렵다.

30초 컷 풀이 Tip

각 항목이 전체 주제 및 소주제의 하위 항목으로 적절한지, 또는 소주제가 전체 주제의 하위 항목과 하위 항목을 포괄하는 내용으로 적절한지 확인해야 한다. 주어진 보기 중 통일성에 위배되지 않는 내용은 수정할 필요가 없다는 점에 유의한다.

01 다음은 '도시 농업의 활성화 방안'에 대한 글을 쓰기 위해 작성한 개요이다. 밑줄 친 빈칸에 들어갈 내용으로 적절하지 않은 것은?

> Ⅰ. 서론 : 도시 농업이란?
> Ⅱ. 본론 : 도시 농업의 현황과 문제점, 그에 따른 활성화 방안
>   1. 현황
>   가. 도시 농업에 대한 관심 증가
>   나. 도시 농업 활동의 부진
>   2. 문제점 분석
>   가. 도시 농업에 필요한 경작 공간의 부족
>   나. 도시 농업 관련 연구 및 기술 부족
>   다. 도시 농업을 담당할 전문 인력의 부족
>   라. 도시 농업의 제도적 기반 미흡
>   3. 활성화 방안
>   _____
> Ⅲ. 결론 : 도시 농업 활성화를 위한 지자체의 노력 촉구

① 도시 농업 전문 인력 양성 및 교육
② 도시 농업 관련 제도적 기반 구축
③ 도시 농업을 통한 안전한 먹을거리 확보
④ 도시 농업 공간 확보
⑤ 도시 농업 관련 기술 개발 및 보급 확대

02 다음 개요의 흐름을 고려할 때, 밑줄 친 빈칸에 들어갈 내용으로 가장 적절한 것은?

> Ⅰ. 서론 : 재활용이 어려운 포장재 쓰레기가 늘고 있다.
> Ⅱ. 본론 : 1. 포장재 쓰레기가 늘고 있는 원인
>   (1) 기업들이 과도한 포장 경쟁을 벌이고 있다.
>   (2) 소비자들이 호화로운 포장을 선호하는 경향이 있다.
>   2. 포장재 쓰레기의 양을 줄이기 위한 방안
>   (1) 기업은 과도한 포장 경쟁을 자제해야 한다.
>   (2) _____
> Ⅲ. 결론 : 상품의 생산과 소비 과정에서 환경을 먼저 생각하는 자세를 지녀야 한다.

① 정부의 지속적인 감시와 계몽 활동이 필요하다.
② 실속을 중시하는 합리적인 소비 생활을 해야 한다.
③ 상품 판매를 위한 지나친 경쟁이 자제되어야 한다.
④ 재정 상태를 고려하여 분수에 맞는 소비를 해야 한다.
⑤ 환경 친화적인 상품 개발을 위한 투자가 있어야 한다.

03 다음은 '건강을 위한 신발 선택'을 주제로 하는 글의 개요이다. 이를 수정·보완할 내용으로 가장 적절한 것은?

---

1. 서론 ····································· ㉠
   (1) 건강에 대한 최근의 관심
   (2) 신발이 건강에 미치는 영향
2. 신발 선택의 일반적 기준과 문제점 ··············· ㉡
   (1) 일반적 기준
      ㉮ 유행
      ㉯ 모양새
   (2) 잘못된 신발 선택의 폐해
      ㉮ 질병과 사고 발생
      ㉯ 능률 저하
      ㉰ 교통비 감소 ························ ㉢
3. 신발 선택의 바람직한 기준과 이점
   (1) 신발 선택의 바람직한 기준
      ㉮ 건강
      ㉯ 용도
   (2) 건강과 용도에 따른 신발 선택의 이점
      ㉮ 건강 증진
      ㉯ 능률 향상
      ㉰ _____ ············ ㉣
4. 결론 : 건강과 용도를 고려한 신발 선택 강조 ·········· ㉤

---

① ㉠ : '1 – (1)'과 '1 – (2)'의 순서를 바꾼다.
② ㉡ : '2'의 제목을 '신발 선택의 합리적 기준'으로 수정한다.
③ ㉢ : '㉰ 교통비 감소' 항목을 삭제한다.
④ ㉣ : 새로운 항목을 설정해 '혈액 순환 촉진'을 추가한다.
⑤ ㉤ : 결론을 '걷기 운동의 생활화'로 수정한다.

04 다음의 〈보기 1〉은 '서평 쓰기'에 대한 조언이다. 이에 따라 〈보기 2〉의 개요를 수정·보완할 방안으로 적절하지 않은 것은?

> **보기1**
>
> '서평'을 쓰려면 먼저 책을 선정한 동기를 밝힌 다음, 책 내용을 소개하고 그 의의를 밝혀 주는 것이 좋다. 그리고 마지막으로 책을 읽은 소감과 함께 타인에게 권유하는 내용으로 끝맺으면 된다.

> **보기2**
>
> 제목 : 『삼국유사』의 작가, 일연 ·· ㉠
> 처음 : 『삼국유사』를 선정한 동기
> 중간 : 『삼국유사』의 기록 방식 ··· ㉡
>   1. 『삼국유사』의 내용
>   ㄱ. 고대 국가의 왕조와 역사
>   ㄴ. 효행을 남긴 사람들의 이야기
>   ㄷ. 고대사 연구의 중요한 자료를 담은 책 ········ ㉢
>   2. 『삼국유사』의 의의
>   ㄱ. 선조들의 생생한 삶의 모습을 확인할 수 있는 책
>   ㄴ. 『삼국유사』를 발견한 계기 ······························ ㉣
> 끝 : 『삼국유사』 권유 ··· ㉤

① ㉠은 서평의 전체 내용을 고려하여 '선조들의 생생한 삶의 기록, 『삼국유사』'로 바꾼다.
② ㉡은 하위 항목의 내용을 포괄하도록 '『삼국유사』의 목차'로 바꾼다.
③ ㉢은 상위 항목과 어울리지 않는 내용이므로 '중간 – 2'의 하위 항목으로 옮긴다.
④ ㉣은 상위 항목과 밀접한 관련성이 없으므로 삭제한다.
⑤ ㉤에는 〈보기 1〉의 조언을 고려하여 '책을 읽은 소감'을 추가한다.

CHAPTER 03
수리비평검사

합격 CHEAT KEY

수리비평검사는 24분 동안 25문제를 풀어야 하며, 표나 그래프 등의 자료를 활용하여 수치를 비교하거나 계산하는 능력을 평가한다. 크게 자료해석과 자료계산으로 나눌 수 있으며, 다른 기업의 인적성과 다르게 응용수리 유형 없이 자료해석 문제만 짧은 시간에 풀어야 하기 때문에 나름의 전략과 풀이 방법을 갖고 시험에 임하는 것이 좋다.

01　자료해석

표나 그래프 등의 통계자료를 해석하는 능력을 평가하기 위한 유형으로, 주어진 자료를 보고 수치를 비교하거나 간단한 계산을 통해 수치를 도출한 후, 옳거나 옳지 않은 선택지를 고르는 문제가 출제되고 있다.

02　자료계산

자료를 이해하고 간단한 공식을 활용할 수 있는지 평가하는 유형으로, 자료만 단독으로 제시되거나, 경우에 따라 필요한 공식이 함께 제시되고, 이를 이용하여 일정한 값을 도출해내는 문제가 출제되고 있다.

01 자료해석

(1) 꺾은선(절선)그래프

　① 시간적 추이(시계열 변화)를 표시하는 데 적합하다.

　　예 연도별 매출액 추이 변화 등

　② 경과・비교・분포를 비롯하여 상관관계 등을 나타낼 때 사용한다.

〈중학교 장학금, 학비감면 수혜현황〉

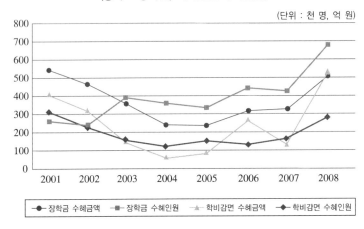

(단위 : 천 명, 억 원)

(2) 막대그래프

① 비교하고자 하는 수량을 막대 길이로 표시하고, 그 길이를 비교하여 각 수량 간의 대소 관계를 나타내는 데 적합하다.

　예 영업소별 매출액, 성적별 인원분포 등

② 가장 간단한 형태로 내역·비교·경과·도수 등을 표시하는 용도로 사용한다.

〈연도별 암 발생 추이〉

(3) 원그래프

① 내역이나 내용의 구성비를 분할하여 나타내는 데 적합하다.

　예 제품별 매출액 구성비 등

② 원그래프를 정교하게 작성할 때는 수치를 각도로 환산해야 한다.

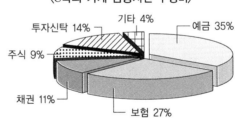

〈C국의 가계 금융자산 구성비〉

(4) 점그래프

  ① 지역분포를 비롯하여 도시, 지방, 기업, 상품 등의 평가나 위치, 성격을 표시하는 데 적합하다.

    예 광고비율과 이익률의 관계 등

  ② 종축과 횡축에 두 요소를 두고, 보고자 하는 것이 어떤 위치에 있는가를 알고자 할 때 사용한다.

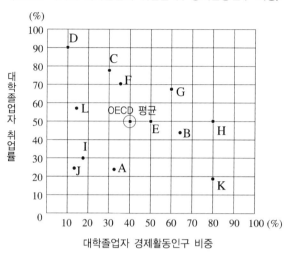

〈OECD 국가의 대학졸업자 취업률 및 경제활동인구 비중〉

(5) 층별그래프

  ① 합계와 각 부분의 크기를 백분율로 나타내고 시간적 변화를 보는 데 적합하다.

  ② 합계와 각 부분의 크기를 실수로 나타내고 시간적 변화를 보는 데 적합하다.

    예 상품별 매출액 추이 등

  ③ 선의 움직임보다는 선과 선 사이의 크기로써 데이터 변화를 나타내는 그래프이다.

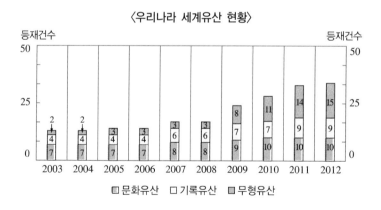

〈우리나라 세계유산 현황〉

(6) 레이더 차트(거미줄그래프)

① 다양한 요소를 비교할 때, 경과를 나타내는 데 적합하다.
   예 매출액의 계절변동 등
② 비교하는 수량을 직경, 또는 반경으로 나누어 원의 중심에서의 거리에 따라 각 수량의 관계를 나타내는 그래프이다.

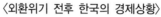

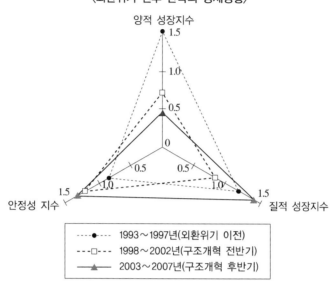

〈외환위기 전후 한국의 경제상황〉

01 자료해석

| 유형분석 |

- 자료를 보고 해석하거나 추론한 내용을 고르는 문제가 출제된다.
- 증감 추이, 증감률, 증감폭 등의 간단한 계산이 포함되어 있다.
- %, %p 등의 차이점을 알고 적용할 수 있어야 한다.

다음은 2022년 현재 삶에 대한 행복감에 대한 자료이다. 다음 〈보기〉의 설명 중 자료에 대한 설명으로 적절한 것을 모두 고르면?

〈2022년 현재 삶에 대한 행복감〉

(단위 : %)

구분		사례 수(명)	매우 행복함	행복한 편	보통	행복하지 않은 편	전혀 행복하지 않음
도농별	도시	1,147	2.9	52.7	36.4	6.5	1.4
	농어촌	2,753	2.3	42.6	44.2	9.5	1.4
읍면별	읍	1,212	3.0	41.4	45.8	8.6	1.2
	면	1,541	1.7	43.6	42.9	10.2	1.5
영농여부별	농어가	842	1.6	47.1	43.4	7.1	0.8
	비농어가	1,911	2.6	40.7	44.5	10.6	1.6
응답자 연령별	30대 이하	526	4.0	62.5	32.5	1.1	-
	40대	489	2.3	45.8	43.5	6.9	1.6
	50대	597	2.4	45.6	42.7	7.2	2.1
	60대	489	2.1	37.1	47.5	12.4	0.9
	70대 이상	614	1.0	25.0	52.6	19.2	2.1

보기

ㄱ. 도시에서 행복한 편이라고 응답한 사람의 수는 600명을 넘는다.
ㄴ. 농어가에서 전혀 행복하지 않다고 응답한 사람의 수는 비농어가에서 전혀 행복하지 않다고 응답한 사람의 수의 절반 정도이다.
ㄷ. 읍과 면 모두 매우 행복하다고 응답한 사람의 비율과 행복한 편이라고 응답한 사람의 비율의 합은 각각 50.0%를 넘는다.
ㄹ. 행복하지 않은 편이라고 응답한 사람의 비율은 농어촌이 50대보다 높다.

① ㄱ, ㄴ
② ㄱ, ㄹ
③ ㄴ, ㄷ
④ ㄴ, ㄹ
⑤ ㄷ, ㄹ

PART 1

정답 ②

ㄱ. 도시에서 행복한 편이라고 응답한 사람의 수는 $1,147 \times 0.527 = 604.469$명으로 600명을 넘는다.

ㄹ. 행복하지 않은 편이라고 응답한 사람의 비율은 농어촌이 9.5%, 50대가 7.2%로 농어촌이 더 높다.

오답분석

ㄴ. 농어가에서 전혀 행복하지 않다고 응답한 사람의 수는 842명 중 0.8%(6.736명)이며, 비농어가에서 전혀 행복하지 않다고 응답한 사람의 수는 1,911명 중 1.6%(30.576명)이다.

ㄷ. 읍의 경우 매우 행복하다고 응답한 사람의 비율과 행복한 편이라고 응답한 사람의 비율은 $3.0 + 41.4 = 44.4$%이며, 면의 경우 매우 행복하다고 응답한 사람의 비율과 행복한 편이라고 응답한 사람의 비율은 $1.7 + 43.6 = 45.3$%이다. 따라서 읍과 면 모두 50.0%를 넘지 못한다.

30초 컷 풀이 Tip

계산이 필요 없거나 생각하지 않아도 되는 선택지를 먼저 해결한다.

예 ㄹ은 제시된 두 수치를 비교하는 문제이므로 가장 먼저 풀이 가능하다.

01 다음은 2017년부터 2021년까지 우리나라의 출생아 수 및 사망자 수에 대한 표이다. 이에 대한 설명으로 옳지 않은 것은?

〈우리나라 출생아 수 및 사망자 수 현황〉

(단위 : 명)

구분	2017년	2018년	2019년	2020년	2021년
출생아 수	436,455	435,435	438,420	406,243	357,771
사망자 수	266,257	267,692	275,895	280,827	285,534

① 출생아 수가 가장 많았던 해는 2019년이다.

② 사망자 수는 2018년부터 2021년까지 매년 전년 대비 증가하고 있다.

③ 2017년부터 2021년까지 사망자 수가 가장 많은 해와 가장 적은 해의 사망자 수 차이는 15,000명 이상이다.

④ 2019년 출생아 수는 같은 해 사망자 수의 1.7배 이상이다.

⑤ 2018년 출생아 수는 2021년 출생아 수보다 15% 이상 많다.

02 다음은 한국과 일본을 찾는 외국인 관광객의 국적을 조사한 표이다. 이에 대한 설명으로 옳지 않은 것은?

〈한국 및 일본의 외국인 관광객 국적별 추이〉

(단위 : 만 명, %)

구분	국적		2016년	2017년	2018년	2019년	2020년	2021년	2022년 1~6월
방한 관광객	중국		101 (74.1)	131 (29.7)	203 (54.9)	314 (54.4)	477 (52.0)	471 (-1.3)	327 (36.0)
	기타		536 (4.9)	589 (10.0)	662 (12.4)	594 (-10.4)	615 (3.7)	542 (-11.9)	326 (17.2)
		일본	295 (-1.1)	321 (8.9)	342 (6.8)	263 (-23.1)	217 (-17.5)	174 (-19.8)	100 (11.5)
		일본 제외	241 (13.4)	268 (11.4)	320 (19.2)	330 (3.2)	398 (20.6)	368 (-7.6)	227 (19.9)
방일 관광객	중국		83 (72.7)	45 (-45.5)	83 (83.0)	70 (-15.0)	175 (148.8)	424 (141.7)	-
	기타		553 (29.3)	360 (-34.8)	521 (44.6)	726 (39.2)	913 (25.8)	1,273 (39.5)	-

※ ( )는 전년 동기 대비 증감률

① 2016년과 2017년에 일본을 방문한 총 중국인 관광객 수는 같은 기간 한국을 방문한 총 중국인 관광객 수와 동일하다.
② 2016년부터 2020년까지 한국을 방문한 중국인 관광객 수는 꾸준히 증가하였다.
③ 2016년부터 2020년까지 일본을 방문한 중국인 관광객 수는 증감을 반복하고 있다.
④ 한국을 방문한 중국인 관광객의 수가 가장 많은 것은 2020년도이다.
⑤ 2019년부터 한국을 방문한 중국 관광객은 매년 300만 명 이상이다.

다음은 지역사회별 정신건강 예산에 대해 조사한 표이다. 2020년 대비 2021년 예산의 증가액이 가장 큰 지역을 순서대로 바르게 나열한 것은?

<표>

구분	2021년		2020년	
	정신건강 예산(천 원)	인구 1인당 지역사회 정신건강 예산(원)	정신건강 예산(천 원)	인구 1인당 지역사회 정신건강 예산(원)
서울	58,981,416	6,208	53,647,039	5,587
부산	24,205,167	7,275	21,308,849	6,373
대구	12,256,595	5,133	10,602,255	4,382
인천	17,599,138	5,984	12,662,483	4,291
광주	13,479,092	9,397	12,369,203	8,314
대전	14,142,584	9,563	12,740,140	8,492
울산	6,497,177	5,782	5,321,968	4,669
세종	1,515,042	4,129	1,237,124	3,546
제주	5,600,120	8,319	4,062,551	6,062

〈지역사회별 정신건강 예산 현황〉

① 서울 – 인천 – 세종 – 대구 – 제주 – 대전 – 울산 – 광주 – 부산
② 서울 – 인천 – 부산 – 대구 – 제주 – 대전 – 울산 – 광주 – 세종
③ 서울 – 대구 – 인천 – 대전 – 부산 – 대전 – 울산 – 광주 – 제주
④ 서울 – 인천 – 대전 – 부산 – 제주 – 대구 – 울산 – 세종 – 광주
⑤ 서울 – 대구 – 부산 – 제주 – 대전 – 인천 – 울산 – 세종 – 광주

04 다음은 연도별 회식참여율에 대해 조사한 표이다. 이에 대한 설명으로 옳지 않은 것은?

<연도별 회식참여율>

(단위 : %)

구분		2000년	2010년	2020년
성별	남성	88	61	44
	여성	72	55	34
연령대별	20대	94	68	32
	30대	81	63	34
	40대	77	58	47
	50대	86	54	51
직급별	사원	91	75	51
	대리	88	64	38
	과장	74	55	42
	부장	76	54	48
지역별	수도권	91	63	41
	수도권 외	84	58	44

① 2020년 남성과 여성의 회식참여율 차이는 2000년보다 37.5%p 감소하였다.

② 2000년에는 연령대가 올라갈수록 회식참여율이 감소하는 반면, 2020년에는 연령대가 올라갈수록 회식참여율이 증가하고 있다.

③ 20대의 2020년 회식참여율은 2010년 대비 36%p 감소하였다.

④ 2000년과 2010년의 회식참여율 차이가 가장 큰 직급은 대리이다.

⑤ 조사연도에서 수도권 지역과 수도권 외 지역의 회식참여율의 차이는 감소하고 있다.

02 자료계산

| 유형분석 |

주어진 자료를 통해 문제에서 주어진 특정한 값을 찾고 자료의 변동량을 구할 수 있는지를 평가한다.

다음 자료를 보고 연도별 노인 1인당 진료비를 구한 것으로 올바르지 않은 것은?(단, 백 원 단위에서 반올림한다)

<표 제목>〈총진료비 대비 노인진료비 변화 추이〉

구분	2019년	2020년	2021년	2022년
노인인구(천 명)	5,740	6,005	6,569	6,445
총진료비 대비 노인진료비 구성비(%)	34.5	35.5	36.8	38.0
노인진료비(억 원)	175,283	193,551	213,615	245,643
국민 1인당 진료비(천 원)	1,015	1,084	1,149	1,274
노인 1인당 진료비(천 원)	(가)	(나)	(다)	(라)

① (가) : 3,054천 원
② (나) : 3,233천 원
③ (다) : 3,252천 원
④ (라) : 3,811천 원
⑤ (가) ~ (라) 모두 옳다.

정답 ②

(노인 1인당 진료비)$=\dfrac{(노인진료비)}{(노인인구)}$

(나) 2020년 노인 1인당 진료비$=\dfrac{19,355,100,000,000}{6,005,000}≒3,223$천 원

30초 컷 풀이 Tip

자료의 내용을 확인하기 전에 자료의 제목과 범주, 단위를 우선적으로 확인하여 어떠한 자료를 담고 있는지 파악한다. 이후 구하고자 하는 자료를 판단하고, 해당 자료를 확인하는 것이 시간을 단축할 수 있다. 또한 다양한 형태의 자료를 접해보기 위해서는 문제를 많이 풀어보는 것도 중요하지만, 통계청과 같은 인터넷 사이트를 통해 표, 도식, 차트 등의 여러 가지 자료를 접하여 자료별로 구성이 어떻게 되어 있는지를 숙지해 놓는 것도 좋은 방법이 될 수 있다.

01 다음은 소매 업태별 판매액을 나타낸 표이다. 2020년 대비 2022년 두 번째로 높은 비율의 판매액 증가를 보인 업태의 2020년 대비 2022년 판매액의 증가율로 옳은 것은?(단, 소수점 첫째 자리에서 반올림한다)

〈소매 업태별 판매액〉

(단위 : 십억 원)

구분	2020년	2021년	2022년
백화점	29,028	29,911	29,324
대형마트	32,777	33,234	33,798
면세점	9,198	12,275	14,465
슈퍼마켓 및 잡화점	43,481	44,361	45,415
편의점	16,455	19,481	22,237
승용차 및 연료 소매점	91,303	90,137	94,508
전문소매점	139,282	140,897	139,120
무점포 소매점	46,788	54,046	61,240
합계	408,317	424,346	440,110

① 31%
② 35%
③ 42%
④ 55%
⑤ 57%

02 다음은 농구 경기에서 갑 ~ 정 4개 팀의 월별 득점에 대한 표이다. 빈칸에 들어갈 점수로 옳은 것은?(단, 각 점수는 매월 일정한 규칙으로 변화한다)

〈월별 득점 현황〉

(단위 : 점)

구분	1월	2월	3월	4월	5월	6월	7월	8월	9월	10월
갑	1,024	1,266	1,156	1,245	1,410	1,545	1,205	1,365	1,875	2,012
을	1,352	1,702	2,000	1,655	1,320	1,307	1,232	1,786	1,745	2,100
병	1,078	1,423		1,298	1,188	1,241	1,357	1,693	2,041	1,988
정	1,298	1,545	1,658	1,602	1,542	1,611	1,080	1,458	1,579	2,124

① 1,358점
② 1,397점
③ 1,450점
④ 1,498점
⑤ 1,522점

03 다음은 주요 대상국별 김치 수출액에 대한 표이다. 기타를 제외한 2022년 수출액이 3번째로 많은 국가의 2021년 대비 2022년 김치 수출액의 증감률로 옳은 것은?(단, 소수점 셋째 자리에서 반올림한다)

〈주요 대상국별 김치 수출액〉

(단위 : 천 달러, %)

구분	2021년		2022년	
	수출액	점유율	수출액	점유율
일본	44,548	60.6	47,076	59.7
미국	5,340	7.3	6,248	7.9
호주	2,273	3.1	2,059	2.6
대만	3,540	4.8	3,832	4.9
캐나다	1,346	1.8	1,152	1.5
영국	1,919	2.6	2,117	2.7
뉴질랜드	773	1.0	1,208	1.5
싱가포르	1,371	1.9	1,510	1.9
네덜란드	1,801	2.4	2,173	2.7
홍콩	4,543	6.2	4,285	5.4
기타	6,093	8.3	7,240	9.2
합계	73,547	100	78,900	100

① −5.06%

② −5.68%

③ −6.24%

④ −6.82%

⑤ −7.02%

04 다음은 2020 ~ 2022년의 행정구역별 인구에 대한 표이다. 전년 대비 2022년의 대구광역시의 인구 증가율로 옳은 것은?(단, 소수점 둘째 자리에서 반올림한다)

〈행정구역별 인구〉

(단위 : 천 명)

구분	2020년	2021년	2022년
서울특별시	4,194	4,190	4,189
부산광역시	1,423	1,438	1,451
대구광역시	971	982	994
인천광역시	1,136	1,154	1,171
광주광역시	573	580	586
대전광역시	592	597	606
울산광역시	442	452	455
세종특별자치시	63	82	94
경기도	4,787	4,885	5,003
강원도	674	685	692
충청북도	656	670	681
충청남도	871	886	902
전라북도	775	783	790
전라남도	824	834	843
경상북도	1,154	1,170	1,181
경상남도	1,344	1,367	1,386
제주특별자치도	247	257	267
합계	20,726	21,012	21,291

① 1.1%

② 1.2%

③ 1.3%

④ 1.4%

⑤ 1.5%

CHAPTER 04
상황판단검사

합격 CHEAT KEY

상황판단검사는 조직 내에서 발생할 수 있는 업무적 마찰이나 문제 상황이 제시되고, 여러 가지 대처 방법 가운데 가장 바람직한 것을 선택해야 하는 문제가 출제된다. 상황판단검사는 실제 업무를 수행하기 위한 실용지능과 정서·사회지능을 종합적으로 평가하는 영역이다. 정확한 답이 없는 영역이기 때문에 인성검사와 같이 자신의 소신대로 문제를 해결해야 한다.

01 실용지능

회사 안에서 업무를 수행하며 마주치는 대부분의 상황은 문제해결과정에 속한다고 할 수 있다. 회사 안에서 마주할 수 있는 업무적 마찰이나 문제 속에서 어떻게 해결방안을 찾을 것인지를 묻는 문제가 출제된다.

02 정서 · 사회지능

동료나 상사, 부하직원과의 관계에서 어떻게 행동할 것인지를 묻는 문제가 출제된다. 회사생활에서는 개인의 업무수행능력뿐만 아니라 주변 구성원들과 관계를 맺는 능력도 중요한데, 이를 통해 바람직한 사내 문화 형성은 물론, 효과적인 팀워크를 창출할 수 있기 때문이다.

01 상황판단

| 유형분석 |

- 조직생활에서 발생하는 여러 가지 상황이 출제된다.
- 문제에서 제시하고 있는 입장에 따른 답을 요구한다.
- 정답이 없는 영역이므로 고민에 많은 시간을 소요하지 않도록 해야 한다.

얼마 전부터 K팀장이 업무수행 시 기존의 시스템이 아닌 새로운 시스템을 활용할 것을 지시했다. 그런데 A사원이 보기에는 새로운 시스템은 다루기가 너무 어려울 뿐만 아니라 기존의 시스템이 더 좋은 것 같아 보인다. 조직의 입장에서 A사원은 어떻게 행동해야 하는가?

① K팀장 앞에서는 새로운 시스템을 활용하고, K팀장이 보지 않는 곳에서는 기존의 시스템을 활용한다.

② K팀장에게 자기 생각을 말한 후 기존의 시스템을 활용한다.

③ 새로운 시스템이 비효율적이라는 생각이 들더라도, K팀장은 상사이기 때문에 지시에 순응한다.

④ 어려운 부분에 대해서는 K팀장에게 질문하고, 새로운 시스템에 익숙해지도록 노력한다.

⑤ 새로운 시스템으로 바꿀 필요가 없다고 생각하기 때문에 K팀장의 지시와 상관없이 기존의 시스템을 활용한다.

해설

실행역량 영역의 문제에서 주어지는 상황들은 대체로 선택지를 하나만 고르기가 쉽지 않다. 이는 문제에서 주어지는 상황들이 주로 개인이 조직생활에서 중시하는 가치들 간의 충돌을 보여주고 있기 때문이다. 즉, 업무 성과, 개인의 체면, 평판, 인간관계와 같은 것들이 둘 이상 얽혀 있다. 이에 대한 선택은 지원자 개개인의 가치관과 성향 등에 따라 달라질 수밖에 없을 것이다.

30초 컷 풀이 Tip

영역 특성상 명확하게 어떤 선택지는 정답이고 어떤 선택지는 오답이라고 구분하기가 어렵다. 이 영역에 대한 기업의 평가 기준이 무엇인지, 기업에서 어떤 성향의 사람을 선호하고 선발하고자 하는지 알기 어렵기 때문이다. 다만, 업무를 회피하거나 돌발 행동을 하는 등의 극단적인 선택지를 선택하는 것은 좋은 점수를 받기 어렵다는 걸 충분히 예상할 수 있다. 기업의 차원, 팀의 차원, 개인의 차원을 다각도로 고려하여 최선의 선택이 무엇인지 고민한 다음에 답을 골라야 한다. 이랜드그룹의 인재상을 참고하는 것도 도움이 될 수 있다.

※ 상황판단검사는 정답을 따로 제공하지 않는 영역이니 참고하기 바랍니다.

※ 제시된 선택지에서 자신과 가장 가깝다고 생각하는 것과 멀다고 생각하는 것을 각각 한 가지씩 고르시오.
[1~6]

01 E사원은 F팀장이 매번 개인 물품을 회사로 보내 택배로 받는 것을 발견했다. E사원은 한두 번도
아니고 매번 공용 물품이 아닌 개인 물품을 회사로 보내는 것은 적절하지 않다고 생각한다. 이
상황에서 당신이 E사원이라면 어떻게 하겠는가?

① F팀장에게 찾아가 팀장으로서 행동에 모범을 보일 것을 조목조목 따진다.

② F팀장의 상사를 찾아가 F팀장의 잘못된 행동을 말한다.

③ 어차피 자기 일이 아니므로 모른 척한다.

④ F팀장에게 자신이 생각하는 문제점을 공손하게 이야기한다.

⑤ 개인 택배를 회사에서 받지 않았으면 좋겠다는 자신의 의견을 팀 안건으로 제안한다.

02 A사원과 같은 팀인 C주임과 D팀장은 유독 업무 수행에 있어 마찰이 심한 편이다. 신입사원인 A사
원은 C주임, D팀장 모두와 불편한 관계가 되고 싶지 않은데 업무를 할 때마다 괜히 양쪽의 눈치가
보이는 상황이다. 이 상황에서 당신이 A사원이라면 어떻게 하겠는가?

① 다른 부서의 선배에게 현재 팀의 상황을 말하고, 조언을 구한다.

② 인사과에 다른 부서로 옮겨달라고 요청한다.

③ 두 사람이 의견이 부딪힐 때는 모른 척한다.

④ 중간에서 두 사람의 이견을 조율하기 위해 자신이 할 수 있는 방법을 생각해본다.

⑤ 같은 팀의 팀원과 이 문제를 해결하기 위해 방안을 마련한다.

03 E기업의 O이사는 어느 날 사업을 하고 있는 절친한 고등학교 동창으로부터 E기업 협력업체 입찰에 참여했다는 소식을 들었다. 동창은 E기업이 요구하는 요건에 자신의 회사가 한두 가지 다소 못 미치는 것을 알고 있으며, O이사에게 도움을 줄 것을 요청하였다. O이사는 협력업체 입찰평가표를 관리하는 직원에게 말 한마디만 하면 자신이 친구가 운영하는 기업의 점수를 올려놓을 수도 있다는 것을 알고 있다. 당신이 O이사라면 어떻게 하겠는가?

① 동창의 회사가 조건에 크게 못 미치는 것은 아니므로 직원에게 지시하여 동창의 회사 점수를 올린다.
② 회사 규정은 규정이므로 동창의 부탁을 정중히 거절한다.
③ 지금 나더러 비리를 저지르라는 거냐고 동창에게 화를 낸 후 연락을 끊는다.
④ 일단 그렇게 하겠다고 거짓말을 한 뒤, 나중에 더 윗선의 의견에 의해 다른 회사가 낙찰되었다고 둘러댄다.
⑤ 동창에게 이런 부탁을 했다는 것을 회사에 알리겠다고 말한 후, 회의를 열어 상황을 알리고 공식적으로 후보에서 제외시킨다.

04 A대리는 업무를 처리하고 중요한 거래도 성사시킬 겸 지방으로 출장을 왔다. 출장 기간은 오늘이 마지막이며, 바이어와의 중요한 거래만을 남겨두고 있다. 그러나 기존에 만나기로 약속했던 바이어가 갑작스러운 일이 생겨서 만나지 못할 것 같다며 약속을 다음으로 연기하려고 한다. 당신이 A대리라면 어떻게 하겠는가?

① 일단 맞춰주고 약속을 지키지 못하니 신뢰할 수 없는 사람이라고 생각한다.
② 일단 회사에 복귀 후 다른 방법으로 업무를 진행해야겠다고 생각한다.
③ 내 잘못이 아니니 상관에게 보고 후 회사에 복귀한다.
④ 어쩔 수 없으니 기다렸다가 바이어를 만나서 일을 처리해야겠다고 생각한다.
⑤ 상사에게 상황의 불합리성을 설명하고 이 바이어와 거래하지 말자고 건의한다.

05 A팀은 오늘 오랫동안 준비해 온 중요한 발표를 앞두고 있다. 그러나 발표 담당 사원인 B가 피치 못할 상황이 생겨 결근한 상황이다. 그동안 A팀은 각자의 역할을 나눠서 발표를 준비해왔기 때문에 발표 담당 사원인 B 외에는 완벽한 발표를 진행하기 어려운 상황이다. 만약 당신이 발표해야 하는 A팀의 팀장이라면 어떻게 할 것인가?

① 상사에게 오늘 발표가 불가능하며 이는 전적으로 발표 담당 사원의 탓임을 알린다.

② 완벽하진 않더라도 발표 담당 사원 대신 본인이 발표를 진행한다.

③ 완벽하진 않더라도 발표 담당 사원 대신 다른 팀원에게 발표를 진행하도록 지시한다.

④ 완벽하진 않더라도 발표 담당 사원을 대신할 팀 내 자원자를 모집한다.

⑤ 발표 대신에 구체적인 서면 자료로 대체한다.

06 A사원은 이번에 처음으로 맡게 된 중요한 업무 수행에 앞서 선배인 B대리에게 업무에 대한 자세한 설명을 들었다. 그러나 분명히 집중하고 들었음에도 불구하고, 처음 맡게 된 업무라 어렵고 낯설어서 그런지 B대리에게 들은 설명 중 일부를 잊어버리고 말았다. 현재 A사원은 어디서부터 어떻게 일을 시작해야 할지 고민하고 있다. 당신이 A사원이라면 이런 상황에서 어떻게 할 것인가?

① B대리에게 자신이 업무 관련 내용을 일부 잊어버렸음을 솔직히 밝힌다.

② 회사 내 가이드라인을 참조하여 업무를 수행한다.

③ 동료 사원에게 상황을 설명하고 도움을 요청한다.

④ 자신이 기억하는 범위 내에서 업무를 수행한다.

⑤ 속상한 마음을 달래줄 동료와 만난다.

아이들이 답이 있는 질문을 하기 시작하면 그들이 성장하고 있음을 알 수 있다.

- 존 J. 플롬프 -

PART 2

최종점검 모의고사

ESAT 이랜드그룹 인적성검사		
영역	문항 수	제한시간
언어비평검사 I (언어추리)	20문항	10분
언어비평검사 II (독해)	25문항	22분
수리비평검사	25문항	24분
상황판단검사	32문항	45분

🕐 응시시간 : 56분　　📋 문항 수 : 70문항　　　　　　　　　정답 및 해설 p.034

01　**언어비평검사 I (언어추리)**

01 다음 제시문에서 나타난 오류로 가장 적절한 것은?

> 외계인이 없다는 걸 증명할 수 없으니 외계인이 있다는 주장은 옳다.

① 무지의 오류　　　　　　　　② 성급한 일반화의 오류
③ 의도확대의 오류　　　　　　④ 복합적 질문의 오류
⑤ 전건 부정의 오류

※ 다음 제시된 오류와 유사한 종류의 오류를 고르시오. **[2~3]**

Hard
02
> 얘야, 일찍 자거라. 그래야 착한 어린이야.

① A정당을 지지하지 않는다고? 그럼 너는 B정당을 지지하겠구나?
② 정부의 통일 정책을 반대한다면 조국의 통일을 가로막는 사람이라고 할 수 있다.
③ 내가 게으르다고? 너는 더 심각하던걸?
④ 이렇게 추운데 옷을 얇게 입은 걸 보니 감기에 걸리고 싶은가 보구나?
⑤ 네가 범인이 아니라는 것을 증명하지 못한다면 넌 범인이 틀림없어!

03

> 영국의 일상 언어 분석철학자인 라일(G. Ryle)이 처음 사용한 말로서, 논리적으로 서로 다른(같은) 범주에 속하는 것을 같은(다른) 범주의 것으로 혼동하는 데서 생기는 오류

① 오늘은 학교에서 미술과 체육 수행평가를 치렀다. 도대체 예체능 수행평가는 언제 치르지?

② 아빠는 내가 귀가시간이 늦다고 꾸중하셨지만, 회식하고 오는 날에는 아빠가 더 늦으신다.

③ 전화로 목소리를 들으니 미영이는 목소리가 참 예쁘던데, 얼굴도 예쁠 것이 분명해.

④ 내가 어제 밖에서 놀았다는 것을 증명할 수 있는 사람이 아무도 없으므로 나는 집에서 공부를 한 것이 분명하다.

⑤ 친구와의 의리는 언제나 중요하다. 이번 시험에서 철수가 부정행위를 했을 때도 선생님께 이르지 않았다.

04 다음 제시된 오류에 대한 정의와 그 예를 바르게 연결한 것은?

> (가) 논점과 관계없는 것을 제시하여 무관한 결론에 이르게 되는 오류
> (나) 의도하지 않은 결과를 의도가 있다고 판단하여 생기는 오류
> (다) 어떤 집합의 원소가 단 두 개밖에 없다고 여기고 추론하는 오류
> (라) 수긍할 수 없거나 수긍하고 싶지 않은 것을 전제하고 질문함으로써 수긍하게 만드는 오류

① 방학 동안 어떻게 지냈니? 너 근데 살쪘구나? 살 좀 빼! – (라)

② 당신의 아름다움을 잃고 싶지 않다면 저희 ○○ 성형외과와 함께 하셔야 합니다. – (라)

③ 어차피 인생은 성공한 사람과 실패한 사람, 두 부류로 나뉘게 되어 있어. – (가)

④ 너 오늘 지각했는데, 반 아이들이 선생님께 혼나고 있는 것을 알고 피하려고 늦은 거지? – (다)

⑤ 복도에서 시끄럽게 뛰지 말랬지. 어서 들어가서 공부해! – (나)

05 수영, 슬기, 경애, 정서, 민경의 머리 길이가 서로 다르다고 할 때, 바르게 추론한 것은?

> • 수영이는 단발머리로 슬기와 경애의 머리보다 짧다.
> • 정서의 머리는 수영보다 길지만, 슬기보다는 짧다.
> • 경애의 머리는 정서보다 길지만, 슬기보다는 짧다.
> • 민경의 머리는 경애보다 길지만, 다섯 명 중에 가장 길지는 않다.

① 경애는 단발머리이다.

② 슬기의 머리가 가장 길다.

③ 민경의 머리는 슬기보다 길다.

④ 수영의 머리가 다섯 명 중 가장 짧지는 않다.

⑤ 머리가 긴 순서는 '슬기 – 정서 – 민경 – 경애 – 수영'이다.

06 A ~ E사원은 회사 업무로 인해 외근을 나가려 한다. 다음 명제들이 모두 참이라고 할 때, 항상 참인 것은?

> • A가 외근을 나가면 B도 외근을 나간다.
> • A가 외근을 나가면 D도 외근을 나간다.
> • D가 외근을 나가면 E도 외근을 나간다.
> • C가 외근을 나가지 않으면 B도 외근을 나가지 않는다.
> • D가 외근을 나가지 않으면 C도 외근을 나가지 않는다.

① B가 외근을 나가면 A도 외근을 나간다.
② D가 외근을 나가면 C도 외근을 나간다.
③ A가 외근을 나가면 E도 외근을 나간다.
④ C가 외근을 나가지 않으면 D도 외근을 나가지 않는다.
⑤ B가 외근을 나가지 않으면 D도 외근을 나가지 않는다.

07 다음 명제를 바탕으로 추론할 수 있는 내용으로 옳은 것은?

> • 달리기를 잘하는 모든 사람은 영어를 잘한다.
> • 영어를 잘하는 모든 사람은 부자이다.
> • 나는 달리기를 잘한다.

① 부자는 반드시 영어를 잘한다.
② 부자는 반드시 달리기를 잘한다.
③ 나는 부자이다.
④ 영어를 잘하는 사람은 반드시 달리기를 잘한다.
⑤ 나는 달리기를 잘하지만 영어는 못한다.

08

> • A고등학교 학생은 봉사활동을 해야 졸업한다.
> • 이번 학기에 봉사활동을 하지 않은 A고등학교 학생이 있다.

① A고등학교 졸업생은 봉사활동을 했다.
② 봉사활동을 안 한 A고등학교 졸업생이 있다.
③ 다음 학기에 봉사활동을 해야 하는 A고등학교 학생이 있다.
④ 이번 학기에 봉사활동을 하지 않은 A고등학교 학생은 이미 봉사활동을 했다.
⑤ 다음 학기에 봉사활동을 하지 않는 학생은 졸업을 할 수 없다.

Easy

09

> • 강아지를 좋아하는 사람은 자연을 좋아한다.
> • 편의점을 좋아하는 사람은 자연을 좋아하지 않는다.

① 편의점을 좋아하지 않는 사람은 강아지를 좋아한다.
② 자연을 좋아하는 사람은 강아지를 좋아한다.
③ 강아지를 좋아하는 사람은 편의점을 좋아한다.
④ 편의점을 좋아하는 사람은 강아지를 좋아하지 않는다.
⑤ 강아지를 좋아하지 않는 사람은 자연을 좋아하지 않는다.

10 다음 제시된 내용을 바탕으로 내린 A, B의 결론에 대한 판단으로 항상 옳은 것은?

> • 재중이는 국어보다 사회를 싫어한다.
> • 재중이는 사회보다 수학을 싫어한다.
> • 재중이는 사회보다 영어를 싫어한다.

> • A : 재중이는 국어보다 영어를 싫어한다.
> • B : 재중이는 국어를 가장 좋아한다.

① A만 옳다.
② B만 옳다.
③ A, B 모두 옳다.
④ A, B 모두 틀리다.
⑤ A, B 모두 옳은지 틀린지 판단할 수 없다.

11 A ~ E 다섯 명은 함께 카페에 가서 다음과 같이 음료를 주문하였다. 다음 중 옳은 판단을 한 사람은?(단, 한 사람당 하나의 음료만 주문하였다)

> • 홍차를 주문한 사람은 2명이며, B는 커피를 주문하였다.
> • A는 홍차를 주문하였다.
> • C는 홍차 또는 녹차를 주문하였다.
> • D는 커피 또는 녹차를 주문하였다.
> • E는 딸기주스 또는 홍차를 주문하였다.
> • 직원의 실수로 E만 잘못된 음료를 받았다.
> • 주문 결과 홍차 1잔과 커피 2잔, 딸기주스 1잔, 녹차 1잔이 나왔다.

> • 갑 : 딸기주스로 잘못 받은 사람은 E이다.
> • 을 : 녹차를 주문한 사람은 C이다.

① 갑만 옳다.
② 을만 옳다.
③ 갑, 을 모두 옳다.
④ 갑, 을 모두 틀리다.
⑤ 갑, 을 모두 옳은지 틀린지 판단할 수 없다.

12 다음 주어진 명제에 따라 많이 찾은 사람을 순서대로 바르게 나열한 것은?

> • 숨은 그림 찾기에서 민수가 철수보다 더 많이 찾았다.
> • 숨은 그림 찾기에서 철수가 영희보다 더 적게 찾았다.
> • 숨은 그림 찾기에서 민수가 영희보다 더 적게 찾았다.

① 영희 – 철수 – 민수
② 철수 – 영희 – 민수
③ 영희 – 민수 – 철수
④ 민수 – 철수 – 영희
⑤ 민수 – 영희 – 철수

13 A ~ E 5명이 5층 건물에 한 층당 한 명씩 살고 있다. 다음 〈조건〉에 따라 바르게 추론한 것은?

> **조건**
> • C와 D는 서로 인접한 층에 산다.
> • A는 2층에 산다.
> • B는 A보다 높은 층에 산다.

① D는 가장 높은 층에 산다.
② A는 E보다 높은 층에 산다.
③ C는 3층에 산다.
④ E는 D보다 높은 층에 산다.
⑤ D는 C보다 높은 층에 산다.

14 주방에 요리사인 철수와 설거지 담당인 병태가 있다. 요리에 사용되는 접시는 하나의 탑처럼 순서대로 쌓여있다. 철수는 접시가 필요할 경우 이 접시 탑의 맨 위에 있는 접시부터 하나씩 사용한다. 병태는 자신이 설거지한 깨끗한 접시를 해당 탑의 맨 위에 하나씩 쌓는다. 다음 〈조건〉의 작업을 차례대로 수행하였을 때, 철수가 (라) 작업을 완료한 이후 접시 탑의 맨 위에 있는 접시는?

> **조건**
> (가) 작업 : 병태가 시간 순서대로 접시 A, B, C, D접시를 접시 탑에 쌓는다.
> (나) 작업 : 철수가 접시 한 개를 사용한다.
> (다) 작업 : 병태가 시간 순서대로 접시 E, F를 접시 탑에 쌓는다.
> (라) 작업 : 철수가 접시 세 개를 순차적으로 사용한다.

① A접시
② B접시
③ C접시
④ D접시
⑤ E접시

※ 다음 제시문을 읽고 문제의 내용이 참이면 ①, 거짓이면 ②, 문제의 진위를 알 수 없으면 ③을 고르시오.
   [15~17]

갑, 을, 병은 산행하다가 식용으로 보이는 버섯을 채취하였다. 하산 후 갑은 생버섯 5g과 술 5잔, 을은 끓는 물에 삶은 버섯 5g과 술 5잔, 병은 생버섯 5g만을 먹었다.

다음 날 아침에 갑과 을은 턱 윗부분만 검붉게 변하는 악취(顎醉) 증상이 나타났으며, 둘 다 5일 동안 지속되었으나 병은 그러한 증상이 없었다. 또한 세 명은 버섯을 먹은 다음 날 오후부터 미각을 상실했다가, 7일 후 모두 회복되었다. 한 달 후 건강 검진을 받은 세 명은 백혈구가 정상치의 1/3 수준으로 떨어진 것이 발견되어 무균 병실에 입원하였다. 세 명 모두 일주일이 지나 백혈구 수치가 정상이 되어 퇴원하였고 특별한 치료를 한 것은 없었다.

담당 의사는 만성 골수성 백혈병의 권위자였다. 만성 골수성 백혈병은 비정상적인 유전자에 의해 백혈구를 필요 이상으로 증식시키는 티로신 키나아제 효소가 만들어짐으로써 나타난다. 담당 의사는 3개월 전 문제의 버섯을 30g 섭취한 사람이 백혈구의 급격한 감소로 사망한 보고가 있다는 것을 알고 있었으며, 해당 버섯에서 악취 증상 원인 물질 A, 미각 상실 원인 물질 B, 백혈구 감소 원인 물질 C를 분리하였다.

15 A는 알코올과의 상호작용에 의해서 증상을 일으킨다.

① 참   ② 거짓   ③ 알 수 없음

16 B는 알코올과의 상관관계는 없고, 물에 끓여도 효과가 약화되지 않는다.

① 참   ② 거짓   ③ 알 수 없음

Hard
17 C는 물에 끓이면 효과가 약화되며, 티로신 키나아제의 작용을 억제하는 물질로 적정량을 사용하면 만성 골수성 백혈병 치료제의 가능성이 있다.

① 참   ② 거짓   ③ 알 수 없음

위대한 예술 작품을 감상하는 데 있어서 제일 큰 장애물은 개인적인 습관과 편견을 버리려고 하지 않는 태도
이다. 친숙하게 알고 있는 주제를 생소한 방법으로 표현한 그림을 접했을 때 그것에 대해 정확히 해석할
수 없다는 이유로 매도하는 것이 상당히 흔한 태도이다. 작품에 표현된 이야기를 많이 알면 알수록 그 이야
기는 언제나 그랬듯이 예전과 비슷하게 표현되어야 한다는 확신에 집착하게 되는 것도 일반적인 반응이다.
특히 성경에서는 이러한 경향이 두드러진다. 성경의 어느 부분에서도 하느님을 인간의 형상으로 가시화하지
않았고 예수의 얼굴이나 모양새 등을 최초로 그려낸 사람들이 바로 과거의 화가라는 사실들을 알고 있으면
서도 많은 사람들이 신에 관해서는 전통적인 형태를 벗어나면 신성모독이라고 하며 발끈한다. 이는 지양해
야 할 태도이다.

18 예술은 자신이 기존에 가지고 있던 편견을 배제하고 열린 마음으로 감상해야 한다.

① 참   ② 거짓   ③ 알 수 없음

19 신에 관한 전통적인 형상이 아닌 다른 형상을 그려내는 화가들은 이단이다.

① 참   ② 거짓   ③ 알 수 없음

`Easy`
20 작품과 관련된 이야기나 배경 사상을 아는 것보다는 작품을 그 자체로서 즐기려고 노력하는 태도가
중요하다.

① 참   ② 거짓   ③ 알 수 없음

Easy

01 '고령화 사회에 대비하자.'는 주제로 글을 쓰기 위해 작성한 개요 〈가〉를 〈나〉로 수정했다. 개요 수정의 이유로 가장 적절한 것은?

〈가〉

Ⅰ. 서론 : 고령화 사회로의 진입
Ⅱ. 본론
    1. 고령화 사회의 실태
        (1) 인구 증가율 마이너스
        (2) 초고속 고령화 사회로의 진입
    2. 고령화 사회의 문제점
        (1) 사회 비용 증가
        (2) 인구 감소로 인한 문제 발생
    3. 고령화 사회 해결 방안
        (1) 노인에게 일자리 제공
        (2) 국민 연금제도의 개편
        (3) 법과 제도의 개선
Ⅲ. 결론 : 고령화 사회 대비 강조

〈나〉

Ⅰ. 서론 : 고령화 사회의 심각성
Ⅱ. 본론
    1. 고령화 사회의 실태
        (1) 인구 증가율 마이너스
        (2) 초고속 고령화 사회로의 진입
    2. 고령화 사회의 문제점
        (1) 의료·복지 비용 증가
        (2) 노동력 공급 감소
        (3) 노동 생산성 저하
    3. 고령화 사회 해결 방안
        (1) 노인에게 일자리 제공
        (2) 국민연금제도의 개편
        (3) 법과 제도의 개선
Ⅲ. 결론 : 고령화 사회 대비 촉구

① 문제 상황을 보는 관점이 다양함을 드러내기 위해
② 문제 상황을 구체화하여 주제의 설득력을 높이기 위해
③ 문제 해결과정에 발생할 불필요한 논쟁을 피하기 위해
④ 논의 대상의 범위를 보다 구체적으로 한정하기 위해
⑤ 문제 해결책의 범위를 보다 폭넓게 확장하기 위해

02 '청소년의 언어 사용'에 대한 글을 쓰기 위해 다음과 같이 개요를 작성하였다. 개요의 수정 및 보완 방안으로 적절하지 않은 것은?

Ⅰ. 서론 : 청소년 언어 사용의 실태

Ⅱ. 본론
   1. 청소년 언어 사용의 문제점
     (1) ㉠ <u>외래어 사용</u>
     (2) 저속한 언어 사용 분위기
     (3) 규범이 파괴된 언어 사용
   2. 문제 발생의 원인
     (1) 개인적 측면
       ① 격식을 갖춘 언어 사용에 대한 인식 부족
       ② ㉡ <u>그릇된 언어를 무비판적으로 수용</u>
     (2) 사회적 측면
       ① ㉢ <u>지나친 불법 광고의 확산</u>
       ② 대중매체에 의한 언어 왜곡의 확산
       ③ 청소년들의 언어 사용에 대한 주변인들의 무관심
   3. 바른 언어 사용을 위한 방안
     (1) 개인적 측면
       ① 격식을 갖춘 언어 사용에 대한 인식 제고
       ② ㉣ <u>바른 언어 사용을 권장하는 사회 분위기 조성</u>
       ③ 청소년 상호 간 바른 언어 사용을 위한 노력
     (2) 사회적 측면
       ① 대중매체의 건전한 언어 사용 방안 마련
       ② 청소년의 바른 언어 사용을 위한 주변인들의 계도

Ⅲ. 결론
   ㉤ _____

---

① ㉠ : 상위 항목에 맞지 않으므로 '비속어 남용'으로 수정한다.
② ㉡ : 원인으로 적절하지 않으므로 '바른 언어 사용에 대한 필요성 홍보'로 교체한다.
③ ㉢ : 글의 흐름을 고려하여 삭제한다.
④ ㉣ : 사회적 측면에 해당하는 내용이므로 'Ⅱ - 3 - (2)'의 하위항목으로 이동한다.
⑤ ㉤ : '바른 언어 사용을 위한 청소년들의 인식 전환과 사회적 노력 촉구'를 삽입한다.

03

제주 한라산 천연보호구역에 있는 한 조립식 건물에서 불이 나 3명의 사상자가 발생했다. 이 건물은 무속 신을 모시는 신당으로 수십 년 동안 운영된 곳이나, 실상은 허가 없이 지은 불법 건축물에 해당되었다. 특히 해당 건물은 조립식 샌드위치 패널로 지어져 있어 이번 화재는 자칫 대형 산불로 이어져 한라산까지 타버릴 아찔한 사고였지만, 행정당국은 불이 난 뒤에야 이 건축물의 존재를 파악했다. 해당 건물에서의 화재는 30여 분 만에 빠르게 진화되었지만, 이 불로 건물 안에 있던 40대 남성이 숨지고, 60대 여성 2명이 화상을 입어 병원으로 이송되었다. 이는 해당 건물이 _____ _____ 불이 삽시간에 번져 나갔기 때문이었다.

행정당국은 서귀포시는 산림이 울창하고, 인적이 드문 곳이어서 관련 신고가 접수되지 않는 등 단속에 한계가 있다고 밝히며 행정의 손이 미치지 않는 취약한 지역, 산지나 으슥한 지역은 관련 부서와 협의를 거쳐 점검할 필요가 있다고 말했다.

① 화재에 취약한 구조로 지어져 있어
② 산지에 위치해 기후가 건조했기 때문에
③ 안정성을 검증받지 못한 가건물에 해당 되어
④ 소방시설과 거리가 있는 곳에 위치하고 있어
⑤ 인적이 드문 지역에 위치하여 발견이 쉽지 않아

04

질병(疾病)이란 유기체의 신체적, 정신적 기능이 비정상으로 된 상태를 일컫는다. 인간에게 있어 질병이란 넓은 의미에서는 극도의 고통을 비롯하여 스트레스, 사회적인 문제, 신체기관의 기능 장애와 죽음까지를 포괄하며, 넓게는 개인에서 벗어나 사회적으로 큰 맥락에서 이해되기도 한다.

하지만 다분히 진화 생물학적 관점에서, 질병은 인간의 몸 안에서 일어나는 정교하고도 합리적인 자기조절 과정이다. 질병은 정상적인 기능을 할 수 없는 상태임과 동시에, 진화의 역사 속에서 획득한 자기 치료 과정이 _____이기도 하다. 가령, 기침을 하고, 열이 나고, 통증을 느끼고, 염증이 생기는 것 따위는 자기 조절과 방어 시스템이 작동하는 과정인 것이다.

① 문제를 일으킨 상태
② 비일상적인 특이 상태
③ 정상적으로 가동하고 있는 상태
④ 인구의 개체 변이를 도모하는 상태
⑤ 보다 새로운 정보를 습득하려는 상태

05 다음 글의 내용으로 적절한 것을 〈보기〉에서 모두 고르면?

> 과거에는 일반 시민들이 사회 문제에 관한 정보를 얻을 수 있는 수단이 거의 없었다. 따라서 일반 시민들은 신문과 같은 전통적 언론을 통해 정보를 얻었고 전통적 언론은 주요 사회 문제에 대한 여론을 형성하는 데 강한 영향을 끼쳤다. 지금도 신문에서 물가 상승 문제를 반복해서 보도하면 일반 시민들은 이를 중요하다고 생각하고, 그와 관련된 여론도 활성화된다.
>
> 이처럼 전통적 언론이 여론을 형성하는 것을 '의제설정기능'이라고 한다. 하지만 막강한 정보원으로 인터넷이 등장한 이후 전통적 언론의 영향력은 약화되고 있다. 그리고 인터넷을 통한 상호작용매체인 소셜 네트워킹 서비스(이하 SNS)가 등장한 이후에는 그러한 경향이 더욱 강화되고 있다. 일반 시민들이 SNS를 통해 문제를 제기하고, 많은 사람들이 그 문제에 대해 중요하다고 생각하면 역으로 전통적 언론에서 뒤늦게 그 문제에 대해 보도하는 현상이 생기게 된 것이다. 이러한 현상을 일반 시민이 의제설정을 주도한다는 점에서 '역의제설정 현상'이라고 한다.

> **보기**
>
> ㉠ 현대의 전통적 언론은 의제설정기능을 전혀 수행하지 못하고 있다.
> ㉡ SNS는 일반 시민이 의제설정을 주도하는 것을 가능하게 했다.
> ㉢ 현대 언론은 과거 언론에 비해 의제설정기능의 역할이 강하다.
> ㉣ SNS로 인해 의제설정 현상이 강해지고 있다.

① ㉡   ② ㉢

③ ㉠, ㉡   ④ ㉠, ㉣

⑤ ㉢, ㉣

06 다음 글의 내용으로 가장 적절한 것은?

> 조금 예민한 문제이지만 외몽고와 내몽고라는 용어도 문제가 있다. 외몽고는 중국을 중심으로 바깥쪽이라는 뜻이고, 내몽고는 중국의 안쪽에 있다는 말이다. 이러한 영토 내지는 귀속 의식을 벗어나서 객관적으로 표현한다면 북몽골, 남몽골로 구분하는 것이 더 낫다. 그러나 이렇게 하면 중국과의 불화는 불을 보듯이 뻔하다. 중국의 신강도 '새 영토'라는 뜻이므로 지나치게 중화주의적이다. 그곳에 사는 사람들의 고유 전통을 완전히 무시한 것이기도 하다. 미국과 캐나다, 그리고 호주의 원주민 보호 구역 역시 '보호'라는 의미를 충족하지 못한다. 수용 지역이라고 하는 것이 더욱 객관적이다. 그러나 그렇게 한다면 외교적인 부담을 피할 길이 없다. 이처럼 예민한 지명 문제는 학계 목소리로 남겨 두는 것이 좋다.

① 정부는 외몽고를 북몽골로 불러야 한다.
② 지명 문제로 외교 마찰을 빚는 것은 바람직하지 않다.
③ 외몽고, 내몽고, 신강 등과 같은 표현은 객관적인 표현이라 할 수 없다.
④ 외교적 마찰이 예상되는 지명 문제에 대해서는 학계에서 논의하는 것이 좋다.
⑤ 중국이 '신강'과 같은 원리로 이름을 붙이는 것은, 지나치게 중화주의적인 태도이다.

07

'셧다운제'에 대한 논란이 뜨겁다. 셧다운제는 0시부터 오전 6시 사이에 만 16세 미만 청소년의 온라인 게임 접속을 차단하는 제도로서, 온라인 게임 중독을 예방하기 위해 도입되었다. 셧다운제에 찬성하는 사람들은 게임에 빠진 청소년들의 사회성이 결여되며, 건강 악화를 야기한다고 주장한다. 그러나 셧다운제에 반발하는 목소리도 적지 않다. 여가를 즐기는 청소년의 정당한 권리를 박탈하는 것은 옳지 않다는 의견이다. 한편 게임 시장이 위축될 것에 대한 우려의 목소리도 있다. 성장 가능성이 큰 우리나라 게임 산업의 경쟁력이 퇴보할 수 있다고 주장하고 있다.

① 구체적 수치를 언급함으로써 게임 산업의 중요성을 강조한다.
② 현상의 문제점을 분석하고 해결책을 제시한다.
③ 사안에 대한 다른 나라의 평가를 인용하여 한쪽의 주장을 뒷받침한다.
④ 논란이 되고 있는 사안을 바라보는 서로 다른 관점을 제시한다.
⑤ 구체적인 사례를 통해 관련 주제를 설명한다.

08

지방은 여러 질병의 원인으로서 인체에 해로운 것으로 인식되었다. 하지만 문제가 되는 것은 지방 자체가 아니라 전이지방이다. 전이지방은 특수한 물리·화학적 처리에 따라 생성되는 것으로서, 몸에 해로운 포화지방의 비율이 자연 상태의 기름보다 높다. 전이지방을 섭취하면 심혈관계 질환이나 유방암 등이 발병할 수 있다. 이러한 전이지방이 지방을 대표하는 것으로 여겨지면서 지방이 여러 질병의 원인으로 지목됐던 것이다.

중요한 것은 지방이라고 모두 같은 지방이 아니라는 사실을 일깨우는 것이다. 불포화지방의 섭취는 오히려 각종 질병의 위험을 감소시키며, 체내 지방 세포는 장수에 도움을 주기도 한다. 지방이 각종 건강상의 문제를 야기하는 것은 지방 그 자체의 속성 때문이라기보다는 지방을 섭취하는 인간의 자기 관리가 허술했기 때문이다.

① 새로운 용어를 소개하고 그 유래를 밝히고 있다.
② 대상에 대한 다양한 견해들의 장단점을 분석하고 있다.
③ 서로 대립하는 견해를 비교하고 이를 절충하여 통합하고 있다.
④ 현재의 상황을 객관적으로 분석함으로써 미래를 전망하고 있다.
⑤ 대상에 대한 사회적 통념의 문제점을 지적하고 올바른 이해를 유도하고 있다.

09

(가) 친환경 농업은 최소한의 농약과 화학비료만을 사용하거나 전혀 사용하지 않은 농산물을 일컫는다. 친환경 농산물이 각광받는 이유는 우리가 먹고 마시는 것들이 우리네 건강과 직결되기 때문이다.

(나) 사실상 병충해를 막고 수확량을 늘리는 데 있어, 농약은 전 세계에 걸쳐 관행적으로 사용됐다. 깨끗이 씻어도 쌀에 남아있는 잔류농약을 완전히 제거하기는 어렵다. 잔류농약은 아토피와 각종 알레르기를 유발한다. 출산율을 저하하고 유전자 변이의 원인이 되기도 한다. 특히 제초제 성분이 체내에 들어올 경우, 면역체계에 치명적인 손상을 일으킨다.

(다) 미국 환경보호청은 제초제 성분의 60%를 발암물질로 규정했다. 결국 더 많은 농산물을 재배하기 위한 농약과 제초제 사용이 오히려 인체에 치명적인 피해를 줄지 모를 '잠재적 위험요인'으로 자리매김한 셈이다.

① (가) – (나) – (다) 　　　　② (나) – (가) – (다)
③ (나) – (다) – (가) 　　　　④ (다) – (가) – (나)
⑤ (다) – (나) – (가)

10

(가) 인간이 타고난 그대로의 자연스러운 본능이 성품이며, 인간이 후천적인 노력을 통하여 만들어 놓은 것이 인위이다.

(나) 따라서 인간의 성품은 악하나, 인위로 인해 선하게 된다.

(다) 즉, 배고프면 먹고 싶고 피곤하면 쉬고 싶은 것이 성품이라면, 배고파도 어른에게 양보하고 피곤해도 어른을 대신해 일하는 것은 인위이다.

(라) 그러므로 자연스러운 본능을 따르게 되면 반드시 다투고 빼앗는 결과를 초래하게 되지만, 스승의 교화를 받아 예의 법도를 따르게 되면 질서가 유지된다.

① (가) – (나) – (라) – (다) 　　② (가) – (다) – (나) – (라)
③ (가) – (다) – (라) – (나) 　　④ (나) – (라) – (다) – (가)
⑤ (다) – (나) – (가) – (라)

※ 다음 글을 읽고 이어지는 질문에 답하시오. [11~12]

토마토는 우리말로 '일년감'이라 하며, 한자명은 남만시(南蠻柿)라고 한다. 우리나라에서는 토마토를 처음에는 관상용으로 심었으나 차츰 영양가가 밝혀지고 밭에 재배하여 대중화되었다. 요즘은 비닐하우스 재배도 하여 일 년 내내 먹을 수 있다. 토마토는 가짓과에 속하는 일년생 반덩굴성 식물열매이며 원산지는 남미 페루이다. 16세기 초 콜럼버스가 신대륙을 발견한 즈음 유럽으로 건너가 스페인과 이탈리아에서 재배되었다. 우리나라에는 19세기 초 일본을 거쳐서 들어왔다고 추정하고 있다. 토마토가 과일이냐 채소냐 하는 것이 한때 미국에서 정부와 업자 사이에 논란이 되었는데, 이에 대법원에서는 토마토를 채소로 판결 내렸다. 어찌됐든 토마토는 과일과 채소의 두 가지 특성을 갖추고 있으며 비타민과 무기질 공급원으로 아주 우수한 식품이다. 세계적인 장수촌으로 알려진 안데스 산맥 기슭의 빌카밤바(Vilcabamba) 사람들은 토마토를 많이 먹은 덕분으로 장수를 누렸다고 전해 오고 있다.

토마토에 함유되어 있는 성분에는 구연산, 사과산, 호박산, 아미노산, 루틴, 단백질, 당질, 회분, 칼슘, 철, 인, 비타민 A, 비타민 B1, 비타민 B2, 비타민 C, 식이섬유 등이 있다. 특히 비타민 C의 경우 토마토 한 개에 하루 섭취 권장량의 절반가량이 들어 있다. 토마토의 빨간색은 '카로티노이드'라는 식물 색소 때문인데, 특히 빨간 카로티노이드 색소인 라이코펜이 주성분이다. 빨간 토마토에는 라이코펜이 7 ~ 12㎎% 들어 있고, 라이코펜은 베타카로틴 등과 더불어 항산화 작용을 하는 물질이 많다.

토마토는 파란 것보다 빨간 것이 건강에 더 유익하므로 완전히 빨갛게 익혀 먹는 것이 좋으며, 빨간 토마토에는 라이코펜이 많이 들어 있으나 그냥 먹으면 체내 흡수율이 떨어지므로 열을 가해 조리해서 먹는 것이 좋다. 열을 가하면 라이코펜이 토마토 세포벽 밖으로 빠져나와 우리 몸에 잘 흡수되기 때문이다. 예를 들면, 토마토 소스에 들어 있는 라이코펜의 흡수율은 생토마토의 5배에 달한다.

토마토의 껍질을 벗길 때는 끓는 물에 잠깐 담갔다가 건져서 찬물에서 벗기면 손쉽게 벗길 수 있으며, 잘 익은 토마토를 껍질을 벗기고 으깨면서 체에 밭쳐 졸인 것을 '토마토 퓨레(채소나 과일의 농축 진액)'라고 한다. 그리고 토마토 퓨레에 소금과 향신료를 조미한 것이 '토마토 소스'이며, 소스를 보다 강하게 조미하고 단맛을 낸 것이 '토마토 케첩'이다. 토마토의 라이코펜과 지용성 비타민은 기름에 익힐 때 흡수가 잘 되므로 기름에 볶아 푹 익혀서 퓨레 상태로 만들면 편리하다. 마늘과 쇠고기를 다져서 올리브유에 볶다가 적포도주 조금, 그리고 토마토 퓨레를 넣으면 토마토 소스가 된다. 토마토 소스에 파스타나 밥을 볶으면 쉽게 맛을 낼 수 있다.

그런데 토마토와 같이 산(酸)이 많은 식품을 조리할 때는 단시간에 조리하거나 스테인리스 스틸 재질의 조리 기구를 사용해야 한다. 알루미늄제 조리 기구를 사용하게 되면 알루미늄 성분이 녹아 나올 수 있기 때문이다. 세계보건기구(WHO)는 지난 1997년 알루미늄에 대해 신체 과다 노출 시 구토, 설사, 메스꺼움 등을 유발할 수 있다고 경고한 바 있다.

11 다음 중 윗글의 각 문단 제목으로 적절하지 않은 것은?

① 첫 번째 문단 : 토마토가 우리에게 오기까지
② 두 번째 문단 : 토마토의 다양한 성분
③ 세 번째 문단 : 토마토를 건강하게 먹는 방법
④ 네 번째 문단 : 토마토가 사랑받는 이유
⑤ 다섯 번째 문단 : 토마토에 적합한 조리 기구

12 다음 중 윗글을 읽고 이해한 내용으로 적절하지 않은 것은?

① 토마토는 그냥 먹는 것보다 열을 가해 먹는 것이 더 좋다.

② 우리나라에 토마토는 일본을 거쳐 들어온 것으로 추정된다.

③ 토마토는 알루미늄제 조리 기구를 사용해야 한다.

④ 토마토의 라이코펜은 기름에 익힐 때 흡수가 잘 된다.

⑤ 토마토 한 개에는 하루 섭취 권장량의 절반가량의 비타민 C가 들어 있다.

PART 2

13 다음 글의 제목으로 가장 적절한 것은?

> 제4차 산업혁명은 인공지능이 기존의 자동화 시스템과 연결되어 효율이 극대화되는 산업 환경의 변화를 의미한다.
>
> 2016년 세계경제포럼에서 언급되어, 유행처럼 번지는 용어가 되었다. 학자에 따라 바라보는 견해는 다르지만 대체로 기계학습과 인공지능의 발달이 그 수단으로 꼽힌다.
>
> 2010년대 중반부터 드러나기 시작한 제4차 산업혁명은 현재진행형이며, 그 여파는 사회 곳곳에서 드러나고 있다. 현재도 사람을 기계와 인공지능이 대체하고 있으며, 현재 일자리의 80 ~ 99%까지 대체될 것이라고 보는 견해도 있다.
>
> 만약 우리가 현재의 경제 구조를 유지한 채로 이와 같은 극단적인 노동 수요 감소를 맞게 된다면, 전후 미국의 대공황 등과는 차원이 다른 끔찍한 대공황이 발생할 것이다. 계속해서 일자리가 줄어들수록 중・하위 계층은 사회에서 밀려날 수밖에 없는 반면, 자본주의 사회의 특성상 많은 비용을 수반하는 과학기술의 연구는 자본에 종속될 수밖에 없기 때문이다. 물론 지금도 이러한 현상이 없는 것은 아니지만, 아직까지는 단순노동이 필요하기 때문에 노동력을 제공하는 중・하위층들도 불합리한 부분들에 파업과 같은 실력행사를 할 수 있었다. 그러나 앞으로 자동화가 더욱 진행되어 노동의 필요성이 사라진다면 그들을 배려해야 할 당위성은 법과 제도가 아닌 도덕이나 인권과 같은 윤리적인 영역에만 남게 되는 것이다.
>
> 반면에, 이를 긍정적으로 생각한다면 이처럼 일자리가 없어졌을 때 극소수에 해당하는 경우를 제외한 나머지 사람들은 노동에서 완전히 해방되어, 인공지능이 제공하는 무제한적인 자원을 마음껏 향유할 수도 있을 것이다. 하지만 이러한 미래는 지금의 자본주의보다는 사회주의 경제 체제에 가깝다. 이 때문에 많은 경제학자와 미래학자들은 제4차 산업혁명 이후의 미래를 장밋빛으로 바꿔나가기 위해, 기본소득제 도입 등의 시도와 같은 고민들을 이어가고 있다.

① 제4차 산업혁명의 의의

② 제4차 산업혁명의 빛과 그늘

③ 제4차 산업혁명의 위험성

④ 제4차 산업혁명에 대한 준비

⑤ 제4차 산업혁명의 시작

※ 다음 글을 읽고 이어지는 질문에 답하시오. [14~15]

예술 작품에 대한 감상이나 판단은 주관적이라 할 수 있다. 그렇다고 하더라도 어떤 사람의 감상이나 판단은 다른 사람들보다 더 좋거나 나쁠 수도 있지 않을까? 혹은 덜 발달되었을 수도, 더 세련되었을 수도 있지 않을까? 이러한 의문과 관련하여 우리는 흄(D. Hume)의 설명을 참조할 수 있다.

흄은 예술적인 판단이란, 색이나 맛과 같은 지각 가능한 성질에 대한 판단과 유사하다고 하면서, ㉠『돈키호테』에 나오는 이야기를 소개한다. 마을 사람들이 포도주를 즐기고 있었는데 두 명의 '전문가'가 불평을 한다. 한 사람은 쇠 맛이 살짝 난다고 했고 또 다른 사람은 가죽 맛이 향을 망쳤다고 했다. 마을 사람들은 그들을 비웃었지만, 포도주 통 밑바닥에서 가죽 끈에 묶인 녹슨 열쇠가 발견되었다. 이 전문가들은 마을 사람들이 느낄 수 없었던 포도주 맛의 요소들을 식별해낸 셈이다.

이는 예술적인 식별과 판단에서도 마찬가지다. 훈련받지 못한 사람은 서로 다른 악기의 소리나 화음의 구성을 구별해낼 수 없을 것이다. 또한 구도나 색 또는 명암의 대비, 중요한 암시를 알아내기 어려울 것이다. 이런 것들은 다양한 작품을 감상하고 세련된 감수성을 지닌 사람들의 말을 들음으로써, 또는 좋은 비평을 읽음으로써 계발될 수 있다. 이처럼 예술적 판단이나 식별이 계발될 수 있다 해도 의문은 남는다. 포도주의 맛을 알아챈 전문가들에게는 가죽 끈에 녹슨 열쇠가 있었지만, 예술 비평가들의 판단이나 식별이 올바르다는 것은 어떻게 알 수 있는가?

이 질문에 답하기 위해 흄은 '진정한 판관(True Judge)'이라는 개념을 제안했다. 흄이 말한 진정한 판관은, 세련된 감수성과 섬세한 감각을 가졌으며 부단한 연습과 폭넓은 경험으로 식별력을 키운 사람이다. 그리고 편견이나 편애와 같은 작품 외적 요소들에서 벗어나 있으며, 당대의 일시적인 유행에도 거리를 두고 작품을 볼 수 있는 사람이다. 이러한 조건들을 갖추었을 때 그는 비로소 예술 작품을 식별하고 평가할 수 있는 자격을 얻게 된다. 또한 흄은 '시간의 테스트'를 넘어서, 즉 시간과 공간의 장벽을 가로질러 그 가치를 인정받는 작품들에 주목하였다. 다양한 시대와 문화, 태도들의 차이가 있음에도 불구하고, 그 작품들의 진정한 가치를 알아보고 그것에 매혹되어 온 최고의 비평가들이 있어 왔다.

이처럼 예술 비평가들의 판단과 식별의 타당성은 이들이 갖춘 비평가로서의 자격, 이들이 알아보고 매혹된 위대한 작품들의 존재를 통해서 입증될 수 있다는 것이다. 이러한 흄의 생각은 분명 그럴듯한 점이 있다. 우리가 미켈란젤로와 카라바조, 고야, 렘브란트의 작품을 그 작품들이 창조된 지 수백 년이 지난 후에도 여전히 감상하고 있다는 사실은 그 작품이 지닌 힘과 위대함을 증명해준다.

그렇지만 또 하나의 의문이 여전히 남는다. ㉡ 자격을 갖춘 비평가들, 심지어는 최고라고 평가받는 비평가들에게서조차 비평의 불일치가 생겨난다는 점이다. 흄은 이러한 불일치를 낳는 두 개의 근원을 지적했는데, 비평가 개인의 성격적인 기질의 차이가 그 하나이다. 또한 자격을 갖춘 비평가라 할지라도 자기 시대의 특정한 믿음이나 태도, 가정들에서 완전히 자유로울 수는 없기 때문에 불일치가 생겨난다고 하였다. 이에 따르면 살아있던 당시에는 갈채를 받았던 예술가의 작품이 시간이 흐르면서 왜 역사의 뒤안길로 사라지곤 하는지도 설명할 수 있다. 평범한 사람에게든 자격을 갖춘 비평가에게든 그런 작품들이 당시의 사람들에게 가졌던 호소력은, 그 시대에만 특별했던 태도나 가정에 의존해 있었을 가능성이 크기 때문이다.

14 다음 중 윗글의 전개 방식에 대한 설명으로 가장 적절한 것은?

① 흄의 견해를 순차적으로 소개한 후 비판적으로 평가하고 있다.

② 의문들을 제기하면서 흄의 견해에 근거하여 순차적으로 답변하고 있다.

③ 제기된 의문들과 관련하여 흄의 견해가 변화해 가는 과정을 밝히고 있다.

④ 흄의 견해에 근거하여 통상적인 의문들에 내포된 문제점을 고찰하고 있다.

⑤ 흄의 견해에 근거하여 제기된 의문들에 대한 기존의 답변들을 비판하고 있다.

15 다음 중 밑줄 친 ㉠과 ㉡에 해당하는 내용으로 가장 적절한 것은?

① 마을 사람들은 전문가들의 진단을 비웃었다.
② 마을 사람들은 포도주 맛의 요소들을 식별하지 못했다.
③ 포도주 통 밑바닥에서 가죽 끈에 묶인 녹슨 열쇠가 발견되었다.
④ 포도주의 이상한 맛에 대한 전문가들의 원인 진단이 서로 달랐다.
⑤ 마을 사람들과는 달리 전문가들은 포도주 맛에 대해 불평을 했다.

16 다음 글의 내용을 반박하는 주장으로 가장 적절한 것은?

> 국경 없이 누구나 자유롭게 정보를 주고받을 수 있는 인터넷이, 성인 인터넷 방송 등 유해 사이트의 확산으로 오히려 청소년에게 해로운 매체가 될 수 있다는 사실은 선진국에서도 동감하고 있다. 그러므로 인터넷 등급제를 만들어 유해한 환경으로부터 청소년들을 보호하고, 이를 어긴 사업자는 엄격한 처벌로 다스려야만 한다.

① 인터넷 등급제를 만들어 규제를 하는 것도 완전한 방법은 아니기 때문에 유해한 인터넷 내용에는 원천적으로 접속할 수 없는 조치를 취해야 한다.
② 인터넷 등급제는 정보를 사전에 검열하고, 이에 대한 책임을 일방적으로 사업자에게만 지우는 조치이기 때문에 잘못하면 국민의 표현의 자유와 알 권리를 침해할 수 있다.
③ 인터넷 등급제는 미니스커트나 장발 규제와 같은 구태의연한 조치다.
④ 청소년들 스스로가 정보의 유해를 가릴 수 있는 식견을 마련할 수 있도록 가능한 많은 정보를 접해야 한다. 그러므로 인터넷 등급제는 좋은 방법이 아니다.
⑤ 인터넷 등급제는 IT 강국으로서의 대한민국의 입지를 위축시킬 수 있으므로 실행하지 않는 것이 옳다.

17 다음 글의 내용으로 가장 적절한 것은?

쿤이 말하는 과학혁명의 과정을 명확하게 하기 위해 세 가지 질문을 던져보자. 첫째, 새 이론을 제일 처음 제안하고 지지하는 소수의 과학자들은 어떤 이유에서 그렇게 하는가? 기존 이론이 이상 현상 때문에 위기에 봉착했다고 판단했기 때문이다. 기존 이론은 이미 상당한 문제 해결 능력을 증명한 바 있다. 다만 기존 이론이 몇 가지 이상 현상을 설명할 능력이 없다고 판단한 과학자들이 나타났을 뿐이다. 이런 과학자들 중 누군가가 새 이론을 처음 제안했을 때 기존 이론을 수용하고 있는 과학자 공동체는 새 이론에 호의적이지 않을 것이다. 당장 새 이론이 기존 이론보다 더 많은 문제를 해결할 리가 없기 때문이다. 그럼에도 불구하고 기존 이론이 설명하지 못하는 이상 현상을 새 이론이 설명한다는 것이 과학혁명의 출발점이다.

둘째, 다른 과학자들은 어떻게 기존 이론을 버리고 새로 제안된 이론을 선택하는가? 새 이론은 여전히 기존 이론보다 문제 해결의 성과가 부족하다. 하지만 선구적인 소수 과학자들의 연구활동과 그 성과에 자극을 받아 새 이론을 선택하는 과학자들은 그것이 앞으로 점점 더 많은 문제를 해결하리라고, 나아가 기존 이론의 문제 해결 능력을 능가하리라고 기대한다. 이러한 기대는 이론의 심미적 특성 같은 것에 근거한 주관적 판단이고, 그와 같은 판단은 개별 과학자의 몫이다. 물론 이러한 기대는 좌절될 수도 있고, 그 경우 과학혁명은 좌초된다.

셋째, 과학혁명이 일어날 때 과학자 공동체가 기존 이론을 버리고 새 이론을 선택하도록 하는 결정적인 요인은 무엇인가? 이 물음에서 선택의 주체는 더 이상 개별 과학자가 아니라 과학자 공동체이다. 하지만 과학자 공동체는 결국 개별 과학자들로 이루어져 있다. 그렇다면 문제는 과학자 공동체를 구성하는 과학자들이 어떻게 이론을 선택하는가이다. 하지만 이 단계에서 모든 개별 과학자들의 선택 기준은 더 이상 새 이론의 심미적 특성이나 막연한 기대가 아니다. 과학자들은 새 이론이 해결하는 문제의 수와 범위가 기존 이론의 그것보다 크다고 판단할 경우 새 이론을 선택할 것이다. 과학자 공동체의 대다수 과학자들이 이렇게 판단하게 되면 그것은 과학자 공동체가 새 이론을 선택한 것이고, 이로써 쿤이 말하는 과학 혁명이 완성된다.

① 과학혁명 초기 과정은 소수의 과학자들이 문제 해결의 성과가 큰 새 이론을 선택하는 것이다.
② 기존 이론과 새 이론이 어떤 현상을 모두 설명하면 과학자들은 새 이론을 선택할 확률이 높다.
③ 과학혁명의 계기는 기존의 이론이 설명하지 못하는 현상이 존재할 때이다.
④ 과학자들은 어떤 이론을 판단할 때 심미적 특성과 같은 주관적 판단을 철저히 배제한다.
⑤ 과학자 공동체의 움직임은 권위 있는 과학자들의 의견에 따른 것이기 때문에 개별 과학자들의 입장과 차이가 있다.

18 다음 글을 읽은 독자의 반응으로 적절하지 않은 것은?

> 지름 10μm 이하인 미세 먼지는 각종 호흡기 질환을 유발할 수 있기 때문에, 예방 차원에서 대기 중 미세 먼지의 농도를 알 필요가 있다. 이를 위해 미세 먼지 측정기가 개발되었는데, 이 기기들은 대부분 베타선 흡수법을 사용하고 있다. 베타선 흡수법을 이용한 미세 먼지 측정기는 입자의 성분에 상관없이 설정된 시간에 맞추어 미세 먼지의 농도를 자동적으로 측정한다. 이 기기는 크게 분립 장치, 여과지, 베타선 광원 및 감지기, 연산 장치 등으로 구성된다.
>
> 미세 먼지의 농도를 측정하기 위해서는 우선 분석에 쓰일 재료인 시료의 채취가 필요하다. 시료인 공기는 흡인 펌프에 의해 시료 흡입부로 들어오는데, 이때 일정한 양의 공기가 일정한 시간 동안 유입되도록 설정된다. 분립 장치는 시료 흡입부를 통해 유입된 공기 속 입자 물질을 내부 노즐을 통해 가속한 후, 충돌판에 충돌시켜 10μm보다 큰 입자만 포집하고 그보다 작은 것들은 통과할 수 있도록 한다.
>
> 결국 지름 10μm보다 큰 먼지는 충돌판에 그대로 남고, 이보다 크기가 작은 미세 먼지만 아래로 떨어져 여과지에 쌓인다. 여과지는 긴 테이프의 형태로 되어 있으며, 일정 시간 미세 먼지를 포집한다. 여과지에 포집된 미세 먼지는 베타선 광원과 베타선 감지기에 의해 그 질량이 측정된 후 자동 이송 구동 장치에 의해 밖으로 배출된다.
>
> 방사선인 베타선을 광원으로 사용하는 이유는 베타선이 어떤 물질을 통과할 때, 그 물질의 질량이 커질수록 베타선의 세기가 감쇠하는 성질이 있기 때문이다. 또한 종이는 빠르게 투과하나 얇은 금속판이나 플라스틱은 투과할 수 없어, 안전성이 뛰어나기 때문이다. 베타선 광원에서 조사(照射)된 베타선은 여과지 위에 포집된 미세 먼지를 통과하여 베타선 감지기에 도달하게 된다. 이때 감지된 베타선의 세기는 미세 먼지가 없는 여과지를 통과한 베타선의 세기보다 작을 수밖에 없다. 왜냐하면 베타선이 여과지 위에 포집된 미세 먼지를 통과할 때, 그 일부가 미세 먼지 입자에 의해 흡수되거나 소멸되기 때문이다. 따라서 미세 먼지가 없는 여과지를 통과한 베타선의 세기와 미세 먼지가 있는 여과지를 통과한 베타선의 세기에는 차이가 발생한다.
>
> 베타선 감지기는 이 두 가지 베타선의 세기를 데이터 신호로 바꾸어 연산 장치에 보낸다. 연산 장치는 이러한 데이터 신호를 수치로 환산한 후 미세 먼지가 흡수한 베타선의 양을 고려하여 여과지에 포집된 미세 먼지의 질량을 구한다. 이렇게 얻은 미세 먼지의 질량은 유량 측정부를 통해 측정한, 시료 포집 시 흡입된 공기량을 감안하여 ppb단위를 갖는 대기 중의 미세 먼지 농도로 나타나게 된다.

① 미세 먼지 측정기는 미세 먼지 농도 측정 시 미세 먼지의 성분에 영향을 받는다.

② 베타선 감지기는 베타선 세기를 데이터 신호로 바꾸어 주는 장치이다.

③ 대기 중 미세 먼지의 농도 측정은 시료의 채취부터 시작한다.

④ 베타선은 플라스틱으로 만들어진 물체를 투과하지 못한다.

⑤ 미세 먼지 측정기에는 베타선 흡수법이 널리 사용된다.

언택트란 접촉을 뜻하는 '콘택트(Contact)'에 부정을 뜻하는 '언(Un)'을 붙여 만든 신조어로서, 고객과 대면하지 않고 서비스나 상품을 판매하는 기술이 생활 속에서 확산되는 현상을 가리킨다. 쉽게 말해 키오스크(Kiosk), 드론, VR(가상현실) 쇼핑, 챗봇 등으로 대표되는 첨단기술을 통해 사람 간의 대면 없이 상품이나 서비스를 주고받을 수 있게 된 것을 두고 '언택트'라고 하는 것이다. 최근 많은 기업과 기관에서 언택트를 핵심으로 한, 이른바 언택트 마케팅을 펼치고 있는데, 그 영역이 대면 접촉이 불가피했던 유통업계까지 확장되면서 사람들의 관심을 모으고 있다.

어느새 우리 일상에 자리한 ⊙ 언택트 마케팅의 대표적인 예로 들 수 있는 것이 앞서 언급한 키오스크 무인 주문 시스템이다. 특히 패스트푸드 업계에서 키오스크가 대폭 확산 중인데, A업체는 2014년 처음 키오스크를 도입한 후 꾸준히 늘려가고 있고, B업체도 올해까지 전체 매장의 50% 이상인 250개 곳에 키오스크를 확대할 예정이다. 이러한 흐름은 패스푸드점에만 국한되는 것이 아니며, 더 진화한 형태로 다양한 업계에서 나타나고 있다. 최근 커피전문점에서는 스마트폰 앱을 통해 주문과 결제를 완료한 후 매장에서 제품을 수령하기만 하면 되는 시스템을 구축해 나가고 있고, 마트나 백화점은 무인시스템 도입을 가속화하는 것에서 한발 더 나아가 일찌감치 '쇼핑 도우미 로봇' 경쟁을 펼치고 있다.

이처럼 언택트 마케팅의 봇물이 터지는 이유는 무엇일까? 소비자들이 더 간편하고 편리한 것을 추구하는 데 따른 결과이기도 하지만, 판매 직원의 과도한 관심에 불편을 느끼는 소비자들이 늘고 있는 것도 한 요인으로 볼 수 있다. 특히 젊은 층에서 대면 접촉에 부담을 느끼는 경향이 두드러지는데, 이를 반영하듯 '관계'와 '권태기'를 합성한 신조어인 '관태기', 그리고 모바일 기기에 길들여진 젊은 층이 메신저나 문자는 익숙한 반면 전화 통화를 두려워한다는 뜻의 '콜포비아'란 신조어가 화제가 되기도 했다. 언택트 마케팅의 확산을 주도한 또 다른 요인으로는 인공지능(AI)과 빅데이터, 사물인터넷(IoT) 등 이른바 '4차 산업혁명'을 상징하는 기술의 진화를 꼽을 수 있다. 하지만 우리는 기술의 진화보다 소비자들이 언택트 기술에 익숙해지고, 나아가 편안하게 느끼기 시작했다는 것에 더 주목할 필요가 있다. 언택트 마케팅을 이해하고 전망하는 데 있어 결코 간과해선 안 될 것이 언택트 기술을 더 이상 낯설게 여기지 않는 인식이라는 이야기다.

언택트 기술의 보편화는 구매의 편의성을 높이고 소비자가 원하는 '조용한 소비'를 가능하게 한다는 점에서 긍정적으로도 볼 수 있으나, 일자리 감소와 같은 노동시장의 변화와 디지털 환경에 익숙하지 않은 고령층을 소외시키는 '언택트 디바이드(Untact Divide)'를 낳을 수 있다는 경고도 무시할 수 없다. 이와 관련해서 한 소비트렌드 분석센터는 '비대면 접촉도 궁극적으로는 인간이 중심이 되어야 한다.'며 굳이 인력이 필요하지 않은 곳은 기술로 대체하고, 보다 대면 접촉이 필요한 곳에는 인력을 재배치하는 기술과 방법이 병행되어야 하며, 그에 따라 그동안 무료로 인식됐던 인적 서비스가 프리미엄화되면서 차별화의 핵심 요소로 등장하게 될 것이라는 전망을 내놓고 있다.

19 다음 중 윗글의 내용으로 적절하지 않은 것은?

① 언택트 기술은 소비자가 원하는 '조용한 소비'를 가능하게 한다.

② 키오스크 무인주문 시스템은 다양한 업계에서 더 진화한 형태로 나타나고 있다.

③ 소비자들은 언택트 기술을 더 이상 낯설게 여기지 않는다.

④ 될 수 있는 한 인력을 언택트 기술로 대체하여 인력 낭비를 줄여야 한다.

⑤ 언택트 마케팅은 대면 접촉이 불가피했던 유통업계로까지 확장되고 있다.

20 다음 중 밑줄 친 ㉠의 확산 원인으로 적절하지 않은 것은?

① 더욱더 간편하고 편리한 것을 추구하는 소비자

② 판매 직원의 과도한 관심에 불편을 느끼는 소비자의 증가

③ 인공지능, 사물인터넷 등 기술의 진화

④ 대면 접촉에 부담을 느끼는 젊은 층의 경향

⑤ 디지털 환경에 익숙하지 않은 고령층의 증가

21 다음 중 밑줄 친 ㉠의 사례로 적절하지 않은 것은?

① 화장품 매장의 '혼자 볼게요.' 쇼핑바구니

② 매장 내 상품의 정보를 알려주는 바코드 인식기

③ 무인 편의점의 지문을 통한 결제 시스템

④ 24시간 상담원과 통화연결이 가능한 고객 상담 센터

⑤ 피부 상태를 체크하고 적합한 제품을 추천해주는 인공지능 어플

※ 다음 글을 읽고 이어지는 질문에 답하시오. [22~24]

현대 사회에서 스타는 대중문화의 성격을 규정짓는 가장 중요한 열쇠이다. 스타를 생산, 관리, 활용, 거래, 소비하는 전체적인 순환 메커니즘이 바로 스타 시스템이다. 이것이 자본주의 대중문화의 가장 핵심적인 작동 원리로 자리 잡게 되면서 사람들은 스타가 되기를 열망하고, 또 스타 만들기에 진력하게 되었다.

스크린과 TV 화면에 보이는 스타는 화려하고 강하고 영웅적이며, 누구보다 매력적인 인간형으로 비춰진다. 사람들은 스타에 열광하는 순간 스타와 자신을 무의식적으로 동일시하며 그 환상적 이미지에 빠진다. 스타를 자신들이 스스로 결여되어 있다고 느끼는 부분을 대리 충족시켜 주는 대상으로 생각하기 때문이다. 그런 과정이 가장 전형적으로 드러나는 장르가 영화이다.

영화는 어떤 환상도 쉽게 먹혀들어갈 수 있는 조건에서 상영되며 기술적으로 완벽한 이미지를 구현하여 압도적인 이미지로 관객을 끌어들인다. 컴컴한 극장 안에서 관객은 부동자세로 숨죽인 채 영화에 집중하게 되며 자연스럽게 영화가 제공하는 이미지에 매료된다. 그리고 그 순간 무의식적으로 자신을 영화 속의 주인공과 동일시하게 된다. 관객은 매력적인 대상과 자신을 동일시하면서 자신의 진짜 모습을 잊고 이상적인 인간형을 간접 체험하게 되는 것이다.

스크린과 TV 화면에 비친 대중이 선망하는 스타의 모습은 현실적인 이미지가 아니라 허구적인 이미지에 불과하다. 사람들은 스타 역시 어쩔 수 없는 약점과 한계를 안고 사는 한 인간일 수밖에 없다는 사실을 아주 쉽게 망각해 버리곤 한다. 이렇게 스타에 대한 열광의 성립은 대중과 스타의 관계가 기본적으로 익명적일 수밖에 없다는 데서 가능해진다. 자본주의의 특징 가운데 하나는 필요 이상의 물건을 생산하고 그것을 팔기 위해 갖은 방법으로 소비자들의 욕망을 부추긴다는 것이다. 스타는 그 과정에서 소비자들의 구매 욕구를 불러일으키는 가장 중요한 연결고리 역할을 함과 동시에 그들도 상품처럼 취급되어 소비되는 경향이 있다. 스타 시스템은 대중문화의 안과 밖에서 스타의 화려하고 소비적인 생활 패턴의 소개를 통해 사람들의 욕망을 자극하게 된다. 또한 스타들을 상품의 생산과 판매를 위한 도구로 이용하며, 끊임없이 오락과 소비의 영역을 확장하고 거기서 이윤을 발생시킨다. 이 모든 것이 가능한 것은 많은 대중이 스타를 닮고자 하는 욕구를 가지고 있어 스타의 패션과 스타일, 소비 패턴을 모방하기 때문이다.

스타 시스템을 건전한 대중문화의 작동 원리로 발전시키기 위해서는 우선 대중문화 산업에 종사하고 싶어 하는 사람들을 위한 활동 공간과 유통 구조를 확보하여 실험적이고 독창적인 활동을 다양하게 벌일 수 있는 토양을 마련해 주어야 한다. 나아가 이러한 예술 인력을 스타 시스템과 연결하는 중간 메커니즘도 육성해야 할 것이다.

22 다음 중 윗글의 논지 전개상 특징으로 가장 적절한 것은?

① 상반된 이론을 제시한 후 절충적 견해를 이끌어내고 있다.
② 현상에 대한 문제점을 언급한 후 해결 방안을 제시하고 있다.
③ 권위 있는 학자의 견해를 들어 주장의 정당성을 입증하고 있다.
④ 대상을 하위 항목으로 구분하여 논의의 범주를 명확히 하고 있다.
⑤ 현상의 변천 과정을 고찰하고 향후의 발전 방향을 제시하고 있다.

23 다음 중 윗글을 바탕으로 〈보기〉를 이해한 내용으로 적절하지 않은 것은?

> **보기**
>
> 인간은 자기에게 욕망을 가르쳐주는 모델을 통해 자신의 욕망을 키워간다. 이런 모델을 ⓐ 욕망의 매개자라고 부른다. 욕망의 매개자가 존재한다는 사실은 욕망이 '대상 – 주체'의 이원적 구조가 아니라 '주체 – 모델 – 대상'의 삼원적 구조를 갖고 있음을 보여준다. ⓑ 욕망의 주체와 모델은 ⓒ 욕망 대상을 두고 경쟁하는 욕망의 경쟁자이다. 이런 경쟁은 종종 욕망 대상의 가치를 실제보다 높게 평가하게 된다. 이렇게 과대평가된 욕망 대상을 소유한 모델은 주체에게는 ⓓ 우상적 존재가 된다.

① ⓐ는 ⓑ가 무의식적으로 자신과 동일시하는 인물이다.
② ⓑ는 스타를 보고 열광하는 사람들을 말한다.
③ ⓒ는 ⓑ가 지향하는 이상적인 대상이다.
④ ⓒ는 ⓐ와 ⓑ가 동시에 질투를 느끼는 인물이다.
⑤ ⓓ는 ⓑ의 진짜 모습을 잊게 하는 환상적인 인물이다.

Hard

24 다음 중 윗글에 대한 비판적 이해로 가장 적절한 것은?

① 대중과 스타의 관계가 익명적 관계임을 근거로 대중과 스타의 관계를 무의미한 것으로 치부하고 있다.
② 스타 시스템이 대중문화를 대변하고 있다는 데 치중하여 스타 시스템의 부정적인 측면을 간과하고 있다.
③ 스타 시스템과 스타가 소비 대중에게 가져다 줄 전망만을 주로 다룸으로써 대책 없는 낙관주의에 빠져 있다.
④ 스타를 스타 시스템에 의해 조종되는 수동적인 존재로만 보고, 그들도 주체성을 지니고 행동한다는 사실을 간과하고 있다.
⑤ 대중이 스타를 무비판적으로 추종하는 면을 지적하여 그런 욕망으로부터 벗어나기 위한 방법을 제시하기에 급급하고 있다.

25 다음 글의 내용으로 가장 적절한 것은?

사람의 키는 주로 다리뼈의 길이에 의해서 결정된다. 다리뼈는 뼈대와 뼈끝판 그리고 뼈끝으로 구성되어 있다. 막대기 모양의 뼈대는 뼈 형성세포인 조골세포를 가지고 있다. 그리고 뼈끝은 다리뼈의 양쪽 끝 부분이며 뼈끝과 뼈대의 사이에는 여러 개의 연골세포층으로 구성된 뼈끝판이 있다. 뼈끝판의 세포층 중 뼈끝과 경계면에 있는 세포층에서만 세포분열이 일어난다. 연골세포의 세포분열이 일어날 때, 뼈대 쪽에 가장 가깝게 있는 연골세포의 크기가 커지면서 뼈끝판이 두꺼워진다. 크기가 커진 연골세포는 결국 죽으면서 빈 공간을 남기고 이렇게 생긴 공간이 뼈대에 있는 조골세포로 채워지면서 뼈가 형성된다. 이 과정을 되풀이하면서 뼈끝판이 두꺼워지는 만큼 뼈대의 길이 성장이 일어나는데, 이는 연골세포의 분열이 계속되는 한 지속된다.

사춘기 동안 뼈의 길이 성장에는 여러 호르몬이 관여하는데, 이 중 뇌에서 분비하는 성장호르몬은 직접 뼈에 작용하여 뼈를 성장시킨다. 또한 성장호르몬은 간세포에 작용하여 뼈의 길이 성장 과정 전체를 촉진하는 성장인자를 분비하도록 한다. 이외에도 갑상샘 호르몬과 남성호르몬인 안드로겐도 뼈의 길이 성장에 영향을 미친다. 성장호르몬이 뼈에 작용하기 위해서는 갑상샘 호르몬의 작용이 있어야 하기 때문에 갑상샘 호르몬은 뼈의 성장에 중요한 요인이다.

안드로겐은 뼈의 성장을 촉진함으로써 사춘기 남자의 급격한 성장에 일조한다. 사춘기 여자의 부신에서 분비되는 안드로겐은 이 시기에 나타나는 뼈의 길이 성장에 관여한다. 하지만 사춘기가 끝날 때, 안드로겐은 뼈끝판 전체에서 뼈가 형성되도록 하여 뼈의 길이 성장을 정지시킨다. 결국 사춘기 이후에는 호르몬에 의한 뼈의 길이 성장이 일어나지 않는다.

① 사람의 키를 결정짓는 다리뼈는 조골세포의 분열로 인해 성장하게 된다.

② 뼈끝판의 세포층 중 뼈대와 경계면에 있는 세포층에서만 세포분열이 일어난다.

③ 사춘기 이후에 뼈의 길이가 성장하였다면, 호르몬은 그 원인이 아니다.

④ 성장호르몬은 간세포에 작용하여 뼈 성장을 촉진하는 성장인자를 분비하는 등 뼈 성장에 간접적으로 도움을 준다.

⑤ 뼈의 성장을 촉진시키는 호르몬인 안드로겐은 남성호르몬으로서, 여자에게서는 생성되지 않는다.

Easy

01 다음은 한 발굴단에서 실시한 2020 ~ 2022년까지의 발굴 작업 현황을 나타낸 것이다. 가장 비용이 많이 든 연도와 그 비용을 바르게 짝지은 것은?

〈발굴 작업 현황〉

(단위 : 건)

구분	2020년	2021년	2022년
정비 발굴	21	23	19
순수 발굴	10	4	12
수중 발굴	13	18	7

※ 발굴 작업 1건당 비용은 정비 발굴은 12만 원, 순수 발굴은 3만 원, 수중 발굴은 20만 원임

① 2020년, 542만 원 ② 2020년, 642만 원
③ 2021년, 648만 원 ④ 2022년, 404만 원
⑤ 2021년, 548만 원

02 다음은 우리나라의 연도별 5대 범죄 발생과 검거에 대한 표이다. 빈칸에 들어갈 값으로 옳은 것은?(단, 각 수치는 매년 일정한 규칙으로 변화한다)

〈연도별 5대 범죄 발생 건수 및 검거 건수〉

(단위 : 건)

구분		2014년	2015년	2016년	2017년	2018년	2019년
살인	발생	941	1,051	957	998	1,084	1,061
	검거	955	1,076	994	1,038	1,041	1,023
강도	발생	5,461	5,692	5,906	7,292	5,834	5,172
	검거	4,524	4,670	5,957	7,165	4,941	4,021
강간	발생	6,855	6,751	6,119	6,531	6,959	7,323
	검거	6,139	6,021	5,522	5,899	6,322	6,443
절도	발생	173,876	180,704	175,457	187,352	155,393	
	검거	68,564	78,777	125,593	114,920	80,570	80,785
폭력	발생	333,630	338,045	283,930	294,893	286,570	285,331
	검거	304,905	306,341	262,293	270,097	270,563	261,817

① 159,434건 ② 154,278건
③ 154,936건 ④ 152,117건
⑤ 155,131건

다음은 E그룹의 청렴도 평가 현황이다. 내부청렴도가 가장 높은 해와 낮은 해가 바르게 짝지어진 것은?

〈E그룹 청렴도 평가 현황〉

(단위 : 점)

구분	2018년	2019년	2020년	2021년
종합청렴도	6.23	6.21	6.16	6.8
외부청렴도	8.0	8.0	8.0	8.1
내부청렴도				
고객평가	6.9	7.1	7.2	7.3
금품제공률	0.7	0.7	0.7	0.5
향응제공률	0.7	0.8	0.8	0.4
편의제공률	0.2	0.2	0.2	0.2

※ 종합청렴도, 외부청렴도, 내부청렴도, 정책고객평가는 10점 만점으로, 10점에 가까울수록 청렴도가 높음
※ (종합청렴도)=[(외부청렴도)×0.6+(내부청렴도)×0.3+(고객평가)×0.1]−(감점요인)
※ 금품제공률, 향응제공률, 편의제공률은 감점요인임

	가장 높은 해	가장 낮은 해
①	2018년	2020년
②	2018년	2021년
③	2019년	2020년
④	2019년	2021년
⑤	2020년	2021년

04 다음은 가족 수별 평균 실내온도에 따른 일평균 에어컨 가동시간을 나타낸 표이다. 이에 대한 설명으로 옳은 것은?

〈가족 수별 평균 실내온도에 따른 일평균 에어컨 가동시간〉

(단위 : 시간 / 일)

가족 수 / 평균 실내온도		26℃ 미만	26℃ 이상 28℃ 미만	28℃ 이상 30℃ 미만	30℃ 이상
1인 가구		1.4	3.5	4.4	6.3
2인 가구	자녀 있음	3.5	8.4	16.5	20.8
	자녀 없음	1.2	3.1	10.2	15.2
3인 가구		4.2	10.4	17.6	16
4인 가구		4.4	10.8	18.8	20
5인 가구		4	11.4	20.2	22.8
6인 가구 이상		5.1	11.2	20.8	22

① 1인 가구의 경우 평균 실내온도가 30℃ 이상일 때 일평균 에어컨 가동시간은 26℃ 미만일 때보다 5배 이상 많다.

② 2인 가구는 자녀의 유무에 따라 평균 실내온도에 따른 일평균 에어컨 가동시간이 2배 이상 차이난다.

③ 가구원수가 4인 이상일 때, 평균 실내온도가 28℃ 이상이 될 경우 일평균 에어컨 가동시간이 20시간을 초과한다.

④ 6인 가구 이상에서 평균 실내온도에 따른 일평균 에어컨 가동시간은 5인 이상 가구보다 많다.

⑤ 3인 가구의 26℃ 이상 28℃ 미만일 때 에어컨 가동시간은 30℃ 이상일 때의 65% 수준이다.

05 다음은 마트별 포장방법을 조사한 표이다. 이에 대한 설명으로 옳은 것을 〈보기〉에서 모두 고르면?

〈마트별 포장방법〉

(단위 : %)

구분	대형마트 (2,000명 대상)	중형마트 (800명 대상)	개인마트 (300명 대상)	편의점 (200명 대상)
비닐봉투	7	18	21	78
종량제봉투	28	37	43	13
종이봉투	5	2	1	0
에코백	16	7	6	0
개인 장바구니	44	36	29	9

※ 마트별 전체 조사자 수는 상이함

보기
ㄱ. 대형마트의 종이봉투 사용자 수는 중형마트의 6배 이상이다.
ㄴ. 대형마트의 종량제봉투 사용자 수는 전체 종량제봉투 사용자 수의 절반 이하이다.
ㄷ. 비닐봉투 사용률이 가장 높은 곳과 비닐봉투 사용자 수가 가장 많은 곳은 동일하다.
ㄹ. 편의점을 제외한 마트의 규모가 커질수록 개인장바구니의 사용률은 증가한다.

① ㄱ, ㄹ
② ㄱ, ㄴ, ㄷ
③ ㄱ, ㄷ, ㄹ
④ ㄴ, ㄷ, ㄹ
⑤ ㄱ, ㄴ, ㄷ, ㄹ

06 다음은 카페 방문자를 대상으로 카페에서의 개인컵 사용률을 조사한 표이다. 이에 대한 설명으로 옳은 것은?

<카페 방문자의 개인컵 사용률>

구분		조사 대상자 수(명)	개인컵 사용률(%)
성별	남성	11,000	10
	여성	9,000	22
연령대별	20대 미만	4,200	17
	20대	5,800	29
	30대	6,400	26
	40대	3,600	24
지역별	수도권	11,500	37
	수도권 외	8,500	23

※ 항목별 조사 대상자 수는 20,000명으로 동일하며, 조사 대상자는 각기 상이함

① 조사대상자 중 개인컵 사용자 수는 남성이 여성의 1.8배이다.
② 조사대상자 중 20대와 30대는 65% 이상이다.
③ 개인컵 사용률이 가장 높은 연령대는 조사대상자 중 개인컵 사용자 수도 가장 많다.
④ 40대 조사대상자에서 개인컵 사용자 수 중 288명이 남성이라면, 여성의 수는 남성의 2.5배이다.
⑤ 수도권 지역의 개인컵 사용률은 수도권 외 지역보다 14% 더 높다.

07 다음은 6대 광역시의 평균 학자금 대출 신청건수 및 평균 대출금액에 대한 표이다. 이에 대한 설명으로 옳지 않은 것은?

<6대 광역시의 평균 학자금 대출 신청건수 및 금액>

구분	2020년		2021년	
	대출 신청건수(건)	평균 대출금액(만 원)	대출 신청건수(건)	평균 대출금액(만 원)
대구광역시	1,921	558	2,320	688
인천광역시	2,760	640	3,588	775
부산광역시	2,195	572	2,468	644
대전광역시	1,148	235	1,543	376
광주광역시	1,632	284	1,927	317
울산광역시	1,224	303	1,482	338

① 학자금 대출 신청건수가 가장 많은 광역시는 2020년과 2021년이 동일하다.
② 2021년 학자금 총 대출금액은 대구광역시가 부산광역시보다 많다.
③ 대전광역시의 2021년 학자금 평균 대출금액은 전년 대비 1.6배 증가하였다.
④ 2021년 총 학자금 대출 신청건수는 2020년 대비 20.5% 증가하였다.
⑤ 2020년 전체학자금 대출 신청건수 중 광주광역시가 차지하는 비율은 15%이다.

다음은 E회사 종목별 체육대회 결과표이다. 이에 대한 설명으로 옳은 것을 〈보기〉에서 모두 고르면? (단, 소수점 둘째 자리에서 반올림한다)

〈종목별 체육대회 결과〉

- E회사는 청팀과 백팀으로 나누어 체육대회를 진행하였다.
- 각 팀에 속한 부서의 점수의 합산하여 청팀과 백팀의 최종점수를 산정하며, 최종점수가 더 높은 쪽이 승리한다.
- 종목별로 부서들이 획득한 승점은 다음과 같다.

(단위 : 점)

구분		청팀			백팀		
		재정팀	운영팀	기획팀	전략팀	기술팀	지원팀
구기 종목	축구	590	742	610	930	124	248
	배구	470	784	842	865	170	443
육상 종목	50m 달리기	471	854	301	441	653	321
	100m 달리기	320	372	511	405	912	350

보기

ㄱ. 모든 종목에서 가장 높은 승점을 획득한 부서는 운영팀이며, 가장 낮은 승점을 획득한 부서는 기술팀이다.
ㄴ. 청팀이 축구에서 획득한 승점은 청팀이 구기종목에서 획득한 승점의 45% 미만이다.
ㄷ. 체육대회 결과, 백팀의 최종점수는 청팀의 최종점수의 75% 이상이다.
ㄹ. 백팀이 구기종목에서 획득한 승점은 백팀이 육상종목에서 획득한 승점의 85% 이상이다.

① ㄱ, ㄴ   ② ㄱ, ㄷ
③ ㄴ, ㄷ   ④ ㄴ, ㄹ
⑤ ㄷ, ㄹ

09 다음은 2000 · 2010 · 2020년의 수도권 지역 및 전국 평균 매매 · 전세가격에 대한 표이다. 이에 대한 설명으로 옳은 것은?

〈2000 · 2010 · 2020년 수도권 · 전국 평균 매매 · 전세가격〉

(단위 : 만 원)

구분		평균 매매가격			평균 전세가격		
		2000년	2010년	2020년	2000년	2010년	2020년
전국		10,100	14,645	18,500	6,762	9,300	13,500
수도권	전체	12,500	18,500	22,200	8,400	12,400	18,900
	서울	17,500	21,350	30,744	9,200	15,500	20,400
	인천	13,200	16,400	20,500	7,800	10,600	13,500
	경기	10,400	15,200	18,900	6,500	11,200	13,200

① 2020년 수도권 전체의 평균 매매가격은 전국의 1.2배이고, 평균 전세가격은 전국의 1.3배이다.

② 2000년 대비 2010년의 전국과 수도권 전체 평균 매매가격 증가율의 차이는 5%p 미만이다.

③ 2000년 전국의 평균 전세가격은 수도권 전체 평균 전세가격의 80% 미만이다.

④ 서울의 2010년 대비 2020년 매매가격 증가율은 2000년 대비 2010년 매매가격 증가율의 1.5배이다.

⑤ 2000년, 2010년, 2020년 서울, 인천, 경기의 평균 매매 · 전세가격이 높은 순으로 나열하면 항상 '서울 – 인천 – 경기'이다.

10 다음은 2022년 성별·장애등급별 등록 장애인 현황에 대한 표이다. 이에 대한 설명으로 가장 적절한 것은?

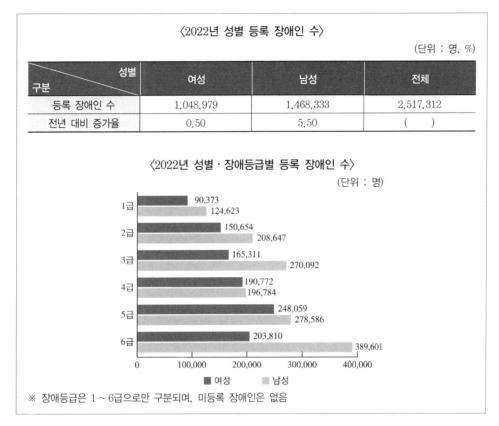

〈2022년 성별 등록 장애인 수〉

(단위 : 명, %)

구분＼성별	여성	남성	전체
등록 장애인 수	1,048,979	1,468,333	2,517,312
전년 대비 증가율	0.50	5.50	( )

〈2022년 성별·장애등급별 등록 장애인 수〉

(단위 : 명)

장애등급	여성	남성
1급	90,373	124,623
2급	150,654	208,647
3급	165,311	270,092
4급	190,772	196,784
5급	248,059	278,586
6급	203,810	389,601

※ 장애등급은 1 ~ 6급으로만 구분되며, 미등록 장애인은 없음

① 2022년 전체 등록 장애인 수의 전년 대비 증가율은 4% 이상이다.
② 전년 대비 2022년 등록 장애인 수가 가장 많이 증가한 장애등급은 6급이다.
③ 장애등급 5급과 6급의 등록 장애인 수의 합은 전체 등록 장애인 수의 50% 이상이다.
④ 등록 장애인 수가 가장 많은 장애등급의 남성 장애인 수는 등록 장애인 수가 가장 적은 장애등급의 남성 장애인 수의 3배 이상이다.
⑤ 성별 등록 장애인 수 차이가 가장 작은 장애등급과 가장 큰 장애등급의 여성 장애인 수의 합은 여성 전체 등록 장애인 수의 40% 이상이다.

※ 다음은 인구 고령화 추이를 나타낸 표이다. 이어지는 질문에 답하시오. [11~13]

〈인구 고령화 추이〉

(단위 : %)

구분	2000년	2005년	2010년	2015년	2020년
노인부양비	5.2	7.0	11.3	15.6	22.1
고령화지수	19.7	27.6	43.1	69.9	107.1

※ 노인부양비(%)＝(65세 이상 인구)÷(15 ~ 64세 인구)×100
※ 고령화지수(%)＝(65세 이상 인구)÷(0 ~ 14세 인구)×100

11 2000년에 0 ~ 14세 인구가 5만 명일 때 65세 이상 인구 수는 몇 명인가?

① 8,650명 ② 8,750명
③ 9,850명 ④ 9,950명
⑤ 10,650명

12 2015년 대비 2020년 고령화지수의 증가율은 얼마인가?(단, 소수점 둘째 자리에서 반올림한다)

① 51% ② 52%
③ 53% ④ 54%
⑤ 55%

13 다음 중 표에 대한 설명으로 옳은 것을 모두 고르면?

> ㉠ 노인부양비 추이는 5년 단위로 계속 증가하고 있다.
> ㉡ 고령화지수 추이는 5년 단위로 같은 비율로 증가하고 있다.
> ㉢ 2010년의 2005년 대비 노인부양비 증가폭은 4.3%p이다.
> ㉣ 5년 전 대비 2010 ~ 2020년의 고령화지수 증가폭은 2020년이 가장 크다.

① ㉠, ㉡ ② ㉠, ㉢
③ ㉠, ㉡, ㉢ ④ ㉠, ㉢, ㉣
⑤ ㉠, ㉡, ㉢, ㉣

※ 다음 표를 보고 이어지는 질문에 답하시오. [14~16]

<근로자의 고용형태에 따른 훈련 인원>

(단위 : 명)

구분		훈련 인원		
		총계	남성	여성
사업주지원방식		512,723	335,316	177,407
A유형	소계	480,671	308,748	171,923
	정규직	470,124	304,376	165,748
	비정규직	10,547	4,372	6,175
B유형	소계	32,052	26,568	5,484
	정규직	32,052	26,568	5,484
개인지원방식		56,273	20,766	35,497
C유형	소계	37,768	15,938	21,830
	정규직	35,075	15,205	19,870
	비정규직	2,693	733	1,960
D유형	소계	18,505	4,838	13,667
	비정규직	18,505	4,838	13,667

<개인지원방식의 훈련방법별 훈련 인원>

(단위 : 명)

구분			훈련 인원		
			총계	남성	여성
개인지원방식			56,273	20,776	35,497
C유형	집체훈련	일반과정	29,138	12,487	16,651
		외국어과정	8,216	3,234	4,982
	원격훈련	인터넷과정	414	217	197
D유형	집체훈련	일반과정	16,118	4,308	11,810
		외국어과정	1,754	334	1,420
	원격훈련	인터넷과정	633	196	437

14 다음 중 표에 대한 설명으로 옳은 것을 〈보기〉에서 모두 고르면?

> **보기**
>
> ㄱ. B유형의 정규직 인원은 C유형의 정규직 인원보다 3,000명 이상 적다.
> ㄴ. 집체훈련 인원의 비중은 D유형이 C유형보다 높다.
> ㄷ. A, C, D유형에서 여성의 비정규직 인원이 남성의 비정규직 인원보다 많다.
> ㄹ. C, D유형의 모든 훈련과정에서 여성의 수가 남성의 수보다 많다.

① ㄱ, ㄴ   ② ㄱ, ㄴ, ㄷ

③ ㄱ, ㄷ   ④ ㄱ, ㄷ, ㄹ

⑤ ㄴ, ㄹ

15 A유형으로 훈련을 받는 정규직 근로자 중 남성의 비율과 B유형으로 훈련을 받는 정규직 근로자 중 남성의 비율의 차이는 얼마인가?(단, 소수점 둘째 자리에서 버림한다)

① 10.3%p   ② 18.2%p

③ 30.5%p   ④ 39.2%p

⑤ 40.5%p

16 다음 중 표에 대한 설명으로 옳지 않은 것은?

① A유형의 훈련 인원 중 비정규직 여성의 비중이 비정규직 남성의 비중보다 높다.

② C유형의 비정규직 인원 중 남성의 비중이 A유형의 비정규직 인원 중 남성의 비중보다 높다.

③ C유형의 훈련 인원 중 외국어과정이 차지하는 비중이 D유형의 훈련 인원 중 외국어과정이 차지하는 비중보다 높다.

④ 개인지원방식에서 원격훈련이 차지하는 비중은 10% 미만이다.

⑤ C유형에서 집체훈련과 원격훈련 모두 여성의 비중이 높다.

※ 다음은 초·중·고등학교 전체 학생 수와 다문화가정 학생 수에 대한 표이다. 이어지는 질문에 답하시오. **[17~18]**

〈초·중·고등학교 전체 학생 수〉

(단위 : 천 명)

구분	2012년	2013년	2014년	2015년	2016년	2017년	2018년	2019년	2020년	2021년
학생 수	7,776	7,735	7,618	7,447	7,236	6,987	6,732	6,529	6,334	6,097

〈다문화가정 학생 수〉

(단위 : 명)

구분	초등학교	중학교	고등학교	총합
2012년	7,910	1,139	340	9,389
2013년	12,199	1,979	476	14,654
2014년	16,785	2,527	868	20,180
2015년	21,466	3,294	1,255	26,015
2016년	24,701	5,260	1,827	31,788
2017년	28,667	7,634	2,377	38,678
2018년	33,792	9,647	3,515	46,954
2019년	39,430	11,294	5,056	55,780
2020년	48,297	12,525	6,984	67,806
2021년	60,283	13,865	8,388	82,536

Easy

17 2012년 대비 2021년 다문화가정 학생 중 초등학생과 고등학생의 증가 수를 순서대로 나열한 것은?

① 40,387명, 4,716명
② 40,387명, 6,644명
③ 40,387명, 8,048명
④ 52,373명, 6,644명
⑤ 52,373명, 8,048명

18 다음 중 표에 대한 설명으로 적절하지 않은 것은?

① 초·중·고등학교 전체 학생 수는 계속 감소하고 있는 추세이다.
② 초·중·고등학교 전체 학생 수가 6백 만 명대로 감소한 해는 2017년이다.
③ 2021년의 전체 다문화가정 학생 수는 2012년에 비해 73,147명 증가했다.
④ 초·중·고등학교 전체 학생 수 대비 전체 다문화가정 학생 수의 비율은 점점 증가했다가 2020년에 감소했다.
⑤ 2021년의 고등학교 다문화가정 학생 수는 2012년의 고등학교 다문화가정 학생 수의 약 24.7배이다.

19 다음은 E헬스장의 2021년 4분기 프로그램 회원 수와 2022년 1월 예상 회원 수에 대한 표이다. 다음 〈조건〉을 보고 방정식 $2a+b=c+d$가 성립할 때, b에 알맞은 회원 수는 몇 명인가?

〈E헬스장 운동 프로그램 회원 현황〉

(단위 : 명)

구분	2021년 10월	2021년 11월	2021년 12월	2022년 1월
요가	50	a	b	
G.X	90	98	c	
필라테스	106	110	126	d

조건

- 2021년 11월 요가 회원은 전월 대비 20% 증가했다.
- 4분기 필라테스 총 회원 수는 G.X 총 회원 수보다 37명이 더 많다.
- 2022년 1월 필라테스의 예상 회원 수는 2021년 4분기 필라테스의 월 평균 회원 수일 것이다.

① 110명
② 111명
③ 112명
④ 113명
⑤ 114명

※ 다음은 서울특별시의 직종별 구인·구직·취업 현황을 나타내는 표이다. 이어지는 질문에 답하시오.
[20~21]

<표>

구분	구인	구직	취업
관리직	993	2,951	614
경영·회계·사무 관련 전문직	6,283	14,350	3,400
금융보험 관련직	637	607	131
교육 및 자연과학·사회과학 연구 관련직	177	1,425	127
법률·경찰·소방·교도 관련직	37	226	59
보건·의료 관련직	688	2,061	497
사회복지 및 종교 관련직	371	1,680	292
문화·예술·디자인·방송 관련직	1,033	3,348	741
운전 및 운송 관련직	793	2,369	634
영업원 및 판매 관련직	2,886	3,083	733
경비 및 청소 관련직	3,574	9,752	1,798
미용·숙박·여행·오락·스포츠 관련직	259	1,283	289
음식서비스 관련직	1,696	2,936	458
건설 관련직	3,659	4,825	656
기계 관련직	742	1,110	345

〈서울특별시 구인·구직·취업 현황〉

(단위 : 명)

20 관리직의 구직 대비 구인률과 음식서비스 관련직의 구직 대비 취업률의 차이는 얼마인가?(단, 소수점 첫째 자리에서 반올림한다)

① 6%p
② 9%p
③ 12%p
④ 15%p
⑤ 18%p

21 다음 중 자료에 대한 설명으로 옳지 않은 것은?

① 구직 대비 취업률이 가장 높은 직종은 기계 관련직이다.
② 취업자 수가 구인자 수를 초과한 직종도 있다.
③ 구인자 수가 구직자 수를 초과한 직종은 한 종이다.
④ 구직자가 가장 많이 몰리는 직종은 경영·회계·사무 관련 전문직이다.
⑤ 영업원 및 판매 관련직의 구직 대비 취업률은 25% 이상이다.

※ 다음은 연령별 어린이집 이용 영유아 현황에 대한 표이다. 이어지는 질문에 답하시오. [22~23]

〈연령별 어린이집 이용 영유아 현황〉

(단위 : 명)

구분		국·공립 어린이집	법인 어린이집	민간 어린이집	가정 어린이집	부모협동 어린이집	직장 어린이집	합계
2018년	0~2세	36,530	35,502	229,414	193,412	463	6,517	501,838
	3~4세	56,342	50,497	293,086	13,587	705	7,875	422,092
	5세 이상	30,533	27,895	146,965	3,388	323	2,417	211,521
2019년	0~2세	42,331	38,648	262,728	222,332	540	7,815	574,394
	3~4세	59,947	49,969	290,620	12,091	755	8,518	421,900
	5세 이상	27,378	23,721	122,415	2,420	360	2,461	178,755
2020년	0~2세	47,081	42,445	317,489	269,243	639	9,359	686,256
	3~4세	61,609	48,543	292,599	10,603	881	9,571	423,806
	5세 이상	28,914	23,066	112,929	1,590	378	2,971	169,848
2021년	0~2세	49,892	41,685	337,573	298,470	817	10,895	739,332
	3~4세	64,696	49,527	319,903	8,869	1,046	10,992	455,033
	5세 이상	28,447	21,476	99,847	1,071	423	3,100	154,364

22 다음 중 제시된 표를 이해한 내용으로 적절하지 않은 것은?

① 2018~2021년의 0~2세와 3~4세 국·공립 어린이집 영유아 수는 계속 증가하고 있다.
② 부모협동 어린이집과 직장 어린이집의 각 나이별 영유아 수의 증감 추이는 동일하다.
③ 전년 대비 가정 어린이집의 0~2세 영유아 수는 2021년에 가장 크게 증가했다.
④ 법인 어린이집의 5세 이상 영유아 수는 매년 감소하고 있다.
⑤ 매년 3~4세 영유아 수가 가장 많은 곳을 순서대로 나열하면 상위 3곳의 순서가 같다.

23 2018년과 2021년 어린이집 전체 영유아 수의 차이는 몇 명인가?

① 146,829명
② 169,386명
③ 195,298명
④ 213,278명
⑤ 237,536명

※ 다음은 2016 ~ 2021년의 5개 프로 스포츠 종목의 연간 경기장 수용규모 및 관중수용률을 나타낸 표이다. 이어지는 질문에 답하시오. [24~25]

〈5개 프로 스포츠 종목 연간 경기장 수용규모 및 관중수용률〉

(단위 : 천 명, %)

종목	구분	2016년	2017년	2018년	2019년	2020년	2021년
야구	수용규모	20,429	20,429	20,429	20,429	19,675	19,450
	관중수용률	30.6	41.7	53.3	56.6	58.0	65.7
축구	수용규모	40,255	40,574	40,574	37,865	36,952	33,320
	관중수용률	21.9	26.7	28.7	29.0	29.4	34.9
농구	수용규모	5,899	6,347	6,354	6,354	6,354	6,653
	관중수용률	65.0	62.8	66.2	65.2	60.9	59.5
핸드볼	수용규모	3,230	2,756	2,756	2,756	2,066	2,732
	관중수용률	26.9	23.5	48.2	43.8	34.1	52.9
배구	수용규모	5,129	5,129	5,089	4,843	4,409	4,598
	관중수용률	16.3	27.3	24.6	30.4	33.4	38.6

24 다음 중 표를 보고 판단한 내용으로 옳은 것은?

① 농구의 관중수용률은 매년 감소한다.
② 관중수용률은 농구가 야구보다 매년 높다.
③ 관중수용률이 매년 증가한 종목은 3개이다.
④ 2019년 관중 수는 배구가 핸드볼보다 많다.
⑤ 2017 ~ 2021년의 전년 대비 경기장 수용규모의 증감 추이는 농구와 핸드볼이 동일하다.

25 2021년 야구 관중 수와 축구 관중 수를 비교할 때, 어느 종목이 몇 명 더 많은가?(단, 관중수용률은 소수점 첫째 자리에서 반올림하여 계산한다)

① 야구, 614천 명
② 축구, 293천 명
③ 야구, 887천 명
④ 축구, 573천 명
⑤ 야구, 1,175천 명

※ 상황판단검사는 정답을 따로 제공하지 않는 영역이니 참고하기 바랍니다.

※ 제시된 선택지에서 자신과 가장 가깝다고 생각하는 것과 멀다고 생각하는 것을 각각 한 가지씩 고르시오.
[1~32]

01 새로운 프로젝트를 위해 팀에 들어가게 된 A사원은 V팀장으로부터 업무를 받았다. 그러나 모두에게 나눠진 업무량이 공평하지 않고, 몇몇 사람에게만 지나치게 편중되어 있다는 것을 알게 되었다. 이 상황에서 당신이 A사원이라면 어떻게 행동할 것인가?

① 자신이 불공정하다고 느끼는 점을 인사팀에 고발한다.
② V팀장에게 찾아가 업무가 많다는 것을 말하고 도움을 요청한다.
③ 인사고과에 불리할 수도 있으므로 어떻게든 일을 끝마친다.
④ 처음부터 너무 많은 양을 준 V팀장의 잘못이므로 할 수 있는 만큼만 하고 퇴근한다.
⑤ 일이 적은 사람과 업무를 나눠서 처리한다.

02 C사원은 최근 인사이동에 따라 A부서로 옮겨오게 되었다. 그런데 인수인계를 하는 과정에서 몇 가지 업무를 제대로 전달받지 못했다. 하지만 상사는 C사원이 당연히 모든 업무를 다 알고 있으리라 생각하고 기한을 정해준 후 업무를 지시하고 있다. C사원은 상사가 지시한 업무를 하겠다고 대답은 했지만, 막상 업무를 하려니 어떻게 해야 할지 당황스러운 상황이다. 이 상황에서 당신이 C사원이라면 어떻게 하겠는가?

① 팀 공유 폴더의 지난 업무 파일들을 참고하여 업무를 수행한다.
② 상사에게 현재 상황을 솔직하게 이야기하고 모르는 부분에 대해 다시 설명을 듣는다.
③ 옆에 앉은 다른 팀원에게 자신의 업무를 대신 해달라고 부탁한다.
④ 자신이 할 수 있는 데까지 방법을 찾다가 그래도 안 되겠으면 다시 설명을 듣는다.
⑤ 어차피 신입은 실수가 잦아도 상관없다 생각하고, 자신이 아는 지식을 총동원하여 일을 수행한다.

03 A사원은 서울에서 태어나 평생을 서울에서 살아온 서울 토박이다. 그러던 어느 날 A사원은 갑작스럽게 서울에서 멀리 떨어진 지방으로 발령이 났다. A사원이 새롭게 발령을 받은 곳은 아무런 연고도 없는 시골이다. 게다가 지방으로 발령을 받은 이상 언제 서울로 올라올 수 있을지 모르는 상황이다. 이 상황에서 당신이 A사원이라면 어떻게 행동하겠는가?

① 서울에서 근무할 수 있는 다른 회사를 알아봐야겠다고 생각한다.
② 회사의 지시이니 그냥 따라야겠다고 생각한다.
③ 왜 나한테 지방 발령이 났을까를 생각한다.
④ 나의 능력을 보여줄 때라고 생각한다.
⑤ 일단 회사의 지시를 따른 후 다시 서울로 올 기회를 찾아야겠다고 생각한다.

04　G사원은 최근 들어 회사 생활에 불편함을 느끼고 있다. 상사인 H대리가 업무 수행에 있어 불필요한 신체 접촉을 시도한다거나, 업무 시간 외에도 사적으로 연락이 오기 때문이다. 게다가 H대리는 자신이 상사라는 점을 들어 개인적인 만남을 강요할 때도 있다. 그러나 G사원은 애인도 있는 데다가 상사인 H대리와 불편한 관계가 되고 싶지 않은 상황이다. 이 상황에서 당신이 G사원이라면 어떻게 행동할 것인가?

① 애인에게 모두 이야기한 뒤 H대리를 몰래 신고하도록 한다.
② F부장을 찾아가 사실대로 이야기하고 H대리에게 공개적인 사과를 받아낸다.
③ H대리를 개인적으로 만나서 단단히 주의를 주고 지켜본다.
④ 회사 생활에 불편함을 느끼고 있기 때문에 퇴사한다.
⑤ H대리를 인사과에 신고하고 퇴사한다.

05　A대리는 집안에 급한 일이 생겨서 월차를 쓰려고 한다. 그러나 A대리의 부서에 처리해야 할 업무가 쌓여 있는 상황이라 월차를 쓰기에는 눈치가 보인다. 게다가 A대리의 상사인 B과장은 최근에 A대리가 월차를 쓰지 못하도록 은근슬쩍 압박을 주는 상황이다. 이 상황에서 당신이 A대리라면 어떻게 하겠는가?

① 월차는 당연한 나의 권리이니 신경 쓰지 않고 쓴다.
② 팀장에게 사정을 말하고 양해를 구한다.
③ 월차를 쓰고 전날까지 야근해서라도 일을 다 끝낸다.
④ 가족들에게 사정을 말하고 월차를 포기한다.
⑤ 눈치를 주는 팀장이 야속하다고 직접 얘기한다.

06　A사원은 업무 능력이 뛰어나 퇴근 시간 전이면 자기 일을 다 끝내곤 한다. 그러나 A사원은 자기 일을 끝냈음에도 불구하고 제때에 퇴근하지 못한다. 일을 마친 A사원에게 동료들과 선배들이 항상 여러 가지 도움을 요청하기 때문이다. 당신이 A사원이라면 이 상황에서 어떻게 할 것인가?

① 자신의 불만을 표정과 행동으로 단호하게 드러낸다.
② 자신의 감정을 공손하게 이야기한다.
③ 자기 일을 천천히 진행하여 퇴근 시간 바로 전에 마무리하고 퇴근한다.
④ 직급이 높은 선배에게 이 사실을 말한다.
⑤ 도움 요청은 받아들이되 일 처리를 대충한다.

07 A대리는 업무를 수행하는 과정에서 본의 아니게 해당 지역의 주민들과 갈등을 빚게 되었다. 개인적으로 A대리는 해당 지역 주민들의 고충을 이해하는 바이지만, 그렇다고 해서 수행하는 업무를 중단하고 개인적으로 나설 도리도 없다. 업무 수행과정에서 발생한 갈등에 대해 공과 사를 구별하고, 어떻게 적절히 대응할 수 있을지 모르는 상황에서 당신이 A대리라면 어떻게 하겠는가?

① 해당 지역 주민들에게 상황을 설명한 뒤에 회사 측과 교섭 자리를 마련한다.

② 같은 부서의 선배에게 상황을 말하고, 조언을 구한다.

③ 승진하기 위해서는 업무수행능력이 가장 중요하므로 최대한 계획한 대로 밀어붙인다.

④ 지역 주민에게는 최소한의 대처만 한 뒤에 회사에는 보고하지 않는다.

⑤ 능력 밖의 일이므로 담당자 교체를 요청한다.

PART 2

08 S대리는 최근 들어 회사 생활의 어려움을 느끼고 있다. S대리가 속한 팀의 팀장인 R이 몇몇 팀원들을 지나치게 편애하기 때문이다. 이에 따라 팀별로 회의를 진행할 때마다 S대리가 아무리 좋은 아이디어를 내더라도 R팀장은 듣는 둥 마는 둥 하지만 R팀장이 아끼는 O대리가 내는 아이디어라면 R팀장은 칭찬부터 하고 본다. R팀장의 편애로 인해 팀 분위기 또한 좋지 않은 상황이다. 이런 상황에서 당신이 S대리라면 어떻게 할 것인가?

① R팀장의 부당함을 인사과에 신고하도록 한다.

② O대리보다 더 좋은 아이디어를 내서 R팀장의 인정을 받으려고 노력한다.

③ 팀 회의 자리에서 R팀장의 태도를 시정할 것을 요구한다.

④ O대리에게 R팀장의 태도 시정을 건의해 달라고 요청한다.

⑤ 개인적인 자리에서 R팀장에게 태도 시정을 요구한다.

09 H사원은 최근에 다른 F부서로 이동하게 되었다. 그러나 새로운 F부서는 이전 부서와 달리 업무 분위기가 지나치게 경직되어 있다. 가령 F부서에서 회의를 진행할 때면 U부장의 입김이 너무 세서 사원들은 아이디어를 내기조차 어려운 상황이며 대리들도 사원과 다를 바 없이 U부장의 비위를 맞추기에만 혈안이 되어 있다. 이런 상황에서 당신이 H사원이라면 어떻게 할 것인가?

① 다른 대리들처럼 U부장의 비위를 맞추기 위해 노력한다.

② F부서의 경직된 분위기에 주눅들지 않고 자신의 의견과 아이디어를 제시한다.

③ U부장과 친한, 기존 부서의 E부장을 찾아가 조심스레 경직된 분위기를 쇄신해 달라고 요청한다.

④ F부서의 다른 사원들과 합세하여 U부장을 찾아가 부서의 전체적인 분위기에 대해 토로한다.

⑤ U부장을 개인적으로 찾아가 자신의 심정을 솔직하게 말한다.

10 V대리에게는 직속 후배인 W사원이 있다. W사원의 업무 능력은 상당히 뛰어나지만, 자신의 뛰어난 업무 능력만을 믿고 상사의 주의를 제대로 듣지 않은 채 제멋대로 업무를 해석하여 처리하는 경우가 있어 문제를 일으킬 때가 종종 있다. 상사로서 V대리는 W사원에 대해 적절히 주의하라고 경고하고 싶은 상황이다. 당신이 V대리라면 어떻게 할 것인가?

① G부장을 모셔와 W사원이 따끔하게 혼날 수 있도록 한다.
② 개인적인 자리를 빌어 W사원에게 주의하라고 따끔하게 경고한다.
③ 공개적인 자리에서 W사원에게 주의를 준다.
④ W사원에게 중요도가 낮은 잔무를 계속시켜서 소심하게 복수한다.
⑤ W사원에게 반드시 상관의 지시를 따라서 업무를 수행하라고 이야기한다.

11 S는 최근에 새로운 부서 R의 팀장으로 이동하였다. 그러나 R부서의 사원들은 새롭게 부임한 팀장인 S보다 부서 실무에 능통한 T대리에 의존하는 상황이다. 게다가 S는 우연한 기회에 R부서의 직원들이 자신이 내린 지시보다 T대리가 내린 지시를 참고하여 업무를 수행하고 있음을 알게 되었다. 이런 상황에서 당신이 S라면 어떻게 할 것인가?

① 개인적으로 T대리에게 주의하라고 경고한 뒤에, T대리의 도움을 받아 팀장의 역할을 다한다.
② T대리보다 더욱 실무에 능숙해질 수 있게 노력한다.
③ 회의 시간에 R부서 내 사원들을 대상으로 훈계한다.
④ 자신만 없으면 잘 돌아가는 부서이므로 다른 부서로 옮기도록 한다.
⑤ T대리를 따로 불러서 경고한 뒤 원래의 부서로 되돌아간다.

12 A사원은 거래처 Y직원과의 저녁 약속을 앞둔 상황이다. 그러나 R부장이 계속해서 A사원을 포함한 같은 부서의 모든 사원에게 추가 업무 지시를 내리고 있어 거래처 Y직원과의 약속 이전에 맡은 업무를 다 끝낼 수 있을지 불확실한 상황이다. 이런 상황에서 당신이 A사원이라면 어떻게 할 것인가?

① 거래처 Y직원에게 전화를 걸어 약속을 일단 미루도록 한다.
② 퇴근 시간이 되면 R부장에게 거래처 약속을 들어 퇴근해버린다.
③ 동료에게 자신의 업무를 대신 처리해달라고 부탁하고 다음에 동료의 업무를 도와주기로 한다.
④ 거래처 Y직원과의 약속에 조금 늦더라도 맡은 업무는 모두 끝내도록 한다.
⑤ R부장에게 사정을 솔직하게 말하고 거래처와의 약속을 지킬 수 있게 해달라고 정중히 요구한다.

13 K팀장의 팀은 유난히 회의가 많은 편이다. 게다가 지나치게 길어지는 회의로 인해 어떤 날은 맡은 업무를 끝내기 곤란할 정도이다. 그러나 매일같이 회의가 길어지는 이유는 다름 아닌 농담과 잡담 때문이다. K가 생각하기에는 평소에 사원들끼리 주고받는 농담과 잡담들만 줄인다면 업무에 방해받지 않을 정도로 회의 시간을 줄일 수 있을 것 같다. 이런 상황에서 당신이 K라면 어떻게 할 것인가?

① 온라인 메신저를 통해 회의를 대신할 것을 제안한다.
② 매일 회의를 진행하지 말고 특정 요일에만 회의를 진행하자고 제안한다.
③ 사무실의 책상 배치를 변경하여 항상 이야기하면서 업무를 처리하도록 한다.
④ 상벌점제를 도입하여 회의 시간에 농담하는 경우 벌점을 매기도록 한다.
⑤ 회의록을 작성하여 불필요한 이야기들을 줄이자고 제안한다.

PART 2

14 어느 날 A사원은 업무상의 실수를 저질렀다. 이를 발견한 B팀장이 다른 사원이 모두 지켜보는 가운데서 A사원을 큰 소리로 꾸짖기 시작했다. 그러나 B팀장은 업무상의 실수에 대해서만 꾸짖는 것이 아니라 이와 전혀 상관이 없는 A사원의 사생활까지 들추어 가며 비난을 하는 상황이다. 당신이 A사원이라면 어떻게 하겠는가?

① 내가 잘못한 것이니 어쩔 수 없다고 생각한다.
② 그 자리에서 팀장에게 논리적으로 반박할 말을 생각한다.
③ 회사 게시판에 익명으로 글을 올려 부당함을 호소한다.
④ 일단은 참고 다음에 서운했던 마음을 풀어야겠다고 생각한다.
⑤ B팀장보다 높은 부서장에게 상황을 보고한다.

15 A대리는 집안에 급한 일이 생겨서 연차를 쓰려고 한다. 그러나 A대리의 부서에 처리해야 할 업무가 쌓여 있는 상황이라 연차를 쓰기에는 눈치가 보인다. 게다가 A대리의 상사인 B과장은 최근에 A대리가 연차를 쓰지 못하도록 은근슬쩍 압박을 하는 상황이다. 당신이 A대리라면 어떻게 하겠는가?

① 연차는 당연한 나의 권리이니 신경 쓰지 않고 쓴다.
② B과장에게 사정을 말하고 양해를 구한다.
③ 연차를 쓰고 전날까지 야근해서라도 일을 다 끝낸다.
④ 가족들에게 사정을 말하고 연차를 포기한다.
⑤ 눈치를 주는 B과장에게 너무하다고 직접 이야기한다.

16 S사원은 사무실에서 입사 동기인 T사원의 옆자리에 앉아 있다. 그래서 그런지 업무 시간마다 T사원이 자꾸 잡담을 건다. T사원이 하는 이야기가 재미없는 것은 아니지만 아무래도 업무 시간이다 보니 상사의 눈치가 보이는 것이 사실이다. 당신이 S사원이라면 어떻게 할 것인가?

① 상급자에게 자리 배치 이동을 요청한다.
② 나중에 따로 조용히 그러지 말라고 말한다.
③ 상급자에게 말을 하여 바로잡도록 한다.
④ 다른 동료 직원에게 대신 말해 달라고 부탁한다.
⑤ 심각한 표정으로 불편하다고 이야기한다.

17 W사원은 부지런한 편이라 항상 출근 시간보다 10분 전에 출근을 한다. W사원이 속한 부서의 상관인 R팀장은 종종 출근 시간보다 늦곤 한다. 이를 잘 아는 동료 V사원은 출근 시간이 가까워질 때마다 R팀장의 출근 여부를 W사원에게 물어보고 상사인 R팀장이 출근하기 전에 지각한다. R팀장은 이를 전혀 알아차리지 못하고 있다. 당신이 W사원이라면 어떻게 할 것인가?

① 개인적으로 그러지 말라고 V사원에게 주의를 준다.
② 나중에 술자리에서 R팀장에게 V사원에 대해 말을 한다.
③ 공개적인 자리에서 V사원의 행동을 지적한다.
④ R팀장의 상사인 U부장에게 사실대로 이야기해서 시정하게 한다.
⑤ V사원에게 R팀장의 출근 여부를 알려주지 않는다.

18 A대리는 자신이 다니고 있는 B회사와 거래 관계에 있는 바이어로부터 성의의 표시로 조그마한 선물을 하나 받게 되었다. 나중에 알아보니, 선물의 시가는 3만 2천 원이다. 그러나 회사의 윤리 규정에서 허용하는 선물의 금액은 3만 원이다. 당신이 A대리라면 어떻게 하겠는가?

① 즉시 선물을 돌려주고 회사의 윤리 규정을 설명한다.
② 거절하면 바이어가 불쾌할 수 있으므로 그냥 받는다.
③ 일단은 선물을 받고 상사에게 보고한다.
④ 선물을 감사히 받고, 나중에 사비로 3만 2천 원 상당의 선물을 한다.
⑤ 선물을 돌려준 후 앞으로 절대 선물을 주지 말라고 당부한다.

19 J대리는 오랫동안 같은 부서에서 근무해 왔던 여사원 G에게 호감을 느끼게 되었다. 우연히 여사원 G와 개인적인 자리를 만들게 된 J대리는 여사원 G도 자신에게 좋은 감정을 느끼고 있음을 알게 되었고 둘은 곧 사귀게 되었다. 그러나 회사 규정상 사내연애는 금지 사항이다. 이런 상황에서 당신이 J대리라면 어떻게 할 것인가?

① 사내연애 금지는 비합리적이므로 몰래 사귄다.
② 연애 사실을 공개하고 회사규정을 개정할 것을 요구한다.
③ 연애를 포기한다.
④ 본인이 퇴사한다.
⑤ 여사원 G에게 퇴사할 것을 요구한다.

20 K사원은 G팀에 속해있다. 그러나 G팀의 팀원들은 왠지 모르게 K사원을 따돌리는 느낌이다. 팀 회의를 진행할 때 K사원이 내는 아이디어를 가볍게 듣고 넘긴다거나 K사원과 점심식사를 피하는 등 은근슬쩍 따돌리는 것 같다. 당신이 K사원이라면 어떻게 하겠는가?

① 팀장에게 보고해 시정을 요구한다.
② 익명으로 회사 게시판에 글을 올린다.
③ 회사 감찰반에 투서한다.
④ 팀원들과 인간적으로 친해지려고 노력한다.
⑤ 적당한 다른 이유를 대면서 다른 팀으로 보내달라고 인사과에 요청한다.

21 오늘 진행되는 중요한 프로젝트 회의의 발표 담당인 C사원은 새벽부터 몸이 좋지 않았다. 자신이 빠지면 팀에 피해가 된다는 것을 알지만, 몸 상태가 너무 좋지 않다. 이 상황에서 당신이 C사원이라면 어떻게 하겠는가?

① 그래도 내 건강이 우선이기 때문에 상사에게 상황을 설명하고 결근을 한다.
② 일단 오전의 프로젝트 회의는 참여해서 마친 후 오후에 휴가를 낸다.
③ 결근하면 다른 팀원에게 피해를 줄 수 있으므로 아프더라도 참고 일을 한다.
④ 같은 팀의 팀원에게 전화로 상황을 설명한 후 자신의 발표를 대신 부탁한다.
⑤ 팀장에게 전화로 자신의 상황을 설명한 후, 회의를 다른 날로 바꿀 수 없는지 물어본다.

22 D대리는 전날 회식의 과음으로 인해 늦잠을 잤다. 8시까지 출근인데 눈을 떠 시계를 보니 이미 9시 30분이었다. 깜짝 놀라 일어나기는 했지만 어떻게 해야 할지 막막하다. 이 상황에서 당신이 D대리라면 어떻게 하겠는가?

① 전날 회식이었기 때문에 자신의 사정을 이해해 줄 것으로 생각하고, 천천히 출근한다.
② 지각보다는 아파서 결근하는 것이 낫다고 생각하여 상사에게 전화해 몸이 좋지 않아 결근한다고 말한다.
③ 늦게 출근하면 분명 혼날 것이기 때문에 그냥 결근한다.
④ 상사에게 바로 전화하여 상황을 설명하고, 서둘러서 출근한다.
⑤ 같은 팀 팀원에게 자신의 상황을 설명하고 상사에게 대신 전해달라고 한다. 그런 뒤 마음 놓고 느긋하게 출근 준비를 한다.

23 D사원은 최근 업무를 수행하는 데 있어 스트레스를 받고 있다. E팀장이 업무를 제대로 설명해 주지 않은 채 업무를 지시하기 때문이다. 이 상황에서 당신이 D사원이라면 어떻게 행동해야 하는가?

① E팀장에게 자신이 어려움을 겪고 있는 부분을 솔직하게 이야기한다.
② 업무를 배분받을 때마다 의견을 반영해달라고 적극적으로 요구한다.
③ 같은 팀의 사원에게 자신의 불만을 이야기하고 어려움을 상담한다.
④ 업무를 배분받을 때 우선은 알겠다고 한 뒤, 팀 공유 폴더의 기준을 따라 업무를 수행한다.
⑤ 자신이 알고 있는 지식을 총동원하여 우선 일을 해보고, 막히는 부분이 생기면 도움을 요청한다.

24 최근 A대리가 속한 B팀은 원활한 업무 수행을 위해 사내 메신저를 설치했다. 그러나 A대리는 E사원이 메신저를 개인적인 용도로 사용하는 것을 발견했다. 몇 번 주의를 주었지만, E사원은 행동을 쉽게 고치지 않는 상황이다. 이 상황에서 당신이 A대리라면 어떻게 하겠는가?

① E사원을 개인적으로 불러 마지막으로 한 번 더 주의를 준다.
② 팀원들이 다 같이 있는 공개적인 자리에서 E사원을 혼낸다.
③ 팀 회의를 할 때 개인적인 용도로 메신저를 사용하는 것에 대한 옳고 그름을 회의 안건으로 상정한다.
④ 계속 신경 쓰면 본인만 화가 나기 때문에 E사원의 행동에 대해 신경을 쓰지 않는다.
⑤ 어차피 말을 하더라도 듣지 않으리라 판단하고 자신의 말을 듣지 않았으니 다른 방법으로 E사원을 당황하게 한다.

25 D대리는 평소 깔끔하기로 회사에서 유명하다. 하지만 자신의 물품이나 책상 정리는 누구보다 깔끔하게 하면서, 공동구역을 엉망으로 사용하는 모습에 E대리는 화가 났다. 이 상황에서 당신이 E대리라면 어떻게 하겠는가?

① D대리가 자리를 비운 사이 D대리의 자리를 어질러 놓는다.

② D대리에게 개인구역처럼 공동구역도 깔끔하게 사용하라고 딱 잘라 말한다.

③ D대리가 스스로 청소를 할 때까지 노골적으로 눈치를 준다.

④ 공개적인 자리에서 D대리에게 공동구역 청소를 제대로 할 것을 요구한다.

⑤ D대리의 행동에 화가 나더라도 참고 그냥 자신이 청소한다.

26 평소에 B사원은 남들보다 업무를 빨리 끝내는 편이다. 하지만 은근슬쩍 야근을 압박하는 팀 분위기 때문에 B사원은 매번 정시에 퇴근하는 것이 눈치가 보인다. 하지만 B사원으로선 주어진 업무가 다 끝났는데 눈치를 보며 회사에 남아 있는 것이 시간을 낭비하는 느낌이다. 이 상황에서 당신이 B사원이라면 어떻게 하겠는가?

① 상사에게 현재 상황의 비효율성을 이야기하며 불만을 호소한다.

② 회사 익명 게시판에 야근을 강요하는 분위기에 대한 불만의 글을 올린다.

③ 인사과에 찾아가서 상황을 설명한 후 부서 이동을 요구한다.

④ 사원인 자신이 할 수 있는 일이 없으니 비효율적이지만 참고 야근을 한다.

⑤ 어차피 야근해야 하니 업무를 느긋하게 수행한다.

27 G팀장은 평소 직장 동료들에게 인사하는 것을 중요하게 생각한다. 그러나 H사원은 인사를 잘 하지 않을 뿐만 아니라, 본인의 기분에 따라 상대를 대하는 태도가 달라진다. G팀장은 서로 간의 인사는 직장 생활에서의 기본예절이라고 생각하기 때문에, H사원의 행동이 잘못됐다고 생각한다. 이 상황에서 당신이 G팀장이라면 어떻게 하겠는가?

① H사원을 개인적으로 불러 인사의 중요성에 관해 이야기한다.

② H사원 행동의 잘못된 점에 대해 다른 동료들과 함께 비판한다.

③ 공개적인 자리에서 H사원을 겨냥한 말을 은근슬쩍 한다.

④ H사원의 행동이 잘못됐다고 생각하지만, 본인이 직접 깨달을 때까지 티를 내지 않는다.

⑤ H사원을 제외한 다른 사람들에게만 인사를 하여, H사원이 인사를 하는 것에 대한 기분을 직접 느끼게 한다.

28 C사원은 최근 상사인 H팀장 때문에 스트레스를 받고 있다. H팀장이 업무 시간에 개인 심부름을 시키기 때문이다. 이 상황에서 당신이 C사원이라면 어떻게 하겠는가?

① 같은 팀의 D사원에게 이러한 상황을 토로한다.

② H팀장에게 업무 시간에 개인 심부름은 옳지 않다고 딱 잘라 말한다.

③ 스트레스는 받지만 H팀장이 상사이기 때문에 그냥 참는다.

④ H팀장의 상사인 J과장에게 이러한 상황을 말하고, 조언을 듣는다.

⑤ 다시는 H팀장이 개인 심부름을 시키지 못하도록 계속 실수한다.

29 A대리는 최근 들어 회사 생활에 회의감을 느끼고 있다. 업무도 예전만큼 재미가 없고, 동료들과의 관계도 서먹하다. 이러던 중에 평소 가고 싶던 회사의 경력직 공고가 났다. 마침 현 회사에 불만이 많았던 A대리는 이직을 준비하려고 한다. 이 상황에서 당신이 A대리라면 어떻게 하겠는가?

① 다른 회사의 이직 준비가 끝남과 동시에 현재 회사에 사직서를 제출한다.

② 자신이 곧 퇴사할 것을 같은 팀 사원에게만 넌지시 언급한다.

③ 적어도 한 달 전에 퇴사 의사를 밝힌 후, 이직을 준비한다.

④ 이직이 확실하게 정해진 것이 아니므로, 상황이 정해질 때까지는 아무에게도 알리지 않는다.

⑤ 우선 사직서를 제출한 후 시간을 가지고 여유롭게 새로운 회사에 들어가기 위한 준비를 한다.

30 B대리는 나이는 어리지만 직급이 높은 A팀장과의 호칭 문제로 많은 스트레스를 받고 있다. 이 상황에서 당신이 B대리라면 어떻게 하겠는가?

① A팀장에게 개인적으로 찾아가 회사는 공적인 장소인 만큼 예의를 갖출 것을 요구한다.

② 직급이 높다 하더라도 자신보다 나이가 어리기 때문에 똑같이 반말한다.

③ 상사인 C부장을 찾아가 현재 상황을 설명하고, 조언을 구한다.

④ 자신과 똑같은 불만을 느낀 팀원을 찾아 같이 A팀장을 비난한다.

⑤ A팀장의 행동이 못마땅하지만, 똑같이 대응하지 않고 본인은 예의를 갖춘다.

31 I팀장은 휴가를 가기 전 H사원에게 자신이 자리를 비우는 일주일 동안 해야 할 일을 전달했다. H사원은 다 할 수 있겠다고 말은 했지만, 막상 보니 주어진 시간에 비해 일의 양이 많아 일주일 동안 해야 할 할당량을 끝내지 못했다. 이 상황에서 당신이 H사원이라면 어떻게 하겠는가?

① I팀장이 업무 진행 상황을 묻기 전까지는 모른 척하고 계속 일을 한다.

② 일단은 업무가 완전히 진행되지 않았더라도, 중간 상황까지 I팀장에게 보고한다.

③ I팀장에게 일주일 동안 왜 일을 다 하지 못했는지에 대한 변명을 한다.

④ I팀장이 물어보기 전 남은 업무를 옆 팀원에게 부탁하여 빨리 마무리 짓는다.

⑤ I팀장에게 상황을 설명한 후, 업무의 마감 일자를 미뤄 달라고 요구한다.

32 입사한 지 얼마 되지 않은 J사원은 최근 회사 생활에 어려움을 겪고 있다. H팀장의 과도한 친절이 부담스럽기 때문이다. 처음에는 친해지기 위함이라 생각했는데 최근 들어 친해지려는 것 이상으로 자신의 사생활에 너무 많은 관심을 가지는 것 같은 느낌이다. 이 상황에서 당신이 J사원이라면 어떻게 하겠는가?

① 같은 팀의 K사원에게 자신의 고민을 상담하고 함께 해결방안을 찾아본다.

② H팀장에게 자신의 감정과 상황에 대한 생각을 공손하게 이야기한다.

③ 괜히 이야기를 꺼냈다가 회사 생활이 어려울 수 있다는 걱정에 싫더라도 그냥 참는다.

④ H팀장보다 높은 상사를 찾아가 상황을 설명하고, 불편함을 호소한다.

⑤ 공개적인 자리에서 H팀장에게 자신의 사생활에 관심을 두지 말아 달라고 딱 잘라 말한다.

01 언어비평검사 I (언어추리)

※ 다음 제시된 명제가 모두 참일 때, 빈칸에 들어갈 명제로 가장 옳은 것을 고르시오. [1~5]

Easy

01

- 허리에 통증이 심하면 나쁜 자세로 공부했다는 것이다.
- 공부를 오래 하면 성적이 올라간다.
- _____
- 성적이 떨어졌다는 것은 나쁜 자세로 공부했다는 것이다.

① 성적이 올라갔다는 것은 좋은 자세로 공부했다는 것이다.
② 좋은 자세로 공부한다고 해도 허리의 통증은 그대로이다.
③ 성적이 떨어졌다는 것은 공부를 별로 하지 않았다는 것이다.
④ 좋은 자세로 공부한다고 해도 공부를 오래 하긴 힘들다.
⑤ 허리에 통증이 약하면 공부를 오래 할 수 있다.

02

- 비가 오면 한강 물이 불어난다.
- 비가 오지 않으면 보트를 타지 않은 것이다.
- _____
- 따라서 자전거를 타지 않으면 한강 물이 불어난다.

① 자전거를 타면 비가 오지 않는다.
② 보트를 타면 자전거를 탄다.
③ 한강 물이 불어나면 보트를 타지 않은 것이다.
④ 자전거를 타지 않으면 보트를 탄다.
⑤ 보트를 타면 비가 오지 않는다.

03

- 병원에 가지 않았다면 사고가 나지 않은 것이다.
- _____
- 그러므로 무단횡단을 하면 병원에 간다.

① 사고가 나지 않으면 무단횡단을 하지 않은 것이다.
② 병원에 가지 않았다면 무단횡단을 하지 않은 것이다.
③ 병원에 가면 사고가 나지 않은 것이다.
④ 병원에 가면 무단횡단을 한 것이다.
⑤ 사고가 나면 무단횡단을 하지 않은 것이다.

PART 2

04

- 펜싱을 잘하는 사람은 검도를 잘한다.
- 야구를 잘하는 사람은 골프를 잘한다.
- 족구를 잘하는 사람은 펜싱을 잘한다.
- 그러므로 _____

① 골프를 잘하는 사람은 야구를 잘하지 못한다.
② 검도를 잘하는 사람은 족구를 잘한다.
③ 야구를 잘하지 못하는 사람은 검도를 잘한다.
④ 펜싱을 잘하는 사람은 골프를 잘한다.
⑤ 족구를 잘하는 사람은 검도를 잘한다.

05

- 연필을 좋아하는 사람은 지우개를 좋아한다.
- 볼펜을 좋아하는 사람은 수정테이프를 좋아한다.
- 지우개를 좋아하는 사람은 샤프를 좋아한다.
- 성준이는 볼펜을 좋아한다.
- 그러므로 _____

① 볼펜을 좋아하는 사람은 연필을 좋아한다.
② 지우개를 좋아하는 사람은 볼펜을 좋아한다.
③ 성준이는 수정테이프를 좋아한다.
④ 연필을 좋아하는 사람은 수정테이프를 좋아한다.
⑤ 샤프를 좋아하는 사람은 볼펜을 좋아한다.

※ 다음 제시된 명제를 읽고 추론할 수 있는 것을 고르시오. [6~8]

06

• 재현이가 춤을 추면 서현이나 지훈이가 춤을 춘다.
• 재현이가 춤을 추지 않으면 종열이가 춤을 춘다.
• 종열이가 춤을 추지 않으면 지훈이도 춤을 추지 않는다.
• 종열이는 춤을 추지 않았다.

① 재현이만 춤을 추었다.
② 서현이만 춤을 추었다.
③ 지훈이만 춤을 추었다.
④ 재현이와 지훈이 모두 춤을 추었다.
⑤ 재현이와 서현이 모두 춤을 추었다.

Easy

07

• 커피를 좋아하는 사람은 홍차를 좋아한다.
• 우유를 좋아하는 사람은 홍차를 좋아하지 않는다.
• 우유를 좋아하지 않는 사람은 콜라를 좋아한다.

① 커피를 좋아하는 사람은 콜라를 좋아하지 않는다.
② 우유를 좋아하는 사람은 콜라를 좋아한다.
③ 커피를 좋아하는 사람은 콜라를 좋아한다.
④ 우유를 좋아하지 않는 사람은 홍차를 좋아한다.
⑤ 콜라를 좋아하는 사람은 커피를 좋아하지 않는다.

08

• 진달래를 좋아하는 사람은 감성적이다.
• 백합을 좋아하는 사람은 보라색을 좋아하지 않는다.
• 감성적인 사람은 보라색을 좋아한다.

① 감성적인 사람은 백합을 좋아한다.
② 백합을 좋아하는 사람은 감성적이다.
③ 진달래를 좋아하는 사람은 보라색을 좋아한다.
④ 보라색을 좋아하는 사람은 감성적이다.
⑤ 백합을 좋아하는 사람은 진달래를 좋아한다.

※ 다음 제시된 내용을 바탕으로 내린 A, B의 결론에 대한 판단으로 옳은 것을 고르시오. [9~11]

09

- 각각 다른 심폐기능 등급을 받은 가~마 5명 중 등급이 가장 낮은 2명에게 안내문을 발송한다.
- 마보다 심폐기능이 좋은 환자는 2명 이상이다.
- 마는 다보다 한 등급 높다.
- 나는 라보다 한 등급 높다.
- 가보다 심폐기능이 나쁜 환자는 2명이다.

- A : 다에게 건강 관리 안내문을 발송한다.
- B : 라에게 건강 관리 안내문을 발송한다.

① A만 옳다.
② B만 옳다.
③ A, B 모두 옳다.
④ A, B 모두 틀리다.
⑤ A, B 모두 옳은지 틀린지 판단할 수 없다.

Hard

10

- 탕수육을 좋아하면 족발을 좋아한다.
- 깐풍기를 좋아하면 김치찌개를 좋아하지 않는다.
- 김치찌개를 좋아하면 냉면을 좋아한다.
- 김치찌개를 좋아하지 않으면 족발을 좋아하지 않는다.

- A : 탕수육을 좋아하면 김치찌개를 좋아한다.
- B : 깐풍기를 좋아하면 냉면을 좋아하지 않는다.

① A만 옳다.
② B만 옳다.
③ A, B 모두 옳다.
④ A, B 모두 틀리다.
⑤ A, B 모두 옳은지 틀린지 판단할 수 없다.

11

- 현수, 인환, 종훈, 윤재가 물감을 각각 1 ~ 2개씩 가져와 무지개 그림을 그리기로 했다.
- 현수는 빨간색, 노란색, 파란색, 남색 물감을 가져올 수 없다.
- 인환이는 주황색 물감을 가져올 수 있다.
- 종훈이는 빨간색, 초록색, 보라색 물감을 가져올 수 없다.
- 윤재는 노란색 물감을 가져올 수 없다.
- 가져온 물감의 색은 서로 중복되지 않는다.

- A : 현수는 초록색과 보라색 물감을 가져올 것이다.
- B : 인환이가 물감을 한 개만 가져온다면, 종훈이는 노란색 물감을 가져와야 한다.

① A만 옳다.
② B만 옳다.
③ A, B 모두 옳다.
④ A, B 모두 틀리다.
⑤ A, B 모두 옳은지 틀린지 판단할 수 없다.

12 다음은 김사원이 A ~ G와 체결한 7개 계약의 순서에 대한 정보이다. 이에 따라 5번째로 체결한 계약은?

- B와의 계약은 F와의 계약에 선행한다.
- G와의 계약은 D와의 계약보다 먼저 이루어졌는데, E, F와의 계약보다는 나중에 이루어졌다.
- B와의 계약은 가장 먼저 맺어진 계약이 아니다.
- D와의 계약은 A와의 계약보다 먼저 이루어졌다.
- C와의 계약은 G와의 계약보다 나중에 이루어졌다.
- A와 D의 계약 시간은 인접하지 않는다.

① A
② B
③ C
④ D
⑤ G

13 A ~ E 다섯 명은 팀을 이루어 총싸움을 하는 온라인 게임에 한 팀으로 참전하였다. 이때, 개인은 늑대 인간과 드라큘라 중 하나의 캐릭터를 선택할 수 있다. 다음 〈조건〉을 참고할 때 항상 옳은 것은?

> **조건**
> • A, B, C는 상대팀을 향해 총을 쏘고 있다.
> • D, E는 상대팀에게 총을 맞은 상태로 관전만 가능하다.
> • 늑대 인간은 2명만이 살아남아 총을 쏘고 있다.
> • A는 늑대 인간 캐릭터를 선택하였다.
> • D와 E의 캐릭터는 서로 같지 않다.

① 3명은 늑대 인간 캐릭터를, 2명은 드라큘라 캐릭터를 선택했다.
② B는 드라큘라 캐릭터를 선택했다.
③ C는 늑대 인간 캐릭터를 선택했다.
④ 드라큘라의 수가 늑대 인간의 수보다 많다.
⑤ D는 드라큘라, E는 늑대 인간 캐릭터를 각각 선택했다.

14 기말고사를 치르고 난 후 A ~ E 다섯 명의 친구가 다음과 같이 성적에 대해 이야기를 나누었는데, 이 중 한 명의 진술은 거짓이다. 다음 중 항상 옳은 것은?(단, 동점은 없으며, 모든 사람은 진실 또는 거짓만 말한다)

> A : E는 1등이고, D는 C보다 성적이 높다.
> B : B는 E보다 성적이 낮고, C는 A보다 성적이 높다.
> C : A는 B보다 성적이 낮다.
> D : B는 C보다 성적이 높다.
> E : D는 B보다, A는 C보다 성적이 높다.

① B가 1등이다.
② A가 2등이다.
③ E가 2등이다.
④ B는 3등이다.
⑤ D가 3등이다.

※ 다음 중 논리적 오류의 성격이 다른 것을 고르시오. [15~16]

15 ① 영수가 저번에 그 책을 읽는 것을 보았어. 영수의 취미는 분명 독서일 거야.
② 눈 온 다음날 그가 빙판길에 미끄러졌어. 그는 틀림없이 덤벙거리는 성격이야.
③ 지나가던 중학생 몇 명이 상스러운 욕을 하던데 요즘 애들은 다 그렇게 입이 거친가 봐.
④ 마트에서 장을 볼 때 감자랑 시금치는 사왔는데 야채는 깜빡했네.
⑤ 소개팅에 나온 A대 여학생들이 참 예쁘던데, 그 학교에는 예쁜 여학생밖에 없나 봐.

16 ① 고객님의 눈과 귀가 되겠다고? 그렇다면 보고 듣기만 하고 말은 하지 말라는 건가?
② 이번 크리스마스에는 A브랜드의 목걸이를 꼭 받고 싶어. 웬만한 20대 여자들은 다 그 목걸이를 가지고 있다고.
③ 네 또래 학생들은 다 학원에 다니는데 너는 안 다닐 거니?
④ 선거일이면 대부분의 사람들은 투표를 하기보다는 여행을 가는 것 같다. 그래서 이번 선거일에는 우리 가족도 나들이를 가기로 했다.
⑤ 요즘 집마다 이 김치냉장고가 없는 집이 없답니다. 고객님도 이번 기회에 구매하세요.

Hard
17 다음 제시문과 동일한 오류를 범하고 있는 것은?

> 만약 대학 기부금제에 찬성하지 않는 사람이 있다면, 그는 대학 교육의 질을 떨어뜨리려는 의도를 가지고 있음에 틀림없다.

① 얘, 빨리 가서 공부해. 공부를 못하면 착한 어린이가 아니야.
② 예수님이란 없어. 우리 중에 예수님을 본 사람이 있으면 나와 봐. 거 봐, 없잖아.
③ 여러분, 저 사람이 바로 민족의 명예를 더럽힌 사건의 주범입니다.
④ 그 집의 막내아들도 좋은 대학에 합격할 거야. 그 아이의 형들이 다 명문대 학생이거든.
⑤ 지난번 돼지꿈을 꾸고 복권에 당첨되었어. 이번에도 돼지꿈을 꾸었으니까 복권에 당첨될 거야.

현대인은 대인 관계에 있어서 가면을 쓰고 살아간다. 물론 그것이 현대 사회를 살아가기 위한 인간의 기본적인 조건인지도 모른다. 사회학자들은 사람이 다른 사람과 교제를 할 때, 상대방에 대한 자신의 인상을 관리하려는 속성이 있다는 점에 동의한다. 즉, 사람들은 대체로 남 앞에 나설 때에는 가면을 쓰고 연기를 하는 배우와 같이 행동한다는 것이다.

왜 그런 상황이 발생하는 것일까? 그것은 주로 대중문화의 속성에 기인한다. 사실 20세기의 대중문화는 과거와 다른 새로운 인간형을 탄생시키는 배경이 되었다고 말할 수 있다. 특히, 광고는 '내가 다른 사람의 눈에 어떻게 보일 것인가?' 하는 점을 끊임없이 반복하고 강조함으로써 그 광고를 보는 사람들에게 조바심이나 공포감을 불러일으키기까지 한다.

그중에서도 외모와 관련된 제품의 광고는 개인의 삶의 의미가 '자신이 남에게 어떤 존재로 보이느냐?'라는 것을 지속적으로 주입한다. 역사학자들도 '연기하는 자아'의 개념이 대중문화의 부상과 함께 더욱 의미 있는 것이 되었다고 말한다. 그들은 적어도 20세기 초부터 '성공'은 무엇을 잘하고 열심히 하는 것이 아니라 '인상 관리'를 어떻게 하느냐에 달려 있다고 한다. 이렇게 자신의 일관성을 잃고 상황에 따라 적응하게 되는 현대 인들은 대중매체가 퍼뜨리는 유행에 민감하게 반응하는 과정에서 자신의 취향을 형성해 가고 있다.

PART 2

18 사람들의 인상은 타인에 의해서 관리된다.

① 참   ② 거짓   ③ 알 수 없음

19 20세기 대중문화는 새로운 인간형을 탄생시키는 배경이 되었다.

① 참   ② 거짓   ③ 알 수 없음

20 사람들은 대중문화의 부상과 함께 성공하고 있다.

① 참   ② 거짓   ③ 알 수 없음

01 다음 글의 내용으로 적절하지 않은 것은?

> 2022년 기초생활보장 생계급여는 1인 기준 중위소득(1,944,812원)의 약 30%인 583,444원으로, 국민기초생활수급자의 수급비가 현실을 반영하지 못한 채 여전히 불충분한 상황에 놓여있다. 여기에 애초 신청조차 할 수 없도록 한 복지제도가 많아 역차별 논란까지 빚고 있다.
> 통계청에 따르면 전국의 만 18세 이상 34세 이하 청년들의 생활비는 월 849,222원인 것으로 나타났으며, 나이가 많아질수록 생활비는 더 늘어났다.
> 하지만 생계급여 수급비 액수 자체가 물가인상률 등 현실적인 요소를 제대로 반영하지 못하고 있는 데다가, 수급자들의 근로소득 공제율이 낮아 근로를 하고 싶어도 수급자 탈락을 우려해 일을 하지 않거나 일부러 적게 하는 경우도 생겨나고 있다.
> 특히 현 제도하에서의 소득하위 20%인 수급자들은 생필품조차 제대로 구입하지 못하고 있는 것으로 나타났으며, 이들은 취업시장과도 거리가 멀어져 탈수급도 요원해지는 상황이다. 여기에다 기초수급자들은 생계급여를 받는다는 이유로 긴급복지지원제도·국민내일배움카드·노인일자리사업·구직촉진수당·연금(기초·공적연금) 등 5가지 복지제도에 신청조차 할 수 없어, 기초수급비가 충분한 금액이 아니기 때문에 조그마한 일이 생겨도 위기상황에 처하는 등 위험에 노출돼 있어 극단적 선택을 하는 경우가 많아지고 있다.

① 복지혜택이 가장 시급한 이들이 일부 복지제도에서 제외되고 있다.
② 수급자들이 근로를 할 경우 오히려 근로 이전보다 생계가 어려워질 수도 있다.
③ 근로소득 공제율을 높이면 탈수급을 촉진할 수 있다.
④ 현 생계급여 수급비로는 생계유지가 곤란한 상황이다.
⑤ 수급자들의 취업 기회를 높이기 위해 국민내일배움카드, 구직촉진수당의 지급이 이루어져야 한다.

02 다음 문장을 논리적인 순서대로 바르게 나열한 것은?

> (가) 많은 전통적 인식론자는 임의의 명제에 대해 우리가 세 가지 믿음의 태도 중 하나만을 가질 수 있다고 본다.
>
> (나) 반면 베이즈주의자는 믿음은 정도의 문제라고 본다. 가령 각 인식 주체는 '내일 눈이 온다.'가 참이라는 것에 대하여 가장 강한 믿음의 정도에서 가장 약한 믿음의 정도까지 가질 수 있다.
>
> (다) 이처럼 베이즈주의자는 믿음의 정도를 믿음의 태도에 포함함으로써 많은 전통적 인식론자들과 달리 믿음의 태도를 풍부하게 표현한다.
>
> (라) 가령 '내일 눈이 온다.'는 명제를 참이라고 믿거나, 거짓이라고 믿거나, 참이라 믿지도 않고 거짓이라 믿지도 않을 수 있다.

① (가) – (나) – (라) – (다)

② (가) – (라) – (다) – (나)

③ (나) – (라) – (가) – (다)

④ (가) – (라) – (나) – (다)

⑤ (나) – (가) – (다) – (라)

03 다음 글을 읽고 이어질 문단을 논리적 순서대로 바르게 나열한 것은?

> 선택적 함묵증(Selective Mutism)은 정상적인 언어발달 과정을 거쳐서 어떤 상황에서는 말을 하면서도 말을 해야 하는 특정한 사회적 상황에서는 말을 지속적으로 하지 않거나 다른 사람의 말에 언어적으로 반응하지 않는 것을 말하며, 이렇게 말을 하지 않는 증상이 1개월 이상 지속되고 교육적, 사회적 의사소통을 저해하는 요소로 작용할 때 선택적 함묵증으로 진단할 수 있으며, 이를 불안장애로 분류하고 있다.

> (가) 이러한 불안을 잠재우기 위해서는 발생 원인에 따라서 적절한 심리치료 방법을 선택해 치료과정을 관찰하면서 복합적인 치료 방법을 혼용하여야 한다.
>
> (나) 아동은 굳이 말을 사용하지 않고서도 자신의 생각을 자연스럽게 표현하는 긍정적인 경험을 갖게 되어 이는 부정적 정서로 인한 긴장과 위축을 이완시킬 수 있다.
>
> (다) 그 중 하나인 미술치료는 아동의 저항을 줄이고, 언어의 한계성을 벗어나며, 육체적 활동을 통해 창조성을 생활화하고 미술표현이 사고와 감정을 객관화한다고 볼 수 있다.
>
> (라) 불안장애의 한 유형인 선택적 함묵증은 불안이 표면화되어 행동으로 나타나는 경우라고 볼 수 있으며, 대체로 심한 부끄러움, 사회적 상황에 대한 두려움, 사회적 위축, 강박적 특성, 거절증, 반항 등의 행동으로 표출된다.

① (가) – (다) – (라) – (나)

② (가) – (라) – (나) – (다)

③ (가) – (라) – (다) – (나)

④ (라) – (가) – (나) – (다)

⑤ (라) – (가) – (다) – (나)

04 다음 글을 통해 알 수 있는 내용으로 가장 적절한 것은?

상업 광고는 기업은 물론이고 소비자에게도 요긴하다. 기업은 마케팅 활동의 주요한 수단으로 광고를 적극적으로 이용하여 기업과 상품의 인지도를 높이려 한다. 소비자는 소비 생활에 필요한 상품의 성능, 가격, 판매 조건 등의 정보를 광고에서 얻으려 한다. 광고를 통해 기업과 소비자가 모두 이익을 얻는다면 이를 규제할 필요는 없을 것이다. 그러나 광고에서 기업과 소비자의 이익이 상충하는 경우도 있고 광고가 사회 전체에 폐해를 낳는 경우도 있어, 다양한 규제 방식이 모색되었다.

이때 문제가 된 것은 과연 광고로 인한 피해를 책임질 당사자로서 누구를 상정할 것인가였다. 초기에는 '소비자 책임 부담 원칙'에 따라 광고 정보를 활용한 소비자의 구매 행위에 대해 소비자가 책임을 져야 한다고 보았다. 여기에는 광고 정보가 정직한 것인지와는 상관없이 소비자는 이성적으로 이를 판단하여 구매할 수 있어야 한다는 전제가 있었다. 그래서 기업은 광고에 의존하여 물건을 구매한 소비자가 입은 피해에 대하여 책임을 지지 않았고, 광고의 기만성에 대한 입증 책임도 소비자에게 있었다.

책임 주체로 기업을 상정하여 '기업 책임 부담 원칙'이 부상하게 된 배경은 복합적이다. 시장의 독과점 상황이 광범위해지면서 소비자의 자유로운 선택이 어려워졌고, 상품에 응용된 과학 기술이 복잡해지고 첨단화되면서 상품 정보에 대한 소비자의 정확한 이해도 기대하기 어려워졌다. 또한 다른 상품 광고와의 차별화를 위해 통념에 어긋나는 표현이나 장면도 자주 활용되었다. 그리하여 경제적, 사회·문화적 측면에서 광고로부터 소비자를 보호해야 한다는 당위를 바탕으로 기업이 광고에 대해 책임을 져야 한다는 공감대가 확산되었다.

오늘날 행해지고 있는 여러 광고 규제는 이런 공감대에서 나온 것인데, 이는 크게 보아 법적 규제와 자율 규제로 나눌 수 있다. 구체적인 법 조항을 통해 광고를 규제하는 법적 규제는 광고 또한 사회적 활동의 일환이라는 점에 근거한다. 특히 자본주의 사회에서는 기업이 시장 점유율을 높여 다른 기업과의 경쟁에서 승리하기 위하여 사실에 반하는 광고나 소비자를 현혹하는 광고를 할 가능성이 높다. 법적 규제는 허위 광고나 기만 광고 등을 불공정 경쟁의 수단으로 간주하여 정부 기관이 규제를 가하는 것이다.

자율 규제는 법적 규제에 대한 기업의 대응책으로 등장했다. 법적 규제가 광고의 역기능에 따른 피해를 막기 위한 강제적 조치라면, 자율 규제는 광고의 순기능을 극대화하기 위한 자율적 조치이다. 광고에 대한 기업의 책임감에서 비롯된 자율 규제는 법적 규제를 보완하는 효과가 있다.

① 광고 주체의 자율 규제가 잘 작동될수록 광고에 대한 법적 규제의 역할도 커진다.

② 기업의 이익과 소비자의 이익이 상충하는 정도가 클수록 법적 규제와 자율 규제의 필요성이 약화된다.

③ 시장 독과점 상황이 심각해지면서 기업 책임 부담 원칙이 약화되고 소비자 책임부담 원칙이 부각되었다.

④ 첨단 기술을 강조한 상품의 광고일수록 소비자가 광고 내용을 정확히 이해하지 못한 채 상품을 구매할 가능성이 커진다.

⑤ 광고의 기만성을 입증할 책임을 소비자에게 돌리는 경우, 그 이유는 소비자에게 이성적 판단 능력이 있다는 전제를 받아들이지 않기 때문이다.

다음 글의 밑줄 친 빈칸에 들어갈 내용으로 가장 적절한 것은?

상품을 만들어 파는 사람이 그 수고의 대가를 받고 이익을 누리는 것은 당연하다. 하지만 그 이익이 다른 사람의 고통을 무시하고 얻어진 경우에는 정당하지 않을 수 있다. 제3세계에 사는 많은 환자가, 신약 가격을 개발국인 선진국의 수준으로 유지하는 거대 제약회사의 정책 때문에 고통 속에서 죽어가고 있다. 그 약값을 감당할 수 있는 우리 영국인이 보기에도 이는 이익이란 명분 아래 발생하는 끔찍한 사례다. 비난의 목소리가 높아지자 제약회사의 대규모 투자자 중 일부는 자신들의 행동이 윤리적인지 고민하기 시작했다. 사람들이 약값 때문에 약을 구할 수 없다는 것은 분명히 잘못된 일이다. 하지만 그렇다고 해서 국가가 제약회사들에 손해를 감수하라는 요구를 할 수는 없다는 데 사태의 복잡성이 있다.

신약을 개발하는 일에는 막대한 비용과 시간이 들며, 그 안전성 검사가 법으로 정해져 있어서 추가적인 비용이 발생한다. 이를 상쇄하기 위해 제약회사들은 시장에서 최대한 이익을 뽑아내려 한다. 얼마나 많은 환자가 신약을 통해 고통에서 벗어나는가에 대한 관심을 이들에게 기대하긴 어렵다. 그러나 만약 제약회사들이 존재하지 않는다면 신약 개발도 없을 것이다. 상업적 고려와 인간의 건강 사이에 존재하는 긴장을 어떻게 해소해야 할까?

제3세계의 환자를 치료하는 일은 응급사항이지만 제약회사들이 자선하리라고 기대하는 것은 비현실적이다. 그렇다면 그 대안은 명백하다. _____ 물론 여기에도 문제는 있다. 이 대안이 왜 실현되기 어려운 걸까? 그 이유가 무엇인지는 우리가 자신의 주머니에 손을 넣어 거기에 필요한 돈을 꺼내는 순간 분명해질 것이다.

① 제3세계에 제공되는 신약 가격을 선진국과 같도록 해야 한다.
② 제3세계 국민에게 필요한 신약을 선진국 국민이 구매하여 전달해야 한다.
③ 선진국들은 자국의 제약회사가 제3세계에 신약을 저렴하게 공급하도록 강제해야 한다.
④ 각국 정부는 거대 제약회사의 신약 가격 결정에 자율권을 주어 개발 비용을 보상받을 수 있게 해야 한다.
⑤ 거대 제약회사들이 제3세계 국민들을 위한 신약 개발에 주력하도록 선진국 국민이 압력을 행사해야 한다.

06

빅데이터는 스마트 팩토리 등 산업 현장 및 ICT 소프트웨어 설계 등에 주로 활용되어 왔다. 유통이나 물류 업계의 '콘텐츠가 대량으로 이동하는 현장'에서는 데이터가 발생하면, 이를 분석하고 활용하는 쪽으로 주로 사용됐다. 이제는 다양한 영역에서 빅데이터의 적용이 빨라지고 있다. 대표적인 사례가 금융권이다. 국내의 은행들은 현재 빅데이터 스타트업 회사를 상대로 대규모 투자에 나서고 있다. 뉴스와 포털 등 현존하는 데이터를 확보하여 금융 키워드 분석에 활용하기 위해서다. 의료업계도 마찬가지다. 정부는 바이오헬스 산업의 혁신전략을 통해 연구개발 투자를 2025년까지 4조 원 이상으로 확대하겠다고 밝혔으며, 빅데이터와 인공 지능 등을 연계한 다양한 로드맵을 준비하고 있다. 벌써 의료 현장에 빅데이터 전략을 구사하고 있는 병원도 다수이다. 국세청도 빅데이터에 관심이 많다. 빅데이터 플랫폼 인프라 구축을 끝내는 한편, 50명 규모의 빅데이터 센터를 가동하기 시작했다. 조세 행정에서 빅데이터를 통해 탈세를 예방·적발하는 등 다양한 쓰임새를 고민하고 있다.

① 빅데이터의 정의와 장·단점
② 빅데이터의 종류
③ 빅데이터의 중요성
④ 빅데이터의 다양한 활용 방안
⑤ 빅데이터의 개선점

07

BMO 금속 및 광업 관련 리서치 보고서에 따르면 최근 가격 강세를 지속해 온 알루미늄, 구리, 니켈 등 산업금속들이 4분기 중 공급부족 심화와 가격 상승세가 전망된다. 산업금속이란, 산업에 필수적으로 사용되는 금속들을 말하는데, 앞서 제시한 알루미늄, 구리, 니켈뿐만 아니라 비교적 단단한 금속에 속하는 은이나 금 등도 모두 산업에 많이 사용될 수 있는 금속이므로 산업금속의 카테고리에 속한다고 할 수 있다. 이러한 산업금속은 물품을 생산하는 기계의 부품으로서 필요하기도 하고, 전자제품 등의 소재로 쓰이기도 하기 때문에 특정 분야의 산업이 활성화되면 특정 금속의 가격이 뛰거나 심각한 공급난을 겪기도 한다.

지난 4일 금융투자업계에 따르면 최근 전세계적인 경제 회복 조짐과 함께 탈 탄소 트렌드, 즉 '그린 열풍'에 따른 수요 증가로 산업금속 가격이 초강세이다. 런던금속거래소에서 발표한 자료에 따르면 올해 들어 지난달까지 알루미늄은 20.7%, 구리가 47.8%, 니켈은 15.9% 각각 가격이 상승했다. 자료에서도 알 수 있듯이 구리 수요를 필두로 알루미늄, 니켈 등 전반적인 산업금속 섹터의 수요량이 증가하였다. 이는 전기자동차 산업의 확충과 관련이 있다. 전기자동차의 핵심적인 부품인 배터리를 만드는 데에 구리와 니켈이 사용되기 때문이다. 이때, 배터리 소재 중 니켈의 비중을 높이면 배터리의 용량을 키울 수 있으나 배터리의 안정성이 저하된다. 기존의 전기자동차 배터리는 니켈의 사용량이 높았기 때문에 더욱 안정성 문제가 제기되어 왔다. 그래서 연구 끝에 적정량의 구리를 배합하는 것이 배터리 성능과 안정성을 모두 향상시키기 위해서 중요하다는 것을 밝혀내었다. 구리가 전기자동차 산업의 핵심 금속인 셈이다.

이처럼 전기자동차와 배터리 등 친환경 산업에 필수적인 금속들의 수요는 증가하는 반면 세계 각국의 환경 규제 강화로 인해 금속의 생산은 오히려 감소하고 있기 때문에 산업금속에 대한 공급난과 가격 인상이 우려되고 있다.

① 전기자동차의 배터리 성능을 향상하는 기술
② 세계적인 '그린 열풍' 현상 발생의 원인
③ 필수적인 산업금속 공급난으로 인한 문제
④ 전기자동차 확충에 따른 구리 수요 증가 상황
⑤ 탈 탄소 산업의 대표 주자인 전기자동차산업

미술작품을 연구함에 있어 문헌사료의 중요성은 선사 시대 미술연구의 한계를 통해서 절감할 수 있다. 울산의 천전리 암각화의 연구 성과를 예로 든다면 청동기 시대에 새겨졌다는 공통된 의견만 있을 뿐, 암각화의 제작 배경이나 작품의 내용에 대한 해석은 연구자의 주관적인 의견 제시에 그칠 수밖에 없다. 그러므로 고대 미술작품과 관련된 직·간접적인 기록이 존재하지 않는다면 그 작품은 감상의 범주를 벗어나기 어렵다.

미술사 연구의 시작은 작품의 제작시기를 파악하는 것에서부터 출발한다. 일반적으로 미술사에서는 양식사적 비교 편년에 의해 작품의 제작시기를 판단하는데, 이때 무엇보다도 중요한 것이 양식비교의 기준이 되는 작품이 존재해야 한다는 것이다. 비교 편년의 기준이 되는 작품을 흔히 '기준작'이라고 하는데, 기준작의 전제조건은 제작시기가 작품에 명시되어 있거나, 작품의 제작과 연관된 신뢰할 만한 기록을 보유한 작품이어야 한다는 점에서 기준작의 설정은 기록의 도움을 받을 수밖에 없다. 그러나 기준작의 설정을 전적으로 기록에만 의존하는 것도 곤란하다. 왜냐하면 물질자료와 달리 기록은 상황에 따라 왜곡되거나 윤색될 수도 있고, 후대에 가필되는 경우도 있기 때문이다. 따라서 작품에 명문이 있다 하더라도 기준작으로 삼기 위해서는 그것이 과연 신뢰할 만한 사료인가에 대한 엄정한 사료적 비판이 선행되어야 한다.

예를 들어, 일본 호류지 금당의 금동약사여래좌상 광배의 뒷면에는 스이코 천황과 쇼토쿠 태자가 요메이 천황의 유언에 따라 607년에 조성했다는 명문이 있다. 하지만 일본 학계에서는 이 불상을 7세기 초의 기준작으로 거론하지 않는다. 그 이유는 명문의 서체와 조각양식 및 제작기법 분석을 통해 이 불상이 670년 호류지가 화재로 소실된 이후 재건되면서 새롭게 조성되었다는 견해가 지배적이기 때문이다. 이러한 사례는 기준작의 선정을 위해서 작품과 관련기록에 대한 엄격한 사료의 비판이 전제되어야 한다는 것을 잘 보여준다.

한국 불교미술사에서 석굴암은 8세기 중엽 신라 불교미술의 기준작으로 확고하게 정착되어 있다. 절대연대가 확인되지 않은 통일신라 시대 불교미술품은 석굴암을 기준으로 이전과 이후로 구분하여 제작시기를 파악하고 있으며, 석굴암이 8세기 중엽의 기준작으로 설정된 근본적인 원인은 13세기 말에 편찬된 『삼국유사』 제5권의 '불국사 창건기록'에 근거하고 있다.

① 미술작품을 연구함에 있어 문헌사료의 직·간접적인 기록이 중요하다.
② 미술작품의 기록이 존재하지 않는다면, 연구자의 주관적인 의견에서 벗어나기 어렵다.
③ 전적으로 문헌사료의 기록에 의존해 기준작을 설정하는 것이 중요하다.
④ 석굴암은 8세기 중엽 신라 불교미술의 기준작으로 확고하게 정착되었다.
⑤ 금동약사여래좌상은 작품과 관련기록에 대한 비판이 전제되어야 함을 보여준다.

09 다음 글의 중심 내용으로 가장 적절한 것은?

쇼펜하우어에 따르면 우리가 살고 있는 세계의 진정한 본질은 의지이며 그 속에 있는 모든 존재는 맹목적인 삶에의 의지에 의해서 지배당하고 있다. 쇼펜하우어는 우리가 일상적으로 또는 학문적으로 접근하는 세계는 단지 표상의 세계일뿐이라고 주장하는데, 인간의 이성은 단지 이러한 표상의 세계만을 파악할 수 있을 뿐이다. 그에 따르면 존재하는 세계의 모든 사물들은 우선적으로 표상으로서 드러나게 된다. 시간과 공간 그리고 인과율에 의해서 파악되는 세계가 나의 표상인데, 이러한 표상의 세계는 오직 나에 의해서, 즉 인식하는 주관에 의해서만 파악되는 세계이다. 쇼펜하우어에 따르면 이러한 주관은 모든 현상의 세계, 즉 표상의 세계에서 주인의 역할을 하는 '나'이다.

이러한 주관을 이성이라고 부를 수도 있는데, 이성은 표상의 세계를 이끌어가는 주인공의 역할을 하는 것이다. 그러나 쇼펜하우어는 여기서 한발 더 나아가 표상의 세계에서 주인의 역할을 하는 주관 또는 이성은 의지의 지배를 받는다고 주장한다. 즉, 쇼펜하우어는 이성에 의해서 파악되는 세계의 뒤편에는 참된 본질적 세계인 의지의 세계가 있으므로 표상의 세계는 제한적이며 표면적인 세계일 뿐, 결코 이성에 의해서 또는 주관에 의해서 결코 파악될 수 없다고 주장한다. 오히려 그는 그동안 인간이 진리를 파악하는 데 최고의 도구로 칭송받던 이성이나 주관을 의지에 끌려 다니는 피지배자일 뿐이라고 비판한다.

① 세계의 본질로서 의지의 세계
② 표상 세계의 극복과 그 해결 방안
③ 의지의 세계와 표상의 세계 간의 차이
④ 세계의 주인으로서 주관의 표상 능력
⑤ 표상 세계 안에서의 이성의 역할과 한계

10 다음과 같이 '독서 심리 치료'와 관련한 개요를 작성하였다. 이에 대한 수정·보완 방법으로 적절하지 않은 것은?

주제문 : _____ ⋯⋯⋯⋯⋯⋯⋯⋯ ㉠
Ⅰ. 처음 : 독서 심리 치료에 대한 관심의 증대
Ⅱ. 중간
    1. 독서 심리 치료의 방법
       (1) 독서 심리 치료의 유래
       (2) 독서 심리 치료의 개념
    2. 독서 심리 치료의 이론적 기초
       (1) 정신분석 이론
       (2) 사회학습 이론
    3. 독서 심리 치료의 과정
       (1) _____ ⋯⋯⋯⋯ ㉡
       (2) 참여자에게 필요한 정보를 제공
       (3) 참여자의 자발적인 해결을 유도
    4. 독서 심리 치료의 효과
       (1) 단기적 효과
       (2) 장기적 효과
Ⅲ. 끝 : 독서 심리 치료의 활성화

① ㉠은 '독서 심리 치료를 바르게 이해하고 활성화하자.'로 작성한다.
② Ⅰ에서 관련 신문 기사를 인용하여 흥미를 불러일으킨다.
③ 'Ⅱ-1'은 '독서 심리 치료의 정의'로 수정한다.
④ 'Ⅱ-2'의 하위 항목으로 '독서 심리 치료의 성공 사례'를 추가한다.
⑤ ㉡은 '참여자의 심리 상태를 진단'으로 작성한다.

11 다음은 동사무소에 근무하는 C씨가 '지역 축제의 문제점과 발전 방안'에 대해 작성할 보고서의 개요이다. 이에 대한 수정·보완 방법으로 적절하지 않은 것은?

주제 : 지역 축제의 문제점과 발전 방안

Ⅰ. 지역 축제의 실태
　　가. 지역 축제에 대한 관광객의 외면
　　나. 지역 축제에 대한 지역 주민의 무관심

Ⅱ. 지역 축제의 문제점
　　가. 지역마다 유사한 내용의 축제
　　나. 관광객을 위한 편의 시설 낙후
　　다. 행사 전문 인력의 부족
　　라. 인근 지자체 협조 유도
　　마. 지역 축제 시기 집중

Ⅲ. 지역 축제 발전을 위한 방안
　　가. 지역적 특성을 보여줄 수 있는 프로그램 개발
　　나. 관광객을 위한 편의 시설 개선
　　다. 원활한 진행을 위한 자원봉사자 모집
　　라. 지자체 간 협의를 통한 축제 시기의 분산

Ⅳ. 결론 : 지역 축제가 가진 한계 극복

---

① 'Ⅱ-라. 인근 지자체 협조 유도'는 상위 항목에 해당하지 않으므로 삭제한다.

② 'Ⅲ-다. 원활한 진행을 위한 자원봉사자 모집'은 'Ⅱ-다'와 연계하여 '지역 축제에 필요한 전문 인력 양성'으로 수정한다.

③ 'Ⅳ. 결론 : 지역 축제가 가진 한계 극복'은 주제와 부합하도록 '내실 있는 지역 축제로의 변모 노력 촉구'로 수정한다.

④ 'Ⅱ-가. 지역마다 유사한 내용의 축제'는 '관광객 유치를 위한 홍보 과열'로 수정한다.

⑤ 'Ⅰ-가.'와 'Ⅰ-나.'를 '지역 축제에 대한 사람들의 무관심'으로 통합하고 '유명무실하거나 금방 폐지됨'을 추가한다.

저작권은 저자의 권익을 보호함으로써 활발한 저작 활동을 촉진하여 인류의 문화 발전에 기여하기 위한 것이다. 그러나 이렇게 공적 이익을 추구하기 위한 저작권이 현실에서는 일반적으로 지나치게 사적 재산권을 행사하는 도구로 인식되고 있다. 저작물 이용자들의 권리를 보호하기 위해 마련한, 공익적 성격의 법 조항도 법적 분쟁에서는 항상 사적 재산권의 논리에 밀려 왔다.

저작권 소유자 중심의 저작권 논리는 실제로 저작권이 담당해야 할 사회적 공유를 통한 문화 발전을 방해한다. 몇 해 전의 '애국가 저작권'에 대한 논란은 이러한 문제를 단적으로 보여준다. 저자 사후 50년 동안 적용되는 국내 저작권법에 따라, 애국가 포함된 「한국 환상곡」의 저작권이 작곡가 안익태의 유족들에게 2015년까지 주어진다는 사실이 언론을 통해 알려진 것이다. 누구나 자유롭게 이용할 수 있는 국가(國歌)마저 공공재가 아닌 개인 소유라는 사실에 많은 사람들이 놀랐다.

창작은 백지 상태에서 완전히 새로운 것을 만드는 것이 아니라 저작자와 인류가 쌓은 지식 간의 상호 작용을 통해 이루어진다. '내가 남들보다 조금 더 멀리보고 있다면, 이는 내가 거인의 어깨 위에 올라서 있는 난쟁이이기 때문이다.'라는 뉴턴의 겸손은 바로 이를 말한다. 이렇듯 창작자의 저작물은 인류의 지적 자원에서 영감을 얻은 결과이다. 그러한 저작물을 다시 인류에게 되돌려주는 데 저작권의 의의가 있다. 이러한 생각은 이미 1960년대 프랑스 철학자들에 의해 형성되었다. 예컨대 기호학자인 바르트는 저자의 죽음을 거론하면서 저자가 만들어 내는 텍스트는 단지 인용의 조합일 뿐 어디에도 '오리지널'은 존재하지 않는다고 단언한다.

전자 복제 기술의 발전과 디지털 혁명은 정보나 자료의 공유가 지니는 의의를 잘 보여주고 있다. 인터넷과 같은 매체 환경의 변화는 원본을 무한히 복제하고 자유롭게 이용함으로써 누구나 창작의 주체로서 새로운 문화 창조에 기여할 수 있도록 돕는다. 인터넷 환경에서 이용자는 저작물을 자유롭게 교환할 뿐 아니라 수많은 사람들과 생각을 나눔으로써 새로운 창작물을 생산하고 있다. 이러한 상황은 저작권을 사적 재산권의 측면에서보다는 공익적 측면에서 바라볼 필요가 있음을 보여준다.

12 다음 중 윗글의 내용으로 적절하지 않은 것은?

① 저작권 보호기간인 사후 50년이 지난 저작물은 누구나 자유롭게 이용할 수 있다.

② 공적 이익 추구를 위한 저작권이 사적 재산권 보호를 위한 도구로 전락하였다.

③ 창작은 이미 존재하는 지적 자원의 영향을 받아 이루어진다.

④ 매체 환경의 변화로 누구나 새로운 문화 창조에 기여할 수 있게 되었다.

⑤ 저작권의 의의는 전혀 새로운 문화를 창작한다는 데 있다.

13 다음 중 윗글의 구성 방식에 대한 설명으로 가장 적절한 것은?

① 문제점을 나열한 후, 그 해결 방안을 제시하고 있다.

② 현상의 발생, 전개, 결과를 순차적으로 제시하고 있다.

③ 기존의 이론들이 지닌 장점과 단점을 차례로 제시하고 있다.

④ 현상의 발생 원리를 일반화하여 그 사회적 의미를 제시하고 있다.

⑤ 기존 통념의 문제를 지적한 후, 이와 다른 견해를 제시하고 있다.

14 다음 중 윗글의 주장에 대한 비판으로 가장 적절한 것은?

① 저작권의 사회적 공유에 대해 일관성 없는 주장을 하고 있다.

② 저작물이 개인의 지적, 정신적 창조물임을 과소평가하고 있다.

③ 저작권의 사적 보호가 초래한 사회적 문제의 사례가 적절하지 않다.

④ 인터넷이 저작권의 사회적 공유에 미치는 영향을 드러내지 못하고 있다.

⑤ 객관적인 사실을 제시하지 않고 추측에 근거하여 논리를 전개하고 있다.

15 다음 밑줄 친 빈칸에 들어갈 내용으로 가장 적절한 것은?

> 미국 대통령 후보 선거제도 중 '코커스'는 정당 조직의 가장 하위 단위인 기초선거구의 당원들이 모여 상위의 전당대회에 참석할 대의원을 선출하는 당원회의이다. 대의원 후보들은 자신이 대통령 후보로 누구를 지지하는지 먼저 밝힌다. 상위 전당대회에 참석할 대의원들은 각 대통령 후보에 대한 당원들의 지지율에 비례해서 선출된다. 코커스에서 선출된 대의원들은 카운티 전당대회에서 투표권을 행사하여 다시 다음 수준인 의회선거구 전당대회에 보낼 대의원들을 선출한다. 여기서도 비슷한 과정을 거쳐 주(州) 전당대회 대의원들을 선출해내고, 거기서 다시 마지막 단계인 전국 전당대회 대의원들을 선출한다. 주에 따라 의회선거구 전당대회는 건너뛰기도 한다.
>
> 1971년까지는 선거법에 따라 민주당과 공화당 모두 5월 둘째 월요일까지 코커스를 개최해야 했다. 그런데 민주당 전국위원회가 1972년부터는 대선후보 선출을 위한 전국 전당대회를 7월 말에 개최하도록 결정하면서 1972년 아이오와주 민주당의 코커스는 그 해 1월에 열렸다. 아이오와주 민주당 규칙에 코커스, 카운티 전당대회, 의회선거구 전당대회, 주 전당대회, 전국 전당대회 순서로 진행되는 각급 선거 간에 최소 30일의 시간적 간격을 두어야 한다는 규정이 있었기 때문이다. 이후 아이오와주에서 공화당이 1976년부터 코커스 개최시기를 1월로 옮기면서, _____
> 아이오와주의 선거 운영 방식은 민주당과 공화당 간에 차이가 있었다. 공화당의 경우 코커스를 포함한 하위 전당대회에서 특정 대선후보를 지지하여 당선된 대의원이 상위 전당대회에서 반드시 같은 후보를 지지해야 하는 것은 아니었다. 반면 민주당의 경우 그러한 구속력을 부여하였다. 그러나 2016년부터 공화당 역시 상위 전당대회에 참여하는 대의원에게 같은 구속력을 부여함으로써 기층 당원의 대통령 후보에 대한 지지도가 전국 전당대회에 참여할 주(州) 대의원 선출에 반영되도록 했다.

① 아이오와주는 미국의 대선후보 선출 과정에서 선거 운영 방식이 달라진 최초의 주가 되었다.

② 아이오와주는 미국의 대선후보 선출 과정에서 민주당과 공화당 사이에 깊은 골을 남기게 되었다.

③ 아이오와주는 미국의 대선후보 선출 과정에서 코커스의 개정을 요구하는 최초의 주가 되었다.

④ 아이오와주는 미국의 대선후보 선출 과정에서 민주당과 공화당 모두 가장 먼저 코커스를 실시하는 주가 되었다.

⑤ 아이오와주는 미국의 대선후보 선출 과정에서 코커스 제도를 폐지한 최초의 주가 되었다.

P2P 대출(Peer-to-Peer Lending)이란 기업이나 개인이 금융기관을 거치지 않고 온라인 플랫폼을 통해 대출계약을 체결하도록 하는 형태의 금융서비스를 의미하며, 다수의 투자자와 다수의 차입자를 연결한다는 측면에서 대출형 크라우드펀딩으로 불리기도 한다. P2P 대출업체는 차입자의 대출수요 정보를 집중하고 불특정 다수의 투자자를 모집하는 방식으로 온라인에서 대출중개 서비스를 제공하고 있다. 과거에는 고객이나 대출을 해주는 쪽이나 상호 간에 정보가 불확실한 경우가 많아 일부 고리대금업자나 사채업자와 같은 금융기관과는 다른 악성 형태를 보였으나, 인터넷 네트워크가 발달함에 따라 새로운 가치 창출을 위해 이러한 위험성을 상쇄할 수 있는 시스템이 개발된 것이다. 또한 저금리시대에 사는 현재에 있어 정부 통제 하에 있는 일률적인 금리구조에서 벗어나 고수익을 달성할 수 있다는 프로세스로 인하여 투자자들에게 인기를 끌고 있다고 볼 수 있다.

이러한 P2P 대출은 국내뿐 아니라 전 세계에서 각광을 받고 있다. 국내의 경우 우수한 인터넷 네트워크 환경이 있기는 하지만 상대적으로 대출에 대한 부정적 인식이 강해 성장세에 있는 나라에 비해 빠른 성장은 보이지 못하고 있다. 하지만 사업 환경이 좋아 언제든지 폭발적 성장을 기대해 볼 수도 있는 상황이다. 세계적으로 P2P 대출의 형태는 다양한 모습으로 발생하고 있으나 대출중개 구조를 크게 직접중개형과 간접중개형으로 구분하여 보고 있다.

먼저 직접중개형은 차입자와 대부자가 대출계약의 당사자가 되는 것으로, P2P 대출 중개업체는 차입자의 대출정보에 대해 심사를 실행하며 차입자의 대출상환 및 대부자의 대출관리, 추심 등을 지원하는 형태인데 영국의 Zopa, 미국의 SoFi, 중국의 P2P 대출 중개업체 대부분이 채택하고 있는 대출중개 구조이다. 이와는 다르게 간접중개형(원리금수취권매매형)은 연계금융회사가 대출을 실행하면 P2P 대출 중개업체가 대출자산을 매입하고 이를 기초자산으로 한 증권을 발행해 청약한 투자자에게 매도하는 방식으로 이루어져 있다. 우리에게 많이 알려진 Lending Club 등 미국의 대표적인 P2P 대출 중개업체가 채택한 대출중개구조이다. 우리나라의 경우는 간접중개형 대출구조를 취하나, 연계금융회사가 대출자산을 매도하지 않고 보유하고, 대부업자가 연계금융회사인 경우가 대부분이며, 자본시장과 금융투자업에 관한 법률에서 정의하는 증권으로 인정하고 있지 않다는 점 등이 다르다.

P2P 대출은 정보기술 발전과 금융혁신을 기반으로 성장하였는데, P2P 대출에 대한 심도있는 이해를 위해 성장 배경이 된 특징을 살펴볼 필요가 있다. 먼저 효율성 측면을 살펴보면 P2P 대출업체는 온라인을 기반으로 차입자와 투자자의 자금융통 거래를 중개함에 따라 무점포 운영으로 관리 비용을 절감하고, 금융기관의 건전성 규제 등이 적용되지 않아 절감된 비용이 투자자와 차입자에게 이익으로 제공되는 시스템으로 운영되고 있다.

우리나라의 경우 2016년 기준 대출이 평균 이자율 12.4%(범위는 4.4 ~ 19.9%)의 조건으로 중금리 수준에서 실행되고, 투자자의 평균 투자 수익률은 10%인 것으로 나타나고 있어 투자자 및 차입자 모두에게 긍정적 효과를 주는 것을 알 수 있다. 반면에 자금 대출 시장을 점유하고 있는 은행은 인적ㆍ물적 설비로 인한 고정적인 관리 비용이 들고 이를 금리에 전가하게 되며, 강한 건전성 규제 등으로 인하여 보수적인 대출심사가 이루어지는 측면이 있어 P2P 대출에 중금리 대출 시장을 점차 빼앗길 수 있는 요인도 충분하다고 볼 수도 있다.

두 번째로 기술혁신의 측면을 들 수 있다. P2P 대출은 핀테크 산업으로 불리는 만큼 은행권과 달리 금융정보뿐만 아니라 비금융정보를 활용하는 신용평가기술을 기반으로 대출 중개 과정을 자동화하며, 규모의 경제를 플랫폼을 통하여 실현하는 기술혁신을 기반으로 운영된다. 신용정보의 수집, 신용평가와 같은 기능 및 대출금 상환 등의 서비스를 중개기관이 제공함으로써 신용리스크에 대한 통제를 기존 금융기관과 유사한 수준으로 실행할 수 있고, 또한 새롭고 효율적인 신용평가 및 관리시스템 개발이 P2P 대출을 가능하게 하고 있다.

세 번째로 위험 분산 측면도 살펴볼 수 있다. 온라인 중개 특성으로 인하여 다수가 참여하여 위험이 분산되고, 다양한 자금조달 통로가 만들어질 수 있는 것이다. P2P라는 용어에서 알 수 있듯이 온라인으로 다수의 개인들인 자금 수요자와 공급자를 연결할 수 있다는 특성으로 인하여 신용위험이 여러 자금공급자에게 분산될 수 있도록 설계되어 위험성은 현저히 줄어든다. 은행의 경우 신용위험을 은행이 갖는 반면에, P2P 대출에서는 개개인이 신용위험을 부담하기 때문에 위험 분산 효과가 발생하고 금리를 낮출 여지가 발생되는 것이다. 또한 투자자 측면에서 기존에는 참여가 제한되었던 대출 시장에 접근, 즉 대출상품에 투자할 수 있게 된 것으로 볼 수 있고, 개인이 온라인으로 쉽게 분산투자하면서 고위험 대출도 가능해지고 새로운 시장이 발생되어 전체적 시장이 확장되는 효과를 누릴 수 있다.

16 다음 중 윗글의 서술전개 방식으로 적절하지 않은 것은?

① 대상을 하위 항목으로 구분하여 설명하고 있다.
② 다른 대상과의 비교를 통해 대상이 지닌 특징을 설명하고 있다.
③ 대상에 대한 여러 가지 견해를 제시하여 비교, 평가하고 있다.
④ 대상에 대한 정의를 통해 독자의 이해를 돕고 있다.
⑤ 우리나라의 입장을 예시로 들어 설명하고 있다.

Hard

17 다음 중 윗글을 읽고 이해한 내용으로 가장 적절한 것은?

① P2P 대출업체는 금융기관의 건전성 규제가 적용되는 장점이 있다.
② P2P 대출은 온라인 중개 특성으로 다수가 참여하여 위험성이 높아질 수 있다.
③ 우리나라의 경우 대출에 대해 긍정적인 시선으로 P2P 대출이 빠르게 성장하고 있다.
④ 간접중개형 P2P 대출은 차입자와 대부자가 대출계약의 당사자가 된다.
⑤ P2P 대출은 개인의 분산투자로 인해 고위험 대출도 가능해진다.

18 윗글을 참고하여 P2P 대출에 대한 홍보문구를 만들고자 할 때 적절하지 않은 것은?

① 신용리스크 걱정 마세요! P2P 대출의 신용리스크 통제는 기존 금융기관과 유사한 수준입니다.
② 분산 효과로 신용위험이 적은 P2P 대출!
③ P2P 대출은 정부의 금리구조에 영향을 받아 보다 안정적입니다!
④ P2P 대출은 절감된 관리 비용을 투자자와 차입자에게 제공합니다!
⑤ 저금리 시대에 고수익 달성을 위한 방법, P2P 대출!

펀드(Fund)를 우리말로 바꾸면 '모금한 기금'을 뜻하지만 경제 용어로는 '경제적 이익을 보기 위해 불특정 다수인으로부터 모금하여 운영하는 투자 기금'을 가리키는 말로 사용합니다. 펀드는 주로 주식이나 채권에 많이 투자를 하는데, 개인이 주식이나 채권에 투자하기 위해서는 어떤 회사의 채권을 사야 하는지, 언제 사야 하는지, 언제 팔아야 하는지, 어떻게 계약을 하고 세금을 얼마나 내야 하는지, 알아야 할 게 너무 많아 복잡합니다. 이러한 여러 가지 일을 투자 전문 기관이 대행하고 일정 비율의 수수료를 받게 되는데, 이처럼 펀드에 가입한다는 것은 투자 전문 기관에게 대행 수수료를 주고 투자 활동에 참여하여 이익을 보는 일을 말합니다.

펀드는 크게 보아 주식 투자 펀드와 채권 투자 펀드로 나눌 수 있습니다. 주식 투자 펀드를 살펴보면 회사가 회사를 잘 꾸려서 영업 이익을 많이 만들면 주식 가격이 오릅니다. 그래서 그 회사의 주식을 가진 사람은 회사의 이익을 나누어 받습니다. 이처럼 주식 투자 펀드는 주식을 사서 번 이익에서 투자 기관의 수수료를 뺀 금액이 '펀드 가입자의 이익'이 되며 이 이익은 투자한 자금에 비례하여 분배받습니다. 그리고 투자자는 분배받는 금액에 따라 세금을 냅니다. 채권 투자 펀드는 회사, 지방자치단체, 국가가 자금을 조달하기 위해 이자를 지불할 것을 약속하면서 발행하는 채권을 사서 이익을 보는 것입니다. 채권을 사서 번 이익에서 투자 기관의 수수료를 뺀 금액이 수익이 됩니다. 이외에도 투자 대상에 따라, 국내 펀드, 해외 펀드, 신흥국가 대상 펀드, 선진국 펀드, 중국 펀드, 원자재 펀드 등 펀드의 종류는 아주 다양합니다.

채권 투자 펀드는 회사나 지방자치단체 그리고 국가가 망하지 않는 이상 정해진 이자를 받을 수 있어 비교적 안정적입니다. 그런데 주식 투자 펀드는 일반 주식 가격의 변동에 따라 수익을 많이 볼 수도 있지만 손해를 보는 경우도 흔합니다. 예를 들어 어떤 펀드는 10년 후 누적 수익률이 원금의 열 배나 되지만 어떤 펀드는 수익률이 나빠져 1년 만에 원금의 절반이 되어버리는 일도 발생합니다. 이렇게 수익률 차이가 심하게 나는 것은 주식이 경기 변동의 영향을 많이 받기 때문입니다.

이로 인해 펀드와 관련하여 은행을 비롯한 투자 전문 기관에 가서 상담을 하면 상품에 대한 안내만 할 뿐, 가입 여부는 고객이 스스로 판단하도록 하고 있습니다. 합리적으로 안내를 한다고 해도 소비자의 투자 목적, 시장 상황, 투자 성향에 따라 맞는 펀드가 다르기 때문입니다. 그러니까 펀드에 가입하기 전에는 펀드의 종류를 잘 알아보고 결정해야 합니다. 또, 펀드에 가입을 해도 살 때와 팔 때를 잘 구분해야 합니다. 이것이 가장 어려운 일입니다. 그래서 주식이나 펀드는 사회 경험을 쌓고 경제 지식을 많이 알고 난 후에 하는 것이 좋다는 얘기를 많이 합니다.

19 다음 중 윗글에서 대답을 확인할 수 있는 질문으로 적절하지 않은 것은?

① 펀드에 가입하면 돈을 벌 수 있는가?
② 펀드란 무엇인가?
③ 펀드 가입 시 유의할 점은 무엇인가?
④ 펀드에는 어떤 종류가 있는가?
⑤ 펀드 가입 절차는 어떻게 되는가?

20 다음 중 윗글을 이해한 내용으로 가장 적절한 것은?

① 주식 투자 펀드는 경기 변동의 영향을 많이 받게 된다.

② 주식 투자 펀드는 정해진 이자를 받을 수 있어 안정적이다.

③ 채권 투자 펀드는 투자 기관의 수수료를 더한 금액이 수익이 된다.

④ 채권 투자 펀드는 주식 가격이 오를수록 펀드 이익을 많이 분배받게 된다.

⑤ 주식 투자 펀드는 채권 투자 펀드와 달리 투자 기관의 수수료가 없다.

지난 2002년 프랑스의 보케 교수는 물수제비 횟수는 돌의 속도가 빠를수록 증가하며, 최소 한 번 이상 튀게 하려면 시속 1km는 돼야 한다는 실험 결과를 발표하면서 수평으로 걸어준 회전이 또한 중요한 변수라고 지적했다. 즉, 팽이가 쓰러지지 않고 균형을 잡는 것처럼 돌에 회전을 걸어주면 돌이 수평을 유지하여 평평한 쪽이 수면과 부딪칠 수 있다. 그러면 돌은 물의 표면장력을 효율적으로 이용해 위로 튕겨 나간다는 것이다. 물수제비 현상에서는 또 다른 물리적 원리를 생각할 수 있다. 단면(斷面)이 원형인 물체를 공기 중에 회전시켜 던지면 물체 표면 주변의 공기가 물체에 끌려 물체와 동일한 방향으로 회전하게 된다. 또한 물체 외부의 공기는 물체의 진행 방향과는 반대 방향으로 흐르게 된다. 이때 베르누이의 원리에 따르면, 물체 표면의 회전하는 공기가 물체 진행 방향과 반대편으로 흐르는 쪽은 공기의 속도가 빨라져 압력이 작아지지만, 물체 진행 방향과 동일한 방향으로 흐르는 쪽의 공기는 속도가 느려 압력이 커지게 되고, 결국 회전하는 물체는 압력이 낮은 쪽으로 휘어 날아가게 된다. 이를 '마그누스 효과'라고 하는데, 돌을 회전시켜 던지면 바로 이런 마그누스 효과로 인해 물수제비가 더 잘 일어날 수 있는 것이다. 또한 보케 교수는 공기의 저항을 줄이기 위해 돌에 구멍을 내는 것도 물수제비 발생에 도움이 될 것이라고 말했다.

최근 프랑스 물리학자 클라네 박사와 보케 교수가 밝혀낸 바에 따르면 물수제비의 핵심은 돌이 수면을 치는 각도에 있었다. 이들은 알루미늄 원반을 자동 발사하는 장치를 만들고 1백 분의 1초 이하의 순간도 잡아내는 고속 비디오카메라로 원반이 수면에 부딪치는 순간을 촬영했다. 그 결과 알루미늄 원반이 물에 빠지지 않고 최대한 많이 수면을 튕겨 가게 하려면 원반과 수면의 각도를 20°에 맞춰야 한다는 사실을 알아냈다. 클라네 박사의 실험에서 20°보다 낮은 각도로 던져진 돌은 일단 수면에서 튕겨 가기는 하지만 그 다음엔 수면에 맞붙어 밀려가면서 운동에너지를 모두 잃어버리고 물에 빠져 버렸다. 돌이 수면과 부딪치는 각도가 45°보다 크게 되면 곧바로 물에 빠져 들어가 버렸다.

물수제비를 실제로 활용한 예도 있다. 2차 대전이 한창이던 1943년, 영국군은 독일 루르 지방의 수력 발전용 댐을 폭파해 군수 산업에 치명타를 가했다. 고공 폭격으로는 댐을 정확하게 맞추기 어렵고, 저공으로 날아가 폭격을 하자니 폭격기마저 폭발할 위험이 있었다. 그래서 영국 공군은 4t 무게의 맥주통 모양 폭탄을 제작하여 18m의 높이로 저공비행을 하다가 댐 약 800m 앞에서 폭탄을 분당 500회 정도의 역회전을 시켜 투하시켰다. 포탄은 수면을 몇 번 튕겨 나간 다음 의도한 대로 정확히 댐 바로 밑에서 폭발했다.

이러한 물수제비 원리가 응용된 것이 성층권 비행기 연구다. 즉, 이륙 후 약 40km 상공의 성층권까지 비행기가 올라가서 엔진을 끈 후 아래로 떨어지다가 밀도가 높은 대기층을 만나면 물수제비처럼 튕겨 오르게 된다. 이때 엔진을 다시 점화해 성층권까지 올라갔다가 또 다시 아래로 떨어지면서 대기층을 튕겨 가는 방식을 되풀이한다. 과학자들은 비행기가 이런 식으로 18번의 물수제비를 뜨면 시카고에서 로마까지 72분에 갈 수 있을 것으로 기대하고 있다. 과학자들은 ㉠ 우리 주변에서 흔히 보는 물수제비를 바탕으로 초고속 비행기까지 생각해냈다. 그 통찰력이 참으로 놀랍다.

21 다음 중 윗글의 내용으로 가장 적절한 것은?

① 돌이 무거울수록 물수제비 현상은 더 잘 일어난다.

② 돌의 표면이 거칠수록 물의 표면장력은 더 커진다.

③ 돌을 회전시켜 던지면 공기 저항을 최소화할 수 있다.

④ 돌에 작용하는 중력이 크면 클수록 물수제비 현상이 잘 일어난다.

⑤ 수면에 부딪친 돌의 운동에너지가 유지되어야 물수제비가 일어난다.

22 다음 중 ㉠과 유사한 사례로 볼 수 없는 것은?

① 프리즘을 통해 빛이 분리되는 것을 알고 무지개 색을 규명해냈다.

② 새가 날아갈 때 날개에 양력이 생김을 알고 비행기를 발명하게 되었다.

③ 푸른곰팡이에 세균을 죽이는 성분이 있음을 알고 페니실린을 만들어냈다.

④ 물이 넘치는 것을 통해 부력이 존재함을 알고 거대한 유조선을 바다에 띄웠다.

⑤ 수증기가 올라가는 현상을 통해 공기가 데워지면 상승한다는 것을 알고 열기구를 만들었다.

기업은 상품의 사회적 마모를 촉진시키는 주체이다. 생산과 소비가 지속되어야 이윤을 남길 수 있기 때문에, 하나의 상품을 생산해서 그 상품의 물리적 마모가 끝날 때까지를 기다렸다가는 기업이 망하기 십상이다. 이러한 상황에서 늘 수요에 비해서 과잉 생산을 하는 기업이 살아남을 수 있는 길은 상품의 사회적 마모를 짧게 해서 사람들로 하여금 계속 소비하게 만드는 것이다.

그래서 ⊙ 기업들은 더 많은 이익을 내기 위해서는 상품의 성능을 향상시키기보다는 디자인을 변화시키는 것이 더 바람직하다고 생각한다. 산업이 발달하여 ⓛ 상품의 성능이나 기능, 내구성이 이전보다 더욱 향상되었는데도 불구하고 상품의 생명이 이전보다 더 짧아지는 것은 어떻게 생각하면 자본주의 상품이 지닌 모순이라고 할 수 있다. 섬유의 질은 점점 좋아지지만 그 옷을 입는 기간은 이에 비해서 점점 짧아지게 되는 것이 바로 자본주의 상품이 지니고 있는 모순이다. 산업이 계속 발달하여 상품의 성능이 향상되는데도 상품의 사회적인 마모 기간이 누군가에 의해서 엄청나게 짧아지고 있다. 상품의 질은 향상되고 내가 버는 돈은 늘어가는 것 같은데 늘 무엇인가 부족한 듯한 느낌이 드는 것도 이것과 관련이 있다.

23 다음 중 윗글을 읽고 이해한 내용으로 적절하지 않은 것은?

① 기업은 물리적 마모가 짧을수록 유리하기 때문에 제품의 성능에 신경 쓰지 않는다.
② 사회적 마모 기간이 짧아지면 생산과 소비는 지속된다.
③ 기업은 이익을 위해 상품의 디자인 변화가 이윤추구에 더 바람직하다고 생각한다.
④ 자본주의 시대를 사는 사람들은 제품의 품질이 좋아져도 오래 사용하지 않는다.
⑤ 사회적 마모 기간이 짧아지는 것을 자본주의의 모순으로 볼 수도 있다.

24 다음 중 ⊙의 주장에 대해 제기할 수 있는 반론으로 가장 적절한 것은?

① 상품의 성능은 그대로 두어도 향상될 수 있는가?
② 디자인에 관한 소비자들의 취향이 바뀌는 것을 막을 방안은 있는가?
③ 상품의 성능 향상을 등한시하며 디자인만 바꾼다고 소비가 증가할 것인가?
④ 사회적 마모 기간이 점차 짧아지면 디자인을 개발하는 것이 기업에 도움이 되겠는가?
⑤ 소비 성향에 맞춰 디자인을 다양화할 수 있는가?

25 다음 중 ⓛ이 잘 나타난 사례로 가장 적절한 것은?

① 같은 가격이라면 남들이 많이 가지고 있는 것을 산다.
② 자신에게 필요가 없게 된 물건은 싼값에 남에게 판다.
③ 옷을 살 때는 디자인이나 기능보다는 가격을 더 고려한다.
④ 휴대전화를 가지고 있으면서도 새로운 모델의 휴대전화를 사기 위해 돈을 모은다.
⑤ 기능을 고려하여 가장 비싼 노트북을 산다.

01 다음은 A중학교 재학생의 2013년과 2023년의 평균 신장 변화에 대한 표이다. 2013년 대비 2023년 신장 증가율이 가장 큰 학년을 차례대로 나열한 것은?

〈A중학교 재학생 평균 신장 변화〉

(단위 : cm)

구분	2013년	2023년
1학년	160.2	162.5
2학년	163.5	168.7
3학년	168.7	171.5

① 1학년 – 2학년 – 3학년
② 1학년 – 3학년 – 2학년
③ 2학년 – 1학년 – 3학년
④ 2학년 – 3학년 – 1학년
⑤ 3학년 – 2학년 – 1학년

02 다음은 연령대별 삶의 만족도에 대해 조사한 표이다. 이에 대한 설명으로 옳은 것을 〈보기〉에서 모두 고르면?

〈연령대별 삶의 만족도〉

(단위 : %)

구분	매우만족	만족	보통	불만족	매우불만족
10대	8	11	34	28	19
20대	3	13	39	28	17
30대	5	10	36	39	10
40대	11	17	48	16	8
50대	14	18	42	23	3

※ 긍정적인 답변 : 매우만족, 만족, 보통
※ 부정적인 답변 : 불만족, 매우불만족

보기

㉠ 연령대가 높아질수록 '매우불만족'이라고 응답한 비율은 낮아진다.
㉡ 모든 연령대에서 '매우만족'과 '만족'이라고 응답한 비율이 가장 낮은 연령대는 20대이다.
㉢ 모든 연령대에서 긍정적인 답변을 한 비율은 50% 이상이다.
㉣ 50대에서 '불만족' 또는 '매우불만족'이라고 응답한 비율은 '만족' 또는 '매우만족'이라고 응답한 비율의 80% 이하이다.

① ㉠, ㉢
② ㉠, ㉣
③ ㉡, ㉢
④ ㉡, ㉣
⑤ ㉢, ㉣

`Easy`

03 다음은 2017년부터 2022년까지 우리나라 인구성장률과 합계출산율에 대한 표이다. 이에 대한 설명으로 옳지 않은 것은?

〈인구성장률〉

(단위 : %)

구분	2017년	2018년	2019년	2020년	2021년	2022년
인구성장률	0.53	0.46	0.63	0.53	0.45	0.39

〈합계출산율〉

(단위 : 명)

구분	2017년	2018년	2019년	2020년	2021년	2022년
합계출산율	1.297	1.187	1.205	1.239	1.172	1.052

※ 합계출산율 : 가임여성 1명이 평생 낳을 것으로 예상하는 평균 출생아 수

① 우리나라 인구성장률은 2019년 이후로 계속해서 감소하고 있다.
② 2017년부터 2022년까지 인구성장률이 가장 낮았던 해는 합계출산율도 가장 낮았다.
③ 2018년부터 2019년까지 합계출산율과 인구성장률의 전년 대비 증감추세는 동일하다.
④ 2017년부터 2022년까지 인구성장률과 합계출산율이 두 번째로 높은 해는 2015년이다.
⑤ 2022년 인구성장률은 2019년 대비 40% 이상 감소하였다.

04 다음은 산업 및 가계별 대기배출량과 기체별 지구온난화 유발 확률에 대한 표이다. 어느 부문의 대기배출량을 줄여야 지구온난화 예방에 가장 효과적인가?

〈산업 및 가계별 대기배출량〉

(단위 : 천 톤 CO_2eq)

구분		이산화탄소	아산화질소	메탄	수소불화탄소
	전체	45,950	3,723	17,164	0.03
산업부문	농업, 임업 및 어업	10,400	810	12,000	0
	석유, 화학 및 관련제품	6,350	600	4,800	0.03
	전기, 가스, 증기 및 수도사업	25,700	2,300	340	0
	건설업	3,500	13	24	0
가계부문		5,400	100	390	0

〈기체별 지구온난화 유발 확률〉

(단위 : %)

구분	이산화탄소	아산화질소	메탄	수소불화탄소
유발 확률	30	20	40	10

① 농업, 임업 및 어업　　② 석유, 화학 및 관련제품
③ 전기, 가스, 증기 및 수도사업　　④ 건설업
⑤ 가계부문

※ 다음은 공공체육시설 현황 및 1인당 체육시설 면적을 나타낸 자료이다. 이어지는 질문에 답하시오.
[5~7]

〈공공체육시설 현황 및 1인당 체육시설 면적〉

(단위 : 개소, m²)

구분		2018년	2019년	2020년	2021년
공공체육시설의 수	축구장	467	558	618	649
	체육관	529	581	639	681
	간이운동장	9,531	10,669	11,458	12,194
	테니스장	428	487	549	565
	기타	1,387	1,673	1,783	2,038
1인당 체육시설 면적		2.54	2.88	3.12	3.29

Easy

05 2020년에 전년 대비 시설이 가장 적게 늘어난 곳과 가장 많이 늘어난 곳의 시설 수의 합은 얼마인가?

① 10,197개소　　　　　　　　　　② 11,197개소
③ 12,097개소　　　　　　　　　　④ 11,097개소
⑤ 12,197개소

06 2018년 전체 공공체육시설 중 체육관이 차지하고 있는 비율은 얼마인가?(단, 소수점 둘째 자리에서 반올림한다)

① 4.4%　　　　　　　　　　② 4.3%
③ 4.2%　　　　　　　　　　④ 4.1%
⑤ 4.0%

07 다음 중 자료에 대한 설명으로 적절하지 않은 것은?

① 테니스장은 2020년에 전년 대비 약 12.7% 증가했다.
② 2019년 간이운동장의 수는 같은 해 축구장 수의 약 19배이다.
③ 2021년 1인당 체육시설 면적은 2018년에 비해 약 1.3배 증가했다.
④ 2019년 축구장 수는 전년도에 비해 91개소 증가했다.
⑤ 2021년 공공체육시설의 수는 총 15,127개소이다.

※ 다음은 주요산업국의 연도별 연구개발비 추이에 대한 표이다. 이어지는 질문에 답하시오. [8~10]

〈주요산업국 연도별 연구개발비 추이〉

(단위 : 백만 달러)

구분	2016년	2017년	2018년	2019년	2020년	2021년
한국	23,587	28,641	33,684	31,304	29,703	37,935
중국	29,898	37,664	48,771	66,430	84,933	-
일본	151,270	148,526	150,791	168,125	169,047	-
독일	69,317	73,737	84,148	97,457	92,552	92,490
영국	39,421	42,693	50,016	47,138	40,291	39,924
미국	325,936	350,923	377,594	403,668	401,576	-

〈2020년 연구개발비 분포〉

08 다음 중 옳은 것을 모두 고르면?

ㄱ. 2020년도 연구개발비가 전년 대비 감소한 국가는 4개국이다.
ㄴ. 2016년에 비해 2020년도 연구개발비 증가율이 가장 높은 국가는 중국이고, 가장 낮은 국가는 일본이다.
ㄷ. 전년 대비 2018년 한국의 연구개발비 증가율은 독일보다 높고, 중국보다 낮다.

① ㄱ
② ㄴ
③ ㄱ, ㄴ
④ ㄱ, ㄷ
⑤ ㄴ, ㄷ

09 2020년 미국의 개발연구비는 한국의 응용연구비의 약 몇 배인가?(단, 소수점 둘째 자리에서 반올림한다)

① 40.2배
② 40.4배
③ 40.6배
④ 41.2배
⑤ 41.4배

10 다음 중 자료에 대한 설명으로 적절한 것을 모두 고르면?

> ㄱ. 2020년도 기초연구비 비율이 가장 높은 나라가 응용연구비 비율도 가장 높다.
> ㄴ. 2020년도 개발연구비 비율이 가장 높은 나라와 가장 낮은 나라의 비율 차이보다 기초연구비 비율이 가장 높은 나라와 가장 낮은 나라의 비율 차이가 더 크다.
> ㄷ. 2020년도 기초연구비 비율이 두 번째로 높은 나라가 개발연구비 비율도 두 번째로 높다.

① ㄱ   ② ㄴ
③ ㄷ   ④ ㄱ, ㄴ
⑤ ㄴ, ㄷ

11 국내의 유통업체 E사는 몽골 시장으로 진출하기 위해 현지에 진출해 있는 기업들이 경험한 진입 장벽에 대하여 다음과 같이 조사하였다. 이에 대한 설명으로 옳은 것은?

> E사는 몽골 시장의 진입 장벽에 해당하는 주요 요인 4가지를 선정하였고, 현지 진출 기업들은 경험을 바탕으로 요인별로 0 ~ 10점 사이의 점수를 부여하였다.
>
> **〈업종별 몽골 시장으로의 진입 장벽〉**
>
> (단위 : 점)
>
> | 업종 | 몽골 기업의 시장 점유율 | 초기 진입 비용 | 현지의 엄격한 규제 | 문화적 이질감 |
> |---|---|---|---|---|
> | 유통업 | 7 | 5 | 9 | 2 |
> | 제조업 | 5 | 3 | 8 | 4 |
> | 서비스업 | 4 | 2 | 6 | 8 |
> | 식·음료업 | 6 | 7 | 5 | 6 |
>
> ※ 점수가 높을수록 해당 요인이 강력한 진입 장벽으로 작용함

① 유통업의 경우, 타 업종에 비해 높은 초기 진입 비용이 강력한 진입 장벽으로 작용한다.
② E사의 경우, 현지의 엄격한 규제가 몽골 시장의 진입을 방해하는 요소로 작용할 가능성이 크다.
③ 제조업의 경우, 타 업종에 비해 높은 몽골 기업의 시장 점유율이 강력한 진입 장벽으로 작용한다.
④ 문화적 이질감이 가장 강력한 진입 장벽으로 작용하는 업종은 식·음료업이다.
⑤ 서비스업의 경우, 타 업종에 비해 시장으로의 초기 진입 비용이 가장 많이 든다.

12 다음은 세계 음악시장의 규모에 대한 표이다. 〈조건〉에 근거하여 2023년의 음악시장 규모를 구하면?(단, 소수점 둘째 자리에서 반올림한다)

〈세계 음악시장 규모〉

(단위 : 백만 달러)

구분		2018년	2019년	2020년	2021년	2022년
공연음악	후원	5,930	6,008	6,097	6,197	6,305
	티켓 판매	20,240	20,688	21,165	21,703	22,324
	소계	26,170	26,696	27,262	27,900	28,629
음반	디지털	8,719	9,432	10,180	10,905	11,544
	다운로드	5,743	5,986	6,258	6,520	6,755
	스트리밍	1,530	2,148	2,692	3,174	3,557
	모바일	1,447	1,298	1,230	1,212	1,233
	오프라인 음반	12,716	11,287	10,171	9,270	8,551
	소계	30,155	30,151	30,531	31,081	31,640
합계		56,325	56,847	57,793	58,981	60,269

조건

• 2023년 후원금은 2022년보다 1억 1천 8백만 달러, 티켓 판매는 2022년보다 7억 4천만 달러가 증가할 것으로 예상된다.
• 스트리밍 시장의 경우 빠르게 성장하는 추세로 2023년 스트리밍 시장 규모는 2018년 스트리밍 시장 규모의 2.5배가 될 것으로 예상된다.
• 오프라인 음반 시장은 점점 감소하는 추세로 2023년 오프라인 음반 시장의 규모는 2022년 대비 6%의 감소율을 보일 것으로 예상된다.

	공연음악	스트리밍	오프라인 음반
①	29,487백만 달러	3,711백만 달러	8,037.9백만 달러
②	29,487백만 달러	3,825백만 달러	8,037.9백만 달러
③	29,685백만 달러	3,825백만 달러	7,998.4백만 달러
④	29,685백만 달러	4,371백만 달러	7,998.4백만 달러
⑤	29,685백만 달러	3,825백만 달러	8,037.9백만 달러

13 K씨는 향후 자동차 구매자금을 마련하고자 한다. 이를 위해 자산관리담당자와 상담을 한 결과, 다음 자료의 3가지 금융상품에 2천만 원을 투자하기로 하였다. 6개월이 지난 후 K씨가 받을 수 있는 금액은 얼마인가?

〈포트폴리오 상품내역〉

(단위 : %)

구분	종류	기대 수익률(연)	투자비중
A상품	주식	10	40
B상품	채권	4	30
C상품	예금	2	30

※ 상품거래에서 발생하는 수수료 등 기타비용은 없다고 가정함

※ (투자수익)=(투자원금)+(투자원금)×(수익률)×$\left(\dfrac{\text{투자월 수}}{12}\right)$

① 2,012만 원   ② 2,028만 원
③ 2,058만 원   ④ 2,078만 원
⑤ 2,125만 원

Hard

14 다음은 은 농·축·수산물 안전성 조사결과에 관한 자료이다. 이에 대한 설명으로 옳지 않은 것은?

〈단계별 농·축·수산물 안전성 조사결과〉

(단위 : 건)

구분	농산물		축산물		수산물	
	조사 건수	부적합건수	조사 건수	부적합건수	조사 건수	부적합건수
생산단계	91,211	1,209	418,647	1,803	12,922	235
유통단계	55,094	516	22,927	106	8,988	49
합계	146,305	1,725	441,574	1,909	21,910	284

※ [부적합건수 비율(%)]=$\dfrac{\text{(부적합건수)}}{\text{(조사건수)}}×100$

① 생산단계에서의 수산물 부적합건수 비율은 농산물 부적합건수 비율보다 높다.
② 농·축·수산물의 부적합건수의 평균은 1천 3백 건 이상이다.
③ 농·축·수산물별 부적합건수 비율이 가장 높은 것은 농산물이다.
④ 유통단계의 부적합건수 중 농산물 건수는 수산물 건수의 10배 이상이다.
⑤ 부적합건수가 가장 많은 건수의 비율과 부적합건수가 가장 적은 건수의 비율의 차이는 0.12%p이다.

15 다음은 2014 ~ 2021년 E기업의 콘텐츠 유형별 매출액에 대한 표이다. 이에 대한 설명으로 옳은 것은?

〈E기업의 콘텐츠 유형별 매출액〉

(단위 : 억 원)

구분	SNS	영화	음원	게임	합계
2014년	30	371	108	235	744
2015년	45	355	175	144	719
2016년	42	391	186	178	797
2017년	59	508	184	269	1,020
2018년	58	758	199	485	1,500
2019년	308	1,031	302	470	2,111
2020년	104	1,148	411	603	2,266
2021년	341	1,510	419	689	2,959

① 영화 매출액은 매년 전체 매출액의 30% 이상이다.

② 게임과 음원의 2015 ~ 2016년 매출액 증감추이는 같다.

③ 2014 ~ 2021년 동안 매년 음원 매출액은 SNS 매출액의 2배 이상이다.

④ 2016년에는 모든 콘텐츠 유형의 매출액이 전년에 비해 증가하였다.

⑤ 2019년 기준 전년 대비 매출액 증가율이 가장 큰 콘텐츠 유형은 영화이다.

16 E카드사는 카드 이용 시 제공되는 할인 서비스에 대한 기존 고객의 선호도를 조사하여 신규 상품에 적용하고자 한다. E카드사 이용 고객 2,000명을 대상으로 실시한 선호도 조사 결과가 다음과 같을 때, 이에 대한 설명으로 옳은 것을 〈보기〉에서 모두 고르면?

〈할인 서비스에 대한 고객 선호도〉

할인 서비스	남성	여성	전체
주유	18	22	20
온라인 쇼핑	10	18	14
영화관	24	23	23.5
카페	8	13	10.5
제과점	22	17	19.5
편의점	18	7	12.5

※ 응답자들은 가장 선호하는 할인 서비스 항목 1개를 선택함

보기

ㄱ. 선호도 조사 응답자 2,000명의 남녀 비율은 동일하다.
ㄴ. 편의점 할인 서비스는 남성보다 여성 응답자가 더 선호한다.
ㄷ. 온라인 쇼핑 할인 서비스를 선택한 남성은 모두 130명이다.
ㄹ. 남성과 여성 응답자는 모두 영화관 할인 서비스를 가장 선호한다.

① ㄱ, ㄴ 　　　　　　② ㄱ, ㄹ
③ ㄴ, ㄷ 　　　　　　④ ㄴ, ㄹ
⑤ ㄷ, ㄹ

17 E사는 상반기 신입사원 공개채용을 시행했다. 1차 서류전형과 인적성, 면접전형이 모두 끝나고 최종 면접자들의 점수를 확인하여 합격 점수 산출법에 따라 합격자를 선정하려고 한다. 총점이 80점 이상인 지원자가 합격할 때, 다음 중 합격자로만 짝지어진 것은?

〈최종 면접 점수〉

(단위 : 점)

구분	A지원자	B지원자	C지원자	D지원자	E지원자
언어능력	75	65	60	68	90
수리능력	52	70	55	45	80
상황판단능력	44	55	50	50	49

〈합격 점수 산출법〉

• (언어능력)×0.6　　　　　　• (수리능력)×0.3
• (상황판단능력)×0.4　　　　• (총점)=80점 이상
※ 과락 점수(미만) : 언어능력 60점, 수리능력 50점, 상황판단능력 45점

① A지원자, C지원자 　　　　② A지원자, D지원자
③ B지원자, E지원자 　　　　④ C지원자, E지원자
⑤ D지원자, E지원자

※ 어느 나라의 중학교 졸업자의 그 해 진로 현황에 대한 조사 결과이다. 이어지는 질문에 답하시오.
  [18~19]

〈중학교 졸업자 진로 현황〉

(단위 : 명)

구분	성별		중학교 종류		
	남성	여성	국립	공립	사립
중학교 졸업자	908,388	865,323	11,733	1,695,431	66,547
고등학교 진학자	861,517	838,650	11,538	1,622,438	66,146
진학 후 취업자	6,126	3,408	1	9,532	1
직업학교 진학자	17,594	11,646	106	29,025	109
진학 후 취업자	133	313	0	445	1
취업자(진학자 제외)	21,639	8,913	7	30,511	34
실업자	7,523	6,004	82	13,190	255
사망, 실종	155	110	0	222	3

18 남성과 여성의 고등학교 진학률은 각각 얼마인가?(단 소수점 둘째 자리에서 반올림한다)

	남성	여성
①	94.8%	96.9%
②	94.8%	94.9%
③	95.9%	96.9%
④	95.9%	94.9%
⑤	96.8%	96.9%

19 공립 중학교를 졸업한 남성 중 취업자의 비율은 얼마인가?

① 50%   ② 60%

③ 70%   ④ 80%

⑤ 알 수 없음

※ 다음은 어린이보호구역 지정현황을 나타낸 표이다. 이어지는 질문에 답하시오. [20~22]

〈어린이보호구역 지정현황〉

(단위 : 개소)

구분	2017년	2018년	2019년	2020년	2021년	2022년
초등학교	5,365	5,526	5,654	5,850	5,917	5,946
유치원	2,369	2,602	2,781	5,476	6,766	6,735
특수학교	76	93	107	126	131	131
보육시설	619	778	1,042	1,755	2,107	2,313
학원	5	7	8	10	11	11

20 2020년과 2022년의 전체 어린이보호구역 수의 차는 얼마인가?

① 1,748개소

② 1,819개소

③ 1,828개소

④ 1,839개소

⑤ 1,919개소

21 2019년에 전년 대비 증가율이 가장 높은 시설은 무엇인가?

① 초등학교

② 유치원

③ 특수학교

④ 보육시설

⑤ 학원

22 다음 중 자료에 대한 설명으로 적절하지 않은 것은?

① 2017년 어린이보호구역의 합계는 8,434개소이다.

② 2022년 어린이보호구역은 2017년보다 총 6,507개소 증가했다.

③ 2021년과 2022년 사이에는 추가적으로 지정된 특수학교 관련 어린이보호구역이 없었다.

④ 초등학교 어린이보호구역은 계속해서 증가하고 있다.

⑤ 학원 어린이보호구역은 2022년에 전년 대비 증가율이 0%이다.

※ 다음은 이랜드 계열사 간 차입현황을 나타낸 표이다. 이어지는 질문에 답하시오(단, 소수점 첫째 자리에 서 반올림한다). [23~25]

<이랜드 계열사 간 차입현황>

차입회사	대여회사	차입금(억 원)		증감률(%)
		2020년	2021년	
이랜드파크	이랜드월드	0	4,500	–
	이랜드리테일	530	8,030	㉮
	이랜드건설	0	5,000	–
이랜드크루즈	이랜드파크	㉯	3,798	㉰
투어몰	이랜드파크	23	0	–
돔아트홀	이랜드파크	0	1,200	–
농업회사법인 맛누리	이랜드리테일	581	581	0
올리브스튜디오	이랜드월드	180	0	–
엘칸토	이랜드리테일	2,000	0	–
전체		6,194	23,109	273

23 다음 중 ㉯와 ㉰에 들어갈 수치를 바르게 나열한 것은?

	㉯	㉰			㉯	㉰
①	2,160	32		②	2,880	28
③	2,880	32		④	3,260	28
⑤	3,260	32				

24 다음 중 자료에 대한 설명으로 적절한 것은?

① ㉮에 들어갈 값은 141.5이다.
② 이랜드리테일의 2020 ~ 2021년간 총 대여금액은 9,722억 원이다.
③ 이랜드건설은 2020 ~ 2021년간 이랜드파크가 차입한 총금액의 30%를 대여했다.
④ 농업회사법인 맛누리의 2020 ~ 2021년간 차입금은 0원이다.
⑤ 이랜드파크가 2020 ~ 2021년간 차입한 금액은 대여한 금액보다 많다.

25 다음 중 자료에 대한 설명으로 적절하지 않은 것은?

① 2021년 이랜드파크의 차입금 총액은 17,530억 원이다.
② 이랜드크루즈의 2020년 대비 2021년 차입금의 증감률은 약 40% 이상이다.
③ 2021년의 차입금은 2020년 대비 3.5배 이상이다.
④ 2021년 이랜드파크의 차입금은 전체의 50% 이상이다.
⑤ 2021년 이랜드리테일을 제외하고 차입금을 가장 많이 대여해준 계열사는 이랜드건설이다.

※ 상황판단검사는 정답을 따로 제공하지 않는 영역이니 참고하기 바랍니다.

※ 제시된 선택지에서 자신과 가장 가깝다고 생각하는 것과 멀다고 생각하는 것을 각각 한 가지씩 고르시오.
[1~32]

01 A사원은 회사를 열심히 다니고 있다. 그러던 어느 날, 노조가 없던 회사에 노조가 생기게 되었다.
A사원은 평소에 노조에 관심이 있거나 가입할 생각을 해본 적이 있는 것도 아니다. 그런데 회사에
서는 암묵적으로 사원들에게 노조에 가입하지 않겠다는 서명을 강요하는 분위기이다. 이 상황에서
당신이 A사원이라면 어떻게 행동할 것인가?

① 동료 사원들과 이야기를 나눈 뒤 노조 가입 여부를 스스로 결정한다.
② 회사의 불합리한 행동에 대해 신고한다.
③ 일단 서약을 하고, 노조에 가입할지 말지 고민해본다.
④ 더는 발전이 없는 회사라고 생각하고 이직을 고려한다.
⑤ 회사의 분위기를 따라 서명한 뒤 노조에 가입하지 않는다.

02 E사는 최근 사내 복지의 일환으로 어린이 놀이방을 운영하고 있다. 그러나 최근 어린이 놀이방
운영에 대해 일부 사원들이 불만을 표출하고 있는 상황이다. 이에 총무팀의 A팀장은 B사원에게
해당 상황에 대해 조사하여 일주일 뒤에 보고하라는 지시를 내렸다. 이 상황에서 당신이 B사원이라
면 효율적인 조사를 위해 어떻게 행동할 것인가?

① 불만을 표출하는 사원을 직접 만나 의견을 듣는다.
② 설문지를 제작하여 놀이방에 대한 의견을 듣는다.
③ 각 부서의 부서장에게 사안을 알리고 부탁한다.
④ 사내 게시판을 이용하여 놀이방에 대한 사원들의 의견을 듣는다.
⑤ 사내 놀이방을 이용하고 있는 직원들을 대상으로 조사한다.

03 신규 프로젝트를 기획 중인 A과장은 아이디어의 부족으로 어려움을 겪고 있었지만, 다른 부서인
B대리의 아이디어로 성공적으로 프로젝트를 마칠 수 있었다. 그러나 회사에서는 담당자인 A과장
에게만 성과급을 지급하였다. 이 상황에서 당신이 A과장이라면 어떻게 행동할 것인가?

① 작은 선물을 통해 고마움을 전달한다.
② 아이디어의 주인인 B대리에게 성과급을 모두 전달한다.
③ 프로젝트 담당자가 받는 것이므로 가만히 있는다.
④ 자신의 성과급을 B대리에게 반절 나누어 준다.
⑤ 인사관리팀에 이야기하여 B대리도 받을 수 있도록 한다.

04 E회사에 재직중인 A주임은 우연하게 거래처인 B회사에서 비공개 정보를 습득하였다. 이 정보는 E사의 경쟁력 확보를 위해 중요하지만 이것을 공유했을 때 윤리적·법적 문제가 발생할 수 있다. 당신이 A주임이라면 어떻게 행동할 것인가?

① 회사의 윤리 정책과 법적 절차를 따른다.

② 윤리적·법적 문제가 있을 수 있으므로 모른 체한다.

③ 자사의 이익이 가장 중요하므로 즉시 관련 부서에 공유한다.

④ B회사에 알려 보안 강화를 촉구한다.

⑤ 나중에 필요할 경우가 생길 수 있으므로 개인적으로 보관한다.

05 2년 차 사원인 A는 자신의 능력에 비해 직무능력이 떨어지는 부서 상관들에게 불만이 쌓여가고 있다. 회식 자리에서 부서 상관 B가 A사원에게 회사에 대한 불만을 솔직하게 말해보라고 할 때, 당신이 A사원이라면 어떻게 하겠는가?

① 상관 B가 물어온 만큼 솔직하게 직무능력에 대해 얘기해본다.

② 회식 자리인 만큼 가벼운 농담으로 응수한다.

③ 술자리에서 할 얘기가 아닌 것 같다고 하며 얼버무린다.

④ 불만보다 만족하고 있는 점을 말하면서 화제를 돌린다.

⑤ 만취한 척하면서 불만을 모두 이야기한다.

06 평소 생선회를 즐기지 않는 A사원은 부서 회식 장소가 주로 횟집으로 정해져 회식에 참석하는 것이 즐겁지 않다. 당신이 A사원이라면 어떻게 하겠는가?

① 생선회를 싫어한다고 부서원들에게 공개적으로 말한다.

② 부서 회식인 만큼 싫어하는 음식이지만 내색하지 않는다.

③ 횟집에서 회가 아닌 다른 메뉴를 추가적으로 주문한다.

④ 꼭 필요한 회식이 아니라고 판단되면 회식 장소가 횟집일 때 회식에 불참한다.

⑤ 은근슬쩍 다른 메뉴를 추천해서 관심을 유도한다.

07 A사원의 직속상관 B는 최근 업무상 실수를 저질렀다. 상관 B는 이 사실을 알고 있는 A사원에게 자신의 실수를 본인의 실수처럼 덮어쓰면 추후 승진 심사 때 보답을 하겠다고 제안했다. 당신이 A사원이라면 어떻게 하겠는가?

① B의 제안을 못 이기는 척 수용한다.
② 즉시 거절한다.
③ 가장 친한 동료와 상의한다.
④ B의 제안을 문서화하여 보관한다.
⑤ B사원보다 직급이 높은 직원을 찾아가 이러한 상황을 설명한다.

08 직속 상관 C는 A사원과 B사원 중 유독 B사원에게 쉬운 일을 맡기고 A사원에게는 어려운 일을 맡긴다. 당신이 A사원이라면 어떻게 하겠는가?

① 부서 회의 시간에 공개적으로 C에게 공정한 업무 분담을 요구한다.
② 본인의 능력이 더 나아서 그런 것이라 생각한다.
③ 회식 자리에서 가볍게 왜 사원 B와 차별하느냐고 따진다.
④ C의 상관인 D에게 상담을 요청한다.
⑤ 어차피 주어진 일이므로 즐거운 마음으로 일한다.

09 A사원과 입사 동기인 B사원은 평소 생각하는 바를 직설적이고 노골적으로 말해 상대를 불쾌하게 할 때가 있다. 다수가 모여 식사하는 자리에서 옆자리에 앉게 된 입사 후배인 C사원이 B사원이 한 말에 상처를 받은 사실을 조용히 A사원에게 털어놓았다. 당신이 A사원이라면 어떻게 하겠는가?

① C사원의 기분이 풀릴 수 있도록 맞장구를 쳐 준다.
② B사원을 따로 불러 나무란다.
③ 사회 생활을 하다보면 있을 수 있는 일이라며 C사원에게 신경쓰지 말라고 한다.
④ B사원과 단둘이 있을 때 이 상황에 대해 얘기하며 C사원에게 사과를 권유한다.
⑤ C사원과 B사원이 화해할 수 있는 자리를 마련한다.

10 A대리는 B과장이 오늘까지 마치라고 지시한 업무를 하고 있었는데, B과장이 없는 사이에 C부장이 찾아와 다른 일을 신속히 해달라고 지시했다. 당신이 A대리라면 어떻게 하겠는가?

① 업무의 경중을 따져 중요한 순서대로 처리한다.

② 먼저 지시받은 업무를 끝내고 C부장이 시킨 일을 한다.

③ 더 높은 직급인 C부장이 지시한 일을 먼저 끝낸다.

④ 즉시 C부장에게 B과장 지시에 대해 알린다.

⑤ 맡은 일 중 한 가지를 동료 직원과 나눈다.

11 부부싸움으로 배우자와 사이가 좋지 않은 A사원은 오늘 갑자기 팀 친목 도모를 위한 1박 2일 등산 계획이 잡힌 사실을 알게 되었다. 당신이 A사원이라면 어떻게 하겠는가?

① 업무의 연장이라 생각하며 등산에 참여한다.

② 상관에게 가정사를 얘기하며 등산에 빠지겠다고 말한다.

③ 배우자에게 등산 사실을 알리고 등산에 참여한다.

④ 가정사 이야기는 하지 않고 등산에 불참하겠다고 팀원들에게 알린다.

⑤ 말하면 또 다투게 되므로 장소에 도착해서 배우자에게 연락한다.

12 A사원과 B사원은 함께 회사의 중요한 TF팀에서 일정 기간 일하게 되었다. A사원과 B사원은 비슷한 업무 분량을 각각 담당하고 있는데, A사원이 볼 때 B사원으로 인해 업무 진행속도가 떨어지는 것 같다. 당신이 A사원이라면 어떻게 하겠는가?

① 회사 차원의 중요한 업무인 만큼 B사원 업무까지 맡아서 진행한다.

② TF팀장에게 본인이 느낀 바를 솔직하게 말한다.

③ 업무 분담을 한 만큼 본인 업무에만 집중한다.

④ 다른 동료들에게 사원 B의 업무태도에 관하여 험담하며 스트레스를 푼다.

⑤ 나의 업무 진행속도를 B에 맞게 늦춘다.

13 동물 털 알레르기가 있는 A사원의 옆자리에 반려묘를 기르는 신입사원 B가 새로 배치되었다. 당신이 A사원이라면 어떻게 하겠는가?

① 부서장에게 부서 자리 전면 재배치를 요구한다.
② 친한 동료에게 B사원과 자리를 바꾸는 것을 부탁한다.
③ B사원에게 본인의 알레르기에 대해 얘기하고 다른 자리를 알아보라고 한다.
④ 알레르기는 본인 탓이라 생각하고 참고 견딘다.
⑤ 알레르기가 있는 자신의 탓이므로 부서장에게 양해를 구하고 자리를 옮긴다.

PART 2

14 상반기 공채로 입사한 A사원은 B부서에 배치받았다. 현재 B부서는 작년 하반기부터 진행해 온 프로젝트로 매우 바빠서 A사원은 아직 주 업무가 확정되지 않은 상태로 출근만 하고 있는 상황이다. 당신이 A사원이라면 어떻게 하겠는가?

① 부서장에게 본인이 할 업무에 대해 지시해줄 것을 요구한다.
② 눈치껏 다른 부서원들의 업무를 도와주며 업무지시를 기다린다.
③ 본인을 찾아 업무를 시킬 때까지 그냥 대기한다.
④ 자신이 할 일을 파악해보고 먼저 시작한다.
⑤ 업무를 줄 때까지 개인적인 일을 하면서 기다린다.

15 A사원은 부서장의 지시로 지방 장거리 출장을 다녀와야 한다. 그런데 친한 동료사원 B가 본인 고향이라 오랜만에 고향을 내려가고 싶다며 출장을 본인이 대신 가면 안 되겠냐고 부탁한다. 당신이 A사원이라면 어떻게 하겠는가?

① B사원에게 공사 구분을 확실히 하라고 충고한다.
② 부서장에게 B사원의 의견임을 밝히고 출장 변경을 요청한다.
③ 부서장에게 사원 B와 함께 가서 출장자 변경을 요청한다.
④ B사원에게 자신의 권한 밖이라며 거절한다.
⑤ 부탁은 들어주지만 자신의 일이므로 출장 상황을 진달해 줄 것을 요구한다.

16 A사원은 타 부서원들과 중요한 회의를 하는 중이다. 그런데 어제 과음한 탓인지 컨디션도 좋지 않고 자주 화장실을 왔다 갔다 하고 있다. 당신이 A사원이라면 어떻게 하겠는가?

① 출입문 쪽으로 자리를 이동한다.
② 좋지 않은 컨디션이므로 상관에게 회의에서 빠져있겠다고 요청한다.
③ 전혀 내색하지 않고 참을 수 있는 데까지 참는다.
④ 친한 동료에게 회의 내용 메모를 부탁하고 잠시 쉰 후 회의에 참석한다.
⑤ 몸이 너무 안 좋다고 이야기하고 회의를 중단시킨다.

17 경력직으로 이직한 A대리는 저녁 시간 이후 업무의 능률이 훨씬 높다. 그러나 이전 직장과는 달리 이직한 K회사에서는 탄력근무제를 실시하지 않고 있다. 당신이 A대리라면 어떻게 하겠는가?

① 이직한 회사의 근무시스템에 적응해보고, 적응이 어렵다면 이직한다.
② 부서장에게 탄력근무제 실시를 허락해 달라고 요청한다.
③ 회사에 건의할 수 있는 제도를 이용하여 공개적으로 탄력근무제 도입 추진을 요청한다.
④ 출근시간은 그대로 지키고 본인 업무 능률이 높은 저녁 이후 시간에 추가근무를 한다.
⑤ 이직한 회사의 업무시간은 사전에 알고 있었던 것이므로 감수한다.

18 A사원의 선배인 B사원은 평소 들은 말을 과장하여 다른 사람에게 전달하곤 한다. A사원의 사적인 부끄러운 이야기를 우연히 B사원이 알게 되었고, B사원이 그 사실을 알고 있다는 것을 A사원도 인지한 상황이다. 당신이 A사원이라면 어떻게 하겠는가?

① B사원을 만나 다른 사람에게 본인의 사적인 이야기를 하지 말 것을 부탁한다.
② 당분간 회사에서 B사원을 따라다니며 본인의 이야기를 하는지 관찰한다.
③ B사원이 말하기 전에 본인이 부서원들에게 먼저 말한다.
④ B사원과 친해지기 위해 노력한 후, 다른 사람에게 말하지 않을 것을 기대한다.
⑤ B사원보다 직급이 높은 상사를 만나 상황을 설명하고 도움을 받는다.

19 E회사의 사내 체육대회 행사 날 A사원은 평소 업무 관계로 껄끄러웠던 M부서원들과 한 조가 되었다. 당신이 A사원이라면 어떻게 하겠는가?

① 조 편성 담당을 찾아가 변경을 요청한다.
② 일시적인 상황이므로 체육대회가 끝날 때까지 별다른 내색을 하지 않는다.
③ 업무 관계로 만난 일이 아닌 만큼 그간 감정은 잊고 체육대회에 집중한다.
④ 친목 자리인 만큼 M부서원들과 화해를 시도한다.
⑤ 불편한 상황이므로 핑계를 대고 체육대회를 빠진다.

20 A사원에겐 업무 능력은 탁월하지만 도덕적 결함이 있는 동기 B사원이 있다. 그런데 최근 승진 심사에서 A사원은 승진에 실패했지만 B사원은 승진했다. 당신이 A사원이라면 어떻게 하겠는가?

① 승진 심사의 구체적 기준에 대해 문의한다.
② 도덕적 결함이 있는 자를 선호하는 회사에 애정을 쏟을 필요가 없다고 판단한다.
③ 승진 심사자와 부서에 B의 도덕적 결함을 공개한다.
④ B사원에게 축하의 말을 전하고 불편한 속내를 내비치지 않는다.
⑤ B가 자신의 지위를 이용해 도덕적인 문제를 일으키는지 계속 관찰한다.

21 A사원은 입사 동기인 B사원으로부터 업무량이 많으니 오늘 함께 야근하며 본인을 도와달라는 부탁을 받았다. 그러나 계획된 업무가 적었던 A는 이미 여자친구와 데이트 약속을 하고 저녁식사 예약까지 한 상황이다. 당신이 A사원이라면 어떻게 하겠는가?

① 우선 여자친구와 저녁식사를 한 뒤 바로 헤어지고 회사로 돌아와 B사원을 도와준다.
② B사원에게 여자친구와의 약속을 얘기하고 부탁을 거절한다.
③ 여자친구에게 연락해 약속을 취소하고 B사원을 돕는다.
④ B사원에게 여자친구와의 식사 및 데이트를 모두 끝낸 후 돕겠다고 한다.
⑤ B사원에게 상황을 설명하고, 대신 도와줄 수 있는 직원을 찾아 준다.

22 A사원은 팀원이 모두 5명인 K팀에 소속되어 있다. 그러나 최근 회사의 구조조정으로 본인과 팀장 이외의 세 명이 퇴사했고, 이들은 모두 경쟁사인 P회사로 옮겨 원래 했던 일과 비슷한 일을 하고 있다. 예전 팀원들과 P회사 스카우터가 A사원에게 함께 일할 것을 제안했다. 당신이 A사원이라면 어떻게 하겠는가?

① 친분 여부와 관계없이 현재 회사에 대한 만족도를 따져본다.

② 친분 여부와 관계없이 P회사의 근무환경을 고려하여 결정한다.

③ 함께 일했던 동료들이 있으므로 고민하지 않고 이직한다.

④ K팀의 팀장에게 스카우트를 제안 받은 사실을 알린다.

⑤ 두 회사에 모두 긍정적인 의사를 표명하고 좀 더 좋은 조건을 부르는 곳을 선택한다.

23 A사원은 두 달 전 입사한 신입사원 B가 최근 자주 정신이 다른 곳에 팔려 있다는 느낌을 받고 있다. 당신이 A사원이라면 어떻게 하겠는가?

① 회사 내에서 불러 원인을 물어본다.

② 퇴근 후 따로 만나 이야기를 들어본다.

③ 다시 정상으로 돌아올 것이기 때문에 신경 쓰지 않는다.

④ B사원과 친한 동기에게 이유를 알고 있는지 물어본다.

⑤ 업무 시간에 정신 차리라고 쓴소리를 한다.

24 연말 회식자리에서 평소 업무상으로 A사원과 부딪히는 경우가 많아 관계가 껄끄러웠던 상관 B가 A에게 계속 술을 권하고 있다. 당신이 술을 잘 마시지 못하는 A사원이라면 어떻게 하겠는가?

① 원래 술을 못 마신다고 말하며 술을 거절한다.

② 권하는 술을 조금씩 마셔 관계 회복을 위해 노력한다.

③ 술 대신 음료수를 마시겠다고 말하며 대화를 해본다.

④ 다른 곳으로 은근슬쩍 자리를 옮긴다.

⑤ 권하는 술을 받아 두고, 다른 음료를 마신다.

25 A사원은 자기계발을 위해 퇴근 후 대학원을 다니고 있다. 기말고사를 치르게 되는 오늘, 팀장이 예정에 없던 사유로 팀 전체 야근을 지시한다. 당신이 A사원이라면 이 상황에서 어떻게 하겠는가?

① 팀장에게 양해를 구하고 대학원을 간다.

② 본인에게 할당된 업무량을 확인하고 먼저 기말고사를 본 뒤 복귀하여 할당된 업무량을 채운다.

③ 기말고사를 포기한다.

④ 친한 팀원에게 본인의 역할까지 담당해줄 것을 부탁한다.

⑤ 야근은 본인이 결정하는 것이므로 신경 쓰지 않고 퇴근한다.

26 A사원이 근무하는 부서의 장이 본인에게 건의하고 싶은 내용을 적어 무기명으로 제출할 수 있는 건의함을 만들어 운영하겠다고 밝혔다. 당신이 A사원이라면 어떻게 하겠는가?

① 익명성이 확실하게 담보될 수 없다고 판단하여 건의함을 이용하지 않는다.

② 평소 부서장에게 말하고 싶었던 불만을 적어 제출한다.

③ 본인의 업무에 관한 아이디어를 적어 제출한다.

④ 상사의 의도를 정확하게 알기 전까지는 건의함을 이용하지 않는다.

⑤ 건의함으로 할 수 있는 말은 직접 할 수 있는 말이어야 하므로 바로 이야기 한다.

27 A사원은 입사동기인 B사원에 비해 직속 상관에게 신임을 덜 받고 있다고 느낀다. 특히 최근 B사원에 비해 중요하지 않은 업무들만 자신에게 주어진다고 느끼고 있는데, 당신이 A사원이라면 어떻게 하겠는가?

① 회사 내에서 미팅을 요구한 뒤 본인의 부족한 점을 물어본다.

② 회식자리에서 술의 힘을 빌려 지나가는 식으로 상관에게 섭섭함을 토로한다.

③ 직속 상관에게 능력을 인정받을 수 있도록 열심히 해본 뒤에 그래도 상관의 태도가 달라지지 않으면 전출 요청을 한다.

④ 친한 상관에게 자신의 섭섭함을 대신 전달해 달라고 부탁한다.

⑤ 상사가 평가한 내 능력치이므로 받아들인다.

28 A사원은 승진을 앞두고 동기 사원인 B사원이 점점 자신을 서먹하게 대하는 것 같다고 느끼는 중이다. 당신이 A사원이라면 어떻게 하겠는가?

① B사원과 편한 관계를 회복할 수 있도록 따로 술자리를 제안한다.
② B사원의 행동에 일일이 반응하지 않는다.
③ 경쟁 구조이기 때문에 어쩔 수 없다고 판단하고 B사원을 이해한다.
④ 승진 심사 기간 이후 B사원에게 서운했던 점을 얘기한다.
⑤ B사원의 마음은 어쩔 수 없으므로 만나지 않는다.

29 A대리는 매년 K국가로 해외출장 시 같은 호텔을 이용한다. 어느 날 묵고 있던 호텔에서 우수고객이라며 고가의 레저 이용권을 별다른 제안 없이 제공하려 한다. 당신이 A대리라면 어떻게 하겠는가?

① 회사 경비로 묵는 숙소이므로 회사에 알리고 이용권을 넘겨준다.
② 개인적으로 받는 것이기 때문에 다른 절차 없이 본인이 사용한다.
③ 즉시 거절하고 앞으로도 제공하지 말 것을 통보한다.
④ 부서장 또는 담당부서와 통화한 후 지침을 따른다.
⑤ 고가의 레저 이용권이 아닌 회사에 도움이 될 수 있는 다른 혜택을 요구한다.

30 부서원들끼리 점심식사를 마치고 A사원의 카드로 우선 한꺼번에 계산을 하게 되었다. 다른 부서원들은 정확히 A사원에게 점심값을 전달했는데 평소 껄끄러웠던 선임 B대리가 실제 금액보다 적은 금액을 A사원에게 주었다. 당신이 A사원이라면 어떻게 하겠는가?

① 크게 개의치 않는다.
② 즉시 그 자리에서 B대리에게 금액이 틀리다고 말한다.
③ 다음에 다시 본인이 점심식사 가격을 계산하게 될 때 가벼운 농담조로 B대리에게 이 사실을 말한다.
④ B대리가 계산할 때 B가 덜 낸 만큼 본인도 덜 낸다.
⑤ 이번엔 그냥 넘어가고 다시는 나서서 계산하지 않는다.

31 S부서에는 M팀과 K팀이 있다. 두 팀의 직원은 2년간 근무한 후 번갈아가며 M팀과 K팀을 순환하고 있다. A대리가 K팀에 온 지 1년 6개월이 되어갈 시점에 사적인 이유로 M팀의 팀장과 K팀의 팀장 사이에 심각한 불화가 생겨 팀원들은 눈치를 보며 생활하는 중이다. 당신이 A대리라면 어떻게 하겠는가?

① 현재 K팀 소속인 만큼 K팀 팀장의 의견에 맞장구쳐 준다.

② 곧 M팀으로 옮기기 때문에 M팀 팀장의 의견에 맞장구쳐 준다.

③ 사적인 일로 벌어진 상황이니만큼 신경 쓰지 않는다.

④ 팀원들과 대화 시 상대 팀장의 험담은 절대 하지 않는다.

⑤ 이러한 상황에 피해보고 싶지 않으므로 다른 부서로 이동을 신청한다.

32 계약직인 A사원은 얼마 전 회사로부터 정규직 전환이 되지 않는다는 통보를 받아 퇴사를 앞두고 있다. 그런데 업무를 인수받을 후임이 불성실하고 능력도 부족해 보인다. 당신이 A사원이라면 어떻게 하겠는가?

① 업무 인계도 업무의 일부인 만큼 인수자에 상관없이 성실한 자세로 임한다.

② 인수자가 가진 열정과 능력만큼 업무 인수에 신경을 쓴다.

③ 부서장에게 인수자의 상태를 알리고 대책을 요구한다.

④ 업무 인수자의 태도에 대해 따끔하게 훈계한다.

⑤ 나중에라도 인수자가 볼 수 있는 인수인계 자료를 제작한다.

🕐 응시시간 : 56분　　📋 문항 수 : 70문항　　　　　　　　　　　　정답 및 해설 p.053

01　　언어비평검사 Ⅰ (언어추리)

※ 다음 중 논리적 오류의 성격이 다른 것을 고르시오. **[1~3]**

01　① 이번 학기도 편하게 지내고 싶다면 내 말을 거역하지 않는 게 좋을 거다.
　② 어린 나이에 부모를 사고로 모두 잃었으니 그녀가 그런 과격한 가치관을 갖게 되는 것도 당연해.
　③ 어젯밤 그가 집에 있지 않았다는 것을 증명할 수 있는 사람이 없으니 그는 용의선상에서 제외되어야 한다.
　④ 추운 겨울날 밖에서 자야 하는 노숙자들이 얼마나 힘들겠어. 가끔 난동을 부리는 것쯤은 이해해줘야 하지 않을까?
　⑤ 나는 오래 전부터 철수와 악연을 맺어오고 있다. 때문에 철수가 하는 일이라면 무엇이든 반대할 것이다.

Easy

02　① 학생의 본분은 공부이므로 나는 집안일은 전혀 하지 않고 공부만 한다.
　② 이 아파트는 인기 연예인의 부모님이 사는 곳이므로 집값이 오른다고 보장할 수 있다.
　③ 남자는 여자를 지켜줘야 하기 때문에 미정이가 친구의 돈을 빼앗는 것을 보았어도 그녀를 지켜주기 위해 아무에게도 말하지 않았다.
　④ 다른 사람의 물건에 손을 대어서는 안 된다. 할머니께서 무거운 짐을 들고 가시더라도 함부로 손대어서는 안 되므로 들어드릴 수 없다.
　⑤ 사람은 남의 것을 욕심내지 말아야 한다. 지하철에서 노인 분들이 젊은 사람의 자리를 탐내는 것을 보면 이해할 수가 없다.

03
① 털이 많을수록 더위를 많이 탄다고 하는데, 동생이 유난히 더위를 많이 타는 걸로 볼 때 우리 가족 중 털이 가장 많은 것이 틀림없다.

② 노력하지 않으면 그에 따른 보상도 받을 수 없어. 결국 보상을 받지 못한 사람은 노력하지 않은 사람이야.

③ 전 세계의 모든 사람이 서로를 사랑한다면 세계에 평화가 찾아올 것이다. 마침내 세계에 평화가 찾아왔다면 모든 사람은 서로를 사랑하고 있을 것이다.

④ 시험 문제가 어렵다면 높은 점수를 받을 수 없으므로 이번 시험에서 쉬운 문제가 출제되면 높은 점수를 받을 수 있어.

⑤ 너에게 지게차를 운전할 수 있는 면허증이 있다면 지게차를 운전해 본 경험이 있을 거야. 지난번에 네가 지게차를 운전해 본 경험이 있다고 이야기했으니까 당연히 면허증이 있겠지?

04　다음 제시된 오류와 관련 있는 것은?

> 논지와는 직접적인 관련이 없는 권위자의 견해에 근거하여 자신의 주장을 받아들이도록 하는 오류

① 이 책은 나의 지도교수님이 높게 평가하셨으니 훌륭한 책일 게 틀림없어.

② 우리 반 아이들 대부분이 A브랜드의 등산용 패딩을 입는다고요. 그러니까 저도 사주세요.

③ 그 선생님은 좋은 대학을 나오지도 못했으면서 무슨 자격으로 학원에서 아이들을 가르치는 거야?

④ 세 시까지 약속장소로 나와. 늦거나 못 나온다고 하면 너와 절교할 거야.

⑤ 태권도는 우리나라에서 시작된 운동이므로 우리나라 사람이 세계에서 태권도를 가장 잘할 것이다.

05 다음 명제가 항상 참이라고 할 때, 반드시 참이라고 할 수 없는 것은?

> - 모든 사람은 자신에 대해서 호의적인 사람에게 호의적이다.
> - 어느 누구도 자신을 비방한 사람에게 호의적이지 않다.
> - 모든 사람 중에는 다른 사람을 절대 비방하지 않는 사람이 있다.
> - 어느 누구도 자기 자신에 대해서 호의적이지도 않고 자기 자신을 비방하지도 않는다.

① 두 사람이 서로 호의적이라면, 그 두 사람은 서로 비방한 적이 없다.

② 두 사람이 서로 비방한 적이 없다면, 그 두 사람은 서로 호의적이다.

③ 어떤 사람이 다른 모든 사람을 비방한다면, 그 사람에 대해 호의적인 사람은 없다.

④ A라는 사람이 다른 모든 사람을 비방한다면, A에게 호의적이지 않지만 A를 비방하지 않는 사람이 있다.

⑤ 모든 사람이 자신을 비방하지 않는 사람에게 호의적이라면, 모든 사람에게는 각자가 호의적으로 대하는 사람이 적어도 한 명은 있다.

※ 다음 명제를 바탕으로 추론할 수 있는 내용으로 옳은 것을 고르시오. [6~7]

06

> - 티라노사우르스는 공룡이다.
> - 곤충을 먹으면 공룡이 아니다.
> - 곤충을 먹지 않으면 직립보행을 한다.

① 직립보행을 하지 않으면 공룡이다.

② 직립보행을 하면 티라노사우르스이다.

③ 곤충을 먹지 않으면 티라노사우르스이다.

④ 티라노사우르스는 직립보행을 하지 않는다.

⑤ 티라노사우르스는 직립보행을 한다.

07

> - 정직한 사람은 이웃이 많을 것이다.
> - 성실한 사람은 외롭지 않을 것이다.
> - 이웃이 많은 사람은 외롭지 않을 것이다.

① 이웃이 많은 사람은 성실할 것이다.

② 성실한 사람은 정직할 것이다.

③ 정직한 사람은 외롭지 않을 것이다.

④ 외롭지 않은 사람은 정직할 것이다.

⑤ 외로운 사람은 이웃이 많지 않지만 성실하다.

08 E기업은 봉사활동의 일환으로 홀로 사는 노인들에게 아침 식사를 제공하기 위해 일일 식당을 운영하기로 했다. 다음 명제들이 모두 참이라고 할 때, 항상 참인 것은?

- 음식을 요리하는 사람은 설거지를 하지 않는다.
- 주문을 받는 사람은 음식 서빙을 함께 담당한다.
- 음식 서빙을 담당하는 사람은 요리를 하지 않는다.
- 음식 서빙을 담당하는 사람은 설거지를 한다.

① A사원은 설거지를 하면서 음식 서빙도 한다.
② B사원이 설거지를 하지 않으면 음식을 요리한다.
③ C사원이 음식 주문을 받으면 설거지는 하지 않는다.
④ D사원이 설거지를 하지 않으면 음식 주문도 받지 않는다.
⑤ E사원이 설거지를 하지 않으면 음식 주문을 받는다.

09 다음 글을 읽고 항상 참인 것을 고르면?

지영이, 미주, 수진이는 각각 공책을 가지고 있다. 지영이는 보라색 공책도 가지고 있다. 미주는 보라색 공책만 가지고 있다. 수진이는 빨간색 공책도 가지고 있다. 세 사람의 공책 중 두 권이 한 책상 위에 놓여 있다. 책상 위에 있는 공책은 모두 보라색이다.

① 지영이의 공책은 책상 위에 있다.
② 지영이의 빨간색 공책은 책상 위에 있다.
③ 수진이의 모든 공책은 책상 위에 있다.
④ 책상 위에 있는 모든 공책은 미주의 공책이다.
⑤ 수진이는 빨간색 공책과 보라색 공책을 가지고 있다.

※ 제시된 내용을 바탕으로 내린 A, B의 결론에 대한 판단으로 항상 옳은 것을 고르시오. [10~12]

10

- 시계, 귀걸이, 목걸이, 반지 4가지 물건의 가격은 자연수이다.
- 시계의 가격은 귀걸이와 5,000원 차이가 난다.
- 반지는 귀걸이보다 3,000원 싸다.
- 목걸이의 가격은 반지 가격의 두 배이다.

- A : 목걸이가 12,000원일 때 시계는 14,000원이다.
- B : 반지가 3,000원일 때 귀걸이와 목걸이의 가격은 서로 같다.

① A만 옳다.
② B만 옳다.
③ A, B 모두 옳다.
④ A, B 모두 틀리다.
⑤ A, B 모두 옳은지 틀린지 판단할 수 없다.

11

- 어느 반의 남학생과 여학생 수의 합은 20명이다.
- 학생들은 체육복이나 교복을 입고 있다.
- 체육복을 입은 학생은 9명이다.
- 교복을 입은 남학생은 4명이다.
- 체육복을 입은 남학생 수와 체육복을 입은 여학생 수의 차이는 3명이다.

- A : 교복을 입은 여학생은 7명이다.
- B : 여학생은 교복을 입은 학생보다 체육복을 입은 학생이 더 많다.

① A만 옳다.
② B만 옳다.
③ A, B 모두 옳다.
④ A, B 모두 틀리다.
⑤ A, B 모두 옳은지 틀린지 판단할 수 없다.

12

- 태민이는 닭고기보다 돼지고기를 좋아한다.
- 태민이는 닭고기보다 소고기를 좋아한다.
- 태민이는 소고기보다 오리고기를 좋아한다.
- 태민이는 오리고기보다 생선을 좋아한다.

- A : 태민이는 돼지고기보다 오리고기를 좋아한다.
- B : 태민이는 생선을 가장 좋아한다.

① A만 옳다.
② B만 옳다.
③ A, B 모두 옳다.
④ A, B 모두 틀리다.
⑤ A, B 모두 옳은지 틀린지 판단할 수 없다.

PART 2

13 다음 명제를 바탕으로 추론할 수 있는 것은?

- 국어를 좋아하는 학생은 영어를 좋아한다.
- 수학을 싫어하는 학생은 국어를 좋아한다.
- 수학을 좋아하는 학생은 영어를 싫어한다.
- 영어를 좋아하는 학생은 사회를 좋아한다.

① 영어를 싫어하는 학생은 국어를 좋아한다.
② 국어를 싫어하는 학생은 영어도 싫어한다.
③ 영어를 좋아하는 학생은 수학도 좋아한다.
④ 사회를 좋아하는 학생은 수학도 좋아한다.
⑤ 수학을 싫어하는 학생은 사회도 싫어한다.

14 A ~ F 여섯 명은 번지 점프를 하기 위해 줄을 서 있다. 다음 조건을 만족할 때, 항상 옳은 것은?

- A와 D 사이에는 세 명이 있다.
- C는 D보다 늦게, E는 C보다 늦게 뛰어내린다.
- F와 E는 연속으로 뛰어내리지 않는다.
- B는 C와 D 사이에서 뛰어내린다.

① F는 A보다 빨리 뛰어내린다.   ② B는 C보다 빨리 뛰어내린다.
③ A는 다섯 번째에 뛰어내린다.   ④ E는 F보다 늦게 뛰어내린다.
⑤ C는 세 번째에 뛰어내린다.

베블런에 의하면 사치품 사용 금기는 전근대적 계급에 기원을 두고 있다. 즉, 사치품 소비는 상류층의 지위를 드러내는 과시소비이기 때문에 피지배계층이 사치품을 소비하는 것은 상류층의 안락감이나 쾌감을 손상한다는 것이다. 따라서 상류층은 사치품을 사회적 지위 및 위계질서를 나타내는 기호(記號)로 간주하여 피지배계층의 사치품 소비를 금지했다. 또한 베블런은 사치품의 가격 상승에도 그 수요가 줄지 않고 오히려 증가하는 이유가 사치품의 소비를 통하여 사회적 지위를 과시하려는 상류층의 소비행태 때문이라고 보았다. 그러나 소득 수준이 높아지고 대량 생산에 의해 물자가 넘쳐흐르는 풍요로운 현대사회에서, 서민들은 과거 왕족들이 쓰던 물건들을 일상생활 속에서 쓰고 있고 유명 배우가 쓰는 사치품도 쓸 수 있다. 모든 사람들이 명품을 살 수 있는 돈을 갖고 있을 때, 명품의 사용은 더 이상 상류층을 표시하는 상징이 될 수 없다. 따라서 새로운 사회의 도래는 베블런의 과시소비이론으로 설명하기 어려운 소비행태를 가져왔다. 이때 상류층이 서민들과 구별될 수 있는 방법은 오히려 아래로 내려가는 것이다. 현대의 상류층에게는 차이가 중요한 것이지 사물 그 자체가 중요한 것이 아니기 때문이다. 월급쟁이 직원이 고급 외제차를 타면 사장은 소형 국산차를 타는 것이 그 예이다.

Easy

15 베블런의 이론은 최근 현대사회에서 더욱 빛을 발한다.

① 참   ② 거짓   ③ 알 수 없음

16 현대사회에서는 서민들의 사치품 소비가 가능해지면서 오히려 상류층은 사치품 소비를 지양하기도 한다.

① 참   ② 거짓   ③ 알 수 없음

17 현대사회에서 서민의 사치스러운 생활은 물질만능주의를 가속화할 것이다.

① 참   ② 거짓   ③ 알 수 없음

※ 다음 제시문을 읽고 문제의 내용이 참이면 ①, 거짓이면 ②, 문제의 진위를 알 수 없으면 ③을 고르시오.
[18~20]

뉴턴은 빛이 눈에 보이지 않는 작은 입자라고 주장하였고, 이것은 그의 권위에 의지하여 오랫동안 정설로 여겨졌다. 그러나 19세기 초에 토머스 영의 겹실틈 실험은 빛의 파동성을 증명하였다. 이 실험의 방법은 먼저 한 개의 실틈을 거쳐 생긴 빛이 다음에 설치된 두 개의 겹실틈을 지나가게 하여 스크린에 나타나는 무늬를 관찰하는 것이다. 이때 빛이 파동이냐 입자이냐에 따라 결괏값이 달라진다. 즉, 빛이 입자라면 일자 형태의 띠가 두 개 나타나야 하는데, 실험 결과 스크린에는 예상과 다른 무늬가 나타났다. 마치 두 개의 파도가 만나면 골과 마루가 상쇄와 간섭을 일으키듯이, 보강 간섭이 일어난 곳은 밝아지고 상쇄 간섭이 일어난 곳은 어두워지는 간섭무늬가 연속적으로 나타난 것이다. 그러나 19세기 말부터 빛의 파동성으로는 설명할 수 없는 몇 가지 실험적 사실이 나타났다. 1905년에 아인슈타인은 빛은 광량자라고 하는 작은 입자로 이루어졌다는 광량자설을 주장하였다. 빛의 파동성은 명백한 사실이었으므로 이것은 빛이 파동이면서 동시에 입자인 이중적인 본질을 가지고 있다는 것을 의미하는 것이다.

18 아인슈타인의 광량자설은 뉴턴과 토머스 영의 가설을 모두 포함한다.

① 참   ② 거짓   ③ 알 수 없음

19 뉴턴의 가설은 그의 권위에 의해 현재까지도 정설로 여겨진다.

① 참   ② 거짓   ③ 알 수 없음

Hard
20 겹실틈 실험 결과, 일자 형태의 띠가 두 개 나타났으므로 빛은 입자이다.

① 참   ② 거짓   ③ 알 수 없음

※ 다음 문단을 논리적 순서대로 바르게 나열한 것을 고르시오. [1~4]

01

> (가) 이러한 과정에서 문제는 압축 정도가 제한된다는 것이다. 만일 기화된 가솔린에 너무 큰 압력을 가하면 멋대로 점화되어 버리는데 이것이 엔진의 노킹 현상이다.
>
> (나) 이전에 오토가 발명한 가솔린 엔진의 효율은 당시에 무척 떨어졌으며, 널리 사용된 증기 기관의 효율 역시 10%에 불과했고 가동 비용도 많이 드는 단점이 있었다.
>
> (다) 이처럼 디젤 기관은 연료의 품질에 민감하지 않고, 연료의 소비 면에서도 경제성이 뛰어나 오늘날 자동차 엔진용으로 확고한 자리를 잡았다.
>
> (라) 환경론자들이 걱정하는 디젤 엔진의 분진 배출 역시 필터 기술이 발전하면서 점차 극복되고 있다.
>
> (마) 이와 달리 디젤 엔진의 기본 원리는 실린더 안으로 공기만을 흡입하여 피스톤으로 강하게 압축시킨 다음 그 압축 공기에 연료를 분사시켜 저절로 점화되도록 하는 것이다.
>
> (바) 독일의 발명가 루돌프 디젤이 새로운 엔진에 대한 아이디어를 내고 특허를 얻은 것은 1892년의 일이었다.
>
> (사) 또 디젤 엔진은 압축 과정에서 연료가 혼합되지 않았기 때문에 가솔린 엔진보다 훨씬 더 높은 25 : 1 정도의 압축 비율을 사용할 수 있다. 압축 비율이 높다는 것은 그만큼 효율이 높다는 것을 의미한다.
>
> (아) 보통의 가솔린 엔진은 기화기에서 공기와 연료를 먼저 혼합하고, 그 혼합 기체를 실린더 속으로 흡입하여 압축한 후, 점화 플러그로 스파크를 일으켜 동력을 얻는다.

① (가) – (라) – (다) – (아) – (나) – (사) – (마) – (바)
② (다) – (라) – (아) – (가) – (마) – (나) – (바) – (사)
③ (마) – (다) – (아) – (나) – (가) – (바) – (라) – (사)
④ (바) – (아) – (가) – (나) – (다) – (사) – (마) – (라)
⑤ (바) – (나) – (아) – (가) – (마) – (사) – (다) – (라)

02

(가) 이글루가 따듯해질 수 있는 원리를 과정에 따라 살펴보면, 먼저 눈 벽돌로 이글루를 만든 후에 이글루 안에서 불을 피워 온도를 높인다.

(나) 에스키모 하면 연상되는 것 중의 하나가 이글루이다.

(다) 이 과정을 반복하면서 눈 벽돌집은 얼음집으로 변하게 되며, 눈 사이에 들어 있던 공기는 빠져 나가지 못하고 얼음 속에 갇히게 되면서 내부가 따듯해진다.

(라) 이글루는 눈을 벽돌 모양으로 잘라 만든 집임에도 불구하고 사람이 거주할 수 있을 정도로 따듯하다.

(마) 온도가 올라가면 눈이 녹으면서 벽의 빈틈을 메워 주고 어느 정도 눈이 녹으면 출입구를 열어 물이 얼도록 한다.

① (라) – (나) – (다) – (마) – (가)　　② (나) – (라) – (다) – (마) – (가)
③ (라) – (다) – (나) – (가) – (마)　　④ (나) – (라) – (가) – (마) – (다)
⑤ (가) – (다) – (나) – (라) – (마)

03

(가) 역사드라마는 역사적 인물이나 사건 혹은 역사적 시간이나 공간에 대한 작가의 단일한 재해석 또는 상상이 아니라 현재를 살아가는 시청자에 의해 능동적으로 해석되고 상상된다.

(나) 이는 곧 과거의 시공간을 배경으로 한 TV 역사드라마가 현재를 지향하고 있음을 의미한다.

(다) 그래서 역사적 시간과 공간적 배경 속에 놓여 있는 등장인물과 지금 현재를 살아가는 시청자들이 대화를 나누기도 하고, 시청자들이 역사드라마를 주제로 삼아 사회적 담론의 장을 열기도 한다.

(라) 역사드라마는 이처럼 다중적으로 수용된다는 점에서 과거와 현재의 대화라는 역사의 속성을 견지한다.

① (가) – (나) – (다) – (라)　　② (가) – (다) – (나) – (라)
③ (가) – (라) – (나) – (다)　　④ (라) – (다) – (나) – (가)
⑤ (라) – (가) – (나) – (다)

04

> (가) 또 그는 현대 건축 이론 중 하나인 '도미노 이론'을 만들었는데, 도미노란 집을 뜻하는 라틴어 '도무스(Domus)'와 혁신을 뜻하는 '이노베이션(Innovation)'을 결합한 단어다.
>
> (나) 그는 이 이론의 원칙을 통해 인간이 효율적으로 살 수 있는 집을 꾸준히 연구해왔으며, 그가 제안한 건축방식 중 필로티와 옥상정원 등이 최근 우리나라 주택에 많이 쓰이고 있다.
>
> (다) 최소한의 철근콘크리트 기둥들이 모서리를 지지하고 평면의 한쪽에서 각 층으로 갈 수 있게 계단을 만든 개방적 구조가 이 이론의 핵심이다. 건물을 돌이나 벽돌을 쌓아 올리는 조적식 공법으로만 지었던 당시에 이와 같은 구조는 많은 이들에게 적지 않은 충격을 주었다.
>
> (라) 스위스 출신의 프랑스 건축가 르 코르뷔지에(Le Corbusier)는 근대주택의 기본형을 추구했다는 점에서 현대 건축의 거장으로 불린다. 그는 현대 건축에서의 집의 개념을 '거주 공간'에서 '더 많은 사람이 효율적으로 살 수 있는 공간'으로 바꿨다.

① (가) - (라) - (다) - (가) ② (나) - (다) - (라) - (가)
③ (다) - (가) - (라) - (나) ④ (라) - (가) - (다) - (나)
⑤ (라) - (나) - (가) - (다)

Hard

05 다음 글의 내용으로 적절하지 않은 것은?

> '저장강박증'은 물건의 사용 여부와 관계없이 버리지 못하고 저장해 두는 강박장애의 일종이다. 미래에 필요할 것이라고 생각해서 물건이나 음식을 버리지 못하고 쌓아 두거나, 어떤 사람은 동물을 지나치게 많이 기르기도 한다. 저장강박증이 있는 사람들은 물건을 버리지 않고 모으지만 애정이 없기 때문에 관리는 하지 않는다. 다만 물건이 모아져 있는 상태에서 일시적인 편안함을 느낄 뿐이다. 그러나 결과적으로는 불안증과 강박증, 폭력성을 더욱 가중하는 결과를 낳게 된다.
>
> 저장강박증은 치료가 쉽지 않다. 아직까지 정확하게 밝혀진 원인이 없고, 무엇보다 이 사람들의 대부분은 자가 병식이 없다. 때문에 대부분 치료를 원하지 않거나 가족들의 강요에 의해 병원을 찾는다. 그러나 자연적으로 좋아지기 어려우므로 반드시 초기에 치료를 진행해야 한다.

① 저장강박증은 물건을 버리지 못하는 강박장애이다.
② 저장강박증이 있는 사람은 동물을 지나치게 많이 기르기도 한다.
③ 저장강박증이 있는 사람은 물건의 애착을 느껴서 버리지 못한다.
④ 저장강박증의 정확한 원인은 아직 밝혀지지 않았다.
⑤ 저장강박증이 있는 사람들은 스스로 병에 대한 문제를 느끼지 못한다.

06 다음 글을 통해 추론할 수 있는 내용으로 가장 적절한 것은?

> 조건화된 환경의 영향을 중시하는 스키너와 같은 행동주의와는 달리, 로렌츠는 동물 행동의 가장 중요한 특성들은 타고나는 것이라고 보았다. 인간을 진화의 과정을 거친 동물의 하나로 보는 그는, 공격성은 동물의 가장 기본적인 본능의 하나이기에, 인간에게도 자신의 종족을 향해 공격적인 행동을 하는 생득적인 충동이 있다는 것이다. 진화의 과정에서 가장 단합된 형태로 공격성을 띤 종족이 생존에 유리했으며, 이것이 인간이 호전성에 대한 열광을 갖게 된 이유라고 로렌츠는 설명한다.
> 로렌츠의 관찰에 따르면 치명적인 발톱이나 이빨을 가진 동물들이 같은 종의 구성원을 죽이는 경우는 드물다. 이는 중무장한 동물의 경우 그들의 자체 생존을 위해서는 자기 종에 대한 공격을 제어할 억제 메커니즘이 필요했고, 그것이 진화의 과정에 반영되었기 때문이라고 로렌츠는 설명한다. 그에 비해서 인간을 비롯한 신체적으로 미약한 힘을 지닌 동물들은, 자신의 힘만으로 자기 종을 죽인다는 것이 매우 어려운 일이었기 때문에, 이들의 경우 억제 메커니즘에 대한 진화론적인 요구가 없었다는 것이다. 그런데 기술이 발달함에 따라 인간은 살상 능력을 지니게 되었고, 억제 메커니즘을 지니지 못한 인간에게 내재된 공격성은 자기 종을 살육할 수 있는 상황에 이르게 된 것이다.
> 그렇다면 인간에 내재된 공격성을 제거하면 되지 않을까? 이 점에 대해서 로렌츠는 회의적이다. 우선 인간의 공격적인 본능은 긍정적인 측면과 부정적인 측면을 모두 포함해서 오늘날 인류를 있게 한 중요한 요소 중의 하나이기에 이를 제거한다는 것이 인류에게 어떤 영향을 끼칠지 알 수 없으며, 또 공격성을 최대한 억제시킨다고 해도 공격성의 본능은 여전히 배출구를 찾으려고 하기 때문이다.

① 늑대 등은 진화 과정에 반영된 공격 억제 메커니즘을 통해 자기 종에 대한 공격을 억제할 수 있다.
② 인간은 본능적인 공격성을 갖고 있지만, 학습을 통해 공격성을 억제한다.
③ 인간은 동물에 비해 지능이 뛰어나기 때문에 같은 종의 구성원을 공격하지 않는다.
④ 인간의 공격적인 본능을 억제해야 하는 이유는 부정적인 측면이 더 크기 때문이다.
⑤ 인간은 환경의 요구에 따라 같은 종의 구성원을 공격할 수 있도록 진화하였다.

07

우리 민족은 고유한 주거문화로 바닥 난방 기술인 구들을 발전시켜 왔는데, 구들은 우리 민족에 다양한 영향을 주었다. 우선 오랜 구들 생활은 우리 민족의 인체에 적지 않은 변화를 초래하였다. 태어나면서부터 따뜻한 구들에 누워 자는 것이 습관이 된 우리 아이들은 사지의 활동량이 적어 발육이 늦어졌다. 구들에서 자란 우리 아이들은 다른 어떤 민족의 아이들보다 따뜻한 곳에서 안정감을 느꼈으며, 우리 민족은 아이들에게 따뜻함을 만들어주기 위해 여러 가지를 고안하여 발전시켰다.

구들은 농경을 주업으로 하는 우리 민족의 생산도구의 제작과 사용에 많은 영향을 주었다. 구들에 앉아 오랫동안 활동하는 습관은 하반신보다 상반신의 작업량을 증가시켰고 상반신의 움직임이 상대적으로 정교하게 되었다. 구들 생활에 익숙해진 우리 민족은 방 안에서의 작업뿐만 아니라 농사를 비롯한 야외의 많은 작업에서도 앉아서 하는 습관을 갖게 되었는데 이는 큰 농기구를 이용하여 서서 작업을 하는 서양과는 완전히 다른 방식이었다.

① 구들의 영향으로 우리 민족은 앉아서 하는 작업방식이 일반화되었다.
② 구들은 실내뿐 아니라 실외활동에도 영향을 끼쳤다.
③ 우리 민족은 하반신 활동보다 상반신 활동이 많은 대신 상반신 작업이 정교한 특징이 있다.
④ 구들은 아이들의 체온을 높여 발육을 방해한다.
⑤ 우리 민족은 앉아서 작업하는 습관이 있다.

08

고야의 마녀도 리얼하다. 이는 고야가 인간과 마녀를 분명하게 구별하지 않고, 마녀가 실존하는 것처럼 그렸기 때문이다. 따라서 우리는 고야가 마녀의 존재를 믿었는지 의심할 수 있다. 그러나 그것은 중요한 문제가 아니다. 고야는 마녀를 비이성의 상징으로 그려서 세상이 완전하게 이성에 의해서만 지배되지 않음을 표현하고 있을 뿐이다. 또한 악마가 사실 인간 자신의 정신 내면에 존재하는 것임을 시사한다. 그것이 바로 가장 유명한 작품인 제43번 「이성이 잠들면 괴물이 나타난다.」에서 그려진 것이다.

① 고야가 마녀의 존재를 믿었는가의 여부는 알 수 없다.
② 고야는 이성의 존재를 부정하였다.
③ 고야는 비이성이 인간 내면에 존재한다고 판단했다.
④ 고야는 세상을 이성과 비이성이 뒤섞인 상태로 이해했다.
⑤ 고야는 악마가 인간의 정신 내면에 존재하는 점을 시사하였다.

※ 다음 글에서 밑줄 친 ㉠ ~ ㉤의 수정 방안으로 적절하지 않은 것을 고르시오. [9~10]

Easy

09

일반적으로 감기는 겨울에 걸린다고 생각하지만 의외로 여름에도 감기에 걸린다. 여름에는 찬 음식을 많이 먹거나 냉방기를 과도하게 사용하는 경우가 많은데, 그렇게 되면 체온이 떨어져 면역력이 약해지기 때문이다. ㉠ <u>감기를 순 우리말로 고뿔이라 한다.</u>

여름철 감기를 예방하기 위해서는 찬 음식은 적당히 먹어야 하고 냉방기에 장시간 ㉡ <u>노출되어지는</u> 것을 피해야 한다. ㉢ <u>또한</u> 충분한 휴식을 취하고, 집에 돌아온 후에는 손발을 꼭 씻어야 한다. 만약 감기에 걸렸다면 탈수로 인한 탈진을 방지하기 위해 수분을 충분히 섭취해야 한다. 특히 감기로 인해 ㉣ <u>열이나 기침을 할 때에는</u> 따뜻한 물을 여러 번에 나누어 조금씩 ㉤ <u>소량으로 먹는</u> 것이 좋다.

① ㉠ : 글의 통일성을 해치므로 삭제한다.
② ㉡ : 피동 표현이 중복되므로 '노출되는'으로 수정한다.
③ ㉢ : 문맥의 자연스러운 흐름을 위해 '그러므로'로 수정한다.
④ ㉣ : 호응 관계를 고려하여 '열이 나거나 기침을 할 때'로 수정한다.
⑤ ㉤ : 의미가 중복되므로 '소량으로'를 삭제한다.

10

심리학자들은 학습 이후 망각이 생기는 심리적 이유를 다음과 같이 설명하고 있다. 앞서 배운 내용이 나중에 공부한 내용을 밀어내는 순행 억제, 뒤에 배운 내용이 앞에서 배운 내용을 기억의 저편으로 밀어내는 역행 억제, 또한 공부한 두 내용이 서로 비슷해 간섭이 일어나는 유사 억제 등이 작용해 기억을 방해했기 때문이라는 것이다. 이러한 망각을 뇌 속에서 어떤 기억을 잃어버린 것으로 이해해서는 ㉠ <u>안된다.</u> 기억을 담고 있는 세포들은 내용물을 흘려버리지 않는다. 기억들은 여전히 ㉡ <u>머리 속에</u> 있는 것이다. 우리가 뭔가 기억해 내려고 애쓰는데도 찾지 못하는 것은 기억들이 ㉢ <u>혼재해</u> 있기 때문이다. ㉣ <u>그리고</u> 학습한 내용을 일정한 원리에 따라 ㉤ <u>짜임새 있게 체계적으로</u> 잘 정리한다면 학습한 내용을 어렵지 않게 기억해 낼 수 있다.

① ㉠ : 띄어쓰기가 적절하지 않으므로 '안 된다'로 수정한다.
② ㉡ : 맞춤법에 어긋나므로 '머릿속에'로 수정한다.
③ ㉢ : 문맥에 어울리지 않으므로 '잠재'로 수정한다.
④ ㉣ : 앞 문장과의 관계를 고려하여 '그러므로'로 수정한다.
⑤ ㉤ : 의미가 중복되므로 '체계적으로'를 삭제한다.

11 다음 글의 밑줄 친 빈칸에 들어갈 내용으로 가장 적절한 것은?

소독이란 물체의 표면 및 그 내부에 있는 병원균을 죽여 전파력 또는 감염력을 없애는 것이다. 이때, 소독의 가장 안전한 형태로는 멸균이 있다. 멸균이란 대상으로 하는 물체의 표면 또는 그 내부에 분포하는 모든 세균을 완전히 죽여 무균의 상태로 만드는 조작으로, 살아있는 세포뿐만 아니라 포자, 박테리아, 바이러스 등을 완전히 파괴하거나 제거하는 것이다.

물리적 멸균법은 열, 햇빛, 자외선, 초단파 따위를 이용하여 균을 죽여 없애는 방법이다. 열(Heat)에 의한 멸균에는 건열 방식과 습열 방식이 있는데, 건열 방식은 소각과 건식오븐을 사용하여 멸균하는 방식이다. 건열 방식이 활용되는 예로는 미생물 실험실에서 사용하는 많은 종류의 기구를 물 없이 멸균하는 것이 있다. 이는 습열 방식을 활용했을 때 유리를 포함하는 기구가 파손되거나 금속 재질로 이루어진 기구가 습기에 의해 부식할 가능성을 보완한 방법이다. 그러나 건열 멸균법은 습열 방식에 비해 멸균 속도가 느리고 효율이 떨어지며, 열에 약한 플라스틱이나 고무제품은 대상물의 변성이 이루어져 사용할 수 없다. 예를 들어 많은 세균의 내생포자는 습열 멸균 온도 조건(121℃)에서는 5분 이내에 사멸되나, 건열 멸균법을 활용할 경우 이보다 더 높은 온도(160℃)에서도 약 2시간 정도가 지나야 사멸되는 양상을 나타낸다. 반면, 습열 방식은 바이러스, 세균, 진균 등의 미생물들을 손쉽게 사멸시킨다. 습열은 효소 및 구조단백질 등의 필수 단백질의 변성을 유발하고, 핵산을 분해하며 세포막을 파괴하여 미생물을 사멸시킨다. 끓는 물에 약 10분간 노출하면 대개의 영양세포나 진핵포자를 충분히 죽일 수 있으나, 100℃의 끓는 물에서는 세균의 내생포자를 사멸시키지는 못한다. 따라서 물을 끓여서 하는 열처리는 _____ 멸균을 시키기 위해서는 100℃가 넘는 온도(일반적으로 121℃)에서 압력(약 $1.1kg/cm^2$)을 가해 주는 고압증기멸균기를 이용한다. 고압증기멸균기는 물을 끓여 증기를 발생시키고 발생한 증기와 압력에 의해 멸균을 시키는 장치이다. 고압증기멸균기 내부가 적정 온도와 압력(121℃, 약 $1.1kg/cm^2$)에 이를 때까지 뜨거운 포화 증기를 계속 유입시킨다. 해당 온도에서 포화 증기는 15분 이내에 모든 영양세포와 내생포자를 사멸시킨다. 고압증기멸균기에 의해 사멸되는 미생물은 고압에 의해서라기보다는 고압하에서 수증기가 얻을 수 있는 높은 온도에 의해 사멸되는 것이다.

① 더 많은 세균을 사멸시킬 수 있다.
② 멸균 과정에서 더 많은 비용이 소요된다.
③ 멸균 과정에서 더 많은 시간이 소요된다.
④ 소독을 시킬 수는 있으나, 멸균을 시킬 수는 없다.
⑤ 멸균을 시킬 수는 있으나, 소독을 시킬 수는 없다.

12 다음 글의 내용으로 가장 적절한 것은?

음악에서 화성이나 멜로디가 하나의 음 또는 하나의 화음을 중심으로 일정한 체계를 유지하는 것을 조성(調性)이라 한다. 조성을 중심으로 한 음악은 서양음악에 지배적인 영향을 미쳤는데, 여기에서 벗어나 자유롭게 표현하고 싶은 음악가의 열망이 무조(無調) 음악을 탄생시켰다. 무조 음악에서는 한 옥타브 안의 12음 각각에 동등한 가치를 두어 음들을 자유롭게 사용하였다. 이로 인해 무조 음악은 표현의 자유를 누리게 되었지만 조성이 주는 체계성은 잃게 되었다. 악곡의 형식을 유지하는 가장 기초적인 뼈대가 흔들린 것이다. 이와 같은 상황 속에서 무조 음악이 지닌 자유로움에 체계성을 더하고자 고민한 작곡가 쇤베르크는 '12음 기법'이라는 독창적인 작곡 기법을 만들어 냈다. 쇤베르크의 12음 기법은 12음을 한 번씩 사용하여 만든 기본 음렬(音列)에 이를 '전위', '역행', '역행 전위'의 방법으로 파생시킨 세 가지 음렬을 더해 악곡을 창작하는 체계적인 작곡 기법이다.

① 조성은 하나의 음으로 여러 음을 만드는 것을 말한다.
② 무조 음악은 조성이 발전한 형태라고 말할 수 있다.
③ 무조 음악은 한 옥타브 안의 음 각각에 가중치를 두어서 사용했다.
④ 조성은 체계성을 추구하고, 무조 음악은 자유로움을 추구한다.
⑤ 쇤베르크의 12음 기법은 무조 음악과 조성 모두에서 벗어나고자 한 작곡 기법이다.

13 다음 글의 주제로 가장 적절한 것은?

오늘날 사회계층 간 의료수혜의 불평등이 심화되어 의료이용도의 소득계층별, 지역별, 성별, 직업별, 연령별 차이가 사회적 불만의 한 원인으로 대두되고, 보건의료서비스가 의·식·주에 이어 제4의 기본적 수요로 인식됨에 따라 의료보장제도의 필요성이 나날이 높아지고 있다.
의료보장제도란 국민의 건강권을 보호하기 위하여 요구되는 필요한 보건의료서비스를 국가나 사회가 제도적으로 제공하는 것을 말하며, 건강보험, 의료급여, 산재보험을 포괄한다. 이를 통해 상대적으로 과다한 재정의 부담을 경감시킬 수 있으며, 국민의 주인의식과 참여 의식을 조장할 수 있다. 의료보장제도는 의료수혜의 불평등을 해소하기 위한 사회적·국가적 노력이며, 예측할 수 없는 질병의 발생 등에 대한 개인의 부담능력의 한계를 극복하기 위한 제도이다. 또한 개인의 위험을 사회적·국가적 위험으로 인식하여 위험의 분산 및 상호부조 인식을 제고하기 위한 제도이기도 하다. 의료보장제도의 의료보험(National Health Insurance) 방식은 일명 비스마르크(Bismarck)형 의료제도라고 하는데, 개인의 기여를 기반으로 한 보험료를 주재원으로 하는 제도이다. 사회보험의 낭비를 줄이기 위하여 진찰 시에 본인 일부 부담금을 부과하는 것이 특징이라 할 수 있다. 반면, 국가보건서비스(National Health Service) 방식은 일명 조세 방식, 비버리지(Beveridge)형 의료제도라고 하며, 국민의 의료문제는 국가가 책임져야 한다는 관점에서 조세를 재원으로 모든 국민에게 국가가 직접 의료를 제공하는 의료보장방식이다.

① 의료보장제도의 장단점   ② 의료보장제도의 개념과 유형
③ 의료보장제도의 종류   ④ 의료급여제도의 필요성
⑤ 의료보장제도의 전망

※ 다음 글을 읽고 이어지는 질문에 답하시오. [14~16]

(가) 대개의 경우 우리는 그림을 볼 때 당연히 "무엇을 그린 것인가?"라고 묻게 된다. 우리의 일상적인 언어 습관에 따르면, '그리다'라는 동사 자체가 이미 그려지는 대상을 함축하고 있기 때문이다. 이어서 우리는 그림을 현실 혹은 허구 속의 대상과 동일시한다. 아리스토텔레스는 이것만으로도 '재인식'의 기쁨을 맛볼 수 있다고 했다. 하지만 미로의 「회화」와 같은 작품에는 우리가 그림을 볼 때 당연히 기대하는 것, 즉 식별 가능한 대상이 빠져 있다. 도대체 무엇을 그린 것인지 아무리 찾아봐도 소용없는 일이다.

(나) '대상성의 파괴'로 지칭되는 이러한 예술 행위는 형태와 색채의 해방을 가져온다. 이제 형태와 색채는 대상을 재현할 의무에서 해방되어 자유로워진다. 대상성에서 해방되어 형태와 색채의 자유로운 배열이 이루어질수록 회화는 점점 더 음악을 닮아간다. 왜냐하면, 음악 역시 전혀 현실을 묘사하지 않는 음표들의 자유로운 배열이기 때문이다. 실제로 「지저귀는 기계」와 같은 클레의 작품은 음악성을 띠고 있어, 섬세한 감성을 가진 사람은 그림의 형태와 색채에서 미묘한 음조를 느낄 수 있다고 한다. 시인 릴케는 어느 편지에서 "그가 바이올린을 연주한다고 얘기하지 않았더라도, 나는 여러 가지 점에서 클레의 그림들이 음악을 옮겨 적은 것임을 알 수 있었다."라고 말한 바 있다.

(다) 추상화가인 칸딘스키는 『예술에서 정신적인 것에 대하여』라는 그의 저서에서 "노란색, 오렌지색, 붉은 색은 환희와 풍요의 관념을 일깨우고 표상한다는 사실을 누구나 알고 있다."라는 들라크루아의 견해, 회화는 이른바 *통주저음(通奏低音)을 가져야 한다는 괴테의 견해를 소개하면서 "음악과 회화는 깊은 연관성을 지닌다."라고 설명한다. 칸딘스키에 따르면 회화는 그러한 상황에서 추상적 의미로 성장하여 순수한 회화적 구성에 도달하게 되는 계기를 마련하였으며, 이 구성을 위해 색채와 형태라는 두 가지 수단이 사용된다는 것이다. 칸딘스키는 특히 점, 선, 면을 회화의 세 가지 요소로 보았다. 미술가 레오나르도 다 빈치는 점, 선, 면, 체를 얘기한 바 있었다. 칸딘스키가 '체'를 제외한 사실은 그의 생각으로는 더 이상 점, 선, 면이 합하여 이루어진 형태가 구체적 대상을 재현할 필요가 없었다는 것을 시사한다.

(라) 대상을 재현하려 했던 고전적 회화는 재현 대상을 가리키는 일종의 '기호'였지만 재현을 포기한 현대 미술은 더 이상 그 무언가의 '기호'이기를 거부한다. 기호의 성격을 잃은 작품이 논리적으로 일상적 사물과 구별되지 않고, 그 자체가 하나의 아름다운 사물이 되어 버리는 경우도 존재하며, 여기서 현대 예술의 오브제화가 시작된다. ⊙ '오브제'란 예술에 일상적 사물을 그대로 끌어들이는 것을 말한다. 예술 자체가 하나의 사물이 되어, 작품과 일상적 사물의 구별은 이제 사라지게 된 것이다.

(마) 현대 미술은 그림 밖의 어떤 사물을 지시하지 않는다. 지시하는 게 있다면 오직 자기 자신뿐이다. 여기서 의미 정보에서 미적 정보로의 전환이 시작된다. 미술 작품의 정보 구조를 둘로 나눌 수 있는데, 미술 작품의 내용이나 주제에 관련된 것이 '의미 정보'에 해당한다면 색과 형태라는 형식 요소 자체가 가진 아름다움은 '미적 정보'에 해당한다. 고전 회화에서는 의미 정보를 중시하는 데 반해, 현대 회화에서는 미적 정보를 중시한다. 현대 미술 작품을 보고 "저게 뭘 그린 거야?"라고 물으면 실례가 되는 것은 이 때문이다.

*통주저음 : 주어진 숫자가 딸린 저음 위에 즉흥적으로 화음을 보충하면서 반주 성부를 완성하는 기법

14 윗글을 신문에 기고하고자 할 때, 제목으로 가장 적절한 것은?

① 현대 회화가 지닌 특징 – 구체적 대상의 재현에서 벗어나
② 현대 미술의 동향 – 음악이 그림에 미친 영향, 헤아릴 수 없어
③ 현대 미술의 철학적 의미 – 가상현실에 몰입하는 경향을 보여
④ 현대 미술의 모든 것 – 새로운 실험 정신, 아직 더 검증받아야
⑤ 현대 미술의 현주소 – 추상 미술보다 오히려 진일보한 양상 보여

15 다음과 같이 윗글의 글쓰기 전략을 문단별로 정리했을 때, 적절하지 않은 것은?

① (가) : 일상적 경험과 화제를 결부지어 독자들의 흥미를 유발하고 있다.
② (나) : 설득력을 높이기 위해 예시와 인용의 방법을 활용하고 있다.
③ (다) : 특정 관점이 시사하는 바가 드러나도록 서술하고 있다.
④ (라) : 예상되는 반론을 비판함으로써 주장을 강화하고 있다.
⑤ (마) : 대조적인 개념을 활용하여 화제에 대한 논의를 마무리하고 있다.

16 다음 중 밑줄 친 ⊙의 구체적 사례로 가장 적절한 것은?

① 라우션버그는 「침대」라는 작품에서 침대를 그리는 대신, 실제 침대에 페인트칠을 해서 벽에 걸어 놓았다.
② 드 쿠닝은 그의 작품 「회화」에서 채 마르지 않은 물감이 흘러내리도록 하여 표현성을 한층 더 강화하였다.
③ 에드워드 하퍼는 「이른 일요일 아침」이라는 작품에서 미국 중서부 어느 지방도시의 일요일 아침 이른 시간 아무도 없는 거리의 풍경을 묘사하였다.
④ 잭슨 폴록은 커다란 화폭을 바닥에 놓고 그 주변이나 위를 걸어 다니면서 물감을 뿌리고, 던지고 튕겨 대는 방법을 사용하여 「작품 14번」을 완성하였다.
⑤ 마그리트는 그의 작품 「우아함의 상태」에서 타고 있는 담배 위에 자전거가 놓여 있는 모습을 그렸는데, 평소에는 만날 수 없는 두 사물을 붙여 놓는 표현적 효과를 거두었다.

일본의 한 완구 회사가 개발한 '바우링 걸'은 개 짖는 소리를 인간의 언어로 번역하는 기계이다. 이런 기계를 제작하려면 동물들이 어떻게 자신의 의사를 표현하는지를 알아야 하는데, 이에 관한 연구는 동물행동학에서 가장 중심이 되는 부분이다. 동물행동학 학자들은 동일한 상황에서 일관되게 반복되는 동물의 행동을 관찰한 경우, 일단 그것을 동물의 의사 표현으로 본다. 물론 그 구체적인 의미를 알아내는 것은 상황을 다양하게 변화시켜 가며 반복 관찰하고 그 결과를 분석한 후에야 가능하다. 이것이 가능하려면 먼저 동물들이 어떻게 의사를 표현하는지를 알아야 한다. 그렇다면 동물들은 어떤 방법으로 의사를 표현할까?

먼저 시각적인 방법부터 살펴보자. 남미의 열대 정글에 서식하는 베짱이는 우리나라의 베짱이와는 달리 머리에 뿔도 나 있고 다리에 무척 날카롭고 큰 가시도 있다. 그리고 포식자가 가까이 가도 피하지 않는다. 오히려 가만히 서서 자신을 노리는 포식자에게 당당히 자기의 모습을 보여준다. 이 베짱이는 그런 모습을 취함으로써 자기를 건드리지 말라는 뜻을 전하는 것이다. 또 열대의 호수에 사는 민물고기 시칠리드는 정면에서 보면 마치 귀처럼 보이는 부분이 있는데, 기분 상태에 따라 이곳에 점이 나타났다 사라졌다 하면서 색깔이 변한다. 이 부분에 점이 생기면 지금 기분이 안 좋다는 의사를 드러내는 것이다.

이처럼 모습이나 색깔을 통해 의사를 표현하는 정적인 방법도 있지만 행동을 통해 자신의 의사를 표현하는 동적인 방법도 있다. 까치와 가까운 새인 유럽산 어치는 머리에 있는 깃털을 얼마나 세우느냐에 따라서 마음 상태가 다르다고 한다. 기분이 아주 좋지 않거나 공격을 하려고 할 때 머리털을 가장 높이 세운다고 한다. 소리를 이용하여 자신의 의사를 표현하는 동물들도 있다. 소리를 이용하는 대표적인 방법은 경보음을 이용하는 것이다. 북미산 얼룩다람쥐 무리에는 보초를 서는 개체들이 따로 있다. 이들은 독수리 같은 맹금류를 발견하면 날카로운 소리로 경보음을 내어 동료들의 안전을 책임진다. 그리고 갈고리 모양 나방 애벌레는 다른 애벌레가 자신의 구역에 침입하면 처음에는 노처럼 생긴 뒷다리로 나뭇잎을 긁어 진동음으로 경고 메시지를 보낸다. 침입자가 더 가까이 접근하면 입으로 나뭇잎을 긁어 짧고 강한 소리를 계속 만들어낸다. 냄새를 통해 자신의 의사를 전달하는 방법도 있다. 어떤 동물은 먹이가 있는 장소를 알리거나 자신의 영역에 다른 무리가 들어오는 것을 막기 위한 수단으로 냄새를 이용하기도 한다. 둥근 꼬리 여우원숭이는 다른 놈이 자신의 영역에 들어오면 꼬리를 팔에 비빈 후 흔든다. 그러면 팔에 있는 기관에서 분비된 냄새를 풍기는 물질이 꼬리에 묻어 그 침입자에게 전달된다.

이처럼 동물들은 색깔이나 소리, 냄새 등을 통해 자신의 의사를 표현한다. 그러나 동물들이 한 가지 방법만으로 자신의 의사를 표현하는 것은 아니다. 상황에 따라 우선적으로 선택하는 것도 있지만 대부분의 경우에는 이것들을 혼용한다. 현재까지 알려진 동물의 의사 표현 방법은 양적이나 질적인 면에서 인간의 언어와 비교할 수 없을 정도로 단순하고 초라하지만 동물행동학의 연구 성과가 폭넓게 쌓이면 현재 개발된 '바우링 걸'보다 완벽한 번역기가 등장할 수도 있을 것이다.

17 다음 중 윗글에서 동물의 의사 표현 방법으로 언급되지 않은 것은?

① 행동을 이용하는 방법

② 냄새를 이용하는 방법

③ 소리를 이용하는 방법

④ 서식지를 이용하는 방법

⑤ 모습이나 색깔을 이용하는 방법

18 다음 중 윗글에 대한 반응으로 적절하지 않은 것은?

① 동물의 의사를 번역할 수 있는 기계를 언급하여 독자의 흥미를 유발하고 있다.

② 동물의 의사 표현을 어떻게 파악하는지에 대해서도 언급하여 도움이 된다.

③ 동물의 의사 표현 방법에 대한 다양한 사례를 제시하여 이해하기가 쉽다.

④ 동물행동학에 대한 깊이 있는 연구가 축적되기를 기대하며 글을 마무리하고 있다.

⑤ 동물의 의사 표현 수단이 갖는 장단점을 대비하며 서술하여 차이점을 파악하기 쉽다.

PART 2

19 다음 〈보기〉의 질문에 대한 동물행동학 학자의 답변으로 가장 적절한 것은?

> **보기**
>
> 산길을 걷다가 특이하게 생긴 곤충을 보았습니다. 그런데 그것을 잡으려고 손을 뻗었더니 갑자기 날개를 활짝 펼쳤습니다. 행동으로 의사를 표현하는 동물들이 많다고 들었는데, 그 곤충의 행동도 의사 표현과 관계가 있는 건가요?

① 상대방에게 물러나라는 의사를 표현한 겁니다. 공격을 준비하고 있다는 신호인 셈이지요.

② 아직은 잘 모릅니다. 우선, 손을 뻗을 때마다 똑같은 행동을 되풀이하는지 확인해 보세요.

③ 의사 표현이 확실합니다. 하지만 그 행동이 무슨 뜻인지는 좀 더 연구해 봐야 알 수 있습니다.

④ 의사 표현은 아닐 겁니다. 확실한 건 그 곤충의 신체 구조를 분석해 본 후에야 알 수 있습니다.

⑤ 의사 표현일 리가 없습니다. 지금까지 알려진 곤충들 중에는 그런 방법으로 의사를 표현하는 것이 없거든요.

※ 다음 글을 읽고 이어지는 질문에 답하시오. [20~22]

(가) 문화란 말은 그 의미가 매우 다양해서 정확하게 개념을 규정한다는 것이 거의 불가능하다. 즉, 우리가 이 개념을 정확하게 규정하려는 노력을 하면 할수록 우리는 더 큰 어려움에 봉착한다. 무엇보다도 한편에서는 인간의 정신적 활동에 의해 창조된 최고의 가치를 문화라고 정의하고 있는 데 반하여, 다른 한편에서는 자연에 대한 인간의 기술적·물질적 적응까지를 문화라는 개념에 포함시키고 있다. 즉 후자는 문명이라는 개념으로 이해하는 부분까지도 문화라는 개념 속에 수용함으로써 문화와 문명을 구분하지 않고 있다. 전자는 독일적인 문화 개념의 전통에 따른 것이고, 후자는 영미 계통의 문화개념에 따른 문화에 대한 이해이다. 여기에서 우리는 문화라는 개념이 주관적으로 채색되기가 쉽다는 것을 인식하게 된다. 19세기 중엽까지만 해도 우리 조상들은 서양인들을 양이(洋夷)라고 해서 야만시했다. 마찬가지로, 우리는 한 민족이 다른 민족의 문화적 업적을 열등시하며, 이것을 야만인의 우스꽝스러운 관습으로 무시해 버리는 것을 역사를 통해 잘 알고 있다.

(나) 문화란 말은 일반적으로 두 가지로 사용된다. 한편으로 우리는 '교양 있는' 사람을 문화인이라고 한다. 즉, 창조적 정신의 소산인 문학 작품, 예술 작품, 철학과 종교를 이해하고 사회의 관습을 품위 있게 지켜 나가는 사람을 교양인 또는 문화인이라고 한다. 그런가 하면 다른 한편으로 문화라는 말은 한국민의 '보다 훌륭한' 업적과 그 유산을 지칭한다. 특히 철학, 과학, 예술에 있어서의 업적이 높이 평가 된다. 그러나 우리는 여기에서 이미 문화에 대한 우리의 관점이 달라질 수 있는 소지를 발견한다. 즉, 어떤 민족이 이룩한 업적을 훌륭한 것 또는 창조적인 것으로 평가할 때, 그 시점은 어느 때이며 기준은 무엇인가? 왜냐하면 우리는 오늘날 선진국들에 의해 문화적으로 열등하다고 평가받는 많은 나라들이 한때는 이들 선진국보다 월등한 문화 수준을 향유했다는 것을 역사적 사실을 통해 잘 알고 있기 때문이다. 그리고 ㉠ 비록 창조적인 업적이라 할지라도 만약 그것이 부정적인 내용을 가졌다면, 그래도 우리는 그것을 창조적인 의미에서의 문화라고 할 수 있을까? 조직적 재능은 문화적 재능보다 덜 창조적인가? 기지가 풍부한 정치가는 독창력이 없는 과학자보다 덜 창조적이란 말인가? 볼테르 같은 사람의 문화적 업적을 그의 저서가 끼친 실천적 영향으로부터 분리할 수 있단 말인가? 인간이 이룩한 상이한 업적 영역, 즉 철학, 음악, 시, 과학, 정치 이론, 조형 미술 등에 대해서 문화적 서열이 적용된다는 것인가?

20 다음 중 윗글의 내용으로 적절하지 않은 것은?

① 문화라는 말은 다양한 의미로 사용된다.
② 문화의 개념은 정확하게 규정하기 어렵다.
③ 문화에 대한 관점은 시대에 따라 다를 수 있다.
④ 문화는 일반적으로 창조적 정신의 소산으로 여겨진다.
⑤ 문화는 교양 있는 사람들만 이해하고 지켜나가는 것이다.

21 다음 중 윗글의 (나) 문단을 통해 글쓴이가 묻고자 하는 것은?

① 전통 문화의 보존은 가능한가?

② 문화의 개념 정의는 가능한가?

③ 민족과 문화는 불가분의 관계에 있는가?

④ 물질문명도 문화에 포함시킬 수 있는가?

⑤ 문화의 우열(優劣)을 나누는 것이 가능한가?

22 다음 중 윗글의 (나) 문단에서 밑줄 친 ㉠의 예로 들 수 있는 것은?

① 상업주의적 퇴폐 문화의 횡행

② 체제 비판적 저항 세력의 대두

③ 환경 파괴적 유흥 시설의 증가

④ 인명 살상용 원자 폭탄의 개발

⑤ 현실 도피적 사이비 종교의 등장

※ 다음 글을 읽고 이어지는 질문에 답하시오. [23~25]

고려와 조선은 국가적으로 금속화폐의 통용을 추진한 적이 있다. 화폐 주조권을 장악하여 세금을 효과적으로 징수하고 효율적으로 저장하려는 것이 그 목적이었다. 그러나 물품화폐에 익숙한 농민들은 금속화폐를 불편하게 여겼으므로 금속화폐의 유통 범위는 한정되고 끝내는 삼베를 비롯한 물품화폐에 압도당하고 말았다. ㉠ 조선 태종 때와 세종 때에도 동전의 유통을 시도하였지만 실패하였다.

조선 전기 은화(銀貨)는 서울을 중심으로 유통되었는데, 주로 왕실과 관청, 지배층과 상인, 역관(譯官) 등이 이용한 '돈'이었다. 그러나 은화는 고액 화폐였다. 그 때문에 서민의 경제생활에서는 여전히 무명 옷감이 화폐의 기능을 담당하였다. 그러한 가운데서도 농업생산력의 발전과 인구의 증가, 17세기 이후 지방시장의 성장은 금속화폐 통용을 위한 여건이 마련되었음을 뜻하였다. 17세기 전반 개성에서는 이미 모든 거래가 동전으로 이루어지고 있었다. 이러한 여건 아래에서 1678년(숙종 4년)부터 강력한 통용책이 추진되면서 금속화폐가 널리 보급될 수 있었다.

동전인 상평통보 1개는 1푼이었다. 10푼이 1전(錢), 10전이 1냥(兩), 10냥이 1관(貫)이다. 대원군이 집권할 때 주조된 당백전(當百錢)과 1883년 주조된 당오전(當五錢)은 1개가 각각 100푼과 5푼의 가치를 가지는 동전이었다. 동전 주조가 늘면서 그 유통 범위가 경기, 충청지방으로부터 점차 확산되어 18세기 초에는 전국에 미칠 정도였다. 동전을 시전(市廛)에 무이자로 대출하고, 관리의 녹봉을 동전으로 지급하고, 일부 세금을 동전으로 거두어들이는 등의 국가 정책도 동전의 통용을 촉진하였다.

화폐경제의 성장은 상업적 동기를 촉진시키고 경제생활, 나아가 사회생활에 변화를 주었다. 이러한 가운데 일부 위정자들은 화폐경제로 인한 부작용을 우려했는데 특히 농촌 고리대금업(高利貸金業)의 성행을 가장 심각한 문제로 생각했다. 그래서 ㉡ 동전의 폐지를 주장하는 이도 있었다. 1724년 등극한 영조는 이 주장을 받아들여 동전 주조를 정지하였다. 그런데 당시에 동전은 이미 일상생활로 퍼졌기 때문에 동전의 수요에 비해 공급이 부족한 현상이 일어나 동전주조의 정지는 화폐 유통 질서와 상품 경제에 타격을 가하였다. 돈이 매우 귀하여 농민과 상인의 교역에 불편을 가져다 준 것이다.

또한, 소수의 부유한 상인이 동전을 집중적으로 소유하여 고리대금업(高利貸金業) 활동을 강화함에 따라서 오히려 농민 몰락이 조장되었다. ㉢ 결국 영조 7년 이후 동전은 다시 주조되기 시작했다.

23 윗글을 바탕으로 밑줄 친 ㉠과 같은 현상이 나타나게 된 이유로 적절하지 않은 것은?

① 화폐가 통용될 시장이 발달하지 않았다.

② 화폐가 주로 일부 계층 위주로 통용되었다.

③ 백성들이 화폐보다 물품화폐를 선호하였다.

④ 국가가 화폐수요량을 원활하게 공급하지 못했다.

⑤ 화폐가 필요할 만큼 농업생산력이 발전하지 못했다.

24 윗글의 밑줄 친 ⓛ을 비판할 때 다음 중 가장 타당한 것은?

① 경제적 약자의 처지를 일방적으로 옹호하고 있다.

② 국가 정책으로 개인의 문제를 해결하려 하고 있다.

③ 경제활동의 효율성과 현실적 요구를 무시하고 있다.

④ 경제활동의 위축에 따른 생산력 감소를 간과하고 있다.

⑤ 경제활동 주체 간의 이해관계를 조정하지 못하고 있다.

25 다음 중 윗글의 밑줄 친 ⓒ을 통해 알 수 있는 화폐 정책의 궁극적 목적은?

① 대외무역을 장려하기 위해

② 국가의 재정을 확충하기 위해

③ 경제활동을 원활히 하기 위해

④ 경제적 빈부 격차를 해소하기 위해

⑤ 고리대금업을 강력히 규제하기 위해

01 다음 표는 매년 해외·국내여행 평균횟수에 관한 연령대별 50명씩 설문조사한 결과이다. 빈칸에 들어갈 수치로 가장 적절한 것은?(단, 각 수치는 매년 일정한 규칙으로 변화한다)

〈연령대별 해외·국내여행 평균횟수〉

(단위 : 회)

구분	2016년	2017년	2018년	2019년	2020년	2021년
20대	35.9	35.2	40.7	42.2	38.4	37.0
30대	22.3	21.6	24.8	22.6	20.9	24.1
40대	19.2	24.0	23.7	20.4	24.8	22.9
50대	27.6	28.8	30.0	31.2		33.6
60대 이상	30.4	30.8	28.2	27.3	24.3	29.4

① 32.4회

② 33.1회

③ 34.2회

④ 34.5회

⑤ 35.1회

02 다음은 2022년 4월 주요국의 방한시장 입국통계에 대한 표이다. 이에 대한 설명으로 옳지 않은 것을 〈보기〉에서 모두 고르면?

〈2022년 4월 주요국 방한시장 입국통계〉

(단위 : 명)

구분	2022년 4월	2021년 4월	2022년 1 ~ 3월	2021년 1 ~ 3월
중국	3,935	493,250	606,297	1,827,066
일본	360	290,092	423,875	1,084,937
대만	155	113,072	164,136	394,095
미국	6,417	102,524	126,681	307,268
홍콩	35	76,104	88,225	209,380
태국	299	69,726	72,913	203,380
필리핀	1,130	66,525	56,703	164,993
베트남	6,597	63,169	71,190	172,524
말레이시아	152	43,726	47,132	134,064
러시아	1,223	34,205	57,571	107,392
인도네시아	1,864	31,427	40,867	94,010
싱가포르	48	23,307	16,914	65,059
합계	29,415	1,635,066	2,070,832	5,477,312

보기

ㄱ. 1 ~ 3월의 입국통계 중 2021년 대비 인도네시아의 증감률은 미국보다 낮다.
ㄴ. 4월 입국 통계 중 2021년 대비 일본의 증감률은 러시아보다 낮다.
ㄷ. 2021년 4월 중국, 일본, 대만, 미국, 홍콩의 방한 입국자는 백만 명 이상이다.
ㄹ. 2022년 4월의 입국 통계 중 감소된 입국자 수는 중국이 일본, 대만, 미국을 합친 것보다 크다.

① ㄱ, ㄴ
② ㄱ, ㄹ
③ ㄴ, ㄷ
④ ㄴ, ㄹ
⑤ ㄷ, ㄹ

03 다음은 학교별 급식학교 수와 급식인력(영양사, 조리사, 조리보조원)의 현황을 나타낸 표이다. 이에 대한 설명으로 옳지 않은 것은?

〈학교별 급식학교 수와 급식인력 현황〉

(단위 : 개, 명)

구분	급식학교 수	직종					
		영양사			조리사	조리보조원	합계
		정규직	비정규직	소계			
초등학교	5,417	3,377	579	3,956	4,955	25,273	34,184
중학교	2,492	626	801	1,427	1,299	10,147	12,873
고등학교	1,951	1,097	603	1,700	1,544	12,485	15,729
특수학교	129	107	6	113	135	211	459
전체	9,989	5,207	1,989	7,196	7,933	48,116	63,245

① 급식인력은 4개의 학교 중 초등학교가 가장 많다.

② 4개의 학교 모두 영양사, 조리사, 조리보조원 중 조리보조원이 차지하는 비율이 가장 높다.

③ 중학교 정규직 영양사는 고등학교 비정규직 영양사보다 23명 더 많다.

④ 특수학교는 4개의 학교 중 유일하게 정규직 영양사보다 비정규직 영양사가 더 적다.

⑤ 영양사 정규직의 비율은 특수학교가 중학교보다 2배 이상 높다.

04 어항 안에 A금붕어와 B금붕어가 각각 1,675마리, 1,000마리가 있다. 다음과 같이 금붕어가 팔리고 있다면, 10일 차에 남아있는 금붕어는 각각 몇 마리인가?

(단위 : 마리)

구분	1일 차	2일 차	3일 차	4일 차	5일 차
A금붕어	1,675	1,554	1,433	1,312	1,191
B금붕어	1,000	997	992	983	968

	A금붕어	B금붕어
①	560마리	733마리
②	586마리	733마리
③	621마리	758마리
④	700마리	758마리
⑤	782마리	783마리

05 새로운 원유의 정제비율을 조사하기 위해 상압증류탑을 축소한 Pilot Plant에 새로운 원유를 투입해 사전분석실험을 시행했다. 다음과 같은 결과를 얻었다고 할 때, 아스팔트는 최초 투입한 원유의 양 대비 몇 %가 생산되는가?

〈사전분석실험 결과〉

생산제품	생산량
LPG	투입한 원유량의 5%
휘발유	LPG를 생산하고 남은 원유량의 20%
등유	휘발유를 생산하고 남은 원유량의 50%
경유	등유를 생산하고 남은 원유량의 10%
아스팔트	경유를 생산하고 남은 원유량의 4%

① 1.168%

② 1.368%

③ 1.568%

④ 1.768%

⑤ 1.968%

06 다음은 E방송사의 매출액 추이를 나타낸 표이다. 이를 바르게 분석한 사람을 모두 고르면?

〈E방송사 매출액 추이〉

(단위 : 천만 원)

구분		2013년	2014년	2015년	2016년	2017년
방송사업 매출액	방송수신료	5,645	5,717	5,452	5,325	5,487
	광고	21,990	21,437	23,825	22,785	22,186
	협찬	3,154	3,085	3,306	3,142	3,145
	프로그램 판매	1,202	1,195	1,294	1,322	1,299
	기타 방송사업	1,961	2,145	2,097	2,018	2,012
기타 사업		4,204	4,219	4,275	4,224	4,281
합계		76,312	75,596	80,498	77,632	76,820

지환 : 방송수신료 매출액의 증감추이와 반대되는 추이를 보이는 항목이 존재해.
소영 : 5년 동안 모든 항목의 매출액이 10억 원 이상의 변동폭을 보였어.
동현 : 5년간 각 항목의 매출액 순위는 한 번도 변동 없이 동일했구나.
세미 : 2013년과 비교했을 때 2017년에 매출액이 상승하지 않은 항목은 2개뿐이군.

① 지환, 소영
② 소영, 세미
③ 지환, 세미, 소영
④ 지환, 동현, 세미
⑤ 동현, 세미

07 다음은 2022년 교통사고 유형별 현황을 조사한 표이다. 이에 대한 설명으로 옳지 않은 것은?

<2022년 교통사고 현황>

(단위 : 건, 명)

구분	사고건수	사망자	부상자
신호위반	88,000	2,200	118,800
중앙선침범	80,000	2,400	120,000
제한속도초과	6,400	544	8,832
앞지르기위반	3,200	640	3,648
횡단보도사고	1,200	480	1,500
보도침범	600	369	966
무면허사고	480	24	504
음주운전	2,800	840	3,360
어린이보호구역사고	840	210	966
합계	183,520	7,707	258,576

① 사고건수가 가장 많은 교통사고 유형이 사망자와 부상자도 가장 많다.

② 횡단보도사고의 사고건수 대비 사망자의 비율은 앞지르기위반의 2배이다.

③ 신호위반과 중앙선침범으로 인한 사고는 전체 사고의 절반보다 많다.

④ 음주운전으로 인한 부상자 수는 사고건수의 1.2배이다.

⑤ 앞지르기위반으로 인한 부상자 수는 사망자 수의 5배 이상이다.

08 다음은 제주특별자치도 외국인관광객 입도통계에 관한 표이다. 이에 대한 설명으로 옳은 것을 〈보기〉에서 모두 고르면?

〈제주특별자치도 외국인관광객 입도통계〉

(단위 : 명, %)

구분		2021년 4월	2022년 4월	전년 대비 증가율
아시아	소계	74,829	79,163	5.8
	일본	4,119	5,984	45.3
	중국	28,988	44,257	52.7
	홍콩	6,066	4,146	−31.7
	대만	2,141	2,971	38.8
	싱가포르	6,786	1,401	−79.4
	말레이시아	10,113	6,023	−40.4
	인도네시아	3,439	2,439	−29.1
	베트남	2,925	3,683	25.9
	태국	3,135	5,140	64.0
	기타	7,117	3,119	−56.2
아시아 외	소계	21,268	7,519	−64.6
	미국	4,903	2,056	−58.1
	기타	16,365	5,463	−66.6
합계		96,097	86,682	−9.8

보기

ㄱ. 2021년 4월 베트남인 제주도 관광객이 같은 기간 대만인 제주도 관광객보다 30% 이상 많다.
ㄴ. 일본인 제주도 관광객은 2022년 4월 전월 대비 40% 이상 증가하였다.
ㄷ. 2022년 4월 미국인 제주도 관광객 수는 2021년 4월 홍콩인 제주도 관광객 수의 35% 미만이다.
ㄹ. 기타를 제외하고 2022년 4월에 제주도 관광객이 전년 동월 대비 25% 이상 감소한 아시아 국가는 모두 5개국이다.

① ㄱ, ㄴ　　　　　　　　② ㄱ, ㄷ
③ ㄴ, ㄷ　　　　　　　　④ ㄴ, ㄹ
④ ㄷ, ㄹ

09 다음은 E사의 연도별 재무자료이다. 이에 대한 설명으로 옳지 않은 것은?

〈E사 연도별 재무자료〉

(단위 : 억 원, %)

연도	자산	부채	자본	부채 비율
2012년	41,298	15,738	25,560	61.6
2013년	46,852	23,467	23,385	100.4
2014년	46,787	21,701	25,086	86.5
2015년	50,096	23,818	26,278	80.6
2016년	60,388	26,828	33,560	79.9
2017년	64,416	30,385	34,031	89.3
2018년	73,602	39,063	34,539	113.1
2019년	87,033	52,299	34,734	150.6
2020년	92,161	55,259	36,902	149.7
2021년	98,065	56,381	41,684	135.3

① 자본금이 2016년에 전년 대비 7,000억 원 이상 증가했으며, 이는 10년간 자본금 추이를 볼 때 두드러진 변화이다.

② 부채 비율이 전년 대비 가장 많이 증가한 해는 2013년이다.

③ 10년간 평균 부채 비율은 90% 미만이다.

④ 2021년의 자산과 자본은 10년 중 가장 많았지만, 그만큼 부채도 가장 많았다.

⑤ E사의 자산과 부채는 2014년부터 8년간 꾸준히 증가했다.

10 서울에 위치한 A회사는 거래처인 B, C회사에 소포를 보내려고 한다. 서울에 위치한 B회사에는 800g의 소포를, 인천에 위치한 C회사에는 2.4kg의 소포를 보내려고 한다. 두 회사로 보낸 소포의 총 중량이 16kg 이하이고, 택배요금의 합계가 6만 원이다. T택배회사의 요금표가 다음과 같을 때, A회사는 800g 소포와 2.4kg 소포를 각각 몇 개씩 보냈는가?(단, 소포는 각 회사로 1개 이상 보낸다)

〈T택배회사 소포 요금표〉

(단위 : 원)

구분	~ 2kg	~ 4kg	~ 6kg	~ 8kg	~ 10kg
동일지역	4,000	5,000	6,500	8,000	9,500
타지역	5,000	6,000	7,500	9,000	10,500

	800g	2.4kg
①	12개	2개
②	12개	4개
③	9개	2개
④	9개	4개
⑤	6개	6개

11 출장을 가는 K사원은 오후 2시에 출발하는 KTX를 타기 위해 오후 12시 30분에 역에 도착하였다. K사원은 남은 시간을 이용하여 음식을 포장해오려고 한다. 역에서 음식점까지의 거리는 아래와 같으며, 음식을 포장하는 데 15분이 걸린다고 한다. K사원이 시속 3km로 걸어서 갔다 올 때, 구입할 수 있는 음식의 종류는?

〈음식점별 거리〉

(단위 : km)

음식점	G김밥	P빵집	N버거	M만두	B도시락
거리	2	1.9	1.8	1.95	1.7

① 도시락
② 도시락, 햄버거
③ 도시락, 햄버거, 빵
④ 도시락, 햄버거, 빵, 만두
⑤ 도시락, 햄버거, 빵, 만두, 김밥

※ 다음 자료는 A지역의 연령대별 장애인 취업 현황을 나타내고 있다. 이어지는 질문에 답하시오. **[12~13]**

〈A지역 연령대별 장애인 취업 현황〉

(단위 : 명)

구분	전체 장애인 취업자 수	연령대		
		20대	30대	60대 이상
2014년	9,364	2,233	1,283	339
2015년	9,526	2,208	1,407	1,034
2016년	9,706	2,128	1,510	1,073
2017년	9,826	2,096	1,612	1,118
2018년	9,774	2,051	1,714	1,123
2019년	9,772	1,978	1,794	1,132
2020년	9,914	1,946	1,921	1,135
2021년	10,091	1,918	2,051	1,191

12 20대 미만 장애인 취업자가 전혀 없고, 40대 장애인 취업자와 50대 장애인 취업자 수의 비가 2 : 1이라 할 때, 2016년의 40대와 50대 장애인 취업자 수를 순서대로 바르게 나열한 것은?

① 3,730명, 1,865명
② 3,530명, 1,765명
③ 3,330명, 1,665명
④ 3,130명, 1,565명
⑤ 2,930명, 1,465명

13 다음 중 자료에 대한 설명으로 적절하지 않은 것은?

① 20대 장애인 취업자 수는 매년 감소하였다.
② 2021년 20대 장애인 취업자는 전년 대비 3% 이상 감소하였다.
③ 30대 장애인 취업자가 20대 장애인 취업자보다 많은 연도는 2021년 한 해뿐이다.
④ 전년 대비 전체 장애인 취업자의 증가 인원은 2020년에 비해 2021년이 크다.
⑤ 전체 장애인 취업자 중 30대 장애인 취업자가 차지하는 비율은 2016년에 비해 2017년이 더 크다.

※ 다음은 E기업에 지원한 지원자들의 시험 결과 영역별 상위 5명에 관한 자료이다. 이어지는 질문에 답하시오(단, 과목별 시험성적에 동점자는 없었으며 점수는 1점 단위이다). [14~15]

〈영역별 시험 점수〉

(단위 : 점)

순위	언어		수리		상황판단	
	이름	점수	이름	점수	이름	점수
1	하정은	94	신민경	91	양현아	97
2	성수민	93	하정은	90	박지호	95
3	김진원	90	성수민	88	황아영	90
4	양현아	88	황아영	82	신민경	88
5	황아영	85	양현아	76	하정은	84

14 성수민이 황아영보다 높은 총점을 기록하기 위해서는 상황판단영역에서 최소 몇 점을 초과하여 획득해야 하는가?

① 75점
② 76점
③ 77점
④ 78점
⑤ 81점

15 다음 중 자료에 대한 설명으로 적절하지 않은 것은?

① 언어와 수리영역 점수의 합이 가장 높은 지원자는 하정은이다.
② 양현아는 하정은의 총점의 95% 이상을 획득했다.
③ 신민경은 260점을 초과하여 총점을 획득할 수 있다.
④ E기업 시험 합격 최저점이 총점을 기준으로 251점이라면 김진원은 불합격이다.
⑤ 박지호보다 김진원의 총점이 더 높다.

※ 다음은 2021년 하반기 부동산시장 소비심리지수에 대한 표이다. 이어지는 질문에 답하시오. [16~17]

<2021년 하반기 부동산시장 소비심리지수>

구분	2021년 7월	2021년 8월	2021년 9월	2021년 10월	2021년 11월	2021년 12월
서울특별시	128.8	130.5	127.4	128.7	113.8	102.8
인천광역시	123.7	127.6	126.4	126.6	115.1	105.6
경기도	124.1	127.2	124.9	126.9	115.3	103.8
부산광역시	126.5	129.0	131.4	135.9	125.5	111.5
대구광역시	90.3	97.8	106.5	106.8	99.9	96.2
광주광역시	115.4	116.1	114.3	113.0	109.3	107.0
대전광역시	115.8	119.4	120.0	126.8	118.5	113.0
울산광역시	101.2	106.0	111.7	108.8	105.3	95.5
강원도	135.3	134.1	128.3	131.4	124.4	115.5
충청북도	109.1	108.3	108.8	110.7	103.6	103.1
충청남도	105.3	110.2	112.6	109.6	102.1	98.0
전라북도	114.6	117.1	122.6	121.0	113.8	106.3
전라남도	121.7	123.4	120.7	124.3	120.2	116.6
경상북도	97.7	100.2	100.0	96.4	94.8	96.3
경상남도	103.3	108.3	115.7	114.9	110.0	101.5

※ 부동산시장 소비심리지수는 0 ~ 200의 값으로 표현되며, 지수가 100을 넘으면 전월에 비해 가격 상승 및 거래증가 응답자가 많음을 의미함

16 다음 중 자료를 보고 판단한 내용으로 적절하지 않은 것은?

① 2021년 7월 소비심리지수가 100 미만인 지역은 두 곳이다.

② 2021년 8월 소비심리지수가 두 번째로 높은 지역의 소비심리지수와 두 번째로 낮은 지역의 소비심리지수의 차는 30.3이다.

③ 2021년 11월 모든 지역의 소비심리지수가 전월보다 감소했다.

④ 2021년 9월에 비해 2021년 10월에 가격상승 및 거래증가 응답자가 적었던 지역은 경상북도 한 곳이다.

⑤ 서울특별시의 2021년 7월 대비 2021년 12월의 소비심리지수 감소율은 19% 미만이다.

17 경상북도의 전월 대비 2021년 10월의 소비심리지수 감소율과 대전광역시의 2021년 9월 대비 2021년 12월의 소비심리지수 감소율의 합은?(단, 소수점 둘째 자리에서 반올림한다)

① 9.0%
② 9.2%
③ 9.4%
④ 9.6%
⑤ 9.8%

※ 다음은 2000 ~ 2021년 활동 의사 수에 대한 표이다. 이어지는 질문에 답하시오. **[18~19]**

〈2000 ~ 2021년 활동 의사 수〉

(단위 : 천 명)

구분	2000년	2005년	2010년	2016년	2017년	2018년	2019년	2020년	2021년
캐나다	2.1	2.1	2.1	2.1	2.1	2.1	2.1	2.1	2.2
덴마크	-	2.5	2.7	2.7	2.8	2.9	3.0	3.1	3.2
프랑스	3.1	3.3	3.3	3.3	3.4	3.4	3.4	3.4	3.4
독일	-	3.1	3.3	3.3	3.3	3.4	3.4	3.4	3.5
그리스	3.4	3.9	4.3	4.4	4.6	4.8	4.9	5.0	5.4
헝가리	2.8	3.0	3.1	3.2	3.2	3.3	3.3	2.8	3.0
이탈리아	-	3.9	4.1	4.3	4.4	4.1	4.2	3.8	3.7
일본	1.7	-	1.9	-	2.0	-	2.0	-	2.1
한국	0.8	1.1	1.3	1.4	1.5	1.6	1.6	1.6	1.7
멕시코	1.0	1.7	1.6	1.5	1.5	1.6	1.7	1.8	1.9
네덜란드	2.5	-	3.2	3.3	3.4	3.5	3.6	3.7	3.8
뉴질랜드	1.9	2.1	2.2	2.2	2.1	2.2	2.2	2.1	2.3
노르웨이	-	2.8	2.9	3.0	3.4	3.4	3.5	3.7	3.8
미국	-	2.2	2.3	2.4	2.3	2.4	2.4	2.4	2.4

Easy

18 다음 중 자료를 보고 판단한 내용으로 옳지 않은 것을 모두 고르면?

> ㄱ. 2016년의 활동 의사 수는 그리스가 한국의 4배 이상이다.
> ㄴ. 활동 의사 수는 앞으로 10년 이내에 한국이 프랑스를 넘어설 것이다.
> ㄷ. 2021년 활동 의사 수가 가장 많은 나라의 활동 의사 수는 가장 적은 나라의 3배 이상이다.

① ㄱ
② ㄴ
③ ㄱ, ㄴ
④ ㄱ, ㄷ
⑤ ㄴ, ㄷ

19 다음 중 자료에 대한 설명으로 적절한 것은?

① 네덜란드의 2020년 활동 의사 수는 같은 해 활동 의사 수가 가장 많은 나라에 비해 1.7천 명 적다.
② 활동 의사 수를 의료서비스 지수로 볼 때, 가장 열악한 의료서비스 지수를 보인 나라는 멕시코이다.
③ 그리스의 활동 의사 수는 미국보다 매년 두 배 이상 높은 수치를 보인다.
④ 2019년 활동 의사 수가 가장 적은 나라는 한국이며, 가장 많은 나라는 그리스이다.
⑤ 한국의 활동 의사 수와 가장 비슷한 나라는 뉴질랜드이다.

※ 다음은 2012년과 2021년 30세 이상의 고혈압 분포를 나타낸 표이다. 이어지는 질문에 답하시오.
[20~22]

<30세 이상 고혈압 분포>

(단위 : %)

구분		남자	여자	전체
2012년	전체	31.1	27.0	29.0
	30 ~ 39세	18.6	6.2	12.3
	40 ~ 49세	30.5	19.6	25.1
	50 ~ 59세	42.2	37.2	39.6
	60 ~ 69세	44.0	50.6	47.6
	70세 이상	48.8	63.4	58.5
2021년	전체	26.8	24.4	25.6
	30 ~ 39세	13.3	1.6	7.6
	40 ~ 49세	20.8	12.6	16.8
	50 ~ 59세	36.8	30.9	33.9
	60 ~ 69세	42.3	49.1	45.9
	70세 이상	51.5	63.3	58.9

20 다음 중 자료에 대한 설명으로 옳지 않은 것은?

① 2012년과 2021년 70세 이상 남녀 모두 절반 이상이 고혈압 증세를 보이고 있다.

② 2012년과 2021년 모두 연령대가 증가할수록 고혈압 증세가 많아지고 있다.

③ 50대까지는 남자의 고혈압 증세가 많고, 60대가 넘어서면 여자의 고혈압 증세가 많아지는 것을 알 수 있다.

④ 전체적으로 볼 때, 70대 이전의 경우에는 2021년이 2012년에 비해 고혈압 환자의 비율이 적어졌다는 것을 알 수 있다.

⑤ 2012년과 2021년 모두 전체적으로 보면 고혈압 환자의 비율은 남자가 여자보다 높다고 할 수 있다.

21 2012년 기준 남자와 여자 고혈압 분포의 차가 가장 큰 연령대는?

① 30 ~ 39세   ② 40 ~ 49세

③ 50 ~ 59세   ④ 60 ~ 69세

⑤ 70세 이상

22 2012년과 2021년의 남자 40 ~ 49세 고혈압 분포와 여자 50 ~ 59세 고혈압 분포 값의 각각 평균의 합은?

① 58.8%   ② 59%

③ 59.3%   ④ 59.7%

⑤ 60%

※ 다음은 A ~ C사의 농기계(트랙터, 이앙기, 경운기)에 대한 직원들의 평가를 나타낸 표이다. 이어지는 질문에 답하시오. **[23~25]**

〈트랙터 만족도〉 (단위 : 점)

구분	가격	성능	안전성	디자인	연비	사후관리
A사	5	4	5	4	2	4
B사	4	5	3	4	3	4
C사	4	4	4	4	3	5

〈이앙기 만족도〉 (단위 : 점)

구분	가격	성능	안전성	디자인	연비	사후관리
A사	4	3	5	4	3	4
B사	5	5	4	4	2	4
C사	4	5	4	5	4	5

〈경운기 만족도〉 (단위 : 점)

구분	가격	성능	안전성	디자인	연비	사후관리
A사	3	3	5	5	4	4
B사	4	4	3	4	4	4
C사	5	4	3	4	3	5

※ 모든 항목의 만족도는 5점(최상) ~ 1점(최하)으로 1점 단위로 평가함

23 세 가지 농기계의 평가를 모두 고려했을 때, 직원들이 가장 선호하는 회사와 만족도 점수를 구하면?(단, 만족도 비교는 해당 점수의 총합으로 한다)

① A사, 71점
② B사, 70점
③ B사, 73점
④ C사, 72점
⑤ C사, 75점

24 가격과 성능만을 고려하여 세 가지 농기계를 한 회사에서 구입하려고 할 때, 해당 회사와 만족도 점수는 어떻게 되는가?(단, 만족도 비교는 해당 점수의 총합으로 한다)

① A사, 22점   ② B사, 27점

③ C사, 26점   ④ B사, 28점

⑤ C사, 25점

25 안전성과 연비만을 고려하여 세 가지 농기계를 한 회사에서 구입하려고 할 때, 해당 회사와 만족도의 점수는 어떻게 되는가?(단, 만족도 비교는 해당 점수의 총합으로 한다)

① A사, 24점   ② B사, 15점

③ A사, 21점   ④ B사, 27점

⑤ C사, 26점

04   상황판단검사

※ 상황판단검사는 정답을 따로 제공하지 않는 영역이니 참고하기 바랍니다.

※ 제시된 선택지에서 자신과 가장 가깝다고 생각하는 것과 멀다고 생각하는 것을 각각 한 가지씩 고르시오. [1~32]

01 취업준비생인 귀하는 입사 희망 1순위 기업의 최종 면접에 참석하라는 연락을 받았다. 그러나 최종 면접 날짜가 하필이면 아버지께서 수술하시는 날이다. 최종 면접과 수술 역시 오전부터 오후까지 긴 시간 진행될 예정이며, 둘 다 참석할 수는 없다. 귀하는 혹시나 하는 마음에 인사 담당자에게 면접 일자나 혹은 시간이라도 바꿀 수 없는지 물었지만, 정해진 일정상 바꿀 수 없다는 대답을 들었다.

① 가족의 건강이 먼저이므로 아쉽지만 면접을 과감히 포기한다.

② 수술은 내가 없어도 잘 진행될 것이므로 부모님을 설득하여 면접에 참여한다.

③ 수술 일정을 하루라도 늦추거나 당길 수 있는지 수술 집도 의사에게 물어본다.

④ 부모님이 서운해할 것이므로 부모님께 중요한 일이 있다고 핑계를 대고 면접에 간다.

⑤ 인사팀에 전화를 걸어 피치 못할 사정이 있음을 설명하고, 특별히 면접 시간을 변경해줄 것을 요구한다.

02 ○○대학교에 재학 중인 귀하는 기말고사를 치르기 위해 시험 시간보다 조금 일찍 강의실에 도착했는데, 다른 학생들이 단체로 커닝페이퍼를 만드는 것을 보았다. 그들 가운데 안면이 있는 친구가 다가오더니 이 시험은 감독이 허술하기로 유명해서 커닝을 안 하는 사람이 손해라며 함께 커닝페이퍼를 만들자고 한다. 그러고 보니 들어오는 학생들마다 하나같이 커닝페이퍼를 준비해서 필통 밑이나 책상 아래에 숨기고 있다.

① 학교 커뮤니티 사이트에 단체 커닝 행위에 대한 글을 올려서 공론화한다.

② 커닝페이퍼를 준비하고 있는 학생들에게 부정행위를 하지 말라고 요구한다.

③ 지금이라도 담당 교수에게 알려 시험 전에 커닝페이퍼를 모두 적발하게 한다.

④ 대다수가 참여하든 그렇지 않든 커닝은 부정행위이므로 커닝페이퍼를 만들지 않고 공부해 온 실력대로 시험을 치른다.

⑤ 커닝을 하지 않으면 공부를 하지 않은 다른 학생들이 나보다 좋은 점수를 받을 것이고 그만큼 내가 손해를 입으므로 커닝페이퍼를 만들어서 시험을 치른다.

03 ○○대학교에 재학 중인 귀하는 어느 수업에서 팀별 과제를 수행하게 되었다. 과제를 수행하기 위해 팀원별로 역할을 분담했다. 그런데 역할 분배 과정에서 팀장과 친한 몇몇 팀원들이 돋보이도록 역할이 편중되었다는 불만이 제기되었고, 급기야는 팀원들 사이에서 언쟁이 생겼다.

① 내게 주어진 역할만 감당하면 내 학점에는 타격이 없을 것 같으므로 할 일만 열심히 수행한다.

② 팀장에게 건의하여 불만을 제기하는 팀원들이 다른 부분을 주도할 수 있도록 하는 절충안을 제안한다.

③ 담당 교수님께 말씀드려서 팀 내에 불미스러운 일이 있었음을 이야기하고, 팀을 다시 짤 것을 건의한다.

④ 어떻게 나누더라도 어차피 편차는 생길 수밖에 없으므로, 주어진 역할에 충실하자고 불만을 제기하는 팀원들을 설득한다.

⑤ 공평하지 못한 역할 분배가 사실인 데다가, 이는 학점과도 직결되므로 불만을 제기하는 팀원들의 편을 들며 팀장에게 역할을 재분배할 것을 요구한다.

04 새로 부임한 A팀장의 절차를 지나치게 강조하는 업무 방식에 B사원과 팀원들은 불만이 많다. 이때까지 해왔던 기존의 업무 방식이 누가 보더라도 훨씬 더 효율적이라고 생각하기 때문이다. 이 때문에 B사원은 어떻게 처신해야 할지 생각하고 있다.

① 팀원들과 함께 A팀장의 업무 방식을 비난한다.
② 비효율적이라는 생각이 들지만, A팀장이 상급자이므로 방식을 존중하며 불만을 참는다.
③ 업무 수행에서 효율성이 가장 중요하기 때문에 A팀장의 방식을 무시하고 기존의 방식을 고수한다.
④ 기존 업무 방식의 효율성에 대해 정리한 후, A팀장에게 새로운 업무 방식과의 차이점을 강조해 설명한다.
⑤ 팀 회의와 같은 공식적인 자리에서 A팀장에게 자신뿐만 아니라 팀원들도 새로운 업무 방식에 불만을 느끼고 있음을 말한다.

PART 2

05 L사원은 점심시간마다 자신과 점심을 먹으며 상사의 험담을 하는 E사원 때문에 많은 스트레스를 받고 있다. 입사 때부터 E사원과 항상 함께 점심을 먹고 있기 때문에 점심 식사도 거절하기 어려운 상황이다.

① E사원이 험담을 하려고 하면 다른 이야기로 화제를 돌린다.
② 스트레스를 받지만 괜한 불화를 만들기 싫으므로 참는다.
③ E사원이 험담하는 당사자에게 찾아가 E사원이 험담했다고 밝힌다.
④ 회식 자리와 같은 공개적인 자리에서 E사원에게 험담하지 않을 것을 부탁한다.
⑤ E사원에게 계속해서 험담하면 같이 식사를 하지 않을 것이라고 딱 잘라 말한다.

06 B사원이 근무하는 회사는 근무 중에 자유 복장을 인정하고 있다. 하지만 같은 팀의 A사원은 눈살이 찌푸려질 정도로 노출이 심한 옷을 입고 출근할 때가 많다. 함께 회의를 할 때는 물론이고 대화를 할 때도 시선을 어디에 두어야 할지 불편을 느끼는 경우가 다반사인 상황이다.

① 어떤 옷을 입든 개인의 자유이기 때문에 신경 쓰지 않는다.
② 상사인 C팀장에게 상황에 관해 설명하고 조치를 요구한다.
③ A사원을 개인적으로 찾아가 과한 노출의 옷은 자제해 달라고 부탁한다.
④ A사원에게 노출이 심하지 않은 옷을 선물하여 스스로 직접 깨달을 수 있도록 한다.
⑤ 공개적인 자리에서 회사에서 과한 노출의 옷을 입는 것에 대한 비판적인 여론을 형성한다.

07 최근 입사한 P사원은 회사 생활에 대해 고민이 있다. 업무를 잘 수행하고 있는지를 포함한 회사 생활 전반적인 부분에 대해 아무런 언급이 없는 K팀장의 행동에 마치 자신이 방치된 느낌을 받을 때가 많기 때문이다. 이러한 상황에서 P사원은 어떻게 해야 할지 고민하고 있다.

① K팀장이 따로 상담을 요청할 때까지 기다린다.
② K팀장에게 직접 찾아가 상담과 조언을 구한다.
③ 같이 입사한 다른 사원의 팀의 상황은 어떤지 살펴본다.
④ K팀장의 상사에게 자신의 상황에 대해 설명한 후 상담을 요청한다.
⑤ 아무런 언급이 없는 것은 잘하고 있다는 의미라고 생각하고 크게 신경 쓰지 않는다.

08 A대리는 중요한 계약 때문에 미팅이 있는데 B팀장은 개인적으로 볼일이 있다며 미팅에 참석하지 않았다. B팀장에게 전화를 걸어 미팅 진행에 대해 말하니 알아서 하라고 한다. A대리는 어떻게 해야 할지 고민하고 있는 상황이다.

① 팀장을 책임감이 없는 사람이라고 생각한다.
② 팀장이 자신을 많이 신뢰하고 있다고 생각한다.
③ 다른 직원들에게 팀장의 행동을 말해야겠다고 생각한다.
④ 미팅을 잘 끝내서 자신의 능력을 보여줘야겠다고 생각한다.
⑤ 알아서 하라고 하니 그동안 자신이 하고 싶었던 대로 해야겠다고 생각한다.

09 A사원은 금요일에 예정된 팀 회식에 참석한다고 했다. 하지만 막상 회식 날인 금요일이 되니 이번 주 내내한 야근으로 피로가 몰려와 회식을 다시 생각해보게 되었다. 주말인 내일도 부모님 가게 일을 도와드려야 한다는 사실이 생각나자 A사원은 팀장에게 이번 회식에 참석하지 못할 것 같다고 말하려 한다. 그런데 팀장님은 이번 회식에 참여하지 않는 사원들 때문에 화가 많이 나 보인다.

① 팀장에게 보고하지 않고 회식에 빠진다.
② 팀장에게 자신의 상황을 솔직하게 말한다.
③ 아픈 척을 하며 회식에 못갈 것 같다고 말한다.
④ 회식 날짜를 다음으로 미루자고 팀장에게 건의한다.
⑤ 팀장이 화가 많이 나 보이니 피곤해도 회식에 참석한다.

10 A사원은 부서에서 오랫동안 준비해왔던 프로젝트의 발표를 맡게 되었다. A사원은 누구보다 열심히 발표를 준비했으나 발표를 앞둔 바로 전날에 컴퓨터 고장으로 인해 준비한 프레젠테이션 파일이 삭제되었다. 다른 자료를 활용하여 발표를 할 수 있겠지만 준비했던 프레젠테이션 파일을 사용하는 것에 비해 많이 엉성할 것 같은 상황이다.

① 발표 전에 컴퓨터 탓을 하며 양해를 구한다.
② 발표 날짜를 연기한 뒤에 다시 발표 준비를 시작한다.
③ 시간이 없으니 남아 있는 다른 자료로 발표를 진행한다.
④ 밤을 새워서라도 프레젠테이션 파일을 다시 만들어서 발표한다.
⑤ 그동안 발표를 자주 해본 선배에게 도움을 요청하여 대신 발표하게 한다.

11 A대리와 입사 동기로서 다른 부서에서 근무하던 B대리가 A대리가 근무하는 영업부로 이동했다. A대리의 하급자와 B대리가 함께 업무를 하는 중에 B대리가 업무를 덜 부담하려고 한다는 사실을 A대리가 알게 되었다. 조직의 구성원으로서 A대리는 자신이 어떻게 대처해야 할지 고민 중이다.

① 후임에게 참아야 한다고 말한다.
② B대리와 후임을 모두 불러 이야기한다.
③ 영업부장에게 사실을 있는 그대로 보고한다.
④ 후임에게 B대리 모르게 업무를 가져오면 도와주겠다고 말한다.
⑤ 당사자끼리 해결하도록 권유한다.

12 A부서는 오랫동안 준비해 온 중요한 발표를 앞두고 있다. 그러나 발표일이 며칠 남지 않은 상황에서 발표를 맡은 B대리가 개인 사정으로 퇴사하고 싶다며 사직서를 제출했다. 그동안 A부서는 각자의 역할을 나누어 발표를 준비했기 때문에 발표 담당자인 B대리 외에는 완벽한 발표를 진행하기 어려운 상황이며, A부서의 과장인 귀하는 이 일을 어떻게 처리해야 할지 결정하려고 한다.

① 완벽하지는 않더라도 발표 담당자였던 B대리를 대신해 자신이 발표를 진행한다.
② 시간이 촉박하더라도 B대리가 아닌 다른 부서원에게 발표를 준비하라고 지시한다.
③ B대리의 사직서를 반려한 다음 준비해온 발표를 마치고 나서 퇴사하라고 설득한다.
④ 상사에게 당분간 발표가 불가능함을 알리고 다른 날로 연기할 수 있는지 확인한다.
⑤ 부서장에게 기한 내에는 완벽한 발표 준비가 불가능하며, 이는 전적으로 B대리의 개인 사정 때문임을 알린다.

13 A부장은 팀 운영에 있어 어려움을 겪고 있다. A부장은 평소에 부서의 성과를 높이고 맡은 업무를 효율적으로 진행하기 위해서 부서 회의를 강조하고 있다. 그러나 팀원들은 부서 회의에 그다지 집중하지 않는다. 이 때문에 A부장은 적절한 대응책 마련에 부심하고 있다.

① 부서원 전원과 상담하고 현상의 원인이 무엇인지 철저히 파악한다.

② 인사고과에 반영함으로써 근무태도가 태만한 직원들에게 불이익을 준다.

③ 자신의 의견을 전적으로 회의 결과에 반영함으로써 회의 시간을 단축한다.

④ 부서 회의를 시작하기에 앞서 팀 전체에게 회의에 집중할 것을 엄중하게 경고한다.

⑤ 부서원들에게 집중력 계발 방법을 알려주는 책을 선물함으로써 자신의 의도를 간접적으로 전달한다.

14 A사원은 최근 들어 평소보다 많은 양의 업무를 힘들게 수행하고 있다. 평소 절대로 요령을 부리거나 얕은꾀를 쓰지 않는 A사원은 자주 야근을 하며 상급자 B과장에게 제출할 보고서를 작성했는데, B과장은 A사원이 제출한 보고서가 형편없다며 혹평을 했다.

① 속상한 마음을 달래줄 동료와 만난다.

② 자신의 부족한 실력을 원망하며 술을 마시러 간다.

③ B과장에게 보고서를 다시 작성해 제출하겠다고 말한다.

④ 구체적으로 무엇이 문제인지 B과장에게 물어보고 시정하도록 노력한다.

⑤ 좋은 평가를 받고 있는 동료나 선배의 보고서와 자신의 보고서를 비교해보고 시정한다.

15 A과장은 어느 날 B부장에게 좋지 않은 말을 들었다. 이유는 최근에 A과장이 속한 팀으로 발령받은 C사원 때문이다. C사원이 새로운 부서에 아직 적응하지 못한 것인지 또는 업무 처리에 필요한 능력이 부족한 것인지는 단정할 수 없지만, C사원의 미흡한 일 처리로 인해서 부서 업무가 혼선을 겪고 있고, 이 때문에 상급자인 B부장에게 쓴소리까지 들은 상황이다.

① C사원에게 상황을 간략하게 알리고 개선할 방안을 제시해준다.

② C사원에게 상황을 그대로 알리고 시정 조치를 하라고 지시한다.

③ 일 처리에 능숙한 D대리를 불러 C사원을 도와주라고 지시한다.

④ 부서 내에 상황을 그대로 알리고 C사원이 스스로 개선할 마음이 들도록 한다.

⑤ C사원에게 부서 이동 등의 문책성 인사 조치 가능성을 언급하며 경각심을 갖게 한다.

16 A사원은 임시 팀장인 G의 지휘 아래 중요한 프로젝트를 진행하는 중이다. 그러던 가운데 정식 팀장으로 W가 부임했다. 임시 팀장이었던 G는 실무에 능숙하므로 여전히 팀원의 일원으로 프로젝트 업무에 참여하고 있던 어느 날 A사원은 진행 중인 프로젝트에 돌발 상황이 발생했음을 알아차렸다.

① 실무에 밝은 G에게 먼저 보고한다.
② 정식 책임자인 W에게 먼저 보고한다.
③ 빨리 연락할 수 있는 쪽에 먼저 보고한다.
④ 스스로 알아서 해결한 뒤 보고하지 않는다.
⑤ 현장 실무자와 상의하여 상황을 어느 정도 수습한 후에 G와 W 모두에게 보고한다.

17 귀하는 동료 직원 J대리와 공동으로 진행하는 프로젝트의 보고서를 내일 오전까지 P차장에게 제출해야 한다. 일정상 특이사항만 발생하지 않는다면 오늘 퇴근 전까지 보고서 작성을 완료할 수 있다. 그런데 귀하는 K과장으로부터 걸려온 전화를 받게 되었다. K과장은 갑자기 급한 일이 생겨서 오늘 오후 회의 참석이 어려울 것 같으며, 중요한 회의는 아니므로 귀하가 K과장을 대신해 참석하고 회의가 끝나면 관련 내용을 요약·정리해서 바로 이메일로 보내라고 지시한 후에 귀하의 답변을 듣지도 않고 바로 전화를 끊었다.

① J대리와 업무 진행 상황을 논의한 뒤 회의에 참석한다.
② 상급자의 부당한 업무 지시에 대해 부서장과 상담한다.
③ 일단 회의에 참석하고 프로젝트 보고서는 J대리와 분담해 작성한다.
④ 부서 내의 다른 직원에게 상황을 설명하고 회의 관련 업무에 대한 도움을 요청한다.
⑤ 다시 K과장에게 전화를 걸어 자신의 업무 상황을 설명하고, 다른 직원에게 부탁하라고 말한다.

18 생산부에서 근무하고 있는 귀하는 최근 제품 주문이 증가함에 따라 납품 기한을 맞추기 위해 매일 야근하고 있다. 오늘 오전 영업부 P부장으로부터 '다음 달까지 거래처 K회사에 납품하기로 한 제품의 수량이 기존 3,000개에서 15,000개로 늘었다'는 연락을 받았다.

① 거래처 담당자에게 계약된 납품량을 한 번 더 확인한다.
② 영업부장에게 생산라인의 과도한 업무로 인한 고충을 토로한다.
③ 영업부장에게 일정상 제품을 추가 생산할 수 없다고 말한다.
④ 거래처에 직접 연락하여 일정상 생산할 수 있는 납품량을 조율한다.
⑤ 생산부와 상의하지 않은 일방적 통보이므로 적극적인 조치를 취하지 않는다.

19 귀하의 동료 직원인 A사원은 다른 동료들에 비해 항상 좋지 않은 평가를 받고 있다. 요청받은 업무를 진행하는 데 있어 마감일을 늦추는 일이 다반사이며, 쉬운 일도 제대로 처리하지 못해 늘 실수가 발생하기 때문이다. 게다가 항상 지각을 일삼으며, 업무 시간에 휴대폰 게임을 하는 등 근무 태도도 좋지 않다. A사원은 이번 업무 평가에서도 일정 관리, 근무 태도, 업무 성과 등에서 모두 최하점인 '하'를 받았다며 귀하에게 상담을 요청하였다.

① 잘못된 업무 방식과 근무 태도에 대해 충고한다.
② 회사에서 진행하고 있는 다양한 교육을 소개해 준다.
③ 부담을 덜어주기 위해 업무에 대한 일정 관리를 도와준다.
④ 동료 직원의 고민에 대하여 상사에게 보고하고 도움을 요청한다.
⑤ 업무 처리 방식에 대한 개선 의지만 있다면 극복 가능하다는 용기를 준다.

20 귀하는 이번 주 주말에 친구와 함께 국외 여행을 가기 위해 지난해부터 항공권과 숙소를 예약하는 등 준비를 완료했다. 그런데 금요일 저녁 귀하는 갑자기 P팀장으로부터 걸려온 전화를 받게 되었다. P팀장은 귀하에게 "내가 어제 깜빡하고 계약서를 사무실 자리에 두고 왔네. 이 사원도 이번 계약이 얼마짜리인 줄 잘 알고 있지? 우리 팀한테 정말 중요한 계약이잖아. 당장 내일 계약해야 하는데 아주 큰일이야. 이 사원이 내일 아침에 회사에 가서 계약서 좀 찾아서 들고 와줘."라고 말했다.

① P팀장에게 몸이 아파서 못하겠다고 거짓말하고 여행을 떠난다.
② P팀장에게 자신의 상황을 솔직하게 말하고 부탁을 거절한다.
③ P팀장의 부탁을 들어주기 위해 친구에게 혼자 여행을 갈 것을 권유한다.
④ 다른 직원에게 전화하여 P팀장의 지시 사항을 대신 처리해줄 것을 부탁한다.
⑤ 상급자의 지시이므로 수수료를 물고 오후에 출발하는 항공권을 다시 예매한다.

21 디자인팀에서 근무하고 있는 A사원은 '디자인팀의 고충'을 담아내 많은 사람들에게 알리자는 취지로 팀장인 귀하로부터 브이로그 촬영을 허락받았다. 그렇게 담아낸 영상들은 큰 호응을 얻었고, 디자인팀에 대한 사람들의 인식 역시 긍정적으로 바뀌었다. 그러던 어느 날 A사원이 무심코 촬영했던 영상 안에 아직 발표 전인 신제품 디자인이 함께 찍혔고, 이를 알아차리지 못한 A사원은 영상을 그대로 유포하였다. 그리고 며칠 후 경쟁사인 H회사에서 해당 디자인을 모방한 디자인으로 저작권 등록을 하는 사태가 발생했다. 뒤늦게 상황을 파악한 A사원은 늦은 밤에 귀하에게 전화해 죄송하다며 책임지고 퇴사하겠다고 말했다.

① 알겠으니 내일 사표를 제출하라고 말한다.
② 퇴사는 물론 손해배상도 하게 될 수 있음을 분명하게 말한다.
③ 팀장인 자신이 브이로그 촬영을 허락했으므로 자신이 책임지겠다고 말한다.
④ 퇴사를 한 번 더 고려해 보고, 늦은 시간이니 내일 만나서 상의하자고 말한다.
⑤ 그동안 디자인 개발에 힘쓴 직원들 한명 한명에게 찾아가 사과하라고 말한다.

22 귀하는 새로운 사업 아이디어를 구상하여 B주임에게 제안하였다. 팀 회의 중 B주임은 해당 아이디어를 자신의 아이디어라며 발표하였고, C팀장은 B주임을 크게 칭찬하며 해당 사업을 추진하기로 결정하였다.

① 해당 프로젝트에 관련된 업무는 일체 거부한다.

② 회의를 마친 후 아이디어 출처를 왜곡한 B주임에게 항의한다.

③ 회의 중 사실 자신의 아이디어라는 점을 공개적으로 드러낸다.

④ 아이디어의 출처에 대한 별도의 언급 없이 맡은 업무를 계속한다.

⑤ 회의를 마친 후 C팀장에게 사실 자신의 아이디어라는 점을 따로 언급한다.

23 P회사는 코로나19 극복 차원에서 단합 목적의 사내 체육대회를 추진하고자 한다. 체육대회의 구체적 내용 선정을 담당한 운영팀 A대리는 체육대회의 종목을 정해야 한다. 운영팀장인 K팀장이 회식자리에서 자신이 잘하는 테니스를 반드시 포함시키라고 지시했다.

① 다른 업체의 체육대회 관련 정보를 참고해 종목들을 결정한다.

② 지난 체육대회에서 시행하였던 종목을 확인하여 동일하게 실시한다.

③ 사내 모든 직원들을 대상으로 설문 조사를 실시하여 종목을 결정한다.

④ 떠오르는 모든 종목들의 목록을 작성한 다음 그중 무작위로 선택한다.

⑤ K팀장이 이야기한 테니스를 포함시키고, 나머지 종목은 팀원들의 의견을 취합하여 결정한다.

24 해외사업팀 A주임과 B사원은 팀에서 추진 중인 프로젝트의 임원 회의용 자료를 작성하였다. 해외사업팀장인 C팀장은 A주임에게 최종적으로 수정할 사항을 알려준 후, 수정이 완료되면 즉시 비서실에 제출하라고 지시하였다. A주임은 C팀장이 지시한 수정 사항을 반영하여 비서실에 제출하였다. 그런데 제출 후에 해당 자료에 오타가 있는 것을 발견하였다.

① 오타에 대해 C팀장에게 보고하도록 B사원에게 지시한다.

② 제출 자료에 오타가 있다는 사실을 C팀장에게 직접 보고한다.

③ C팀장에게는 보고하지 않고 파일을 수정하여 비서실에 제출한다.

④ 가만히 있다가 임원진이 오타를 지적하면 자료 작성에 참여한 B사원을 질책한다.

⑤ 이미 비서실로 넘어간 자료이므로 비서실에 알려 직접 수정하게 한다.

25 같은 팀에서 근무하고 있는 귀하와 A주임은 다른 부서와 진행하는 중요 프로젝트에 함께 참여하게 되었다. 프로젝트를 진행하는 과정에서 A주임이 정해진 일정을 제때 맞추지 못하자 일정에 차질을 겪게 된 다른 부서의 직원들은 A주임뿐만 아니라 귀하에게 불만을 제기했다. 귀하는 결국 A주임에게 A주임으로 인해 프로젝트 진행에 많은 어려움이 발생하는 것 같다고 말했고, 다음 날 "제가 말씀을 듣고 생각해 봤는데요. 저는 제 업무 방식이 잘못된 건지 도저히 모르겠어요."라는 문자를 받게 되었다.

① 다음 날 출근하여 A주임에게 개인적으로 충고한다.
② A주임의 문자를 무시하고, 앞으로 자신의 업무에만 집중한다.
③ A주임의 번호를 차단하고, 출근 후 업무용 메신저를 통해 이야기한다.
④ 늦은 시간에 업무와 관계없는 내용의 연락은 불편하다고 답변한다.
⑤ 바로 전화를 걸어 A주임의 잘못된 업무 방식에 대해 자세하게 설명한다.

26 해외사업팀 A대리는 1주일 전에 협력부서인 기획팀의 B주임에게 협력사업 관련 자료를 전달하였다. 이후 B주임은 A대리에게 자료에 대한 기획팀장의 의견서를 전달하였다. 그런데 A대리가 의견서를 받아 보니 A대리가 B주임에게 전달한 자료가 아니라 다른 자료에 대한 의견서였다. 의견서를 해외사업팀장에게 보고하려던 A대리는 필요한 조치에 대해 고민 중이다.

① B주임에게 전달된 자료에 대한 의견서를 줄 것을 부탁한다.
② 기획팀장에게 공유 자료를 재송부하고 의견서를 요청한다.
③ 해외사업팀장에게 다른 내용에 대한 의견서를 전달받았음을 보고한다.
④ 협력부서인 만큼 유사한 유형의 문제가 발생하지 않도록 B주임을 질책한다.
⑤ 기획팀으로부터 전달받은 의견서이므로 해당 의견서를 해외사업팀장에게 보고한다.

27 G회사 영업부에서 근무하고 있는 A대리는 자사의 주요 거래처인 V회사와의 업무를 전담하고 있으며, 새로 입사한 B사원이 A대리를 보조하고 있다. G회사는 최근에 출시된 신제품 거래와 관련하여 V회사와 회의 일정을 잡았으며, V회사가 생산물량의 절반 이상을 거래할 것으로 예상되는 중요한 상황이다. 하지만 회의 담당자인 A대리가 회의 전 주말에 운동을 하다가 다리가 부러져 응급수술을 하게 되었고 A대리로부터 이러한 연락을 받은 영업부장 C는 이번 거래에 대해 주요한 내용은 모르는 상황이다. 이번 거래에 대해 A대리에 버금갈 만큼 잘 아는 사람은 입사한 지 1개월밖에 안 된 B사원뿐이다.

① B사원에게 A대리를 대신하여 참석할 것을 요청한다.
② 중대한 사항이므로 A대리에게 회의 참석을 요청한다.
③ A대리에게 최대한 내용을 전달받고 영업부장 C가 직접 참석한다.
④ V회사에 상황을 설명하고 회의 날짜를 변경하자고 말한다.
⑤ V회사에 상황을 알리고 병원에서 회의를 하자고 부탁한다.

28 V대리에게는 직속 후배인 W사원이 있다. W사원은 명문대 출신으로 업무 능력은 상당히 뛰어나다. 그러나 자신의 뛰어난 업무 능력만을 믿고 상사의 주의를 제대로 듣지 않은 채 제멋대로 업무를 해석하여 처리하는 경우가 있어 문제를 일으킬 때가 종종 있다. 상사로서 V대리는 W사원에 대해 적절히 주의하라고 경고하고 싶은 상황이다. 당신이 V대리라면 어떻게 할 것인가?

① G부장을 모셔와 W사원이 따끔하게 혼날 수 있도록 한다.
② 개인적인 자리를 빌어 W사원에게 주의하라고 엄격하게 경고한다.
③ W사원이 어디까지 막 나가나 지켜보도록 한다.
④ W사원에게 커피 심부름을 계속시켜서 소심하게 복수한다.
⑤ W사원에게 상사로서의 위엄을 강조하고 충성을 명령한다.

29 W사원은 팀에서 아이디어 뱅크로 불릴 정도로 팀 업무와 직결된 수많은 아이디어를 제안하는 편이다. 그러나 상사인 B팀장은 C부장에게 팀 업무를 보고하는 과정에 있어 W사원을 포함한 다른 사원들이 낸 아이디어를 자신이 낸 아이디어처럼 보고하는 경향이 있다. 이런 일이 반복되자 B팀장을 제외한 팀 내의 사원들의 불만이 쌓인 상황이다. 이런 상황에서 당신이 W사원이라면 어떻게 하겠는가?

① 다른 사원들과 따로 자리를 만들어 B팀장의 욕을 한다.
② B팀장이 보는 앞에서 C부장에게 B팀장에 대해 이야기한다.
③ 다른 사원들과 이야기한 뒤에 B팀장에게 조심스레 이야기를 꺼내본다.
④ 회식 자리를 빌어 C부장에게 B팀장에 대해 속상한 점을 고백한다.
⑤ 다른 사원들과 욕만 하고 더 이상 B팀장에 대한 이야기를 꺼내지 않는다.

30 평소에 A대리는 남들의 부탁을 거절하지 못하는 편이다. 이 때문에 A대리는 종종 다른 사원들의 부탁에 따라 업무를 대신 처리해주거나 야근을 해주곤 했다. 그러나 이런 상황이 반복되자 A대리는 아내인 B씨와 말다툼을 하기에 이르렀다. 이런 상황에서 또 다른 동료 C대리가 A대리에게 자신 대신 업무를 처리해 달라고 부탁하고 있는 상황이다. 당신이 A라면 어떻게 할 것인가?

① 아내인 B에게 받은 스트레스를 C대리에게 푼다.
② C대리에게 더 이상은 대신 업무를 처리해 줄 수 없다고 딱 잘라 말한다.
③ C대리에게 오늘은 곤란하다고 양해를 구한다.
④ C대리에게 아내인 B와 전화통화를 하게 한다.
⑤ 아내인 B에게 전화를 걸어 C대리 탓을 한다.

31 회사에 대한 자부심이 상당한 M대리는 회사에 만족하며 회사 생활에 별다른 어려움 없이 승승장구하고 있다. 그러던 어느 날 M대리는 상사인 N부장과 식사를 함께하게 되었다. 상사인 N부장은 회사의 복지 혜택이나 보수에 대한 불만을 늘어놓기 시작했다. N부장은 얼마 후에 있을 인사이동에 대한 권한을 가지고 있는 상사이다. 이런 상황에서 당신이 M대리라면 어떻게 할 것인가?

① N부장이 인사이동 권한을 가지고 있기 때문에 무조건 동의한다.
② 회사를 모욕했으므로 N부장의 말을 정면으로 반박한다.
③ N부장의 기분이 상하지 않을 정도로만 말을 경청하되 지나치게 동의하진 않는다.
④ N부장보다 상사인 K이사를 몰래 찾아가 말한다.
⑤ 다시는 N부장과 사적인 자리를 갖지 않도록 한다.

32 H사원은 평소에 동료들로부터 결벽증이라는 핀잔을 들을 정도로 깔끔한 편이다. 그런 H사원이 회사에서 겪는 어려움이 있다면 상사인 G팀장이 말을 할 때마다 지나치게 침이 튀긴다는 점이다. 팀 회의를 할 때마다 G팀장에게서 멀리 떨어져서 앉으면 되지만, 다른 사원들 역시 G팀장 옆에 앉길 꺼리기 때문에 팀 내 가장 막내인 H사원이 G팀장의 옆자리에 앉을 수밖에 없는 상황이다. 당신이 H사원이라면 어떻게 할 것인가?

① T대리에게 G팀장의 옆자리에 앉아 달라고 부탁한다.
② G팀장을 개인적으로 찾아가 조금만 주의해 달라고 요청한다.
③ 다른 사원들과 이야기한 뒤에 계속 참기로 한다.
④ 침이 튀기면 기분이 나쁘므로 회사에서 퇴사한다.
⑤ 팀 회의 장소에 있는 G팀장의 의자를 없애 버린다.

PART 3

인재유형검사

개인이 업무를 수행하면서 능률적인 성과물을 만들기 위해서는 개인의 능력과 경험 그리고 회사에서의 교육 및 훈련 등이 필요하지만, 개인의 성격이나 성향 역시 중요하다. 여러 직무분석 연구에서 나온 결과들에 따르면, 직무에서의 성공과 관련된 특성들 중 최고 70% 이상이 능력보다는 성격과 관련이 있다고 한다. 따라서 이랜드그룹에서는 인재유형검사를 통해 지원자의 역량을 평가하고 있다.

01 인재유형검사 개요

이랜드그룹의 인재상과 적합한 인재인지 평가하는 테스트로, 지원자의 개인 성향이나 인성에 관한 질문으로 구성되어 있다.
① 문항 수 : 462문항
② 시간 : 60분
③ 유형 : 각 문항에 대해 자신의 성격에 맞게 ① ~ ⑥ 중 자신에게 해당하는 것을 고르는 문제가 출제된다.

02 인재유형검사 수검요령

인재유형검사는 특별한 수검요령이 없다. 다시 말하면 모범답안이 없고, 정답이 없다는 이야기이다. 국어문제처럼 말의 뜻을 풀이하는 것도 아니다. 굳이 수검요령을 말하자면, 진실하고 솔직한 내 생각이 최고의 답변이라고 할 수 있을 것이다.
인재유형검사에서 가장 중요한 것은 첫째, 솔직한 답변이다. 지금까지 경험을 통해서 축적한 자신의 생각과 행동을 거짓 없이 솔직하게 기재하는 것이다. 예를 들어, '나는 타인의 물건을 훔치고 싶은 충동을 느껴본 적이 있다.'란 질문에 지원자들은 많은 생각을 하게 된다. 생각해 보라. 유년기에 또는 성인이 되어서도 타인의 물건을 훔치는 일을 저지른 적은 없더라도, 훔치고 싶은 충동은 누구나 조금이라도 느껴보았을 것이다. 그런데 이 질문에 고민을 하는 사람이 간혹 있다. 이 질문에 '예'라고 대답하면 담당 검사관들이 나를 사회적으로 문제가 있는 사람으로 여기지는 않을까 하는 생각에 '아니오'라는 답을 기재하게 된다. 이런 솔직하지 않은 답변이 답변의 신뢰와 솔직함을 나타내는 타당성 척도에 좋지 않은 점수를 주게 된다.
둘째, 일관성 있는 답변이다. 인재유형검사의 수많은 질문 문항 중에는 비슷한 뜻의 질문이 여러 개 숨어 있는 경우가 많이 있다. 그 질문들은 지원자의 솔직한 답변과 심리적인 상태를 알아보기 위해 내포되어 있는 문항들이다. 예컨대 '나는 유년시절 타인의 물건을 훔친 적이 있다.'라는 질문에 '예'라고 대답했는데, '나는 유년시절 타인의 물건을 훔쳐보고 싶은 충동을 느껴본 적이 있다.'라는 질문에는 '아니오'라는 답을 기재한다면 어떻겠는가. 일관성 없이 '대충 기재하자.'라는 식의 심리적 무성의한 답변이 되거나, 정신적으로 문제가 있는 사람으로 보일 수 있다.

인재유형검사는 많은 문항을 풀어야 하므로 지원자들은 지루함과 따분함, 반복되는 비슷한 질문에 대한 인내력 상실 등을 경험할 수 있다. 인내를 가지고 솔직한 내 생각을 대답하는 것이 무엇보다 중요한 요령이다.

03 인재유형검사 시 유의사항

(1) 충분한 휴식으로 불안을 없애고 정서적인 안정을 취한다. 심신이 안정되어야 자신의 마음을 표현할 수 있다.

(2) 생각나는 대로 솔직하게 응답한다. 자신을 너무 과대포장하지도, 너무 비하하지도 마라. 답변을 꾸며서 하면 앞뒤가 맞지 않게끔 구성돼 있어 불리한 평가를 받게 되므로 솔직하게 답하도록 한다.

(3) 검사문항에 대해 지나치게 생각해서는 안 된다. 지나치게 몰두하면 엉뚱한 답변이 나올 수 있으므로 불필요한 생각은 삼간다.

(4) 문항 수가 많기에 자칫 건너뛰거나 다 풀지 못하는 경우가 있는데, 가능한 모든 문항에 답해야 한다. 응답하지 않은 문항이 많을 경우 평가자가 정확한 평가를 내리지 못해 불리한 평가를 내릴 수 있기 때문이다.

04 인재유형검사 모의연습

※ 인재유형검사는 정답이 따로 없는 유형의 검사이므로 결과지를 제공하지 않습니다.

※ 다음 문항을 읽고 ① ~ ⑥ 중 자신에게 해당하는 것을 고르시오(① 전혀 그렇지 않다, ② 그렇지 않다, ③ 약간 그렇지 않다, ④ 약간 그렇다, ⑤ 그렇다, ⑥ 매우 그렇다). [1~140]

번호	문항	응답
01	타박을 받아도 위축되거나 기가 죽지 않는다.	① ② ③ ④ ⑤ ⑥
02	몸이 피곤할 때도 명랑하게 행동한다.	① ② ③ ④ ⑤ ⑥
03	익숙지 않은 집단, 장소로 옮겨가는 것이 꺼려진다.	① ② ③ ④ ⑤ ⑥
04	타인의 지적을 순수하게 받아들일 수 있다.	① ② ③ ④ ⑤ ⑥
05	매일의 목표가 있는 생활을 하고 있다.	① ② ③ ④ ⑤ ⑥
06	실패했던 기억을 되새기면서 고민하는 편이다.	① ② ③ ④ ⑤ ⑥
07	언제나 생기가 있고 열정적이다.	① ② ③ ④ ⑤ ⑥
08	상품을 선택하는 취향이 오랫동안 바뀌지 않는다.	① ② ③ ④ ⑤ ⑥
09	자신을 과시하다가 으스댄다는 핀잔을 듣곤 한다.	① ② ③ ④ ⑤ ⑥

10	동료가 될 사람을 1명만 택한다면 자기유능감이 높은 사람을 뽑겠다.	① ② ③ ④ ⑤ ⑥
11	열등감으로 자주 고민한다.	① ② ③ ④ ⑤ ⑥
12	많은 사람들을 만나는 것을 좋아한다.	① ② ③ ④ ⑤ ⑥
13	새로운 것에 대한 호기심이 잘 생기지 않는다.	① ② ③ ④ ⑤ ⑥
14	사람들을 쉽게 믿고 그들을 이해하려 노력한다.	① ② ③ ④ ⑤ ⑥
15	무엇이든 꾸준히 하면 스스로 해낼 수 있다고 믿는다.	① ② ③ ④ ⑤ ⑥
16	남에게 무시당하면 화가 치밀어 주체할 수 없다.	① ② ③ ④ ⑤ ⑥
17	과묵하고 소극적이라는 평가를 받곤 한다.	① ② ③ ④ ⑤ ⑥
18	상상보다는 사실지향성에 무게를 두는 편이다.	① ② ③ ④ ⑤ ⑥
19	남의 의견을 호의적으로 받아들이고 협조적이다.	① ② ③ ④ ⑤ ⑥
20	별로 반성하지 않으며, 게으름을 부리곤 한다.	① ② ③ ④ ⑤ ⑥
21	꼭 필요한 것인지 따져보며 충동구매를 하지 않는다.	① ② ③ ④ ⑤ ⑥
22	일부 특정한 사람들하고만 교제를 하는 편이다.	① ② ③ ④ ⑤ ⑥
23	일반적이고 확실한 것이 아니라면 거절하는 편이다.	① ② ③ ④ ⑤ ⑥
24	남에게 자신의 진심을 표현하기를 주저하는 편이다.	① ② ③ ④ ⑤ ⑥
25	임무를 달성하기 위해 목표를 분명하게 세운다.	① ② ③ ④ ⑤ ⑥
26	사고 싶은 것이 있으면 따지지 않고 바로 사곤 한다.	① ② ③ ④ ⑤ ⑥
27	낯선 사람에게도 친근하게 먼저 말을 건네는 편이다.	① ② ③ ④ ⑤ ⑥
28	다양성을 존중해 새로운 의견을 수용하는 편이다.	① ② ③ ④ ⑤ ⑥
29	남의 말을 들을 때 진위를 의심하곤 한다.	① ② ③ ④ ⑤ ⑥
30	시험 전에도 노는 계획을 세우곤 한다.	① ② ③ ④ ⑤ ⑥
31	주변 상황에 따라 기분이 수시로 변하곤 한다.	① ② ③ ④ ⑤ ⑥
32	몸담고 있는 동호회 수가 여러 개이다.	① ② ③ ④ ⑤ ⑥
33	익숙한 것만을 선호하다가 변화에 적응하지 못할 때가 많다.	① ② ③ ④ ⑤ ⑥
34	나를 비판하는 사람의 진짜 의도를 의심해 공격적으로 응수한다.	① ② ③ ④ ⑤ ⑥
35	도중에 실패해도 소임을 다하기 위해 끝까지 추진한다.	① ② ③ ④ ⑤ ⑥
36	고민이 있어도 지나치게 걱정하지 않는다.	① ② ③ ④ ⑤ ⑥
37	많은 사람들 앞에서 말하는 것이 서툴다.	① ② ③ ④ ⑤ ⑥
38	지적 흥미에 관심이 많고, 새로운 지식에 포용적이다.	① ② ③ ④ ⑤ ⑥
39	사람들을 믿지 못해 불편할 때가 많다.	① ② ③ ④ ⑤ ⑥
40	자신의 책임을 잊고 경솔하게 행동하곤 한다.	① ② ③ ④ ⑤ ⑥
41	기분 나쁜 일은 금세 잊는 편이다.	① ② ③ ④ ⑤ ⑥
42	다과회, 친목회 등의 소모임에서 자주 책임을 맡는다.	① ② ③ ④ ⑤ ⑥
43	부모님의 권위를 존중해 그분들의 말씀에 거의 순종한다.	① ② ③ ④ ⑤ ⑥
44	나의 이익을 지키려면 반드시 타인보다 우위를 점해야 한다고 생각한다.	① ② ③ ④ ⑤ ⑥
45	자신의 언행이 가볍다고 자주 지적받곤 한다.	① ② ③ ④ ⑤ ⑥

46	슬럼프에 빠지면 좀처럼 헤어나지 못한다.	① ② ③ ④ ⑤ ⑥
47	자신이 기력이 넘치며 사교적이라고 생각한다.	① ② ③ ④ ⑤ ⑥
48	익숙한 일·놀이에 진부함을 잘 느끼고, 새로운 놀이·활동에 흥미를 크게 느낀다.	① ② ③ ④ ⑤ ⑥
49	친구들을 신뢰해 그들의 말을 잘 듣는 편이다.	① ② ③ ④ ⑤ ⑥
50	인생의 목표와 방향이 뚜렷하며 부지런하다는 평가를 받곤 한다.	① ② ③ ④ ⑤ ⑥
51	감정을 잘 조절해 여간해서 흥분하지 않는 편이다.	① ② ③ ④ ⑤ ⑥
52	느긋하고 서두르지 않으며 여유로운 편이다.	① ② ③ ④ ⑤ ⑥
53	새로운 유행이 시작되면 다른 사람보다 먼저 시도해 보는 편이다.	① ② ③ ④ ⑤ ⑥
54	친구와 다투면 먼저 손을 내밀어 화해하지 못해 친구를 잃곤 한다.	① ② ③ ④ ⑤ ⑥
55	자신이 유능하다고 믿기 때문에 자신감이 넘친다.	① ② ③ ④ ⑤ ⑥
56	걱정거리가 머릿속에서 쉽사리 잊히지 않는 편이다.	① ② ③ ④ ⑤ ⑥
57	혼자 있을 때가 편안하다.	① ② ③ ④ ⑤ ⑥
58	비유적·상징적인 것보다는 사실적·현실적 표현을 선호한다.	① ② ③ ④ ⑤ ⑥
59	모르는 사람은 믿을 수 없으므로 경계하는 편이다.	① ② ③ ④ ⑤ ⑥
60	책임감, 신중성 등 자신에 대한 주위의 평판이 좋다고 생각한다.	① ② ③ ④ ⑤ ⑥
61	슬픈 일만 머릿속에 오래 남는다.	① ② ③ ④ ⑤ ⑥
62	꾸물대는 것이 싫어 늘 서두르는 편이다.	① ② ③ ④ ⑤ ⑥
63	예술가가 된 나의 모습을 상상하곤 한다.	① ② ③ ④ ⑤ ⑥
64	칭찬도 나쁘게 받아들이는 편이다.	① ② ③ ④ ⑤ ⑥
65	경솔한 언행으로 분란을 일으킬 때가 종종 있다.	① ② ③ ④ ⑤ ⑥
66	삶이 버겁게 느껴져 침울해지곤 한다.	① ② ③ ④ ⑤ ⑥
67	윗사람, 아랫사람 가리지 않고 쉽게 친해져 어울린다.	① ② ③ ④ ⑤ ⑥
68	상상 속에서 이야기를 잘 만들어 내는 편이다.	① ② ③ ④ ⑤ ⑥
69	손해를 입지 않으려고 약삭빠르게 행동하는 편이다.	① ② ③ ④ ⑤ ⑥
70	기왕 일을 한다면 꼼꼼하게 하는 편이다.	① ② ③ ④ ⑤ ⑥
71	비난을 받으면 몹시 신경이 쓰이고 자신감을 잃는다.	① ② ③ ④ ⑤ ⑥
72	주위 사람에게 인사하는 것이 귀찮다.	① ② ③ ④ ⑤ ⑥
73	창의력과 상상력이 풍부하다는 이야기를 자주 듣는다.	① ② ③ ④ ⑤ ⑥
74	자기중심적인 관점에서 남을 비판하곤 한다.	① ② ③ ④ ⑤ ⑥
75	지나치게 깔끔하고 싶은 강박증이 있다.	① ② ③ ④ ⑤ ⑥
76	세밀한 계획을 세워도 과도한 불안을 느낄 때가 많다.	① ② ③ ④ ⑤ ⑥
77	거의 항상 바쁘게 살아가는 편이다.	① ② ③ ④ ⑤ ⑥
78	타인이 예상하지 못한 엉뚱한 행동, 생각을 할 때가 자주 있다.	① ② ③ ④ ⑤ ⑥
79	의견이 어긋날 때는 먼저 한발 양보하는 편이다.	① ② ③ ④ ⑤ ⑥
80	어떤 일을 시도하다가 잘 안되면 금방 포기한다.	① ② ③ ④ ⑤ ⑥
81	긴박한 상황에 맞닥뜨리면 자신감을 잃을 때가 많다.	① ② ③ ④ ⑤ ⑥

82	처음 만난 사람과 이야기하는 것이 피곤하다.	① ② ③ ④ ⑤ ⑥
83	이것저것 새로운 것에 관심이 많고 새로운 것을 배우고 싶다.	① ② ③ ④ ⑤ ⑥
84	싫은 사람과도 충분히 협력할 수 있다고 생각한다.	① ② ③ ④ ⑤ ⑥
85	꾸준하고 참을성이 있다는 말을 자주 듣는다.	① ② ③ ④ ⑤ ⑥
86	신호 대기 중에도 조바심이 난다.	① ② ③ ④ ⑤ ⑥
87	남들보다 우월한 지위에서 영향력을 행사하고 싶다.	① ② ③ ④ ⑤ ⑥
88	'왜?'라는 질문을 자주 한다.	① ② ③ ④ ⑤ ⑥
89	좋아하지 않는 사람이라도 친절하고 공손하게 대한다.	① ② ③ ④ ⑤ ⑥
90	세부적인 내용을 일목요연하게 정리해 공부한다.	① ② ③ ④ ⑤ ⑥
91	상대가 통화 중이면 다급해져 연속해서 전화를 건다.	① ② ③ ④ ⑤ ⑥
92	쾌활하고 자신감이 강하며 남과의 교제에 적극적이다.	① ② ③ ④ ⑤ ⑥
93	궁금한 점이 있으면 꼬치꼬치 따져서 반드시 궁금증을 풀고 싶다.	① ② ③ ④ ⑤ ⑥
94	사람들은 누구나 곤경을 회피하려고 거짓말을 한다.	① ② ③ ④ ⑤ ⑥
95	물건을 분실하거나 어디에 두었는지 기억 못할 때가 많다.	① ② ③ ④ ⑤ ⑥
96	충동적인 행동을 하지 않는 편이다.	① ② ③ ④ ⑤ ⑥
97	상대방이 말을 걸어오기를 기다리는 편이다.	① ② ③ ④ ⑤ ⑥
98	새로운 생각들을 수용해 자신의 관점을 쉽게 수정하는 편이다.	① ② ③ ④ ⑤ ⑥
99	기분을 솔직하게 드러내는 편이어서 남들이 나의 기분을 금방 알아채곤 한다.	① ② ③ ④ ⑤ ⑥
100	의지와 끈기가 강한 편이다.	① ② ③ ④ ⑤ ⑥
101	어떤 상황에서든 만족할 수 있다.	① ② ③ ④ ⑤ ⑥
102	모르는 사람에게 말을 걸기보다는 혼자 있는 게 좋다.	① ② ③ ④ ⑤ ⑥
103	어떤 일이든 새로운 방향에서 이해할 수 있다고 생각한다.	① ② ③ ④ ⑤ ⑥
104	부모님이나 친구들에게 진심을 잘 고백하는 편이다.	① ② ③ ④ ⑤ ⑥
105	참을성이 있지만 융통성이 부족하다는 말을 듣곤 한다.	① ② ③ ④ ⑤ ⑥
106	깜짝 놀라면 몹시 당황하는 편이다.	① ② ③ ④ ⑤ ⑥
107	아는 사람이 많아져 대인관계를 넓히는 것을 선호한다.	① ② ③ ④ ⑤ ⑥
108	자신의 감수성, 지적 흥미에 충실하며 내면세계에 관심이 많다.	① ② ③ ④ ⑤ ⑥
109	사람들은 이득이 된다면 옳지 않은 방법이라도 쓸 것이다.	① ② ③ ④ ⑤ ⑥
110	세밀하게 설정된 계획표를 성실하게 실천하려 노력하는 편이다.	① ② ③ ④ ⑤ ⑥
111	난처한 헛소문에 휘말려도 개의치 않는다.	① ② ③ ④ ⑤ ⑥
112	매사에 진지하려고 노력한다.	① ② ③ ④ ⑤ ⑥
113	급진적인 변화를 선호한다.	① ② ③ ④ ⑤ ⑥
114	주변 사람들의 감정과 욕구를 잘 이해하는 편이다.	① ② ③ ④ ⑤ ⑥
115	대체로 먼저 할 일을 해 놓고 나서 노는 편이다.	① ② ③ ④ ⑤ ⑥
116	긴급 사태에도 당황하지 않고 행동할 수 있다.	① ② ③ ④ ⑤ ⑥
117	일할 때 자신의 생각대로 하지 못할 때가 많다.	① ② ③ ④ ⑤ ⑥

118	새로운 변화를 싫어한다.	① ② ③ ④ ⑤ ⑥
119	다른 사람의 감정에 민감하다.	① ② ③ ④ ⑤ ⑥
120	시험을 보기 전에 먼저 꼼꼼하게 공부 계획표를 짠다.	① ② ③ ④ ⑤ ⑥
121	삶에는 고통을 주는 것들이 너무 많다고 생각한다.	① ② ③ ④ ⑤ ⑥
122	내성적 성격 때문에 윗사람과의 대화가 꺼려진다.	① ② ③ ④ ⑤ ⑥
123	새로운 물건에서 신선한 아름다움을 느낄 때가 많다.	① ② ③ ④ ⑤ ⑥
124	사람들이 정직하게 행동하는 것은 타인의 비난이 두렵기 때문이다.	① ② ③ ④ ⑤ ⑥
125	계획에 따라 규칙적인 생활을 하는 편이다.	① ② ③ ④ ⑤ ⑥
126	걱정거리가 있으면 잠을 잘 수가 없다.	① ② ③ ④ ⑤ ⑥
127	자기주장만 지나치게 내세워 소란을 일으키곤 한다.	① ② ③ ④ ⑤ ⑥
128	예술 작품에서 큰 감동을 받곤 한다.	① ② ③ ④ ⑤ ⑥
129	싹싹하고 협조적이라는 평가를 받곤 한다.	① ② ③ ④ ⑤ ⑥
130	소지품을 잘 챙기지 않아 잃어버리곤 한다.	① ② ③ ④ ⑤ ⑥
131	즐거운 일보다는 괴로운 일이 더 많다.	① ② ③ ④ ⑤ ⑥
132	누가 나에게 말을 걸기 전에는 내가 먼저 말을 걸지 않는다.	① ② ③ ④ ⑤ ⑥
133	기본에 얽매이는 정공법보다는 창의적인 변칙을 선택하곤 한다.	① ② ③ ④ ⑤ ⑥
134	쉽게 양보를 하는 편이다.	① ② ③ ④ ⑤ ⑥
135	신발이나 옷이 떨어져도 무관심해 단정하지 못할 때가 종종 있다.	① ② ③ ④ ⑤ ⑥
136	사소한 일에도 긴장해 위축되곤 한다.	① ② ③ ④ ⑤ ⑥
137	타인과 어울리는 것보다는 혼자 지내는 것이 즐겁다.	① ② ③ ④ ⑤ ⑥
138	직업을 선택할 때 창조력과 심미안이 필요한 것을 선호한다.	① ② ③ ④ ⑤ ⑥
139	자기 것을 이웃에게 잘 나누어주는 편이다.	① ② ③ ④ ⑤ ⑥
140	몇 번이고 생각하고 검토한다.	① ② ③ ④ ⑤ ⑥

PART 3

훌륭한 가정만한 학교가 없고, 덕이 있는 부모만한 스승은 없다.

– 마하트마 간디 –

PART 4

면접

CHAPTER 01 면접 유형 및 실전 대책

01 면접 주요사항

면접의 사전적 정의는 면접관이 지원자를 직접 만나보고 인품(人品)이나 언행(言行) 따위를 시험하는 일로, 흔히 필기시험 후에 최종적으로 심사하는 방법이다.

최근 주요 기업의 인사담당자들을 대상으로 채용 시 면접이 차지하는 비중을 설문조사했을 때, 50 ~ 80% 이상이라고 답한 사람이 전체 응답자의 80%를 넘었다. 이와 대조적으로 지원자들을 대상으로 취업 시험에서 면접을 준비하는 기간을 물었을 때, 대부분의 응답자가 2 ~ 3일 정도라고 대답했다.

지원자가 일정 수준의 스펙을 갖추기 위해 자격증 시험과 토익을 치르고 이력서와 자기소개서까지 쓰다 보면 면접까지 챙길 여유가 없는 것이 사실이다. 그리고 서류전형과 인적성검사를 통과해야만 면접을 볼 수 있기 때문에 자연스럽게 면접은 취업시험 과정에서 그 비중이 작아질 수밖에 없다. 하지만 아이러니하게도 실제 채용 과정에서 면접이 차지하는 비중은 절대적이라고 해도 과언이 아니다.

기업들은 채용 과정에서 토론 면접, 인성 면접, 프레젠테이션 면접, 역량 면접 등의 다양한 면접을 실시한다. 1차 커트라인이라고 할 수 있는 서류전형을 통과한 지원자들의 스펙이나 능력은 서로 엇비슷하다고 판단되기 때문에 서류상 보이는 자격증이나 토익 성적보다는 지원자의 인성을 파악하기 위해 면접을 더욱 강화하는 것이다. 일부 기업은 의도적으로 압박 면접을 실시하기도 한다. 지원자가 당황할 수 있는 질문을 던져서 그것에 대한 지원자의 반응을 살펴보는 것이다.

면접은 다르게 생각한다면 '나는 누구인가?'에 대한 물음에 해답을 줄 수 있는 가장 현실적이고 미래적인 경험이 될 수 있다. 취업난 속에서 자격증을 취득하고 토익 성적을 올리기 위해 앞만 보고 달려온 지원자들은 자신에 대해서 고민하고 탐구할 수 있는 시간을 평소 쉽게 가질 수 없었을 것이다. 자신을 잘 알고 있어야 자신에 대해서 자신감 있게 말할 수 있다. 대체로 사람들은 자신에게 관대한 편이기 때문에 자신에 대해서 어떤 기대와 환상을 가지고 있는 경우가 많다. 하지만 면접은 제삼자에 의해 개인의 능력을 객관적으로 평가받는 시험이다. 어떤 지원자들은 다른 사람에게 자신을 표현하는 것을 어려워한다. 평소에 잘 사용하지 않는 용어를 내뱉으면서 거창하게 자신을 포장하는 지원자도 많다. 면접에서 가장 기본은 자기 자신을 면접관에게 알기 쉽게 표현하는 것이다.

이러한 표현을 바탕으로 자신이 앞으로 하고자 하는 것과 그에 대한 이유를 설명해야 한다. 최근에는 자신감을 향상시키거나 말하는 능력을 높이는 학원도 많기 때문에 얼마든지 자신의 단점을 극복할 수 있다.

1. 자기소개의 기술

자기소개를 시키는 이유는 면접자가 지원자의 자기소개서를 압축해서 듣고, 지원자의 첫인상을 평가할 시간을 가질 수 있기 때문이다. 면접을 위한 워밍업이라고 할 수 있으며, 첫인상을 결정하는 과정이므로 매우 중요한 순간이다.

(1) 정해진 시간에 자기소개를 마쳐야 한다.

쉬워 보이지만 의외로 지원자들이 정해진 시간을 넘기거나 혹은 빨리 끝내서 면접관에게 지적을 받는 경우가 많다. 본인이 면접을 받는 마지막 지원자가 아닌 이상, 정해진 시간을 지키지 않는 것은 수많은 지원자를 상대하기에 바쁜 면접관과 대기 시간에 지친 다른 지원자들에게 불쾌감을 줄 수 있다.

또한 회사에서 시간관념은 절대적인 것이므로 반드시 자기소개 시간을 지켜야 한다. 말하기는 1분에 200자 원고지 2장 분량의 글을 읽는 만큼의 속도가 가장 적당하다. 이를 A4 용지에 10point 글자 크기로 작성하면 반 장 분량이 된다.

(2) 간단하지만 신선한 문구로 자기소개를 시작하자.

요즈음 많은 지원자가 이 방법을 사용하고 있기 때문에 웬만한 소재의 문구가 아니면 면접관의 관심을 받을 수 없다. 이러한 문구는 시대적으로 유행하는 광고 카피를 패러디하는 경우와 격언 등을 인용하는 경우, 그리고 지원한 회사의 IC나 경영이념, 인재상 등을 사용하는 경우 등이 있다. 지원자는 이러한 여러 문구 중에 자신의 첫인상을 북돋아 줄 수 있는 것을 선택해서 말해야 한다. 자신의 이름을 문구 속에 적절하게 넣어서 말한다면 좀 더 효과적인 자기소개가 될 것이다.

(3) 무엇을 먼저 말할 것인지 고민하자.

면접관이 많이 던지는 질문 중 하나가 지원동기이다. 그래서 성장기를 바로 건너뛰고, 지원한 회사에 들어오기 위해 대학에서 어떻게 준비했는지를 설명하는 자기소개가 대세이다.

(4) 면접관의 호기심을 자극해 관심을 불러일으킬 수 있게 말하라.

면접관에게 질문을 많이 받는 지원자의 합격률이 반드시 높은 것은 아니지만, 질문을 전혀 안 받는 것보다는 좋은 평가를 기대할 수 있다.

지원한 분야와 관련된 수상 경력이나 프로젝트 등을 말하는 것도 좋다. 이는 지원자의 업무 능력과 직접 연결되는 것이므로 효과적인 자기 홍보가 될 수 있다. 일부 지원자들은 자신만의 특별한 경험을 이야기하는데, 이때는 그 경험이 보편적으로 사람들의 공감대를 얻을 수 있는 것인지 다시 생각해봐야 한다.

(5) 마지막 고개를 넘기가 가장 힘들다.

첫 단추도 중요하지만, 마지막 단추도 중요하다. 하지만 왠지 격식을 따지는 인사말은 지나가는 인사말 같고, 다르게 하자니 예의에 어긋나는 것 같은 기분이 든다. 이때는 처음에 했던 자신만의 문구를 다시 한 번 말하는 것도 좋은 방법이다. 자연스러운 끝맺음이 될 수 있도록 적절한 연습이 필요하다.

2. 1분 자기소개 시 주의사항

(1) 자기소개서와 자기소개가 똑같다면 감점일까?

아무리 자기소개서를 외워서 말한다 해도 자기소개가 자기소개서와 완전히 똑같을 수는 없다. 자기소개서의 분량이 더 많고 회사마다 요구하는 필수 항목들이 있기 때문에 굳이 고민할 필요는 없다. 오히려 자기소개서의 내용을 잘 정리한 자기소개가 더 좋은 결과를 만들 수 있다. 하지만 자기소개서와 상반된 내용을 말하는 것은 적절하지 않다. 지원자의 신뢰성이 떨어진다는 것은 곧 불합격을 의미하기 때문이다.

(2) 말하는 자세를 바르게 익혀라.

지원자가 자기소개를 하는 동안 면접관은 지원자의 동작 하나하나를 관찰한다. 그렇기 때문에 바른 자세가 중요하다는 것은 우리가 익히 알고 있다. 하지만 문제는 무의식적으로 나오는 습관 때문에 자세가 흐트러져 나쁜 인상을 줄 수 있다는 것이다. 이러한 습관을 고칠 수 있는 가장 좋은 방법은 캠코더 등으로 자신의 모습을 담는 것이다. 거울을 사용할 경우에는 시선이 자꾸 자기 눈과 마주치기 때문에 집중하기 힘들다. 하지만 촬영된 동영상은 제삼자의 입장에서 자신을 볼 수 있기 때문에 많은 도움이 된다.

(3) 정확한 발음과 억양으로 자신 있게 말하라.

지원자의 모양새가 아무리 뛰어나도, 목소리가 작고 발음이 부정확하면 큰 감점을 받는다. 이러한 모습은 지원자의 좋은 점에까지 악영향을 끼칠 수 있다. 직장을 흔히 사회생활의 시작이라고 말하는 시대적 정서에서 사람들과 의사소통을 하는 데 문제가 있다고 판단되는 지원자는 부적절한 인재로 평가될 수밖에 없다.

3. 대화법

전문가들이 말하는 대화법의 핵심은 '상대방을 배려하면서 이야기하라.'는 것이다. 대화는 나와 다른 사람의 소통이다. 내용에 대한 공감이나 이해가 없다면 대화는 더 진전되지 않는다.

『카네기 인간관계론』이라는 베스트셀러의 작가인 철학자 카네기가 말하는 최상의 대화법은 자신의 경험을 토대로 이야기하는 것이다. 즉, 살아오면서 직접 겪은 경험이 상대방의 관심을 끌 수 있는 가장 좋은 이야깃거리인 것이다. 특히, 어떤 일을 이루기 위해 노력하는 과정에서 겪은 실패나 희망에 대해 진솔하게 얘기한다면 상대방은 어느새 당신의 편에 서서 그 이야기에 동조할 것이다.

독일의 사업가이자, 동기부여 트레이너인 위르겐 힐러의 연설법 중 가장 유명한 것은 '시즐(Sizzle)'을 잡는 것이다. 시즐이란, 새우튀김이나 돈가스가 기름에서 지글지글 튀겨질 때 나는 소리이다. 즉, 자신의 말을 듣고 시즐처럼 반응하는 상대방의 감정에 적절하게 대응하라는 것이다.

말을 시작한 지 10 ~ 15초 안에 상대방의 '시즐'을 알아차려야 한다. 자신의 이야기에 대한 상대방의 첫 반응에 따라 말하기 전략도 달라져야 한다. 첫 이야기의 반응이 미지근하다면 가능한 한 그 이야기를 빨리 마무리하고 새로운 이야깃거리를 생각해내야 한다. 길지 않은 면접 시간 내에 몇 번 오지 않는 대답의 기회를 살리기 위해서 보다 전략적이고 냉철해야 하는 것이다.

4. 차림새

(1) 구두

면접에 어떤 옷을 입어야 할지를 며칠 동안 고민하면서 정작 구두는 면접 보는 날 현관을 나서면서 즉흥적으로 신고 가는 지원자들이 많다. 특히, 남자 지원자들이 이러한 실수를 많이 한다. 구두를 보면 그 사람의 됨됨이를 알 수 있다고 한다. 면접관 역시 이러한 것을 놓치지 않기 때문에 지원자는 자신의 구두에 더욱 신경을 써야 한다. 스타일의 마무리는 발끝에서 이루어지는 것이다. 아무리 멋진 옷을 입고 있어도 구두가 어울리지 않는다면 전체 스타일이 흐트러지기 때문이다.

정장용 구두는 디자인이 깔끔하고, 에나멜 가공처리를 하여 광택이 도는 페이턴트 가죽 소재 제품이 무난하다. 검정 계열 구두는 회색과 감색 정장에, 브라운 계열의 구두는 베이지나 갈색 정장에 어울린다. 참고로 구두는 오전에 사는 것보다 발이 충분히 부은 상태인 저녁에 사는 것이 좋다. 마지막으로 당연한 일이지만 반드시 면접을 보는 전날 구두 뒤축이 닳지는 않았는지 확인하고 구두에 광을 내 둔다.

(2) 양말

양말은 정장과 구두의 색상을 비교해서 골라야 한다. 특히 검정이나 감색의 진한 색상의 바지에 흰 양말을 신는 것은 시대에 뒤처지는 일이다. 일반적으로 양말의 색깔은 바지의 색깔과 같아야 한다. 또한 양말의 길이도 신경 써야 한다. 남성의 경우에 의자에 바르게 앉거나 다리를 꼬아서 앉을 때 다리털이 보여서는 안 된다. 반드시 긴 정장 양말을 신어야 한다.

(3) 정장

지원자는 평소에 정장을 입을 기회가 많지 않기 때문에 면접을 볼 때 본인 스스로도 옷을 어색하게 느끼는 경우가 많다. 옷을 불편하게 느끼기 때문에 자세마저 불안정한 지원자도 볼 수 있다. 그러므로 면접 전에 정장을 입고 생활해 보는 것도 나쁘지는 않다.

일반적으로 면접을 볼 때는 상대방에게 신뢰감을 줄 수 있는 남색 계열의 옷이나 어떤 계절이든 무난하고 깔끔해 보이는 회색 계열의 정장을 많이 입는다. 정장은 유행에 따라서 재킷의 디자인이나 버튼의 개수가 바뀌기 때문에 특히 남성 지원자의 경우, 너무 오래된 옷을 입어서 아버지 옷을 빌려 입고 나온 듯한 인상을 주어서는 안 된다.

(4) 헤어스타일과 메이크업

헤어스타일에 자신이 없다면 미용실에 다녀오는 것도 좋은 방법이다. 그리고 여성 지원자의 경우에는 자신에게 어울리는 메이크업을 하는 것도 괜찮다. 메이크업은 상대에 대한 예의를 갖추는 것이므로 지나치게 화려한 메이크업이 아니라면 보다 준비된 지원자처럼 보일 수 있다.

PART 4

5. 첫인상

취업을 위해 성형수술을 받는 사람들에 대한 이야기는 더 이상 뉴스거리가 되지 않는다. 그만큼 많은 사람이 좁은 취업문을 뚫기 위해 이미지 향상에 신경을 쓰고 있다. 이는 면접관에게 좋은 첫인상을 주기 위한 것으로, 지원서에 올리는 증명사진을 이미지 프로그램을 통해 수정하는 이른바 '사이버 성형'이 유행하는 것과 같은 맥락이다. 실제로 외모가 채용 과정에서 영향을 끼치는가에 대한 설문조사에서도 60% 이상의 인사담당자들이 그렇다고 답변했다.

하지만 외모와 첫인상을 절대적인 관계로 이해하는 것은 잘못된 판단이다. 외모가 첫인상에서 많은 부분을 차지하지만, 외모 외에 다른 결점이 발견된다면 그로 인해 장점들이 가려질 수도 있다. 이러한 현상은 아래에서 다시 논하겠다.

첫인상은 말 그대로 한 번밖에 기회가 주어지지 않으며 몇 초 안에 결정된다. 첫인상을 결정짓는 요소 중 시각적인 요소가 80% 이상을 차지한다. 첫눈에 들어오는 생김새나 복장, 표정 등에 의해서 결정되는 것이다. 면접을 시작할 때 자기소개를 시키는 것도 지원자별로 첫인상을 평가하기 위해서이다. 첫인상이 중요한 이유는 만약 첫인상이 부정적으로 인지될 경우, 지원자의 다른 좋은 면까지 거부당하기 때문이다. 이러한 현상을 심리학에서는 초두효과(Primacy Effect)라고 한다. 그래서 한 번 형성된 첫인상은 여간해서 바꾸기 힘들다. 이는 첫인상이 나중에 들어오는 정보까지 영향을 주기 때문이다. 첫인상의 정보가 나중에 들어오는 정보 처리의 지침이 되는 것을 심리학에서는 맥락효과(Context Effect)라고 한다. 따라서 평소에 첫인상을 좋게 만들기 위한 노력을 꾸준히 해야만 하는 것이다.

좋은 첫인상이 반드시 외모에만 집중되는 것은 아니다. 오히려 깔끔한 옷차림과 부드러운 표정 그리고 말과 행동 등에 의해 전반적인 이미지가 만들어진다. 누구나 이러한 것 중에 한두 가지 단점을 가지고 있다. 요즈음은 이미지 컨설팅을 통해서 자신의 단점들을 보완하는 지원자도 있다. 특히, 표정이 밝지 않은 지원자는 평소 웃는 연습을 의식적으로 하여 면접을 받는 동안 계속해서 여유 있는 표정을 짓는 것이 중요하다. 성공한 사람들은 인상이 좋다는 것을 명심하자.

02 면접의 유형 및 실전 대책

1. 면접의 유형

과거 천편일률적인 일대일 면접과 달리 면접에는 다양한 유형이 도입되어 현재는 "면접은 이렇게 보는 것이다."라고 말할 수 있는 정해진 유형이 없어졌다. 그러나 KT그룹 면접에서는 현재까지는 집단 면접과 다대일 면접이 진행되고 있으므로 어느 정도 유형을 파악하여 사전에 대비가 가능하다. 면접의 기본인 단독 면접부터, 다대일 면접, 집단 면접의 유형과 그 대책에 대해 알아보자.

(1) 단독 면접

단독 면접이란 응시자와 면접관이 1대1로 마주하는 형식을 말한다. 면접위원 한 사람과 응시자 한 사람이 마주 앉아 자유로운 화제를 가지고 질의응답을 되풀이하는 방식이다. 이 방식은 면접의 가장 기본적인 방법으로 소요시간은 10 ~ 20분 정도가 일반적이다.

① 장점

필기시험 등으로 판단할 수 없는 성품이나 능력을 알아내는 데 가장 적합하다고 평가받아 온 면접방식으로 응시자 한 사람 한 사람에 대해 여러 면에서 비교적 폭넓게 파악할 수 있다. 응시자의 입장에서는 한 사람의 면접관만을 대하는 것이므로 상대방에게 집중할 수 있으며, 긴장감도 다른 면접방식에 비해서는 적은 편이다.

② 단점

면접관의 주관이 강하게 작용해 객관성을 저해할 소지가 있으며, 면접 평가표를 활용한다 하더라도 일면적인 평가에 그칠 가능성을 배제할 수 없다. 또한 시간이 많이 소요되는 것도 단점이다.

단독 면접 준비 Point

단독 면접에 대비하기 위해서는 평소 1대1로 논리 정연하게 대화를 나눌 수 있는 능력을 기르는 것이 중요하다. 그리고 면접장에서는 면접관을 선배나 선생님 혹은 아버지를 대하는 기분으로 면접에 임하는 것이 부담도 훨씬 적고 실력을 발휘할 수 있는 방법이 될 것이다.

(2) 다대일 면접

다대일 면접은 일반적으로 가장 많이 사용되는 면접방법으로 보통 2 ~ 5명의 면접관이 1명의 응시자에게 질문하는 형태의 면접방법이다. 면접관이 여러 명이므로 다각도에서 질문을 하여 응시자에 대한 정보를 많이 알아낼 수 있다는 점 때문에 선호하는 면접방법이다.

하지만 응시자의 입장에서는 질문도 면접관에 따라 각양각색이고 동료 응시자가 없으므로 숨 돌릴 틈도 없게 느껴진다. 또한 관찰하는 눈도 많아서 조그만 실수라도 지나치는 법이 없기 때문에 정신적 압박과 긴장감이 높은 면접방법이다. 따라서 응시자는 긴장을 풀고 한 시험관이 묻더라도 면접관 전원을 향해 대답한다는 기분으로 또박또박 대답하는 자세가 필요하다.

① 장점

면접관이 집중적인 질문과 다양한 관찰을 통해 응시자가 과연 조직에 필요한 인물인가를 완벽히 검증할 수 있다.

② 단점

면접시간이 보통 10 ~ 30분 정도로 좀 긴 편이고 응시자에게 지나친 긴장감을 조성하는 면접방법이다.

다대일 면접 준비 Point

질문을 들을 때 시선은 면접위원을 향하고 다른 데로 돌리지 말아야 하며, 대답할 때에도 고개를 숙이거나 입속에서 우물거리는 소극적인 태도는 피하도록 한다. 면접위원과 대등하다는 마음가짐으로 편안한 태도를 유지하면 대답도 자연스러운 상태에서 좀 더 충실히 할 수 있고, 이에 따라 면접위원이 받는 인상도 달라진다.

(3) 집단 면접

집단 면접은 다수의 면접관이 여러 명의 응시자를 한꺼번에 평가하는 방식으로 짧은 시간에 능률적으로 면접을 진행할 수 있다. 각 응시자에 대한 질문내용, 질문횟수, 시간배분이 똑같지는 않으며, 모두에게 같은 질문이 주어지기도 하고, 각각 다른 질문을 받기도 한다.

또한 어떤 응시자가 한 대답에 대한 의견을 묻는 등 그때그때의 분위기나 면접관의 의향에 따라 변수가 많다. 집단 면접은 응시자의 입장에서는 개별 면접에 비해 긴장감은 다소 덜한 반면에 다른 응시자들과의 비교가 확실하게 나타나므로 응시자는 몸가짐이나 표현력·논리성 등이 결여되지 않도록 자신의 생각이나 의견을 솔직하게 발표하여 집단 속에 묻히거나 밀려나지 않도록 주의해야 한다.

① 장점

집단 면접의 장점은 면접관이 응시자 한 사람에 대한 관찰시간이 상대적으로 길고, 비교 평가가 가능하기 때문에 결과적으로 평가의 객관성과 신뢰성을 높일 수 있다는 점이며, 응시자는 동료들과 함께 면접을 받기 때문에 긴장감이 다소 덜하다는 것을 들 수 있다. 또한 동료가 답변하는 것을 들으며, 자신의 답변 방식이나 자세를 조정할 수 있다는 것도 큰 이점이다.

② 단점

응답하는 순서에 따라 응시자마다 유리하고 불리한 점이 있고, 면접위원의 입장에서는 각각의 개인적인 문제를 깊게 다루기가 곤란하다는 것이 단점이다.

집단 면접 준비 Point

너무 자기 과시를 하지 않는 것이 좋다. 대답은 자신이 말하고 싶은 내용을 간단명료하게 말해야 한다. 내용이 없는 발언을 한다거나 대답을 질질 끄는 태도는 좋지 않다. 또 말하는 중에 내용이 주제에서 벗어나거나 자기중심적으로만 말하는 것도 피해야 한다. 집단 면접에 대비하기 위해서는 평소에 설득력을 지닌 자신의 논리력을 계발하는 데 힘써야 하며, 다른 사람 앞에서 자신의 의견을 조리 있게 개진할 수 있는 발표력을 갖추는 데에도 많은 노력을 기울여야 한다.

• 실력에는 큰 차이가 없다는 것을 기억하라.
• 동료 응시자들과 서로 협조하라.
• 답변하지 않을 때의 자세가 중요하다.
• 개성 표현은 좋지만 튀는 것은 위험하다.

---

(4) 집단 토론식 면접

집단 토론식 면접은 집단 면접과 형태는 유사하지만 질의응답이 아니라 응시자들끼리의 토론이 중심이 되는 면접방법으로 최근 들어 급증세를 보이고 있다. 이는 공통의 주제에 대해 다양한 견해들이 개진되고 결론을 도출하는 과정, 즉 토론을 통해 응시자의 다양한 면에 대한 평가가 가능하다는 집단 토론식 면접의 장점이 널리 확산된 데 따른 것으로 보인다. 사실 집단 토론식 면접을 활용하면 주제와 관련된 지식 정도와 이해력, 판단력, 설득력, 협동성은 물론 리더십, 조직 적응력, 적극성과 대인관계 능력 등을 쉽게 파악할 수 있다.

토론식 면접에서는 자신의 의견을 명확히 제시하면서도 상대방의 의견을 경청하는 토론의 기본자세가 필수적이며, 지나친 경쟁심이나 자기 과시욕은 접어두는 것이 좋다. 또한 집단 토론의 목적이 결론을 도출해 나가는 과정에 있다는 것을 감안하여 무리하게 자신의 주장을 관철시키기보다 오히려 토론의 질을 높이는 데 기여하는 것이 좋은 인상을 줄 수 있다는 점을 알아야 한다. 취업 희망자들은 토론식 면접이 급속도로 확산되는 추세임을 감안해 특히 철저한 준비를 해야 한다. 평소에 신문의 사설이나 매스컴 등의 토론 프로그램을 주의 깊게 보면서 논리 전개방식을 비롯한 토론 과정을 익히도록 하고, 친구들과 함께 간단한 주제를 놓고 토론을 진행해 볼 필요가 있다. 또한 사회ㆍ시사문제에 대해 자기 나름대로의 관점을 정립해두는 것도 꼭 필요하다.

(5) PT 면접

PT 면접, 즉 프레젠테이션 면접은 최근 들어 집단 토론 면접과 더불어 그 활용도가 점차 커지고 있다. PT 면접은 기업마다 특성이 다르고 인재상이 다른 만큼 인성 면접만으로는 알 수 없는 지원자의 문제해결 능력, 전문성, 창의성, 기본 실무능력, 논리성 등을 관찰하는 데 중점을 두는 면접으로, 지원자 간의 변별력이 높아 대부분의 기업에서 적용하고 있으며, 확산되는 추세이다.

면접 시간은 기업별로 차이가 있지만, 전문지식, 시사성 관련 주제를 제시한 다음, 보통 20 ~ 50분 정도 준비하여 5분가량 발표할 시간을 준다. 면접관과 지원자의 단순한 질의응답식이 아닌, 주제에 대해 일정 시간 동안 지원자의 발언과 발표하는 모습 등을 관찰하게 된다. 정확한 답이나 지식보다는 논리적 사고와 의사표현력이 더 중시되기 때문에 자신의 생각을 어떻게 설명하느냐가 매우 중요하다.

PT 면접에서 같은 주제라도 직무별로 평가요소가 달리 나타난다. 예를 들어, 영업직은 설득력과 의사소통 능력에 중점을 둘 수 있겠고, 관리직은 신뢰성과 창의성 등을 더 중요하게 평가한다.

PT 면접 준비 Point

- 면접관의 관심과 주의를 집중시키고, 발표 태도에 유의한다.
- 모의 면접이나 거울 면접을 통해 미리 점검한다.
- PT 내용은 세 가지 정도로 정리해서 말한다.
- PT 내용에는 자신의 생각이 담겨 있어야 한다.
- 중간에 자문자답 방식을 활용한다.
- 평소 지원하는 업계의 동향이나 직무에 대한 전문지식을 쌓아둔다.
- 부적절한 용어 사용이나 무리한 주장 등은 하지 않는다.

2. 면접의 실전 대책

(1) 면접 대비사항

① 지원 회사에 대한 사전지식을 충분히 준비한다.

필기시험에서 합격 또는 서류전형에서의 합격통지가 온 후 면접시험 날짜가 정해지는 것이 보통이다. 이때 수험자는 면접시험을 대비해 사전에 자기가 지원한 계열사 또는 부서에 대해 폭넓은 지식을 준비할 필요가 있다.

② 충분한 수면을 취한다.

충분한 수면으로 안정감을 유지하고 첫 출발의 상쾌한 마음가짐을 갖는다.

③ 얼굴을 생기 있게 한다.

첫인상은 면접에 있어서 가장 결정적인 당락요인이다. 면접관에게 좋은 인상을 줄 수 있도록 화장하는 것도 필요하다. 면접관들이 가장 좋아하는 인상은 얼굴에 생기가 있고 눈동자가 살아 있는 사람, 즉 기가 살아 있는 사람이다.

④ 아침에 인터넷 뉴스를 읽고 간다.

그날의 뉴스가 질문 대상에 오를 수가 있다. 특히 경제면, 정치면, 문화면 등을 유의해서 볼 필요가 있다.

(2) 면접 시 옷차림

면접에서 옷차림은 간결하고 단정한 느낌을 주는 것이 가장 중요하다. 색상과 디자인 면에서 지나치게 화려한 색상이나, 노출이 심한 디자인은 자칫 면접관의 눈살을 찌푸리게 할 수 있다. 단정한 차림을 유지하면서 자신만의 독특한 멋을 연출하는 것, 지원하는 회사의 분위기를 파악했다는 센스를 보여주는 것 또한 코디네이션의 포인트이다.

(3) 면접 요령

① 첫인상을 중요시한다.

상대에게 인상을 좋게 주지 않으면 어떠한 얘기를 해도 이쪽의 기분이 충분히 전달되지 않을 수 있다. 예를 들어, '저 친구는 표정이 없고 무엇을 생각하고 있는지 전혀 알 길이 없다.'처럼 생각되면 최악의 상태이다. 우선 청결한 복장, 바른 자세로 침착하게 들어가야 한다. 건강하고 신선한 이미지를 주어야 하기 때문이다.

② 좋은 표정을 짓는다.

얘기를 할 때의 표정은 중요한 사항의 하나다. 거울 앞에서 웃는 연습을 해본다. 웃는 얼굴은 상대를 편안하게 하고, 특히 면접 등 긴박한 분위기에서는 천금의 값이 있다 할 것이다. 그렇다고 하여 항상 웃고만 있어서는 안 된다. 자기의 할 얘기를 진정으로 전하고 싶을 때는 진지한 얼굴로 상대의 눈을 바라보며 얘기한다. 면접을 볼 때 눈을 감고 있으면 마이너스 이미지를 주게 된다.

③ 결론부터 이야기한다.

자기의 의사나 생각을 상대에게 정확하게 전달하기 위해서 먼저 무엇을 말하고자 하는가를 명확히 결정해 두어야 한다. 대답을 할 경우에는 결론을 먼저 이야기하고 나서 그에 따른 설명과 이유를 덧붙이면 논지(論旨)가 명확해지고 이야기가 깔끔하게 정리된다.

한 가지 사실을 이야기하거나 설명하는 데는 3분이면 충분하다. 복잡한 이야기라도 어느 정도의 길이로 요약해서 이야기하면 상대도 이해하기 쉽고 자기도 정리할 수 있다. 긴 이야기는 오히려 상대를 불쾌하게 할 수가 있다.

④ 질문의 요지를 파악한다.

면접 때의 이야기는 간결성만으로는 부족하다. 상대의 질문이나 이야기에 대해 적절하고 필요한 대답을 하지 않으면 대화는 끊어지고 자기의 생각도 제대로 표현하지 못하여 면접자로 하여금 수험생의 인품이나 사고방식 등을 명확히 파악할 수 없게 한다. 무엇을 묻고 있는지, 무슨 이야기를 하고 있는지 그 요점을 정확히 알아내야 한다.

면접에서 고득점을 받을 수 있는 성공요령

1. 자기 자신을 겸허하게 판단하라.
2. 지원한 회사에 대해 100% 이해하라.
3. 실전과 같은 연습으로 감각을 익히라.
4. 단답형 답변보다는 구체적으로 이야기를 풀어나가라.
5. 거짓말을 하지 말아라.
6. 면접하는 동안 대화의 흐름을 유지하라.
7. 친밀감과 신뢰를 구축하라.
8. 상대방의 말을 성실하게 들으라.
9. 근로조건에 대한 이야기를 풀어나갈 준비를 하라.
10. 끝까지 긴장을 풀지 말아라.

PART 4

이랜드그룹은 일반적으로 면접 전형을 3단계로 진행하고 있다. 1차 면접에서는 사전에 작성한 질문지를 바탕으로 진행되는 실무 면접으로 볼 수 있으며, 2차 면접은 1차 면접 합격자들을 대상으로 현장 면접 즉, 인턴 기간동안 다양한 평가를 진행하게 된다. 마지막으로 3차 면접의 경우는 2차 면접에 합격한 사람을 대상으로 진행되는 심층 면접이다.

다만, 최근 사회적 흐름에 부응하는 다양한 인재를 뽑기 위한 여러 가지 방법과 유형이 진행되는 만큼, 계열사 및 직무별로 면접 유형이 달라질 수 있으므로 본인이 지원한 계열사 및 직무별 면접 전형을 공고를 통해 반드시 확인해야 한다.

1. 이랜드그룹 면접 기출

(1) 1차 면접

실무진이 진행하는 면접으로 간단한 설문지를 작성한 뒤 실무면접이 진행되며, 일부 계열사의 경우 면접에서 자유로운 복장을 요구하고, 이에 관한 설명을 발표해야 하므로 이에 유의하여 복장을 선택한다.
• 실무 면접(多 VS 多) : 실무 능력 및 개인 역량 중심으로 진행, 페르미 추정 문항 제시

(2) 2차 면접

1차 면접 합격자들을 대상으로 약 한 달간 현장 면접(인턴) 진행. 중간중간 다양한 평가 시험 진행(EBG 프로젝트)

(3) 3차 면접(多 VS 多) : 경영진과 실무진으로 구성되며, 2차 면접에 합격한 사람을 대상으로 심층면접 진행

(4) 면접 기출문제

① 1차 면접

[설문지 문항]
• 존경하는 인물
• 희망 연봉
• 성격의 장단점
• 강점 검사에 나온 5가지 결과를 제외하고 중시하는 가치관 5가지
• 살면서 가장 영향을 많이 준 인물
• 최근 가장 인상깊었던 신문기사
• 자신을 잘 표현하는 단어 5가지

[실무 면접]

- 1분 동안 자기소개를 해 보시오.
- 자사 매장의 개선점과 개선방안이 무엇이라고 생각하는가?
- 성공한 경험이 많다면 책임을 맡아서 실패했던 경험은 무엇인가?
- 이랜드 비전에 대한 자신의 강점은 무엇인가?
- 인큐베이팅 사업에 대해 아는 것을 말해 보시오.
- 지원한 이유가 무엇인가?
- 자신이 가진 좋은 습관은 무엇인가?
- 오늘 의상을 선택한 이유는?
- 찬·반이 갈리는 시사문제에 대한 견해와 이유를 말해 보시오.
- 본인이 지원한 분야의 1, 2지망이 무엇이었는가?
- 본인에게 있어 평생직장이란 무슨 의미인가?
- 합격한다면 구체적으로 무슨 일을 하고 싶은가?
- 만약 떨어진다면 어떤 일을 할 것인가?
- 강점혁명 경과 검사 중 배움에 대한 열정이 큰데, 무엇을 배우고 싶고 어떻게 활용할 것인가?
- 팀 활동을 하면서 갈등을 해결했던 경험은?
- 발렌시아가라는 브랜드에 대해 어떻게 생각하는가?
- 희망연봉을 주지 않으면 입사할 생각이 없는가?
- 어떤 일을 할 때 주도적인 성격인가?
- 이랜드를 제외하고 가고 싶은 회사가 어디인가?
- 자사 브랜드를 방문했던 경험에 대해 말해 보시오.
- 본인의 희망연봉을 무한이라고 한 이유는?
- 이랜드에서 본인이 일을 잘했다고 가정할 때, 이랜드에 바라는 것은 무엇인가?
- 주말근무를 해야 할지도 모른다. 상관없는가?
- 청년 취업이 정부, 기업, 청년 중 누구에게 있는가?
- 자신이 선택한 브랜드의 장점과 단점을 말해 보시오.
- 자신이 생각하는 SPA 브랜드란 무엇인가?
- 최근 스파오의 컬래버레이션 상품 중에 가장 인상 깊었던 제품은?
- 본인이라면 어떤 캐릭터와 컬래버를 진행할 것인가?
- 직무나 경험이 패션과 맞지 않는데, 왜 패션 산업에 지원했는가?
- 점장이 하는 일이 무엇이라고 생각하는가?
- 이랜드의 브랜드 중 주도적으로 맡고 싶은 브랜드 두 가지를 말하고, 그 중 한 가지를 선택한 후 그 이유 를 말해 보시오.

[페르미 추정 문제]

- 이랜드 한강 크루즈의 1년 탑승객 수는 몇 명인가?
- 강남 스파오의 한 달 매출액을 구해 보시오.
- 신촌 애슐리의 월 매출을 계산해 보시오.

② 최종 면접

- 1분 동안 자기소개를 해 보시오.
- 최근 가장 인상깊었던 브랜드는 어디인가?
- 지원한 이유가 무엇인가?
- 자신이 가진 좋은 습관은 무엇인가?
- 부모님이 지적하는 본인의 문제점 두 가지를 말해 보시오.
- 존경하는 인물에 대해 말해 보시오.
- 본인의 가치관과 회사의 가치관이 다를 경우 어떻게 하겠는가?
- 이랜드 외에 지원한 회사는 어디인가?

무언가를 시작하는 방법은 말하는 것을 멈추고 행동을 하는 것이다.

-월트 디즈니-

현재 나의 실력을 객관적으로 파악해 보자!

모바일 OMR
답안채점 / 성적분석 서비스

도서에 수록된 모의고사에 대한 객관적인 결과(정답률, 순위)를 종합적으로 분석하여 제공합니다.

OMR 입력

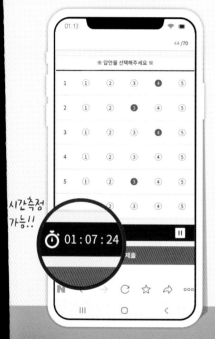

시간측정
가능!!

성적분석

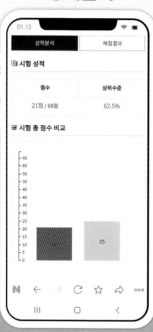

채점결과

※OMR 답안채점 / 성적분석 서비스는 등록 후 30일간 시용가능합니다.

참여
방법

도서 내 모의고사
우측 상단에 위치한
QR코드 찍기

➡ LOG IN ➡

로그인
하기

 ➡

'시작하기'
클릭

 ➡

'응시하기'
클릭

➡ ① ② ③ ④ ⑤
① ② ③ ④ ⑤
① ② ③ ④ ⑤

나의 답안을
모바일 OMR
카드에 입력

➡ ➡

'성적분석&채점결과'
클릭

현재 내 실력
확인하기

SD에듀

대기업 인적성검사
시리즈

신뢰와 책임의 마음으로 수험생 여러분에게 다가갑니다.

대기업 인적성 "기본서" 시리즈

대기업 취업 기초부터 합격까지! 취업의 문을 여는
Master Key!

※도서의 이미지 및 구성은 변동될 수 있습니다.

2023 하반기

ESAT

이랜드그룹
인적성검사

편저 | SDC(Sidae Data Center)

정답 및 해설

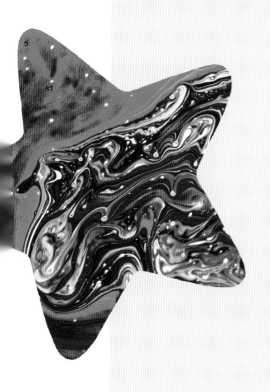

7개년 기출복원문제

대표출제유형 완전 분석

모의고사 5회

SD에듀
(주)시대고시기획

合格의 공식 SD에듀 www.sdedu.co.kr

Add+

특별부록

01 　언어비평검사 I (언어추리)

01	02	03	04	05				
③	③	④	③	①				

01 　　　정답 ③

명제가 참이면 대우 명제도 참이다. 즉, '을이 좋아하는 과자는 갑이 싫어하는 과자이다.'가 참이면 '갑이 좋아하는 과자는 을이 싫어하는 과자이다.'도 참이다. 따라서 갑은 비스킷을 좋아하고, 을은 비스킷을 싫어한다.

02 　　　정답 ③

주어진 조건에 따라 A ~ E의 시험 결과를 정리하면 다음과 같다.

구분	맞힌 문제의 수	틀린 문제의 수
A	19개	1개
B	10개	10개
C	20개	0개
D	9개 이하	11개 이상
E	16개 이상 19개 이하	1개 이상 4개 이하

따라서 B는 D보다 많은 문제의 답을 맞혔지만, E보다는 적게 답을 맞혔다.

03 　　　정답 ④

증인이 범하고 있는 오류는 공포에 호소하는 오류에 해당한다. 공포에 호소하는 오류는 감정에 호소하는 오류에 속한다.

04 　　　정답 ③

제시된 조건을 따라 가영이가 좋아하는 순서를 정리하면 '독서<운동<TV<컴퓨터 게임', '독서<피아노'이다. 따라서 컴퓨터 게임과 피아노 치는 것 중 무엇을 더 좋아하는지는 비교할 수 없다.

05 　　　정답 ①

조건을 추가하여 가영이가 좋아하는 순서를 정리하면 '독서<피아노<운동<TV<컴퓨터 게임' 순서이기 때문에 참이다.

02 　언어비평검사 II (독해)

01	02	03	04	05				
①	④	③	⑤	③				

01 　　　정답 ①

제시문은 인간의 질병 구조가 변화하고 있고 우리나라는 고령화 시대를 맞이함에 따라 만성질환이 증가하였으며 이에 따라 간호사가 많이 필요해진 상황에 대해 말하고 있다. 하지만 제도는 간호사를 많이 채용하지 않고 있으며 뒤처진 제도에 대한 아쉬움에 대해 설명하고 있는 글이다. 따라서 (나) 변화한 인간의 질병 구조 → (가) 고령화 시대를 맞아 증가한 만성질환 → (다) 간호사가 필요한 현실과는 맞지 않는 고용 상황 → (라) 간호사의 필요성과 뒤처진 의료 제도에 대한 안타까움 순으로 나열하는 것이 적절하다.

02 　　　정답 ④

첫 번째 문단에서 '노인 무임승차'에 대해 언급하였으므로 이어질 문단은 '노인 무임승차'의 도입 배경을 서술하는 (나) 문단과, 이러한 '노인 무임승차'의 문제점이 무엇인지 지적하는 (라) 문단이 이어지는 것이 적절하다. (가) 문단과 (다) 문단을 살펴보면, (가) 문단은 (라) 문단에서 지적한 문제점을 해결하기 위한 해결책을 언급했고, (다) 문단에서는 (가) 문단에서 말한 해결책이 현실적으로 어렵다고 토로했다. 따라서 논리적 순서대로 바르게 나열하면 (나) − (라) − (가) − (다)이다.

03

정답 ③

두 번째 문단에서 보면 농업경제의 역사에서 정원이 갖는 의미는 시대와 지역에 따라 매우 달랐으나, 여성들의 입장은 지역적인 편차가 없었으므로 ③은 적절하지 않다.

04

정답 ⑤

제시문의 화제는 '과학적 용어'이다. 필자는 '모래언덕'의 높이, '바람'의 세기, '저온'의 온도를 사례로 들어 과학자들은 모호한 것은 싫어하지만 '대화를 통해 그 상황에 적절한 합의를 도출'하는 것으로 문제화하지 않는다고 한다.
따라서 제시문은 과학적 용어가 엄밀하고 보편적인 정의에 의해 객관성이 보장된다는 ⑤의 주장에 대한 비판적 논거로 적절하다.

05

정답 ③

'Ⅱ - 2'에서는 고등학교에서 운영되는 진로 교육의 문제점을, 'Ⅱ - 3'에서는 고등학교 진로 교육을 개선하기 위한 방안을 문제점에 대한 해결 방향으로 제시하고 있다.
따라서 빈칸은 글의 논리적 흐름에 따라 'Ⅱ - 2 - 가'와 연결하여, 고등학교 교사 측면에서의 개선방안을 제시하는 내용의 ③이 들어가는 것이 가장 적절하다.

03 수리비평검사

01	02	03	04						
④	③	⑤	③						

01

정답 ④

2022년 15세 미만 인구를 x, 65세 이상 인구를 y, 15 ~ 64세 인구를 a라 하면, 15세 미만 인구 대비 65세 이상 인구 비율은 $\frac{y}{x} \times 100$이므로

- 2022년 유소년부양비

  : $\frac{x}{a} \times 100 = 19.5 \rightarrow a = \frac{x}{19.5} \times 100 \cdots \bigcirc$

- 2022년 노년부양비

  : $\frac{y}{a} \times 100 = 17.3 \rightarrow a = \frac{y}{17.3} \times 100 \cdots \bigcirc$

$\bigcirc$, $\bigcirc$을 연립하면, $\frac{x}{19.5} = \frac{y}{17.3} \rightarrow \frac{y}{x} = \frac{17.3}{19.5}$

따라서 15세 미만 인구 대비 65세 이상 인구의 비율은 $\frac{17.3}{19.5} \times 100 = 88.7\%$이다.

02

정답 ③

2019년 3/4분기에도 자금 이체 서비스 이용 실적은 감소하기 때문에 옳지 않다.

오답분석

① 조회 서비스 이용 실적은 817천 건 → 849천 건 → 886천 건 → 1,081천 건 → 1,106천 건으로 매 분기 계속 증가하였다.
② 2019년 2/4분기 조회 서비스 이용 실적은 849천 건이고, 전 분기의 이용 실적은 817천 건이므로 849-817=32천 건, 즉 3만 2천 건 증가하였다.
④ 모바일 뱅킹 서비스 이용 실적의 전 분기 대비 증가율이 가장 높은 분기는 21.8%인 2019년 4/4분기이다.
⑤ 2019년 4/4분기의 조회 서비스 이용 실적은 자금 이체 서비스 이용 실적의 1,081÷14≒77, 약 77배이다.

03

정답 ⑤

이온음료는 7월에서 8월로 넘어가면서 판매량이 줄어드는 모습을 보이고 있으므로 옳지 않다.

오답분석

① 맥주의 판매량은 매월 커피 판매량의 2배 이상임을 알 수 있다.
② 3 ~ 5월 판매현황과 6 ~ 8월 판매현황을 비교해볼 때, 모든 캔 음료는 봄보다 여름에 더 잘 팔린다.
③ 3 ~ 5월 판매현황을 보면, 이온음료가 탄산음료보다 더 잘 팔리는 것을 알 수 있다.
④ 맥주가 매월 다른 캔 음료보다 많은 판매량을 보이고 있음을 볼 때, 가장 많은 판매 비중을 보임을 알 수 있다.

04

정답 ③

$\bigcirc$ • 15세 이상 외국인 중 실업자의 비율 : $\frac{15.6+18.8}{695.7+529.6} \times 100 = 2.80\%$

• 15세 이상 귀화허가자 중 실업자의 비율 : $\frac{1.8}{52.7} \times 100 = 3.41\%$

따라서 15세 이상 외국인 중 실업자의 비율이 더 낮다.
$\bigcirc$ 외국인 취업자 수는 560.5+273.7=834.2천 명이므로, 834.2÷33.8≒24.68배이다.

오답분석

$\bigcirc$ $\frac{695.7+529.6+52.7}{43,735} \times 100 = 2.92\%$이므로, 국내 인구 중 이민자의 비율은 4% 이하이다.
$\bigcirc$ 국내인 여성의 경제활동 참가율이 제시되어 있지 않으므로 알 수 없다.

01 언어비평검사 Ⅰ (언어추리)

01	02	03	04	05	06				
②	⑤	①	④	④	④				

01 정답 ②

창조적인 기업은 융통성이 있고, 융통성이 있는 기업 중의 일부는 오래 간다. 즉, 창조적인 기업이 오래 갈지 아닐지 알 수 없다.

02 정답 ⑤

'사람'을 p, '빵도 먹고 밥도 먹음'을 q, '생각을 함'을 r, '인공지능'을 s, 'T'를 t라 하면, 순서대로 $p \rightarrow q$, $\sim p \rightarrow \sim r$, $s \rightarrow r$, $t \rightarrow s$이다. 두 번째 명제의 대우와 첫 번째 · 세 번째 · 네 번째 명제를 연결하면 $t \rightarrow s \rightarrow r \rightarrow p \rightarrow q$이므로, $t \rightarrow q$가 성립한다. 따라서 ⑤는 참이다.

오답분석
① $t \rightarrow p$의 역이므로 참인지 거짓인지 알 수 없다.
② $s \rightarrow r$의 역이므로 참인지 거짓인지 알 수 없다.
③ $s \rightarrow q$의 이이므로 참인지 거짓인지 알 수 없다.
④ $\sim q \rightarrow \sim r$이 참이므로 $\sim q \rightarrow r$은 거짓이다.

03 정답 ①

제시문에서 단순히 두 선수의 연봉 차이를 성과 차이에 대한 근거로 삼아 고액의 연봉이 선수들의 동기를 약화하기 때문에 선수들의 연봉을 낮춰야 한다고 주장한다. 따라서 특정 사례만을 근거로 전체를 일반화하는 성급한 일반화의 오류에 해당한다.

04 정답 ④

제시문에서 C대표는 본인 아들의 건강 상태를 이유로 자신의 공판기일을 연기해 줄 것을 요청하였으므로 타당한 논거를 제시하지 않고 상대방의 동정에 호소하는 오류를 범하고 있다. 이와 동일한 오류를 보이는 것은 사람들의 동정에 호소하여 기부 행사의 참여를 끌어내고자 하는 ④이다.

오답분석
① 논점 일탈의 오류
② 흑백 사고의 오류
③ 인신공격의 오류
⑤ 무지의 오류

05 정답 ④

p='도보로 걸음', q='자가용 이용', r='자전거 이용', s='버스 이용'이라고 하면 $p \rightarrow \sim q$, $r \rightarrow q$, $\sim r \rightarrow s$이며, 두 번째 명제의 대우인 $\sim q \rightarrow \sim r$이 성립함에 따라 $p \rightarrow \sim q \rightarrow \sim r \rightarrow s$가 성립한다. 따라서 '도보로 걷는 사람은 버스를 탄다.'는 명제는 반드시 참이다.

06 정답 ④

D가 산악회 회원인 경우와 아닌 경우로 나누어보면 다음과 같다.
ⅰ) D가 산악회 회원인 경우
  네 번째 조건에 따라 D가 산악회 회원이면 B와 C도 산악회 회원이 되며, A는 두 번째 조건의 대우에 따라 산악회 회원이 될 수 없다. 따라서 B, C, D가 산악회 회원이다.
ⅱ) D가 산악회 회원이 아닌 경우
  세 번째 조건에 따라 D가 산악회 회원이 아니면 B가 산악회 회원이 아니거나 C가 산악회 회원이어야 한다. 그러나 첫 번째 조건의 대우에 따라 C는 산악회 회원이 될 수 없으므로 B가 산악회 회원이 아님을 알 수 있다. 따라서 B, C, D 모두 산악회 회원이 아니다. 이때 최소 한 명 이상은 산악회 회원이어야 하므로 A는 산악회 회원이다.
따라서 항상 참인 것은 ④이다.

01	02	03	04	05	06	07			
②	④	③	④	①	③	⑤			

01
정답 ②

제시문은 사회의 변화 속도를 따라가지 못하는 언어의 변화 속도에 대해 문제를 제기하며 구체적 예시와 함께 이를 시정할 것을 촉구하고 있다. 따라서 (나) 사회의 변화 속도를 따라가지 못하고 있는 언어의 실정 → (라) 성별을 구분하는 문법적 요소가 없는 우리말 → (가) 성별을 구분하여 사용하는 단어들의 예시 → (다) 언어의 남녀 차별에 대한 시정노력 촉구 순으로 나열하는 것이 적절하다.

02
정답 ④

제시문은 여름에도 감기에 걸리는 이유와 예방 및 치료방법에 대해 설명하고 있다. 따라서 (마) 의외로 여름에도 감기에 걸림 → (가) 찬 음식과 과도한 냉방기 사용으로 체온이 떨어져 면역력이 약해짐 → (라) 감기 예방을 위해 찬 음식은 적당히 먹고 충분한 휴식을 취하고, 귀가 후 손발을 씻어야 함 → (나) 감기에 걸렸다면 수분을 충분히 섭취해야 함 → (다) 열이나 기침이 날 때에는 따뜻한 물을 여러 번 나눠 먹는 것이 좋음 순으로 나열하는 것이 적절하다.

03
정답 ③

학기 전체 편성 운영 절차를 제시하고, 시기별 세부 운영 절차도 제시해야 한다.

오답분석
① 이전 교육과정의 문제점을 지적하고, 학생의 과목 선택권이 필요한 이유에 대해서 서론에 제시할 수 있다.
② 학생의 과목 선택권이 강조되고 있으므로, 필수 이수 과목을 최소 수준으로 설정하면 학생의 과목 선택권이 늘어나기 때문에 개정 교육과정의 주요 사항 적절한 내용이다.
④ 실제 교육과정을 운영하기 위한 교육과정 편성 예시를 제시할 수 있다.
⑤ 본론의 내용으로 교육과정 편성과 교육과정 운영의 실제가 포함되었고, 운영 시 유의사항을 추가할 수 있다.

04
정답 ④

슈퍼문일 때는 지구와 달의 거리가 35만 7,000km 정도로 가까워지며, 이때 지구에서 보름달을 바라보는 시각도는 0.56도로 커지므로 0.49의 시각도보다 크다는 판단은 적절하다.

오답분석
① 케플러의 행성운동 제1법칙에 따라 태양계의 모든 행성은 태양을 중심으로 타원 궤도로 돈다. 따라서 지구도 태양을 타원 궤도로 돌기 때문에 지구에서 태양까지의 거리는 항상 일정하지 않을 것이다.
② 달이 지구에 가까워지면 달의 중력이 더 강하게 작용하여, 달을 향한 쪽의 해수면이 평상시보다 더 높아진다. 즉, 지구와 달의 거리에 따라 해수면의 높이가 달라지므로 서로 관계가 있다.
③ 달이 지구에 가까워지면 평소 달이 지구를 당기는 힘보다 더 강하게 지구를 당긴다. 따라서 이와 반대로 달이 지구에서 멀어지면 지구를 당기는 달의 힘은 약해질 것이다.
⑤ 달의 중력 때문에 높아진 해수면이 지구의 자전을 방해하게 되고, 이 때문에 지구의 자전 속도가 느려져 100만 년에 17초 정도씩 길어진다고 하였으므로 지구의 자전 속도는 점점 느려지고 있다.

05
정답 ①

네 번째 문단에 따르면 2000년대 초 연준의 금리 인하는 국공채에 투자했던 퇴직자들의 소득을 감소시켰고, 노년층에서 정부로, 정부에서 금융업으로 부의 대규모 이동이 이루어져 불평등을 심화시켰다. 따라서 금융업으로부터 정부로 부가 이동하였다는 ①은 적절하지 않다.

오답분석
② 마지막 문단에 따르면 2000년대 초 연준이 고용 증대를 기대하고 시행한 저금리 정책은 노동을 자본으로 대체하는 투자를 증대시킴으로써 오히려 실업률이 떨어지지 않는 구조를 만들었다.
③ 세 번째 문단에 따르면 2000년대 초는 대부분의 부문에서 설비 가동률이 낮은 상황이었기 때문에 당시의 저금리 정책이 오히려 주택 시장의 거품을 초래하였다.
④ 2000년대 초 연준의 저금리 정책으로 주택 가격이 상승하여 주택 시장의 거품을 초래하였고, 주식 가격 역시 상승하였지만 이에 대한 이득은 대체로 부유층에 집중되었다.
⑤ 두 번째 문단에 따르면 부동산 거품 대응 정책에서는 주택 담보 대출에 대한 규제가 금리 인상보다 더 효과적인 정책이다.

06
정답 ③

제시문은 산업 사회의 특징인 도구화된 지성에 대해 설명하고 그로 인해 나타나는 산업 사회의 문제점을 설명하고 있다.

07
정답 ⑤

산업 사회는 인간의 삶을 거의 완전히 지배하고 인격을 사로잡는다. 즉, 산업 사회에서 인간은 삶의 주체가 되지 못하고 소외되어 있다. 광고 등을 통한 과소비의 유혹에서 벗어나 자신이 삶의 주체가 되도록 생활양식을 변화시켜야 한다.

01	02	03	04					
④	④	④	③					

01

정답 ④

구분	필요한 타일 개수(개)	가격(원)
A타일	$(8m \div 20cm) \times (10m \div 20cm) = 2,000$	$2,000 \times 1,000 + 50,000 = 2,050,000$
B타일	$(8m \div 25cm) \times (10m \div 25cm) = 1,280$	$1,280 \times 1,500 + 30,000 = 1,950,000$
C타일	$(8m \div 25cm) \times (10m \div 20cm) = 1,600$	$1,600 \times 1,250 + 75,000 = 2,075,000$

따라서 가장 저렴한 타일은 B타일이고, 가격은 1,950,000원이다.

02

정답 ④

ㄴ. A방송사의 연간 방송시간 중 보도시간 비율은

$$\frac{2,343}{(2,343+3,707+1,274)} \times 100 ≒ 32.0\%$$이고, D방송사의 교양시간 비율은 $$\frac{2,498}{(1,586+2,498+3,310)} \times 100 ≒ 33.8\%$$로 D방송사의 교양시간 비율이 더 높다.

ㄹ. 전체 방송시간은 6,304(전체 보도시간)+12,181(전체 교양시간)+10,815(전체 오락시간)=29,300시간이고, 이중 오락시간의 비율은 $\frac{10,815}{29,300} \times 100 ≒ 36.9\%$로 40% 이하이다.

【오답분석】

ㄱ. 전체 보도시간은 2,343+791+1,584+1,586=6,304시간이고, 교양시간은 3,707+3,456+2,520+2,498=12,181시간이며, 오락시간은 1,274+2,988+3,243+3,310=10,815시간이다.
따라서 방송시간은 교양, 오락, 보도 순으로 많다.

ㄷ. 방송사별 연간 방송시간 중 보도시간 비율은 다음과 같다.
- A방송사 : $\frac{2,343}{(2,343+3,707+1,274)} \times 100 ≒ 32.0\%$
- B방송사 : $\frac{791}{(791+3,456+2,988)} \times 100 ≒ 10.9\%$
- C방송사 : $\frac{1,584}{(1,584+2,520+3,243)} \times 100 ≒ 21.6\%$
- D방송사 : $\frac{1,586}{(1,586+2,498+3,310)} \times 100 ≒ 21.4\%$

따라서 A방송사의 비율이 가장 높다.

03

정답 ④

2020년과 2018년 30대의 전년 대비 데이트폭력 경험횟수 증가율을 구하면 다음과 같다.

- 2018년 : $\frac{11.88-8.8}{8.8} \times 100 = 35\%$
- 2020년 : $\frac{17.75-14.2}{14.2} \times 100 = 25\%$

따라서 30대의 2020년 전년 대비 데이트폭력 경험횟수 증가율은 2018년보다 작다.

【오답분석】

① 2019년 이후 연도별 20대와 30대의 평균 데이트폭력 경험횟수와 전 연령대 평균 데이트폭력 경험횟수를 구하면 다음과 같다.

구분	2019년	2020년	2021년
전체	5.7+15.1+14.2+9.2+3.5=47.7회	7.9+19.2+17.75+12.8+3.3=60.95회	10.4+21.2+18.4+18+2.9=70.9회
전체의 절반	23.85회	30.475회	35.45회
20·30대	15.1+14.2=29.3회	19.2+17.75=36.95회	21.2+18.4=39.6회

따라서 20대와 30대의 평균 데이트폭력 경험횟수의 합은 전 연령대 평균 데이트폭력 경험횟수의 절반 이상임을 알 수 있다.

② 10대의 평균 데이트폭력 경험횟수는 3.2회, 3.9회, 5.7회, 7.9회, 10.4회로 매년 증가하고 있고, 50대의 평균 데이트폭력 경험횟수는 4.1회, 3.8회, 3.5회, 3.3회, 2.9회로 매년 감소하고 있다.

③ 2021년 40대의 평균 데이트폭력 경험횟수는 18회로, 2017년 데이트폭력 경험횟수인 2.5회의 $\frac{18}{2.5}=7.2$배에 해당한다.

⑤ 2017년부터 2021년까지 연도별 평균 데이트폭력 경험횟수가 가장 높은 연령대는 20대로 동일하다.

04

정답 ③

ㄴ. 연령대별 아메리카노와 카페라테의 선호율의 차이를 구하면 다음과 같다.

구분	20대	30대	40대	50대
아메리카노 선호율	42%	47%	35%	31%
카페라테 선호율	8%	18%	28%	42%
차이	34%	29%	7%	11%

따라서 아메리카노와 카페라테의 선호율 차이가 가장 적은 연령대는 40대임을 알 수 있다.

ㄷ. 20대와 30대의 선호율 하위 3개 메뉴를 정리하면 다음과
같다.
- 20대 : 핫초코(6%), 에이드(3%), 아이스티(2%)
- 30대 : 아이스티(3%), 핫초코(2%), 에이드(1%)
따라서 20대와 30대의 선호율 하위 3개 메뉴는 동일함을
알 수 있다.

오답분석
ㄱ. 연령대별 아메리카노 선호율은 20대 42%, 30대 47%,
40대 35%, 50대 31%로 30대의 선호율은 20대보다 높
음을 알 수 있다.
ㄹ. 40대와 50대의 선호율 상위 2개 메뉴가 전체 선호율에서
차지하는 비율을 구하면 다음과 같다.
- 40대 : 아메리카노(35%), 카페라테(28%) → 63%
- 50대 : 카페라테(42%), 아메리카노(31%) → 73%
따라서 50대의 선호율 상위 2개 메뉴가 전체 선호율에서
차지하는 비율은 70%를 넘지만, 40대에서는 63%로
70% 미만이다.

CHAPTER 03

2021년 기출복원문제

01 언어비평검사 I (언어추리)

01	02	03	04	05	06				
④	①	③	②	③	①				

01

정답 ④

첫 번째 명제의 대우와 두 번째 명제를 정리하면 '모든 학생 → 국어 수업 → 수학 수업'이 되어 '모든 학생은 국어 수업과 수학 수업을 듣는다.'가 성립한다. 세 번째 명제에서 수학 수업을 듣는 '어떤' 학생들이 영어 수업을 듣는다고 했으므로, '어떤 학생들은 국어, 수학, 영어 수업을 듣는다.'가 성립한다.

02

정답 ①

예시문과 ①은 결합의 오류를 범하고 있다. 결합의 오류는 어떤 집합의 모든 원소가 어떤 성질을 가지고 있으므로, 그 집합 자체도 그 성질을 가지고 있다고 추론할 때 발생한다.

03

정답 ③

중대장이 범하는 오류의 유형은 자료적 오류 중 하나로, 단순히 상관관계만 갖고 있는데 이것을 인과관계로 생각하여 생기는 인과의 오류이다.

[오답분석]
① 대중에 호소하는 오류 : 많은 사람들이 지지하는 점에서 그 주장이 옳음을 주장하는 오류
② · ④ 성급한 일반화의 오류 : 특수한 사례를 근거로 일반적인 법칙을 이끌어내는 오류
⑤ 인신공격의 오류 : 어떤 주장에 대한 비판의 근거로, 그 주장을 하는 사람의 인품 · 성격 등을 비난함으로써 그 주장이 거짓임을 내세우는 오류

04

정답 ②

제시된 내용을 기호로 정리하면 다음과 같다.
- $\sim A \rightarrow B$
- $A \rightarrow \sim C$
- $B \rightarrow \sim D$
- $\sim D \rightarrow E$

E가 행사에 참여하지 않는 경우, 네 번째 조건의 대우인 $\sim E \rightarrow D$에 따라 D가 행사에 참여한다. D가 행사에 참여하면 세 번째 조건의 대우인 $D \rightarrow \sim B$에 따라 B는 행사에 참여하지 않는다. 또한 B가 행사에 참여하지 않으면 첫 번째 조건의 대우에 따라 A가 행사에 참여하고, A가 행사에 참여하면 두 번째 조건에 따라 C는 행사에 참여하지 않는다.
따라서 E가 행사에 참여하지 않을 경우 행사에 참여 가능한 사람은 A와 D 2명이다.

05

정답 ③

다음의 논리 순서를 따라 주어진 조건을 정리하면 다음과 같다.
- 첫 번째 조건 : 대우(B 또는 C가 위촉되지 않으면, A도 위촉되지 않는다)에 의해 A는 위촉되지 않는다.
- 두 번째 조건 : A가 위촉되지 않으므로 D가 위촉된다.
- 다섯 번째 조건 : D가 위촉되므로 F도 위촉된다.
- 세 번째, 네 번째 조건 : D가 위촉되었으므로 C와 E는 동시에 위촉될 수 없다.

따라서 위촉되는 사람은 C 또는 E 중 1명과 D, F로 모두 3명이다.

06

정답 ①

다음의 논리 순서를 따라 주어진 조건을 정리하면 다음과 같다.
- 다섯 번째 조건 : 1층에 경영지원실이 위치한다.
- 첫 번째 조건 : 1층에 경영지원실이 위치하므로 4층에 기획조정실이 위치한다.
- 두 번째 조건 : 2층에 보험급여실이 위치한다.
- 세 번째, 네 번째 : 3층에 급여관리실, 5층에 빅데이터운영실이 위치한다.

따라서 1층부터 순서대로 '경영지원실 - 보험급여실 - 급여관리실 - 기획조정실 - 빅데이터운영실'이 위치하므로 5층에 있는 부서는 빅데이터운영실이다.

01	02	03	04	05	06	07			
③	③	①	⑤	③	④	④			

01
정답 ③

(다) 인권에 관한 화제 도입 및 인권 보호의 범위 → (나) 사생활 침해와 인권 보호 → (가) 사생활 침해와 인권 보호에 대한 예시 → (라) 결론 순으로 나열하는 것이 적절하다.

02
정답 ③

빈칸 앞 문단에서는 사회적 문제가 되고 있는 딥페이크의 악용 사례에 관해 이야기하고 있으나, 빈칸 뒤의 문단에서는 딥페이크 기술을 유용하게 사용하고 있는 이스라엘 기업의 사례를 이야기하고 있다. 따라서 빈칸에는 어떤 일에 대하여 앞에서 말한 측면과 다른 측면을 말할 때 사용하는 접속어인 '한편'이 알맞다.

03
정답 ①

제시문의 마지막 문단에 따르면 레드 와인의 탄닌 성분이 위벽에 부담을 줄 수 있으므로 스파클링 와인이나 화이트 와인을 먼저 마신 후 레드 와인을 마시는 것이 좋다. 따라서 레드 와인의 효능으로 위벽 보호는 적절하지 않다.

[오답분석]
② 마지막 문단에 따르면 레드 와인은 위액의 분비를 촉진하여 식욕을 촉진시킨다.
③ 세 번째 문단에 따르면 레드 와인에 함유된 항산화 성분이 노화 방지에 도움을 준다.
④ 네 번째 문단에 따르면 레드 와인에 함유된 레버라트롤 성분을 통해 기억력이 향상될 수 있다.
⑤ 다섯 번째 문단에 따르면 레드 와인에 함유된 퀘르세틴과 갈산이 체내의 면역력을 높인다.

04
정답 ⑤

세 번째 문단에 따르면 맹사성은 여름이면 소나무 그늘 아래에 앉아 피리를 불고, 겨울이면 방 안 부들자리에 앉아 피리를 불었다는 것을 알 수 있다.

[오답분석]
① 맹사성은 고려 시대 말 과거에 급제하여 조선이 세워진 후 조선 전기의 문화 발전에 큰 공을 세웠다.
② 맹사성의 행색을 야유한 고을 수령이 스스로 도망을 가다 관인을 인침연에 빠뜨렸다.
③ 『필원잡기』의 저자는 서거정으로, 맹사성의 평소 생활 모습이 담겨있다.
④ 사사로운 손님은 받지 않았으나, 꼭 만나야 할 손님이 오면 잠시 문을 열어 맞이하였다.

05
정답 ③

• 사사(私私)롭다 : 공적이 아닌 개인적인 범위나 관계의 성질이 있다.
• 사소(些少)하다 : 보잘것없이 작거나 적다.

06
정답 ④

박쥐가 많은 바이러스를 보유하고 있는 것은 밀도 높은 군집생활을 하기 때문이고, 많은 바이러스를 보유하여 그에 대항하는 면역도 갖추었기 때문에 긴 수명을 가질 수 있었다.

[오답분석]
① 박쥐의 수명은 대다수의 포유동물보다 길다는 것은 맞지만, 평균적인 포유류 수명보다는 짧은지는 알 수 없다.
② 박쥐는 뛰어난 비행 능력으로 긴 거리를 비행해 다닐 수 있다.
③ 박쥐는 현재는 강력한 바이러스 대항 능력을 갖추었다.
⑤ 박쥐의 면역력을 연구하여 치료제를 개발할 수 있다.

07
정답 ④

제시문에서 물이 기체, 액체, 고체로 변화하는 과정을 통해 지구 내 '물의 순환' 현상을 설명하고 있다. 따라서 글의 내용 전개 방식으로 ④가 가장 적절하다.

01	02	03	04						
⑤	④	①	②						

01

정답 　⑤

제1차 시험 대비 제2차 시험 합격률의 증가율은 다음과 같다.

$$= \frac{\left(\frac{17,325}{75,000} \times 100\right) - \left(\frac{32,550}{155,000} \times 100\right)}{\left(\frac{32,550}{155,000} \times 100\right)} \times 100$$

$$= \frac{23.1 - 21}{21} \times 100$$

$$= \frac{2.1}{21} \times 100$$

$$= 10\%$$

따라서 제1차 시험 대비 2차 시험 합격률은 10% 증가했다.

02

정답 　④

ㄴ. 무료급식소 봉사자 중 40 ~ 50대는 274+381=655명으로 전체 1,115명의 절반 이상이다.

ㄹ. 노숙자쉼터 봉사자는 800명으로 이 중 30대는 118명이므로 노숙자쉼터 봉사자 중 30대가 차지하는 비율은 $\frac{118}{800} \times 100 = 14.75\%$이다.

오답분석

ㄱ. 전체 보육원 봉사자는 총 2,000명으로 이 중 30대 이하 봉사자는 148+197+405=750명이다.
따라서 전체 보육원 봉사자 중 30대 이하가 차지하는 비율은 $\frac{750}{2,000} \times 100 = 37.5\%$이다.

ㄷ. 전체 봉사자 중 50대의 비율은 $\frac{1,600}{5,000} \times 100 = 32\%$이고, 20대의 비율은 $\frac{650}{5,000} \times 100 = 13\%$이다.
따라서 전체 봉사자 중 50대의 비율은 20대의 약 $\frac{32}{13} = 2.5$배이다.

03

정답 　①

2016년부터 2020년까지 투자액이 전년 대비 증가한 해의 증가율은 다음과 같다.

• 2016년 : $\frac{125 - 110}{110} \times 100 = 13.6\%$

• 2018년 : $\frac{250 - 70}{70} \times 100 = 257\%$

• 2019년 : $\frac{390 - 250}{250} \times 100 = 56\%$

따라서 2018년도에 전년 대비 증가율이 가장 높다.

오답분석

② 투자건수 전년 대비 증가율은 2020년에 $\frac{63 - 60}{60} \times 100$ =5%로 가장 낮다.

③ 2015년과 2018년 투자건수의 합(8+25=33건)은 2020년 투자건수(63건)보다 작다.

④ · ⑤ 제시된 자료에서 확인할 수 있다.

04

정답 　②

ㄱ. 감염된 인력 중 의사의 수는 간호인력 수의 $\frac{25}{190} \times 100$ = 13.2%로 15% 미만이다.

ㄷ. 지역사회감염으로 감염된 간호인력의 수의 30%는 76×0.3=22.8명인데, 간호인력 중 감염경로불명 등으로 감염된 인원은 21명으로 이보다 낮다.

오답분석

ㄴ. 일반 진료로 감염된 인원들 중에서 간호인력이 차지하는 비율은 $\frac{57}{66} \times 100 = 86.4\%$로 원내 집단발생으로 감염된 인원들 중 간호인력의 비율인 $\frac{23}{32} \times 100 = 71.9\%$보다 높다.

ㄹ. 전체 감염 의료인력 중 기타 인원이 차지하는 비중은 $\frac{26}{241} \times 100 = 10.8\%$로, 지역사회감염 등에 따라 감염된 인원 중 기타 인원이 차지하는 비중인 $\frac{18}{101} \times 100 = 17.8\%$보다 낮다.

CHAPTER 04

2020년
기출복원문제

01 　언어비평검사 I (언어추리)

01	02	03	04	05	06				
③	③	⑤	②	④	③				

01 　　　　　　　　　　　정답 ③

'성급한 일반화의 오류'란 제한된 증거를 기반으로 성급하게 어떤 결론을 도출하는 오류를 말한다.

오답분석

① 흑백사고의 오류 : 세상의 모든 일을 흑 또는 백이라는 이분법적 사고로 바라보는 오류
② 논점 일탈의 오류 : 실제로는 연관성이 없는 전제를 근거로 하여 어떤 결론을 도출하는 오류
④ 전건 부정의 오류 : '만일 p이면 q이다.'에서 전건(前件)을 부정하여 후건(後件)을 부정한 것을 결론으로 도출하는 오류
⑤ 정황에 호소하는 오류 : 어떤 사람이 처한 처지나 직업, 직책 등을 근거로 주장을 전개하는 오류

02 　　　　　　　　　　　정답 ③

제시문은 '무지에 호소하는 오류'에 대해 설명하고 있다.

오답분석

① 결합·분해의 오류 : 부분의 속성을 전체도 가진다거나, 전체의 속성을 부분도 가진다고 추론하는 오류
② 흑백 논리의 오류 : 어떤 집합의 원소가 단 두 개밖에 없다고 여기고 추론하는 오류
④ 애매어의 오류 : 둘 이상의 의미를 가진 말을 애매하게 사용함으로써 생기는 오류
⑤ 논점 일탈의 오류 : 논점과 관계없는 것을 제시하여 무관한 결론에 이르게 되는 오류

03 　　　　　　　　　　　정답 ⑤

교수는 기본적인 항목에 대해서는 학생이 말한 공부 방법으로 확실히 습득할 수 있다고 가정하고 있지만, 기본적인 항목이 일반적으로 기억하기 쉽다고는 말하고 있지 않다.
따라서 논리의 모순을 지적한 기술로는 타당하지 않다.

04 　　　　　　　　　　　정답 ②

첫 번째와 두 번째 명제를 통해, '어떤 안경은 유리로 되어 있다.'는 결론을 도출할 수 있다.
따라서 유리로 되어 있는 것 중 안경이 있다고 할 수 있다.

05 　　　　　　　　　　　정답 ④

'낡은 것을 버리다.'를 A, '새로운 것을 채우다.'를 B, '더 많은 세계를 경험하다.'를 C라고 하면, 첫 번째 명제는 A → B이며, 마지막 명제는 ~B → ~C이다. 이때, 첫 번째 명제의 대우는 ~B → ~A이므로 마지막 명제가 참이 되기 위해서는 ~A → ~C이 필요하다.
따라서 빈칸에 들어갈 명제는 ~A → ~C의 ④이다.

06 　　　　　　　　　　　정답 ③

태경이와 승규 사이의 거리는 3km이고, 형욱이와 승규 사이의 거리는 2km이다. 현수와 태경이 사이의 거리가 2km이므로, 정훈이는 형욱이보다 3km 뒤까지 위치할 수 있다. 정훈이는 태경이보다 뒤에 있다고 했으므로, 정훈이와 승규의 거리는 최소 0km, 최대 5km이다. 승규와 정훈이의 거리가 2km 이내인 경우는 정훈이가 승규 앞으로 2km, 뒤로 2km 사이에 위치하는 것으로 정훈이가 위치할 수 있는 태경 뒤 8km 미만 중 4km로 그 확률은 50% 초과이다. 반면 그렇지 않을 확률은 8km 미만 중 4km를 제외한 거리에 위치하는 것으로 50% 미만이다.
따라서 정훈이와 승규의 거리가 2km 이내일 확률이 더 높다.

01	02	03	04						
②	④	③	③						

01

정답 ②

'에너지 하베스팅은 열, 빛, 운동, 바람, 진동, 전자기 등 주변에서 버려지는 에너지를 모아 전기를 얻는 기술을 의미한다.'는 내용을 통해서 버려진 에너지를 전기라는 에너지로 다시 만든다는 것을 알 수 있다.

오답분석

① 무체물인 에너지도 재활용이 가능하다고 했으므로 적절하지 않다.
③ '에너지 하베스팅은 열, 빛, 운동, 바람, 진동, 전자기 등 주변에서 버려지는 에너지를 모아 전기를 얻는 기술을 의미한다.'는 내용에서 다른 에너지에 대한 언급은 없이 '전기를 얻는 기술'이라고 언급했으므로 적절하지 않다.
④ 태양광을 이용하는 광 에너지 하베스팅, 폐열을 이용하는 열에너지 하베스팅이라고 구분하여 언급한 것을 통해 다른 에너지원에 속한다는 것을 알 수 있다.
⑤ '사람이 많이 다니는 인도 위에 버튼식 패드를 설치하여 사람이 밟을 때마다 전기가 생산되도록 하는 것이다.'고 했으므로 사람의 체온을 이용한 신체 에너지 하베스팅 기술이라기보다는 진동이나 압력을 가해 이용하는 진동 에너지 하베스팅이다.

02

정답 ④

첫 번째 문장에서 경기적 실업이란 노동에 대한 수요가 감소하여 고용량이 줄어들어 발생하는 실업이라고 하였으므로, 기업이 생산량을 줄임으로써 노동에 대한 수요가 감소한다는 내용이 오는 것이 적절하다.

03

정답 ③

제시문은 최근 식도암 발병률이 늘고 있는데, S병원의 조사 결과를 근거로 식도암을 조기 발견하여 치료하면 치료 성공률을 높일 수 있다고 말하고 있다. 따라서 (라) 최근 서구화된 식습관으로 식도암이 증가 → (가) 식도암도 조기에 발견하면 치료 성공률을 높일 수 있음 → (마) S병원이 조사한 결과 초기에 치료할 경우 생존율이 높게 나옴 → (나) 식도암은 조기에 발견할수록 치료 효과가 높았지만 실제로 초기에 치료받는 환자의 수는 적음 → (다) 식도암을 조기에 발견하기 위해서 50대 이상 남성은 정기적으로 검사를 받을 것을 강조함 순으로 나열하는 것이 적절하다.

04

정답 ③

본론 'Ⅱ-2-가'의 '비용에 대한 부담으로 저렴한 수입 농산물 구매'는 학교급식에서 수입 농산물을 재료로 많이 사용하는 이유와 관련되는 항목이다. 따라서 ③과 같이 ⓒ을 본론 'Ⅱ-1'의 '수입 농산물 사용의 문제점'의 하위 항목으로 옮기는 것은 적절하지 않다.

01	02	03							
③	③	④							

01

정답 ③

(ㄱ) : 두 번째 정보에 따라 2011년부터 2019년까지 연도별 합계출산율 순위 중 2011년도가 두 번째로 높은 연도이므로 가장 많은 2012년 합계출산율인 1.297명보다 낮고, 세 번째로 많은 2015년도의 1.239명보다 높아야 된다. 따라서 선택지에서 1.244명과 1.251명이 범위에 포함된다.
(ㄴ) : 세 번째 정보로부터 2013년부터 2015년까지의 출생 성비가 동일함을 알 수 있다. 따라서 (ㄴ)에 들어갈 수는 105.3명이다.
(ㄷ) : 첫 번째 정보에서 2016 ~ 2019년 동안 전년 대비 출생아 수는 감소하는 추세이며, (ㄷ)에 해당하는 2019년 전년 대비 감소한 출생아 수가 가장 적다고 하였다. 연도별 전년 대비 출생아 수 감소 인원은 다음과 같다.

연도	2016년	2017년	2018년
전년 대비 출생아 수 감소 인원	438,420 −406,243 =32,177명	406,243 −357,771 =48,472명	357,771 −326,822 =30,949명

2016 ~ 2018년 중 2018년도가 전년 대비 감소 인원이 가장 적으므로 이보다 적게 차이가 나는 수를 찾으면 선택지 중 302,676명이 된다.
• 2019년 전년 대비 출생아 수 감소 인원 : 326,822− 302,676=24,146명<30,949명

따라서 (ㄱ), (ㄴ), (ㄷ)에 들어갈 적절한 수로 나열된 선택지는 ③이다.

02

㉠ 초등학생에서 중학생, 고등학생으로 올라갈수록 스마트폰(7.2% → 5.5% → 3.1%)과 PC(42.5% → 37.8% → 30.2%)의 이용률은 감소하고, 태블릿PC(15.9% → 19.9% → 28.5%)와 노트북(34.4% → 36.8% → 38.2%)의 이용률은 증가하고 있다.

㉢ 태블릿PC와 노트북의 남학생·여학생 이용률의 차이는 다음과 같다.
- 태블릿PC : 28.1−11.7=16.4%p
- 노트북 : 39.1−30.9=8.2%p

따라서 태블릿PC는 노트북의 16.4÷8.2=2배이다.

오답분석

㉡ 초·중·고등학생의 노트북과 PC의 이용률 차이는 다음과 같다.
- 초등학생 : 42.5−34.4=8.1%p
- 중학생 : 37.8−36.8=1%p
- 고등학생 : 38.2−30.2=8%p

따라서 중학생이 가장 작다.

03

상용 차량 종류별 비율 중 2.5톤 트럭의 비율은 15%이므로, 2020년 2.5톤 트럭의 생산 대수가 270대라면 상용 차량은 $\frac{270}{0.15}$, 즉 1,800대이다.

전체 차량 생산 비율 중 상용 차량은 33%, 자가용은 67%이므로 자가용의 대수를 x라고 했을 때

$1,800 : x = 33 : 67 \rightarrow x \fallingdotseq 3,655$대임을 알 수 있다.

오답분석

㉠ 전체 차량 생산 비율 중 상용 차량은 33%이며, 그 중 1톤 이하 트럭은 32%이므로 0.33×0.32=0.1056=10.56% 이다.

㉡ 상용 차량 종류별 비율을 보면 개별로는 기타 특장차의 비율이 47%로 가장 높지만, 1톤, 2.5톤, 5톤 트럭 비율의 합인 53%보다는 적다.

01 언어비평검사 I (언어추리)

01	02	03	04	05					
④	③	①	④	⑤					

01
정답 ④

어미 양이 검은 양이면 새끼 양도 검은 양이고, 검은 양은 더위를 많이 탄다. 따라서 어미 양이 검은 양이면 새끼 양은 더위를 많이 탄다.

02
정답 ③

다음과 같은 3가지 경우가 있다.

구분	1교시	2교시	3교시	4교시
경우 1	사회	국어	영어	수학
경우 2	사회	수학	영어	국어
경우 3	수학	사회	영어	국어

03
정답 ①

A : 아침에 토스트를 먹는 사람은 피곤하고, 피곤하면 회사에 지각한다. 따라서 그 대우인 '회사에 지각하지 않은 사람은 아침에 토스트를 먹지 않았다.'는 참이다.

B : 아침에 시리얼을 먹는 사람은 두뇌 회전이 빠르고, 두뇌 회전이 빠르면 일 처리가 빠르다. 그러나 그 역인 '일 처리가 빠른 사람은 아침에 시리얼을 먹은 것이다.'는 참인지 거짓인지 알 수 없다.

04
정답 ④

갑과 병은 둘 다 참을 말하거나 거짓을 말하고, 을과 무의 진술은 서로 모순이므로 둘 중 한 명 이상은 무조건 거짓말을 하고 있다. 만약 갑과 병이 거짓을 말하고 있다면 을과 무의 모순된 진술로 인해 거짓말을 하는 사람이 최소 3명이 되므로 조건에 맞지 않는다. 따라서 갑과 병은 모두 진실을 말하고 있으며, 정의 진술은 갑의 진술과 모순이므로 거짓을 말하고 있다. 거짓을 말하고 있는 나머지 한 명은 을 또는 무인데,

을이 거짓을 말하는 경우 무의 진술에 의해 갑·을·무는 함께 무의 집에 있었던 것이 되므로 정이 범인이고, 무가 거짓말을 하는 경우에도 갑·을·무는 함께 출장을 가 있었던 것이 되므로 역시 정이 범인이 된다.

05
정답 ⑤

제시문은 성급한 일반화의 오류로 제한된 정보, 부적합한 증거, 대표성을 결여한 사례를 근거로 일반화하는 오류이다.

오답분석

① 인신공격의 오류 : 논거의 부당성보다 발화자의 인품이나 성격을 비난함으로써 그 주장이 잘못이라고 하는 데서 발생하는 오류
② 순환논증의 오류 : 논증의 결론 자체를 전제의 일부로 받아들이는 오류
③ 무지로부터의 오류 : 증명할 수 없거나 알 수 없음을 들어 거짓이라고 추론하는 오류
④ 대중에 호소하는 오류 : 군중 심리를 자극하여 논지를 받아들이게 하는 오류

02 언어비평검사 II (독해)

01	02	03	04	05	06	07			
④	③	②	③	①	②	③			

01
정답 ④

㉠의 앞에서는 평화로운 시대에는 시인의 존재가 문화의 비싼 장식으로 여겨질 수 있다고 하였으나, ㉠의 뒤에서는 조국이 비운에 빠졌거나 통일을 잃었을 때, 시인이 민족의 예언가 또는 선구자가 될 수 있다고 하였으므로 역접의 의미인 '그러나'가 적절하다. 그리고 ㉡의 앞에서는 과거에 탄압받던 폴란드 사람들이 시인을 예언자로 여겼던 사례를 제시하고 있으며, ㉡의 뒤에서는 또 다른 사례로 불행한 시절 이탈리아와 벨기에 사람들이 시인을 조국 그 자체로 여겼던 점을 제시하고 있다. 따라서 '거기에다 더'의 의미를 지닌 '또한'이 적절하다.

02

제시문은 빈곤 지역의 문제 해결을 위해 도입된 적정기술에 대한 설명이다. (나) 적정기술에 대한 정의 → (가) 현지에 보급된 적정기술의 성과에 대한 논란 → (라) 적정기술 성과 논란의 원인 → (다) 빈곤 지역의 문제 해결을 위한 방안의 순으로 나열하는 것이 적절하다.

03

제시문의 중심 내용은 칸트가 생각하는 도덕적 행동에 대한 것이며, 그는 도덕적 행동을 '남이 나에게 해주길 바라는 것을 실천하는 것'이라 말했다.

04

사람은 한쪽 눈으로 얻을 수 있는 단안 단서만으로도 이전의 경험으로부터 추론에 의하여 세계를 3차원으로 인식할 수 있다. 즉, 사고로 한쪽 눈의 시력을 잃어도 남은 한쪽 눈에 맺히는 2차원의 상들은 다양한 실마리를 통해 입체 지각이 가능하다.

05

제시문은 비-REM수면의 수면 진행 과정을 측정되는 뇌파에 따라 4단계로 나누어 설명하고 있다.

06

분당 2~5번 정도 나타나는 뇌파는 수면방추이며, 수면방추는 세타파 중간마다 마치 실이 감겨져 있는 것처럼 촘촘한 파동의 모습을 보인다. 세타파 사이사이에 아래위로 삐죽하게 솟아오르는 모습을 보이는 뇌파는 K-복합체로, K-복합체의 주기는 제시문에 나타나 있지 않다.

07

수면 단계에서 측정되는 뇌파들을 고려할 때 보기의 사람이 잠에서 깨는 것을 방지해 주는 역할을 하여 깊은 수면을 유도하는 '이것'은 ⓒ 앞에서 설명하는 'K-복합체'임을 알 수 있다. 즉, K-복합체는 수면 중 갑작스러운 소음이 날 때 활성화되어 잠자는 사람이 소음으로 인해 깨는 것을 방지해 준다.

03 수리비평검사

01	02	03	04	05	06	07			
④	①	④	③	④	⑤	③			

01

스스로 탐색하여 독서프로그램 정보를 획득한 남성의 수는 $137 \times 0.22 ≒ 30$명이며, 관공서, 도서관 등의 안내에 따라 독서프로그램 정보를 획득한 여성의 수는 $181 \times 0.205 ≒ 37$명이다.

따라서 관공서, 도서관 등의 안내에 따라 독서프로그램 정보를 획득한 여성의 수 대비 스스로 탐색하여 독서프로그램 정보를 획득한 남성의 수의 비율은 $\frac{30}{37} \times 100 ≒ 81.1\%$이다.

02

2010년 대비 2017년 건강보험 수입의 증가율은 $\frac{58-33.6}{33.6} \times 100 ≒ 72.6\%$이고, 건강보험 지출의 증가율은 $\frac{57.3-34.9}{34.9} \times 100 ≒ 64.2\%$이므로 그 차이는 $72.6-64.2=8.4\%$p이다.

오답분석

② 건강보험 수지율이 전년 대비 감소한 2011년, 2012년 2013년, 2014년 모두 정부지원 수입이 전년 대비 증가했다.

③ 2015년 보험료 수입 등이 건강보험 수입에서 차지하는 비율은 $\frac{45.3}{52.4} \times 100 ≒ 86.5\%$이다.

④ 건강보험 수입과 지출은 매년 전년 대비 증가하고 있으므로 전년 대비 증감 추이는 2012년부터 2015년까지 동일하다.

⑤ 건강보험 지출 중 보험급여비가 차지하는 비중을 구하면 2011년에 $\frac{36.2}{37.4} \times 100 ≒ 96.8\%$, 2012년에 $\frac{37.6}{38.8} \times 100 ≒ 96.9\%$, 2013년에 $\frac{40.3}{41.6} \times 100 ≒ 96.9\%$으로 매년 90%를 초과했다.

03

ㄴ. 미국 크루즈 방한객 수 대비 미국의 한국발 크루즈 탑승객 수의 비율은 $\frac{14,376}{15,462} \times 100 ≒ 93.0\%$이다.

ㄹ. 영국의 한국발 크루즈 탑승객의 수는 일본의 한국발 크루즈 탑승객의 수의 $\frac{7,976}{54,273} \times 100 ≒ 14.7\%$이므로 적절한 설명이다.

오답분석

ㄱ. 전체 크루즈 방한객의 수의 순위는 중국, 필리핀, 일본 순서지만, 한국발 크루즈 승객 수의 국가별 순위는 중국, 일본, 미국 순서이다.

ㄷ. 필리핀의 한국발 크루즈 탑승객의 수는 기타로 분류되어 있으므로 최대로 많아야 7,976명인 영국보다 1명이 적은 7,975명이다. 따라서 필리핀의 크루즈 방한객 수는 필리핀의 한국발 크루즈 탑승객 수의 최소 $\frac{60,861}{7,975} ≒ 7.63$ 배이다. 즉, 필리핀의 한국발 크루즈 탑승객의 수가 7,975명보다 작을수록 그 배수는 더 높아질 것이므로, 최소 7.63배 이상임을 알 수 있다.

04 　　정답 ③

2014년 대비 2017년 사업자 수가 감소한 업종은 호프전문점, 간이주점, 구내식당 세 곳이고, 감소율은 다음과 같다.

- 호프전문점 : $\frac{41,796 - 37,543}{41,796} \times 100 ≒ 10.2\%$
- 간이주점 : $\frac{19,849 - 16,733}{19,849} \times 100 ≒ 15.7\%$
- 구내식당 : $\frac{35,011 - 26,202}{35,011} \times 100 ≒ 25.2\%$

따라서 2014년 대비 2017년 사업자 수의 감소율이 두 번째로 큰 업종은 간이주점으로, 감소율은 15.7%이다.

05 　　정답 ④

2014년 대비 2016년 일식전문점 사업자 수 증감률은 $\frac{14,675 - 12,997}{12,997} \times 100 ≒ 12.9\%$이다.

오답분석

① 기타음식점의 2017년 사업자 수는 24,509명, 2016년 사업자 수는 24,818명이므로 24,818 - 24,509 = 309명 감소했다.

② 2015년의 전체 음식 업종 사업자 수에서 분식점 사업자 수가 차지하는 비중은 $\frac{52,725}{659,123} \times 100 ≒ 8.0\%$, 패스트푸드점 사업자 수가 차지하는 비중은 $\frac{31,174}{659,123} \times 100 ≒$ 4.7%이므로, 둘의 차이는 8.0 - 4.7 = 3.3%p이다.

③ 제시된 자료를 통해 사업자 수가 해마다 감소하는 업종은 간이주점, 구내식당 두 곳임을 알 수 있다.

⑤ 전체 음식 업종 사업자 수는 해마다 증가하는 반면 구내식당 사업자 수는 감소하기 때문에 비중이 점점 줄어드는 것을 알 수 있다. 이를 직접 계산하여 나타내면 다음과 같다.

- 2014년 : $\frac{35,011}{632,026} \times 100 ≒ 5.54\%$
- 2015년 : $\frac{31,929}{659,123} \times 100 ≒ 4.84\%$
- 2016년 : $\frac{29,213}{675,969} \times 100 ≒ 4.32\%$
- 2017년 : $\frac{26,202}{687,704} \times 100 ≒ 3.81\%$

06 　　정답 ⑤

ㄴ. 수사단서 중 현행범 유형의 건수가 가장 많은 범죄는 60,042건인 강력범죄(폭력)이다.

ㄷ. 형법범죄의 수사단서 합계는 958,865건으로, 특별법범죄의 수사단서 합계인 866,011건보다 더 많다.

ㄹ. 특별법범죄의 경우, 수사단서 중 미신고 유형의 건수가 35만 건을 넘는다. 따라서 옳지 않은 설명이다.

오답분석

ㄱ. 표를 보면 풍속범죄의 경우 수사단서 중 현행범(2,308 건)과 신고(4,380건)보다도 미신고 유형(5,473건)이 많음을 알 수 있다.

07 　　정답 ③

형법범죄 중 수사단서로 '신고'의 건수가 가장 많은 범죄는 470,114건인 재산범죄이며, 가장 적은 범죄는 공무원범죄로 1,560건이다.

따라서 신고 건수의 차이는 470,114 - 1,560 = 468,554건이다.

CHAPTER 06 2018년 기출복원문제

01 언어비평검사 I (언어추리)

01	02	03	04						
④	③	①	②						

01
정답 ④

'채소를 좋아한다.'를 A, '해산물을 싫어한다.'를 B, '디저트를 싫어한다.'를 C라고 하면 전제는 A → B이고, 결론은 ~C → ~A이므로 이의 대우 명제는 A → C이다.
따라서 중간에는 B → C가 나와야 하므로 이의 대우 명제인 ④가 적절하다.

02
정답 ③

제시된 조건을 비싼 순서로 나열하면 구두>운동화>슬리퍼>부츠 순서이다.
따라서 A와 B 모두 옳은 내용이다.

03
정답 ①

을의 진술이 진실이면 무의 진술도 진실이고, 을의 진술이 거짓이면 무의 진술도 거짓이다.
• 을과 무가 모두 진실을 말하는 경우
무는 범인이고, 나머지 3명은 모두 거짓을 말해야 한다. 정의 진술이 거짓이므로 정은 범인인데, 병이 무와 정이 범인이라고 했으므로 병은 진실을 말하는 것이 되어 2명만 진실을 말한다는 조건에 위배된다. 따라서 을과 무는 거짓을 말한다.
• 을과 무가 모두 거짓을 말하는 경우
무는 범인이 아니고, 갑·병·정 중 1명만 거짓을 말하고 나머지 2명은 진실을 말한다. 만약 갑이 거짓을 말한다면 을과 병이 모두 범인이거나 모두 범인이 아니어야 한다. 그런데 갑의 말이 거짓이고 을과 병이 모두 범인이라면 병의 말 역시 거짓이 되어 조건에 위배된다. 따라서 갑의 말은 진실이고, 병이 지목한 범인 중에 을이나 병이 없으므로 병의 진술은 거짓, 정의 진술은 진실이다.
따라서 범인은 갑과 을 또는 갑과 병이다.

04
정답 ②

제시문은 부당한 대비의 오류를 설명한 내용이다. 여배우의 외모와 나의 외모를 주관적으로 비교하고 있는 ②가 동일한 오류를 범하고 있다.

오답분석
① 사적 관계에 호소하는 오류
③·④ 성급한 일반화의 오류
⑤ 흑백사고의 오류

02 언어비평검사 II (독해)

01	02	03	04	05	06				
④	②	④	③	④	①				

01
정답 ④

㉠의 앞에서는 일반적인 사람들이 위기상황에서 공황발작을 느끼는 것은 정상적인 생리 반응이라고 하였으나, ㉠의 뒤에서는 공황장애에서의 공황발작은 아무런 이유 없이 아무 때나 예기치 못하게 발생한다고 하였으므로 ㉠에는 역접의 의미가 있는 '그러나'가 알맞다. ㉡의 앞에서는 특별한 위기 상황이 아니어도 공황발작이 발생할 수 있고, ㉡ 뒤에서는 이렇게 공황발작이 나타나면 행동의 변화가 생기게 된다고 하였으므로 ㉡에는 앞 내용의 양상을 받아 뒤의 문장을 이끄는 말인 '이와 같이'가 적절하다.

02
정답 ②

제시문은 아리스토텔레스의 목적론에 대한 논쟁에 대한 설명이다. (가) 근대에 등장한 아리스토텔레스의 목적론에 대한 비판 → (나) 근대 사상가들의 구체적인 비판 → (라) 근대 사상가들의 비판에 대한 반박 → (다) 근대 사상가들의 비판에 대한 현대 학자들의 비판 순으로 나열하는 것이 적절하다.

03

정답 ④

'꼭 필요한 부위에만 접착제와 대나무 못을 사용하여 목재가 수축·팽창하더라도 뒤틀림과 휘어짐이 최소화될 수 있도록 하였다.'라는 문장을 볼 때, 접착제와 대나무 못을 사용하면 수축과 팽창이 발생하지 않다는 말은 적절하지 않다.

04

정답 ③

제시문의 내용을 살펴보면 민속음악이 가지는 특징에 대해 설명하고 있음을 알 수 있다.

05

정답 ④

제시문에서는 민속음악은 곱고 예쁘게 다듬어내는 음이 아니라 힘있고 역동적으로 표출되는 음이 아름답다고 여긴다. 판소리 명창이 고함치듯 질러대는 높은 소리에 청중들은 기다렸다는 듯이 '얼씨구'라는 추임새로 호응한다.

06

정답 ①

민속음악이 지닌 가장 큰 특징이 지역에 따라 음악적 표현요소가 다른 것이라고 했으므로 이에 관한 공연을 찾아가 관람하는 것이 적절하다.

오답분석

② 민속음악과 서양음악, 궁중음악의 차이를 비교하고 있으므로 적절하지 않다.
③ 민속음악은 악보에 얽메이지 않고 즉흥성이 많이 반영되는 음악이기 때문에 적절하지 않다.
④ 민속음악의 특징을 이야기하고 있으므로 적절하지 않다.
⑤ 현대의 대중음악과 전통음악을 비교하는 글이 아니므로 적절하지 않다.

03 수리비평검사

01	02	03	04	05					
②	③	③	①	④					

01

정답 ②

2009년 강북의 주택전세가격을 100이라고 한다면 그래프는 전년 대비 증감률을 나타내므로 2010년에는 약 5% 증가해 $100 \times 1.05 = 105$이고, 2011년에는 전년 대비 약 10% 증가해 $105 \times 1.1 = 115.5$라고 할 수 있다.
따라서 2011년 강북의 주택전세가격은 2009년 대비 약 $\dfrac{115.5 - 100}{100} \times 100 = 15.5\%$ 증가했다고 볼 수 있다.

오답분석

① 전국 주택전세가격의 증감률은 2008년부터 2017년까지 모두 양의 부호(+) 값을 가지고 있으므로 매년 증가하고 있다고 볼 수 있다.
③ 그래프를 보면 2014년 이후 서울의 주택전세가격 증가율이 전국 평균 증가율보다 높은 것을 알 수 있다.
④ 강남 지역의 주택전세가격 증가율이 가장 높은 시기는 2011년임을 알 수 있다.
⑤ 전년 대비 주택전세가격이 감소했다는 것은 전년 대비 증감률이 음의 부호(−) 값을 가지고 있다는 것이다. 그래프에서 증감률이 음의 부호(−) 값을 가지고 있는 지역은 2008년 강남뿐이다.

02

정답 ③

사이다의 용량 1mL에 대한 가격을 계산하면 다음과 같다.

• A사 : $\dfrac{25,000}{340 \times 25} \fallingdotseq 2.94$원/mL

• B사 : $\dfrac{25,200}{345 \times 24} \fallingdotseq 3.04$원/mL

• C사 : $\dfrac{25,400}{350 \times 25} \fallingdotseq 2.90$원/mL

• D사 : $\dfrac{25,600}{355 \times 24} \fallingdotseq 3.00$원/mL

• E사 : $\dfrac{25,800}{360 \times 24} \fallingdotseq 2.99$원/mL

따라서 1mL당 가격이 가장 저렴한 사이다는 C사이다.

03

전체 지역의 면적당 논벼 생산량을 구하면 다음과 같다.

- 서울·인천·경기 : $\frac{468,506}{91,557} ≒ 5.12$톤/ha

- 강원 : $\frac{166,396}{30,714} ≒ 5.42$톤/ha

- 충북 : $\frac{201,670}{37,111} ≒ 5.43$톤/ha

- 세종·대전·충남 : $\frac{803,806}{142,722} ≒ 5.63$톤/ha

- 전북 : $\frac{687,367}{121,016} ≒ 5.68$톤/ha

- 광주·전남 : $\frac{871,005}{170,930} ≒ 5.10$톤/ha

- 대구·경북 : $\frac{591,981}{105,894} ≒ 5.59$톤/ha

- 부산·울산·경남 : $\frac{403,845}{77,918} ≒ 5.18$톤/ha

- 제주 : $\frac{41}{10} = 4.1$톤/ha

따라서 면적당 논벼 생산량이 가장 많은 지역은 전북 지역이다.

[오답분석]

① 광주·전남 지역의 논벼 면적과 밭벼 면적은 각각 가장 넓고, 논벼와 밭벼 생산량도 각각 가장 많다.

② 제주 지역의 백미 생산량 중 밭벼 생산량이 차지하는 비율을 구하면 $\frac{317}{41+317} \times 100 ≒ 88.5\%$이다.

④ 전국 밭벼 생산량 면적 중 광주·전남 지역의 밭벼 생산 면적이 차지하는 비율은 $\frac{705}{2+3+11+10+705+3+11+117} \times 100 ≒ 81.79\%$ 이므로 80% 이상이다.

⑤ ③의 해설을 참고할 때, 모든 지역에서 면적당 5톤 이상 생산하는 것을 알 수 있다.

04

ㄱ. 면적 비율이 큰 순서로 순위를 매길 때, 공장용지면적 비율의 순위는 소기업, 대기업, 중기업 순서로 2017년부터 2018년 상반기에 모두 동일하다.

ㄴ. 2017년 하반기 제조시설 면적은 소기업이 전체의 53.3%으로 26.3%인 중기업의 2배인 52.6% 이상이므로 옳은 설명이다.

[오답분석]

ㄷ. 제시된 자료는 실제 면적이 아닌 면적 비율을 나타내고 있으므로 2018년 상반기에 소기업들이 보유한 제조시설 면적과 부대시설면적은 비교할 수 없다.

ㄹ. 대기업이 차지하는 공장용지면적 비율은 계속 감소했지만, 소기업의 부대시설면적 비율은 2017년 하반기에 증가한 후 2018년 상반기에 감소했다.

05

제시된 자료는 등록현황 비율만 나타내는 것으로, 등록완료된 실제 공장의 수는 비교할 수 없다.

[오답분석]

① 2016년 상반기부터 2017년 하반기까지 부분등록 된 중기업의 비율은 2016년 하반기에 증가, 2017년 상반기에 감소, 2017년 하반기에 증가했다. 반면, 휴업 중인 중기업의 비율은 지속적으로 감소했다.

② 부분등록 된 공장 중 대기업과 중기업의 비율의 격차는 2017년 상반기에 8.8−3.4=5.4%p로, 8.7−3.5=5.2%p인 2016년 상반기 대비 증가하였다.

③ 휴업 중인 공장 중, 소기업의 비율은 2016년 상반기부터 계속 증가하였으므로 옳은 설명이다.

⑤ 2018년 상반기에 부분등록 된 기업 중 대기업의 비율은 2.8%로, 중기업 비율의 30%인 8.6×0.3=2.58%보다 크다.

CHAPTER

07

2017년 하반기
기출복원문제

01 언어비평검사 Ⅰ (언어추리)

01	02	03							
⑤	③	①							

01
정답 ⑤

제시된 오류는 결론에서 주장하고자 하는 것을 전제로 제시하는 '순환 논증의 오류'에 해당한다. 이와 동일한 오류를 범하고 있는 것은 ⑤이다.

오답분석
① 사적 관계에 호소하는 오류
② 성급한 일반화의 오류
③ 의도 확대의 오류
④ 합성의 오류

02
정답 ③

제시된 내용은 '원천 봉쇄의 오류'에 대한 것으로, 원천 봉쇄의 오류는 '우물에 독약 치는 오류'라고도 불린다. 이와 동일한 오류를 범하고 있는 것은 ③이다.

오답분석
① 인신 공격의 오류
② 군중에 호소하는 오류
④ 논점 일탈의 오류
⑤ 복합 질문의 오류

03
정답 ①

• A : 테니스를 한다.
• B : 마라톤을 한다.
• C : 축구를 한다.
• D : 등산을 한다.
제시문 A를 간단히 나타내면 A → B, B → ~C, C → D이다. 이를 연립하면 C → ~A와 C → D가 성립한다. 따라서 제시문 B는 참이다.

02 언어비평검사 Ⅱ (독해)

01	02	03	04	05					
③	③	④	⑤	④					

01
정답 ③

㉠의 앞 문장에서는 지방 분해 과정에서 나타나는 체내 세포들의 글리코겐 양 감소에 대해 말하고 있고, 뒤의 문장에서는 이러한 현상이 간세포에서 두드러지게 나타난다고 하면서 앞의 내용을 강조하고 있으므로 빈칸에는 '특히'가 들어가야 한다. 또한, ㉡의 뒤에 이어지는 문장에서는 ㉡의 앞 문장에서 나타나는 현상이 어떤 증상으로 나타나는지 설명하므로 빈칸에는 '이로 인해'가 들어가야 하고, ㉢의 앞에 서술된 내용이 그 뒤에 이어지는 주장의 근거가 되므로 ㉢에는 '따라서'가 들어가는 것이 적절하다.

02
정답 ③

두 번째 문단에서 부조화를 감소시키는 행동은 비합리적인 면이 있는데, 그러한 행동들이 자신들의 문제에 대해 실제적인 해결책을 찾지 못하도록 할 수 있다고 하였다.

오답분석
① 인지부조화는 불편함을 유발하기 때문에 사람들은 이것을 감소시키려고 한다.
② 제시문에는 부조화를 감소시키는 행동의 합리적인 면이 나타나 있지 않다.
④ 부조화를 감소시키는 행동으로 사람들은 자신의 긍정적인 측면의 이미지를 유지하게 되는데, 이를 통해 부정적인 이미지를 감소시키는지는 알 수 없다.
⑤ 제시문에서 부조화를 감소시키려는 자기방어적인 행동은 부정적인 결과를 초래한다고 하였다.

03
정답 ④

앞의 내용에 따르면 인지부조화 이론에서 '사람들은 현명한 사람을 자기 편, 우매한 사람을 다른 편이라 생각할 때 마음이 편안해질 것이다.'라고 하였다. 따라서 자신의 의견과 동일한 주장을 하는 글은 논리적인 글을 기억하고, 자신의 의견과 반

대되는 주장을 하는 글은 형편없는 글을 기억할 것이라 예측
할 수 있다.

04
정답 ⑤

제시문을 통해 여러 신문들이 '우리의 행동양식은 유전자가
환경과 상호작용함으로써 결정된다.'는 내용의 기사를 실었
음을 알 수 있으나, 그렇다고 하여 이것이 정설로 받아들여지
는지는 알 수 없다.

오답분석

① 두 번째 문장을 통해 처음에 인간의 유전자 수를 10만 개
로 추정했음을 알 수 있다.
② 세 번째 문장을 통해 크레이그 벤터 박사의 주장을 인용하
여 쓴 기사임을 알 수 있다.
③ 제시된 기사에서는 인간의 행동양식이 유전자와 환경의
상호작용으로 결정된다고 보았다.
④ 인간의 행동을 결정하는 것에 대해 '본성 대 양육이라는
해묵은 논쟁'이라 한 것으로 보아, 이와 관련한 논쟁은 이
전부터 있었던 것임을 짐작할 수 있다.

05
정답 ④

빈칸 뒤에 나오는 내용을 살펴보면, 양안시에 대해 설명하면
서 양안시차를 통해 물체와의 거리를 파악한다고 하였으므로
빈칸에 거리와 관련된 내용이 나왔음을 짐작해 볼 수 있다.
따라서 빈칸에 들어갈 내용은 ④이다.

03	수리비평검사

01	02	03	04						
④	②	③	③						

01
정답 ④

2017년 9월 온라인쇼핑 거래액 모두 전년 동월보다 같거나
높다.

오답분석

① 2017년 9월 온라인쇼핑 거래액은 7조 원으로 전년 동월
대비 $\frac{70,000-50,000}{50,000} \times 100 = 40\%$ 증가했다.
② 2017년 9월 온라인쇼핑 거래액 중 모바일쇼핑 거래액은 4
조 2,000억 원으로 전년 동월 대비 $\frac{42,000-30,000}{30,000} \times$
$100 = 40\%$ 증가했다.

③ 2017년 9월 모바일 거래액 비중은 전체 온라인쇼핑 거래
액의 $\frac{42,000}{70,000} \times 100 = 60\%$를 차지한다.
⑤ 2017년 9월 온라인쇼핑 중 모바일 거래액의 비중이 가장
작은 상품군은 $\frac{10}{50} \times 100 = 20\%$로 소프트웨어이다.

02
정답 ②

2015년 주암댐은 2014년에 비해서 BOD가 증가하였다.

오답분석

① 대청댐은 주어진 자료에서 항상 BOD 1.0mg/L 이하였다.
③ BOD 수치가 가장 컸던 때는 2.4mg/L로 2012년 낙동강
이었다.
④ 가장 적게 오염이 되었다는 것은 BOD 수치가 가장 적다
는 것이다. 따라서 BOD 수치가 다른 곳보다 항상 적거나
같았던 영산강이 가장 오염이 적다고 볼 수 있다.
⑤ 낙동강은 2011년과 2016년에 '좋음' 등급이었고, 나머지
는 '약간 좋음' 등급이었다.

03
정답 ③

- K자재 : $2,000\times20+1,200\times70+1,500\times100+2,700\times5$
$=287,500$원
- L자재 : $2,200\times20+1,200\times70+1,500\times100+2,500\times5$
$=290,500$원
- H자재 : $2,000\times20+1,000\times70+1,600\times100+2,600\times5$
$=283,000$원
- D자재 : $2,200\times20+1,100\times70+1,500\times100+2,500\times5$
$=283,500$원
- A자재 : $2,200\times20+1,100\times70+1,600\times100+2,700\times5$
$=294,500$원

04
정답 ③

제일 저렴한 H자재와 그 다음으로 저렴한 D자재는 500원 차
이이고, 바닥재는 D자재가 H자재보다 100원 저렴하므로 D
자재가 H자재보다 저렴해지려면 바닥재 주문량을 11roll 이
상 주문해야 한다. 따라서 여전히 H자재가 가장 저렴하다.

01   언어비평검사 I (언어추리)

01	02	03							
③	⑤	①							

01   정답 ③

제시문은 '결과배제의 오류'에 대한 설명이다. 결과배제의 오류는 '절이 싫으면 중이 떠나라.'와 비슷한 맥락의 오류라 할 수 있다.

[오답분석]
① 범주의 오류 : 서로 다른 범주에 속하는 것을 같은 범주의 것으로 혼동한 데서 생기는 오류
② 군중에 호소하는 오류 : 많은 사람이 그렇게 행동하거나 생각한다고 내세워 군중심리를 자극하는 오류
④ 원천봉쇄의 오류(우물에 독약 치는 오류) : 자신의 주장에 반론의 가능성이 있는 요소를 비난하여 반론 자체를 원천적으로 봉쇄하는 오류
⑤ 의도 확대의 오류 : 의도하지 않은 결과에 대해 원래부터 어떤 의도가 있었다고 확대 해석하는 오류

02   정답 ⑤

• A : 연차를 쓸 수 있다.
• B : 제주도 여행을 한다.
• C : 회를 좋아한다.
• D : 배낚시를 한다.
• E : 다른 계획이 있다.
제시된 명제들을 간단히 나타내면, A → B, C → D, E → ~D, ~E → A이다. 이를 연립하면 D → ~E → A → B가 되므로 D → B가 성립한다. 따라서 그 대우 명제인 '제주도 여행을 하지 않으면 배낚시를 하지 않는다.'가 적절하다.

03   정답 ①

• A : 피로가 쌓이다.
• B : 휴식을 취한다.
• C : 마음이 안정된다.
• D : 모든 연락을 끊는다.

제시문 A를 간단히 나타내면, A → B, ~C → ~B, ~A → ~D이다. 이를 연립하면 D → A → B → C가 되므로 D → C가 성립한다.
따라서 제시문 B는 참이다.

02   언어비평검사 II (독해)

01	02								
③	②								

01   정답 ③

㉠의 앞, 뒤 문장을 살펴보면 뒤에 오는 문장이 앞 문장과 동일한 내용을 좀 더 자세하게 부연 설명하고 있는 것임을 알 수 있다. 따라서 '다시 말하면'이라는 부연의 의미를 가진 '즉'이 ㉠에 와야 한다. 또한 ㉡의 앞, 뒤 문장은 그 내용이 상반되므로 접속 부사 '그러나' 또는 '하지만'으로 연결되어야 한다. 마지막으로 ㉢ 앞의 문장이 뒤에 오는 문장의 근거가 되므로 접속 부사 '따라서'로 연결해 주는 것이 자연스럽다.

02   정답 ②

[오답분석]
㉠ 생각이 말보다 범위가 더 넓고 큰 것은 사실이나, 그렇다고 해서 더 위대한 것은 아니다.
㉢ 네 번째 문단에 '생각이 형님이요, 말이 동생이라고 할지라도 생각은 동생의 신세를 지지 않을 수가 없게 되어 있다.'라고 언급되어 있다.
㉣ '생각'이 '큰 그릇'이고, '말'이 '작은 그릇'이다.

03	수리비평검사

01	02								
③	③								

01

정답 ③

- 시행기업 수 증가율 : $\frac{7,686-2,802}{2,802} \times 100 ≒ 174.3\%$

- 참여직원 수 증가율 : $\frac{21,530-5,517}{5,517} \times 100 ≒ 290.2\%$

따라서 2013년 대비 2015년 시행기업 수의 증가율이 참여직원 수의 증가율보다 낮다.

오답분석

① $\frac{21,530}{5,517} ≒ 3.9$배

② • 2012년 : $\frac{3,197}{2,079} ≒ 1.5$명

• 2013년 : $\frac{5,517}{2,802} ≒ 2.0$명

• 2014년 : $\frac{10,869}{5,764} ≒ 1.9$명

• 2015년 : $\frac{21,530}{7,686} ≒ 2.8$명

따라서 시행기업당 참여직원 수가 가장 많은 해는 2015년 이다.

④ $\frac{21,530-3,197}{3} = 6,111$명

⑤ 참여직원 수 그래프의 기울기와 시행기업 수 그래프의 길이를 보면 알 수 있다. 참여직원 수는 2015년에 가장 많이 증가했고, 시행기업 수는 2014년에 가장 많이 증가했다.

02

정답 ③

남자가 소설을 대여한 횟수는 690회이고, 여자가 소설을 대여한 횟수는 1,060회이므로 $\frac{690}{1,060} \times 100 = 65\%$이다.

오답분석

① 소설 전체 대여 횟수는 1,750회, 비소설 전체 대여 횟수는 1,620회이므로 옳다.

② 40세 미만 전체 대여 횟수는 1,950회, 40세 이상 전체 대여 횟수는 1,420회이므로 옳다.

④ 40세 미만의 전체 대여 횟수는 1,950회이고, 그중 비소설 대여는 900회이므로 $\frac{900}{1,950} \times 100 = 46.1\%$이다.

⑤ 40세 이상의 전체 대여 횟수는 1,420회이고, 그중 소설 대여는 700회이므로 $\frac{700}{1,420} \times 100 = 49.3\%$이다.

교육은 우리 자신의 무지를 점차 발견해 가는 과정이다.

- 윌 듀란트 -

PART 1

출제유형분석

CHAPTER 01 언어비평검사 I (언어추리)

출제유형분석 01 실전예제

01
정답 ③

'A세포가 있다.'를 p, '물체의 상을 감지하다.'를 q, 'B세포가 있다.'를 r, '빛의 유무를 감지하다.'를 s라 하면, 첫 번째, 두 번째, 마지막 명제는 각각 p → ~q, ~r → q, p → s이다. 두 번째 명제의 대우와 첫 번째 명제에 따라 p → ~q → r이 되어 p → r이 성립하고, 마지막 명제가 p → s가 되기 위해서는 r → s가 추가로 필요하다. 따라서 빈칸에 들어갈 명제는 r → s의 ③이다.

02
정답 ⑤

'축산산업이 발전'을 P, '소득이 늘어남'을 Q, '해외수입이 줄어듦'을 R이라고 하면 첫 번째 조건은 P → Q, 두 번째 조건은 R → P이므로 R → P → Q의 관계가 된다. 따라서 빈칸에 들어갈 명제는 R → Q인 ⑤이다.

03
정답 ④

냉면을 좋아하는 사람은 여름을 좋아하고, 여름을 좋아하는 사람은 호빵을 싫어한다. 따라서 이의 대우 명제인 ④가 적절하다.

04
정답 ④

우선 A의 아이가 아들이라고 하면 A의 진술에 따라 B, C의 아이도 아들이므로 아들이 2명뿐이라는 조건에 모순이다. 그러므로 A의 아이는 딸이다. 다음에 C의 아이가 아들이라고 하면 C의 대답에서 D의 아이는 딸이 되므로 B의 아이는 아들이어야 한다. 그런데 이것은 B의 대답과 모순이다(∵ 아들의 아버지인 B가 거짓말을 한 것이 되므로). 따라서 C의 아이도 딸이므로 아들의 아버지는 B와 D이다.

출제유형분석 02 실전예제

01
정답 ③

마지막 조건에 따르면 필석이는 야구와 축구를 좋아하고, 세 번째 조건에 따르면 야구를 좋아하는 사람은 농구를 좋아한다고 했다. 그러므로 필석이는 농구와 축구, 야구를 좋아하고 볼링은 좋아하지 않는다. 또한 네 번째 조건의 대우를 통해 하나는 농구를 좋아하지 않는다는 것을 알 수 있다. 따라서 A, B 모두 옳은 것을 알 수 있다.

02
정답 ②

제시된 조건을 정리하면 다음과 같다.

구분	월	화	수	목	금	토	일
1반	○	○					
2반				○	○		
3반							
4반							
5반						○	○

조건에 따르면 3반 선생님이나 4반 선생님 중 한 분은 수요일에 감독을 해야 한다. 그러나 화요일과 수요일에 감독을 할 수도 있으므로 옳은지 틀린지 알 수 없다. 또한 5반 선생님은 가장 늦게 감독을 할 예정이고, 1박 2일씩 의무적으로 출근해야 하므로 토요일과 일요일에 감독을 해야 한다. 따라서 B만 옳은 것을 알 수 있다.

03
정답 ①

제시문은 '지문 인식이란 이용자가 지문 인식 센서를 이용해 지문을 입력하면, 그것을 시스템에 등록되어 있는 지문 영상과 비교하여 본인 여부를 확인하는 기술이다.'라고 설명한다.

04
정답 ③

두 과정에서 모두 지문의 특징을 이용하여 유사도를 측정한다. 그러나 지문의 특징이 '지문선이 끊어지거나 갈라지는 것'인지는 알 수 없다.

05
정답 ①

정합 판정 과정은 시스템에 등록되어 있는 영상과 새로운 영상을 비교하는 것이다. 따라서 시스템에 영상을 등록하는 지문 등록 과정이 선행되어야 한다.

출제유형분석 03 실전예제

01
정답 ③

철수의 성적이 중간 정도일 수 있는데도 불구하고 우등생이 아니면 꼴찌라고 생각하는 것은 '흑백 사고의 오류'이다. 이와 동일한 오류를 보이는 것은 ③이다.

02
정답 ⑤

제시문의 오류는 후건을 긍정하여 전건을 긍정한 것으로 결론을 도출하는 데에서 발생하는 오류인 '후건 긍정의 오류'를 범하고 있다. 이와 동일한 오류를 범하고 있는 것은 ⑤이다.

[오답분석]

① 군중에 호소하는 오류 : 많은 사람이 그렇게 행동하거나 생각한다고 내세워 군중심리를 자극하는 오류
② 공포에 호소하는 오류 : 상대방을 윽박지르거나 증오심을 표현하여 자신의 주장을 받아들이게 하는 오류
③ 논점일탈의 오류 : 원래의 논점과는 다른 방향으로 논지를 이끌어감으로써 무관한 결론에 이르게 되는 오류
④ 자가당착의 오류 : 앞뒤의 주장이나 전제와 결론 사이에 모순이 발생함으로써 일관된 논점을 갖지 못하는 오류

03
정답 ②

무지에 호소하는 오류는 어떤 주장에 대해 증명할 수 없거나 결코 알 수 없음을 들어 거짓이라고 반박하는 오류로, 귀신이 없다는 것을 증명할 수 없으니 귀신이 있다는 주장은 무지에 호소하는 오류이다.

[오답분석]

① 성급한 일반화의 오류 : 제한된 정보, 부적합한 증거, 대표성을 결여한 사례를 근거로 일반화하는 오류
③ 거짓 딜레마의 오류 : 어떠한 문제 상황에서 제3의 선택지가 있음에도 두 가지 선택지가 있는 것처럼 상대에게 둘 중 하나를 강요하는 오류
④ 대중에 호소하는 오류 : 많은 사람이 그렇게 행동하거나 생각한다는 것을 내세워 군중심리를 자극하는 오류
⑤ 인신공격의 오류 : 주장을 제시한 자의 비일관성이나 도덕성의 문제를 이유로 제시된 주장을 잘못이라고 판단하는 오류

04
정답 ②

심리적 오류인 인신공격의 오류이다. 인신공격의 오류는 어떤 사람의 사적인 결함을 트집 잡아 비판하는 오류로, 자료적인 오류와 구별된다.

[오답분석]

①·③·④·⑤ 자료적 오류인 성급한 일반화의 오류(특수한 사례들을 성급하게 일반화시킴으로써 발생하는 오류)이다.

이 (나) 문단 앞에 오는 것이 적절하므로 (다) – (가) – (라) – (나) 순으로 나열되어야 한다.

출제유형분석 01 실전예제

01
정답 ②

제시문은 상품이 시장에 나오면서 독자적인 인격체로서 시장 법칙에 따라 교환되고, 이렇게 만들어진 시장 법칙이 인간을 지배하게 되면서 인간들 간의 소외 현상이 나타남을 설명하고 있다. 따라서 (가) 상품 생산자와 상품의 관계 제시 → (다) 상품의 자립적인 삶의 부연 설명 → (라) 시장 법칙의 지배 아래에서 사람과 사람과의 관계 → (나) 인간 간의 소외 현상 발생 순으로 나열되어야 한다.

02
정답 ①

제시문은 인공광의 필요성과 한계점, 부정적 측면에 대해 설명하고 있다. 따라서 (다) 인공광의 필요성 → (라) 인공광의 단점 → (나) 간과할 수 없는 인공광의 부정적 영향 → (가) 인공광의 부정적 영향을 간과할 수 없는 이유 순으로 나열되어야 한다.

03
정답 ①

제시문은 최대수요입지론에 의해 업체가 입지를 선택하는 방법을 설명하는 글로, 최초로 입지를 선택하는 업체와 그다음으로 입지를 선택하는 업체가 입지를 선정하는 기준과 변인이 생기는 경우 두 업체의 입지를 선정하는 기준을 설명하는 글이다. 따라서 (나) 최대수요입지론에서 입지를 선정할 때 고려하는 요인 → (가) 최초로 입지를 선정하는 업체의 입지 선정법 → (다) 다음으로 입지를 선정하는 업체의 입지 선정법 → (라) 다른 변인이 생기는 경우 두 경쟁자의 입지 선정법 순으로 나열되어야 한다.

04
정답 ⑤

첫 번째 문단 뒤에 이어질 내용으로는 지난해 중도 해지한 사람들의 상세 집계 내역을 제시한 (다) 문단이 이어지고, 이어서 해당 집계 내역에 대해 비교하며 설명하는 (가) 문단이 이어지는 것이 적절하다. 남은 문단 중 (나) 문단은 '이에 해당하는 방법으로는'으로 글이 시작하므로 방법에 대해 언급한 적이 없는 (가) 문단 뒤에 오는 것은 적절하지 않다. 따라서 (라) 문단

출제유형분석 02 실전예제

01
정답 ①

빈칸의 다음 문장에서 '외래어가 넘쳐나는 것은 그간 우리나라의 고도성장과 절대 무관하지 않다.'라고 했다. 즉, 사회의 성장과 외래어의 증가는 관계가 있다는 의미이므로, 이를 포함하는 일반적 진술이 빈칸에 위치해야 한다.

02
정답 ②

제시문에서 '당분 과다로 뇌의 화학적 균형이 무너져 정신에 장애가 왔다고 주장'한 것과, '정제한 당의 섭취를 원천적으로 차단'한 실험 결과를 토대로 추론하면 '과다한 정제당 섭취가 반사회적 행동을 유발할 수 있다.'로 귀결된다.

03
정답 ①

제시문에서 문장의 어색함을 순간적으로 파악할 수 있다는 문장 이후에 '그러나'와 '막상'이라는 표현을 사용하고 있다. 따라서 빈칸에는 이전의 문장과는 반대되는 의미가 포함된 내용이 들어가야 한다.

04
정답 ⑤

단순히 젊은 세대의 문화만을 존중하거나, 또는 기존 세대의 문화만을 따르는 것이 아닌 두 문화가 어우러질 수 있도록 기업 차원에서 분위기를 만드는 것이 문제의 본질적인 해결법으로 가장 적절하다.

오답분석

① 급여 받은 만큼만 일하게 되는 악순환이 반복될 것이므로 글에서 언급된 문제를 해결하는 기업 차원의 방법으로는 적절하지 않다.

② 기업의 전반적인 생산성 향상을 이룰 수 없으므로 기업 차원의 방법으로 적절하지 않다.
③ 젊은 세대의 채용을 기피하는 분위기가 생길 수 있으므로 적절하지 않다.
④ 젊은 세대의 특성을 받아들이기만 하면, 전반적인 생산성 향상과 같은 기업의 이득은 배제하게 되는 문제점이 발생한다.

출제유형분석 03 실전예제

01
정답 ①

국가가 위기지학을 권장했다는 내용은 제시문에서 언급되지 않은 내용이다.

[오답분석]
② 두 번째 문단에 제시되어 있다.
③ 첫 번째 문단에서 '위기(爲己)란 자아가 성숙하는 것을 추구하며'라고 하였다.
④ 첫 번째 문단에서 '공자는 공부하는 사람의 관심이 어디에 있느냐를 가지고 학자를 두 부류로 구분했다.'라고 하였다.
⑤ 마지막 문단에 제시되어 있다.

02
정답 ④

제시문의 두 번째 문단에 따르면 CCTV는 열차 종류에 따라 네트워크 방식과 개별 독립 방식으로 설치된다고 하였다. 따라서 개별 독립 방식으로 설치된 일부 열차에서는 각 객실의 상황을 실시간으로 파악하지 못할 수 있다.

[오답분석]
① 첫 번째 문단에서 모든 열차의 모든 객실에 CCTV를 설치하겠다는 내용으로 보아, 현재 모든 열차의 모든 객실에 CCTV가 설치되지 않았음을 유추할 수 있다.
② 첫 번째 문단에 따르면 모든 열차 승무원에게 바디 캠을 지급하겠다고 하였다. 이에 따라 승객이 승무원을 폭행하는 등의 범죄 발생 시 해당 상황을 녹화한 바디 캠 영상이 있어 수사의 증거자료로 사용할 수 있게 되었다.
③ 두 번째 문단에 따르면 CCTV는 사각지대 없이 설치되며 일부는 휴대 물품 보관대 주변에도 설치된다고 하였다. 따라서 인적 피해와 물적 피해 모두 파악할 수 있게 되었다.
⑤ 세 번째 문단에 따르면 CCTV 품평회와 시험을 통해 제품의 형태와 색상, 재질, 진동과 충격 등에 대한 적합성을 고려한다고 하였다.

03
정답 ④

글 전체를 통해서 확인할 수 있다. 나머지는 본문의 내용에 어긋난다.

출제유형분석 04 실전예제

01
정답 ③

제시문의 내용은 크게 두 부분으로 나눌 수 있다. 첫 번째 문단까지는 맥주의 주원료에 대해서, 그 이후부터 글의 마지막 부분까지는 맥주의 제조공정 중 발효에 대해 설명하며 이에 따른 맥주의 종류에 대해 설명하고 있다.

02
정답 ③

제시문은 또 다른 물의 재해인 '지진'의 피해에 대해 설명하는 글로, 두 번째 문단과 세 번째 문단은 '지진'의 피해에 대한 구체적인 사례를 제시하고 있다. 따라서 제목으로 가장 적절한 것은 강력한 물의 재해 '지진'이다.

03
정답 ④

제시문은 서양의 자연관은 인간이 자연보다 우월한 자연지배관이며, 동양의 자연관은 인간과 자연을 동일 선상에 놓거나 조화를 중요시한다고 설명한다. 따라서 중심내용으로는 서양의 자연관과 동양의 자연관의 차이가 가장 적절하다.

04
정답 ③

제시문의 중심내용은 나이 계산법 방식이 3가지가 혼재되어 있어 그로 인한 나이 불일치로 행정서비스 및 계약 상의 혼선과 법적 다툼이 발생해 이를 해소하고자 나이 방식을 하나로 통합하자는 것이다. 또한 이에 덧붙여 나이 방식이 통합되어도 일상에는 변화가 없으며 일부 법에 대해서는 기존 방식이 유지될 수 있다고 하였다.

[오답분석]
① 마지막 문단의 "연 나이를 채택해 또래 집단과 동일한 기준을 적용하는 것이 오히려 혼선을 막을 수 있고 법 집행의 효율성이 담보"라는 내용에서 일부 법령에 대해서는 연 나이 계산법을 유지한다는 것을 알 수 있으나, 해당 내용이 전체 글을 다루고 있다고 보기는 어렵다.

② 세 번째 문단에 따르면 나이 불일치가 야기한 혼선과 법적 다툼이 우리나라 나이 계산법으로 인한 문제가 아니라 나이 계산법 방식이 3가지가 혼재되어 있어 발생하는 문제라고 하였다.

④ 나이 계산법 혼용에 따른 분쟁 해결 방안을 다루기보다는 이러한 분쟁이 발생하지 않도록 나이 계산법을 하나로 통일하자는 내용을 다루고 있다.

⑤ 다섯 번째 문단의 "법적·사회적 분쟁이 크게 줄어들 것으로 기대하고 있지만 국민 전체가 일상적으로 체감하는 변화는 크지 않을 것"이라는 내용으로 보아 나이 계산법의 변화로 달라지는 행정 서비스는 크게 없을 것으로 보이며, 이를 글의 전체적인 주제로 보기는 적절하지 않다.

출제유형분석 05 실전예제

01 정답 ③

③의 '도시 농업을 통한 안전한 먹을거리 확보'는 'Ⅱ-2'에서 제시한 문제점들과 관련이 없으며, 내용상 도시 농업의 활성화 방안보다는 도시 농업을 통해 얻을 수 있는 이점에 해당하므로 빈칸에 들어갈 내용으로 적절하지 않다.

오답분석

①은 'Ⅱ-2-다', ②는 'Ⅱ-2-라', ④는 'Ⅱ-2-가', ⑤는 'Ⅱ-2-나'와 각각 관련이 있다.

02 정답 ②

제시된 개요의 '본론 1'에서는 '포장재 쓰레기가 늘고 있는 원인'을, '본론 2'에서는 '포장재 쓰레기의 양을 줄이기 위한 방안'을 각각 기업과 소비자 차원으로 나누어 다루고 있다. 그러므로 ⑤에는 '본론 1-(2)'에서 제시한 원인과 연계 지어, 소비자 차원에서 포장재 쓰레기의 양을 줄이기 위한 방안을 제시하는 내용이 적절하다.

03 정답 ③

ⓒ에서 ㉣는 '2-(2)'의 하위 항목이므로 신발을 잘못 선택해 생기는 폐해를 다뤄야 한다. 그러나 '교통비 감소'는 상위 항목인 '2-(2)'와 무관하므로 삭제하는 것이 적절하다.

오답분석

① ㉠에서 건강에 대한 관심이 증가했기 때문에 신발이 건강에 미치는 영향에 대한 관심도 증가한 것이므로 '1'의 (1)과 (2)는 순서를 맞바꾸면 논리적 흐름이 부자연스럽게 된다.

② ⓒ에서 '2'의 제목을 '신발 선택의 합리적 기준'으로 바꾸면 그 하위 항목인 '(2) 잘못된 신발 선택의 폐해'를 포괄할 수 없게 된다.

④ ㉣에서 '혈액 순환 촉진'은 '3-(2)-㉮ 건강 증진'에 포함될 내용으로 적절하다. 따라서 '혈액 순환 촉진'이라는 ㉣를 새로 추가하면 ㉮ 건강 증진'과 중복된다.

⑤ ㉤에서 '건강과 용도를 고려한 신발 선택 강조'는 글 전체의 내용을 포괄하는 주제로 적절하다. '걷기 운동의 생활화'는 건강 증진을 위한 실천 방안일 뿐이며, 앞의 내용과의 관련성이 낮다.

04 정답 ②

ⓒ은 상위 항목의 내용이 하위 항목의 내용을 포괄하지 못한 사례이다. 이를 바르게 수정하려면 '중간-1'과 '중간-2'를 포괄해야 하는데, 『삼국유사』의 목차는 『삼국유사』의 내용과 『삼국유사』의 의의를 포괄하지 못할 뿐만 아니라 관련이 없는 내용이다. 따라서 '중간-1'과 '중간-2'를 모두 포괄하기 위해서는 '『삼국유사』의 내용과 의의'로 수정하는 것이 적절하다.

01

정답 ④

2019년 출생아 수는 그 해 사망자 수의 $\frac{438,420}{275,895} \fallingdotseq 1.59$배이므로 옳지 않은 설명이다.

오답분석

① · ② 제시된 표를 통해 쉽게 확인할 수 있다.

③ 사망자 수가 가장 많은 2021년은 285,534명이고, 가장 적은 2017년은 266,257명으로, 사망자 수 차이는 285,534－266,257＝19,277명이다.

⑤ 2018년 출생아 수는 2021년의 출생아 수보다 $\frac{435,435-357,771}{357,771}\times100 \fallingdotseq 22\%$ 더 많으므로 옳은 설명이다.

02

정답 ①

2016년과 2017년에 일본을 방문한 중국인 총 관광객 수는 830,000＋450,000＝1,280,000명이며, 한국을 방문한 중국인 총 관광객 수는 1,010,000＋1,310,000＝2,320,000명이다.

오답분석

② 2016년부터 2020년까지 계속 증가하였다.

③ 2016 ~ 2017년 감소, 2017 ~ 2018년 증가, 2018 ~ 2019년 감소, 2019 ~ 2020년 증가의 양상을 보인다.

④ 2020년 중국 국적의 방한 관광객은 477만 명으로 가장 많다.

⑤ 2019년 314만 명, 2020년 477만 명, 2021년 471만 명, 2022년(1 ~ 6월) 327만 명으로 매년 300만 명 이상이다.

03

정답 ②

2020년 대비 2021년 지역별 정신건강예산의 증가폭을 구하면 다음과 같다.

• 서울 : 58,981,416－53,647,039＝5,334,377천 원
• 대전 : 14,142,584－12,740,140＝1,402,444천 원
• 부산 : 24,205,167－21,308,849＝2,896,318천 원

• 울산 : 6,497,177－5,321,968＝1,175,209천 원
• 대구 : 12,256,595－10,602,255＝1,654,340천 원
• 세종 : 1,515,042－1,237,124＝277,918천 원
• 인천 : 17,599,138－12,662,483＝4,936,655천 원
• 제주 : 5,600,120－4,025,551＝1,537,569천 원
• 광주 : 13,479,092－12,369,203＝1,109,889천 원

따라서 예산 증가액이 큰 지역을 순서대로 나열하면 서울 － 인천 － 부산 － 대구 － 제주 － 대전 － 울산 － 광주 － 세종 순이다.

04

정답 ②

2020년에는 연령대가 올라갈수록 회식참여율도 증가하고 있다. 그러나 2000년에는 40대까지는 연령대가 올라갈수록 회식참여율이 감소했으나, 50대에서는 40대보다 회식참여율이 증가하는 것을 알 수 있다.

오답분석

① 2020년 남성과 여성의 회식참여율 차이는 44－34＝10%p이고, 2000년은 88－72＝16%p이다. 따라서 2020년 남성과 여성의 회식참여율 차이는 2000년보다 $\frac{16-10}{16}\times$ 100＝37.5%p 감소하였음을 알 수 있다.

③ 20대의 2020년 회식참여율은 32%이고, 2010년의 회식참여율은 68%이다. 따라서 20대의 2020년 회식참여율은 2010년 대비 68－32＝36%p 감소하였다.

④ 직급별 2000년과 2010년의 회식참여율 차이를 구하면 다음과 같다.
• 사원 : 91－75＝16%p
• 대리 : 88－64＝24%p
• 과장 : 74－55＝19%p
• 부장 : 76－54＝22%p
따라서 2000년과 2010년의 회식참여율 차이가 가장 큰 직급은 대리이다.

⑤ 조사연도에서 수도권 지역과 수도권 외 지역의 회식참여율 차이를 구하면 다음과 같다.
• 2000년 : 91－84＝7%p
• 2010년 : 63－58＝5%p
• 2020년 : 44－41＝3%p
따라서 수도권 지역과 수도권 외 지역의 회식참여율의 차이는 계속하여 감소함을 알 수 있다.

01

정답　②

2020년 대비 2022년에 가장 눈에 띄는 증가율을 보인 면세점과 편의점, 무점포 소매점의 증가율을 구하면 다음과 같다.

• 2020년 대비 2022년 면세점 판매액의 증가율

$$\frac{14,465 - 9,198}{9,198} \times 100 ≒ 57\%$$

• 2020년 대비 2022년 편의점 판매액의 증가율

$$\frac{22,237 - 16,455}{16,455} \times 100 ≒ 35\%$$

• 2020년 대비 2022년 무점포 소매점 판매액의 증가율

$$\frac{61,240 - 46,788}{46,788} \times 100 ≒ 31\%$$

따라서 2022년 두 번째로 높은 비율의 판매액 증가를 보인 업태는 편의점이고, 증가율은 약 35%이다.

02

정답　④

매월 갑, 을팀의 총득점과 병, 정팀의 총득점이 같으므로, 빈칸에 들어갈 점수는 $1,156 + 2,000 - 1,658 = 1,498$점이다.

03

정답　②

기타를 제외하고 2022년 김치 수출액이 3번째로 많은 국가는 4,285천 달러인 홍콩이다. 이에 따라 홍콩의 2021년 대비 2022년 수출액의 증감률은 $\frac{4,285 - 4,543}{4,543} \times 100 ≒ -5.68\%$ 이다.

04

정답　②

제시된 표에서 대구광역시의 2021년 인구는 982천 명이고, 2022년의 인구는 994천 명임을 알 수 있다. 이에 따라 2022년의 전년 대비 인구 증가율을 구하면 $\frac{994 - 982}{982} \times 100 ≒ 1.2\%$임을 알 수 있다.

PART 2

최종점검 모의고사

01 언어비평검사 I (언어추리)

01	02	03	04	05	06	07	08	09	10
①	③	①	②	②	③	③	①	④	①
11	12	13	14	15	16	17	18	19	20
③	③	①	②	①	①	②	①	②	①

01 　　정답 ①

무지의 오류는 제시한 주장이 거짓(참)이라는 것이 증명되지 않았다고 해서 그 반대의 주장이 참(거짓)이라고 주장하는 오류이다.

오답분석
② 성급한 일반화의 오류
③ 의도 확대의 오류
④ 복합적 질문의 오류
⑤ 전건 부정의 오류

02 　　정답 ③

공통적으로 범하고 있는 오류는 '원천봉쇄의 오류(우물에 독 풀기)'이다. 상대가 비판이나 거부를 하지 못하도록 미리 못 박는 오류에 해당한다.

오답분석
① 성급한 일반화의 오류
③ 역공격(피장파장)의 오류
④ 의도확대의 오류
⑤ 무지에 호소하는 오류

03 　　정답 ①

제시문에서 설명하는 오류는 범주의 오류이다.

오답분석
② 역공격(피장파장)의 오류
③ 성급한 일반화의 오류
④ 무지에 호소하는 오류
⑤ 우연(원칙혼동)의 오류

04 　　정답 ②

(가)는 논점 일탈의 오류, (나)는 의도 확대의 오류, (다)는 흑백논리의 오류, (라)는 복합 질문의 오류에 해당한다. ②는 수긍하고 싶지 않은 것을 전제로 하고 질문하는 오류를 범하고 있으므로 (라)와의 연결은 적절하다.

오답분석
①은 논점과 관계없는 결론으로 이끄는 오류인 (가)에 해당하고, ③은 흑백논리의 오류인 (다)에 속하며, ④는 의도를 확대한 (나)에, ⑤는 논점과 무관한 결론에 이르게 하는 (가)에 해당한다.
⑤ 범주의 오류 : 서로 다른 범주에 속하는 것을 같은 범주의 것으로 혼동하는 데서 생기는 오류

05 　　정답 ②

주어진 조건에 따라 머리가 긴 순서대로 나열하면 '슬기 – 민경 – 경애– 정서 – 수영'이 되므로, 슬기의 머리가 가장 긴 것을 알 수 있다. 또한 경애가 단발머리인지는 주어진 조건만으로 알 수 없다.

06 　　정답 ③

'A가 외근을 나감'을 a, 'B가 외근을 나감'을 b, 'C가 외근을 나감'을 c, 'D가 외근을 나감'을 d, 'E가 외근을 나감'을 e라고 할 때, 네 번째 조건과 다섯 번째 조건의 대우인 $b \rightarrow c$, $c \rightarrow d$에 따라 $a \rightarrow b \rightarrow c \rightarrow d \rightarrow e$가 성립한다.
따라서 'A가 외근을 나가면 E도 외근을 나간다.'는 항상 참이다.

07 　　정답 ③

'달리기를 잘함'을 a, '영어를 잘함'을 b, '부자임'을 c라고 할 때, 제시된 조건을 나타내면 $a \rightarrow b \rightarrow c$가 성립한다.
따라서 달리기를 잘하는 '나'는 a이므로 부자이다.

08 　　정답 ①

A고등학교 학생은 봉사활동을 해야 졸업한다. 즉, A고등학교 졸업생 중에는 봉사활동을 하지 않은 학생이 없다.

09
정답 ④

주어진 명제를 정리하면 강아지를 좋아하는 사람은 자연을 좋아하고, 자연을 좋아하는 사람은 편의점을 좋아하지 않는다. 따라서 편의점을 좋아하는 사람은 강아지를 좋아하지 않는다.

10
정답 ①

주어진 명제를 정리하면, 재중이가 싫어하는 과목의 정도는 국어<사회<수학, 사회<영어 순이다. 따라서 국어보다 영어를 싫어하는 것은 참이지만, 국어를 싫어하는 정도가 가장 낮은 것일 뿐 가장 좋아하는지는 알 수 없다.

11
정답 ③

홍차를 주문한 사람은 2명이었으나, 주문 결과 홍차가 1잔이 나왔으므로 홍차의 주문이 잘못된 것임을 알 수 있다. 즉, E는 본래 홍차를 주문하였으나, 직원의 실수로 딸기주스를 받았다. 또한 커피가 총 2잔이 나왔으므로 D는 녹차가 아닌 커피를 주문한 것임을 알 수 있다. A ~ E의 주문 내용을 표로 정리하면 다음과 같다.

A	B	C	D	E
홍차	커피	녹차	커피	홍차(딸기로 주문됨)

• 갑 : 홍차를 주문했지만 직원의 실수로 딸기주스를 받은 사람은 E이다.
• 을 : 녹차를 주문한 사람은 C이다.
따라서 갑과 을 모두 옳은 판단을 했다.

12
정답 ③

주어진 명제를 정리하면, 민수가 철수보다, 영희가 철수보다, 영희가 민수보다 숨은 그림을 더 많이 찾았다.
따라서 영희 – 민수 – 철수 순서로 숨은 그림을 더 많이 찾았다.

13
정답 ②

주어진 조건을 정리하면 다음과 같다.

구분	경우 1	경우 2	경우 3	경우 4
5층	B	B	C	D
4층	D	C	D	C
3층	C	D	B	B
2층	A	A	A	A
1층	E	E	E	E

따라서 어느 경우에라도 A는 E보다 높은 층에 산다.

14
정답 ②

(가) 작업을 수행하면 A – B – C – D 순서로 접시 탑이 쌓인다.
(나) 작업을 수행하면 철수는 D접시를 사용한다.

(다) 작업을 수행하면 A – B – C – E – F 순서로 접시 탑이 쌓인다.
(라) 작업을 수행하면 철수는 C, E, F접시를 사용한다.
따라서 B접시가 탑의 맨 위에 있게 된다.

15
정답 ①

제시문은 버섯의 섭취 방법에 따른 부작용을 설명하고 있다. 악취(顎醉) 증상은 갑과 을에게 나타나고, 병에게는 나타나지 않았다. 병만 술을 먹지 않았으므로 참이다.

16
정답 ①

미각 상실은 세 명 모두에게 발생했으므로 알코올과의 상관관계는 없으며, 물에 끓여 먹은 을도 미각 상실이 발생했으므로 참이다.

17
정답 ②

만성 골수성 백혈병은 백혈구를 필요 이상으로 증식시키는 티로신 키나아제 효소가 만들어짐으로써 나타난다. 따라서 백혈구 감소 원인 물질 C를 적정량 사용하면 만성 골수성 백혈병 치료제의 가능성이 있다. 그러나 갑, 을, 병 모두 같은 비율로 백혈구가 감소한 것으로 보아 물에 끓이면 효과가 약화되는 것은 거짓이다.

18
정답 ①

제시문은 예술 작품을 감상할 때 나타나는 장애물이 개인적인 습관과 편견이라고 말하고 있다. 그러므로 예술 작품을 잘 감상하려면 개인적인 습관과 편견에 구애받지 않는 열린 마음이 필요하다는 점을 추론할 수 있으므로 참이다.

19
정답 ②

성경의 어느 부분에도 신의 형상에 대한 설명이 없음에도 불구하고 신에 대한 전통적인 형상이 있다면, 그것은 전통적인 형상조차도 절대적인 것이 아니라 인간이 만들어낸 상대적인 것에 불과하다는 뜻이다. 그러므로 다른 형상을 그려냈다는 이유로 이단이라고 부를 수는 없으므로 거짓이다.

20
정답 ①

'작품에 표현된 이야기를 많이 알면 알수록 그 이야기는 언제나 그랬듯이 예전과 비슷하게 표현되어야 한다는 확신에 집착하게 되는 것도 일반적인 반응이다.'라는 설명에서 알 수 있듯, 작품에 대한 지식은 오히려 작품을 바라보는 사람에게 편견을 심어주므로 참이다.

01	02	03	04	05	06	07	08	09	10
②	②	①	③	①	④	④	⑤	①	③
11	12	13	14	15	16	17	18	19	20
④	③	②	②	④	②	③	①	④	⑤
21	22	23	24	25					
④	②	④	④	③					

01   정답 ②

기존에 제시된 개요에서 수정한 부분은 본론 2의 고령화 사회의 문제점 부분이다. 이는 고령화 사회로 인해 발생할 수 있는 사회적 비용을 의료 및 복지비용의 증가로, 인구 감소로 인한 노동력 공급 감소 및 생산성 저하로 구체화한 것이다.

02   정답 ②

제시된 개요는 '청소년의 잘못된 언어 사용'에 관한 내용으로, 문제 제기 후 실태를 밝히고, 문제 발생의 원인과 해결 방안을 개인적인 측면과 사회적인 측면으로 접근하여 개요를 수정 및 보완하는 것이다. ⓒ의 '그릇된 언어를 무비판적으로 수용'이라는 항목은 문제 발생의 개인적 차원에서의 원인으로 적절하다. 따라서 바른 언어 사용을 위한 방안에 해당하는 '바른 언어 사용에 대한 필요성 홍보'로 교체하는 것은 적절하지 않다.

오답분석

① ㉠의 '외래어의 사용'은 외국에서 들어온 말이 국어처럼 사용되는 예로 상위 항목에 맞지 않아 이를 '비속어의 남용'으로 고치는 것이 적절하다.
③ ⓒ의 '지나친 불법 광고의 확산'은 주제와 무관한 내용이므로 삭제하는 것이 적절하다.
④ ⓔ의 '바른 언어 사용을 권장하는 사회 분위기 조성'은 사회적 차원에서의 해결 방안에 해당하므로 '본론 – 3 – (2)'의 항목으로 이동하는 것은 적절하다.
⑤ ㉤의 '바른 언어 사용을 위한 청소년들의 인식 전환과 사회적 노력 촉구'는 개인적 측면과 사회적 측면을 모두 포괄하는 주제로 볼 수 있으므로 적절하다.

03   정답 ①

제시문의 첫 번째 문단의 '특히 해당 건물은 조립식 샌드위치 패널로 지어져 있어 이번 화재는 자칫 대형 산불로 이어져'라는 내용과 빈칸 앞뒤의 '빠르게 진화되었지만', '불이 삽시간에 번져'라는 내용을 미루어 볼 때, 해당 건물의 화재가 빠르게 진화되었지만 사상자가 발생한 것은 조립식 샌드위치 패널로 이루어진 화재에 취약한 구조이기 때문으로 볼 수 있다.

따라서 빈칸에 들어갈 내용으로 가장 적절한 것은 화재에 취약한 구조로 지어졌다는 내용이다.

오답분석

② 건조한 기후와 관련한 내용은 제시문에서 찾을 수 없다.
③ 해당 건물이 불법 가건물에 해당되지만 해당 건물의 안정성과 관련한 내용은 제시문에서 찾을 수 없다.
④ 소방 시설과 관련한 내용은 제시문에서 찾을 수 없으며, 화재는 30여 분 만에 빠르게 진화되었다는 언급으로 소방 대처가 화재에 영향을 줬다고 보기에는 적절하지 않다.
⑤ 인적이 드문 지역에 있어 해당 건물의 존재를 파악하기는 어려웠지만, 화재로 인한 피해를 더 크게 했다고 보기에는 적절하지 않다.

04   정답 ③

앞 문장의 '정상적인 기능을 할 수 없는 상태'와 대조를 이루는 표현이면서, 마지막 문장의 '자기 조절과 방어 시스템이 작동하는 과정인 것'이라는 내용에 어울리는 표현인 '정상적으로 가동하고 있는 상태'가 빈칸에 들어갈 내용으로 가장 적절하다.

05   정답 ①

제시문의 두 번째 문단에서 알 수 있듯이, 일반 시민들이 SNS를 통해 문제를 제기하면서 전통적 언론에서 뒤늦게 그 문제에 대해 보도하는 현상이 생기게 되었다. 즉 의제설정을 주도하는 것이 일반 시민들의 SNS임을 알 수 있다.

오답분석

㉠ · ⓒ 현대의 전통적 언론도 의제설정기능을 수행할 수는 있지만, 과거 언론에 비해 의제설정기능의 역할이 약화되었다.
ⓔ SNS로 인해 역의제설정 현상이 강해지고 있다.

06   정답 ④

제시문에서는 북몽골, 남몽골로 부른다면 귀속 의식을 벗어난 객관적인 표현이겠지만 중국과의 불화는 불가피한 상황이라고 언급하고 있다. 따라서 예민한 지명 문제는 정부가 나서는 것보다 학계의 목소리로 남겨 두는 것이 좋다고 말하고 있다.

07   정답 ④

제시문은 셧다운제에 대한 찬성 의견과 반대 의견을 제시하여 셧다운제 논란의 쟁점을 소개하였다.

08 　　정답 ⑤

제시문은 지방에 대해 일반적 사회적 통념과 다르게 알려진 내용을 지적하고, 건강에 유익한 지방도 있음을 설명하고 있다.

09 　　정답 ①

제시문은 농약과 화학비료를 사용한 농업의 실태를 설명하는 글이다. 따라서 (가) '친환경 농업은 건강과 직결되어 있기 때문에 각광받고 있다.' → (나) '병충해를 막기 위해 사용된 농약은 완전히 제거하기 어려우며 신체에 각종 손상을 입힌다.' → (다) '생산량 증가를 위해 사용한 농약과 제초제가 오히려 인체에 해를 입힐 수 있다.'의 순으로 나열하는 것이 적절하다.

10 　　정답 ③

제시문은 성품과 인위를 정의하고 이것에 대한 구체적인 예를 통해 인간의 원래 성품과 선하게 되는 원리를 설명하는 글이다. 따라서 (가) 성품과 인위의 정의 → (다) 성품과 인위의 예 → (라) 성품과 인위의 결과 → (나) 이를 통해 알 수 있는 인간의 성질 순으로 나열하는 것이 적절하다.

11 　　정답 ④

네 번째 문단은 토마토 퓌레, 토마토 소스, 토마토 케첩을 소개함을 볼 때, 토마토에 대한 조리방법을 소개하고 있음을 알 수 있다. 따라서 토마토가 사랑받는 이유는 문단의 제목으로 적절하지 않다.

12 　　정답 ③

토마토와 같이 산(酸)이 많은 식품을 조리할 때는 단시간에 조리하거나 스테인리스 스틸 재질의 조리 기구를 사용해야 한다. 알루미늄제 조리 기구를 사용하게 되면 알루미늄 성분이 녹아 나올 수 있기 때문이다.

[오답분석]
① 빨간 토마토에는 라이코펜이 많이 들어 있으나 그냥 먹으면 체내 흡수율이 떨어지므로 열을 가해 조리해서 먹는 것이 좋다.
② 우리나라에는 19세기 초 일본을 거쳐서 들어왔다고 추정하고 있다.
④ 토마토의 라이코펜과 지용성 비타민은 기름에 익힐 때 흡수가 잘 되므로 기름에 볶아 푹 익혀서 퓌레 상태로 만들면 편리하다.
⑤ 비타민 C의 경우 토마토 한 개에 하루 섭취 권장량의 절반가량이 들어 있다.

13 　　정답 ②

제시문은 제4차 산업혁명으로 인한 노동 수요 감소로 인해 나타날 수 있는 문제점으로 대공황에 대한 위험을 설명하면서도, 긍정적인 시각으로 노동 수요 감소를 통해 인간적인 삶 향유가 이루어질 수 있다고 말한다. 따라서 제4차 산업혁명의 밝은 미래와 어두운 미래를 나타내는 ②가 제목으로 적절하다.

14 　　정답 ②

제시문은 예술 작품에 대한 감상과 판단에 대해서 첫 번째 단락에서는 '어떤 사람의 감상이나 판단은 다른 사람들보다 더 좋거나 나쁠 수도 있지 않을까? 혹은 덜 발달되었을 수도, 더 세련되었을 수도 있지 않을까?'라는 의문을, 세 번째 단락에서는 '예술 비평가들의 판단이나 식별이 올바르다는 것은 어떻게 알 수 있는가?'라는 의문을, 마지막 단락에서는 '자격을 갖춘 비평가들, 심지어는 최고의 비평가들에게서조차 의견의 불일치가 생겨나는 것'에 대한 의문을 제기하면서 이에 대해 흄의 견해에 근거하여 순차적으로 답변하며 글을 전개하고 있다.

15 　　정답 ④

『돈키호테』에 나오는 일화에 등장하는 두 명의 전문가는 둘 다 포도주의 맛이 이상하다고 하였는데 한 사람은 쇠 맛이 살짝 난다고 했고, 또 다른 사람은 가죽 맛이 향을 망쳤다고 했다. 이렇게 포도주의 이상한 맛에 대한 원인을 다르게 판단한 것은 비평가들 사이에서 비평의 불일치가 생겨난 것에 해당한다고 볼 수 있다.

16 　　정답 ②

제시문은 인터넷의 등급제를 통한 검열을 정당화하고 있으므로, 인터넷 매체의 사전 검열이 표현의 자유와 개인의 알 권리를 침해할 가능성을 배제할 수 없다는 내용이 반박으로 가장 적절하다.

17 　　정답 ③

제시문의 첫 번째 문단 마지막 문장인 '그럼에도 불구하고 ~ 과학혁명의 출발점이다.'를 통해 기존의 이론이 설명 못하는 현상이 존재하면 과학혁명이 발생할 수 있음을 알 수 있다.

[오답분석]
①·② 첫 번째 문단에 의하면 문제 해결의 성과는 기존 이론에 훨씬 못 미치지만, 기존 이론이 설명하지 못하는 어떤 현상을 새 이론이 설명할 수 있을 때 소수의 과학자들이 새 이론을 선택하며, 이것이 과학혁명의 시작이다.
④ 두 번째 문단에서 과학자들은 이론의 심미적 특성 같은 주관적 판단에 의해 새로 제안된 이론을 선택한다고 하였다.

PART 2

⑤ 마지막 문단에서 과학자 공동체는 결국 개별 과학자들로 이루어진 것이라고 명시하고 있다.

18
정답 ①

미세 먼지 측정기는 대기 중 미세 먼지의 농도 측정 시 농도만 측정하는 것이지 그 성분과는 아무런 관련이 없다.

19
정답 ④

언택트 기술이 낳을 수 있는 문제에 대응하기 위해서는 인간 중심의 비대면 접촉이 이루어져야 한다. 인력이 불필요한 곳은 기술로 대체해야 하지만, 보다 대면 접촉이 필요한 곳에 인력을 재배치해야 한다는 것이다. 따라서 될 수 있는 한 인력을 언택트 기술로 대체해야 한다는 내용은 적절하지 않다.

20
정답 ⑤

언택트 마케팅에 사용되는 기술의 보편화는 디지털 환경에 익숙하지 않은 고령층을 소외시키는 '언택트 디바이드'와 같은 문제를 낳을 수 있다. 따라서 디지털이 익숙하지 않은 고령층의 증가는 언택트 마케팅의 확산 원인으로 적절하지 않다.

21
정답 ④

언택트 마케팅은 전화 통화나 대면 접촉에 부담을 느끼는 사람들이 증가함에 따라 확산되고 있는 것이다. 따라서 24시간 상담원과의 통화연결은 언택트 마케팅의 사례로 보기 어렵다. 오히려 채팅앱이나 메신저를 통한 24시간 상담 등이 언택트 마케팅의 사례로 적절하다.

[오답분석]
①・②・③・⑤ 언택트 마케팅의 대표적인 사례이다.

22
정답 ②

제시문은 스타 시스템에 대한 문제점을 지적한 다음, 글쓴이 나름대로의 해결 방안을 모색하고 있다.

23
정답 ④

욕망의 주체인 ⓑ만 ⓒ를 이상적 존재로 두고 닮고자 한다.

24
정답 ④

제시문에서 스타는 스타 시스템에 의해서 소비자들의 욕망을 부추기고 상품처럼 취급되어 소비되는 존재로서, 자신의 의지에 의해서 행위하는 것이 아니라 단지 스타 시스템에 의해 조종되고 있을 뿐이라 보고 있다.

25
정답 ③

제시문의 맨 마지막 문장에서 사춘기 이후에는 호르몬에 의한 뼈의 성장이 일어나지 않는다고 언급했다.

[오답분석]
① 다리뼈는 연골세포의 세포분열로 인해 뼈대의 성장이 일어난다.
② 뼈끝판의 세포층 중 뼈대의 경계면에 있는 세포층이 아닌 뼈끝과 경계면이 있는 세포층에서만 세포분열이 일어난다.
④ 뇌에서 분비하는 성장호르몬은 뼈에 직접적으로 도움을 준다.
⑤ 남성호르몬인 안드로겐은 사춘기 여자에게서도 분비된다.

03 수리비평검사

01	02	03	04	05	06	07	08	09	10
③	①	④	⑤	③	③	④	⑤	②	④
11	12	13	14	15	16	17	18	19	20
③	③	④	③	②	②	⑤	④	②	⑤
21	22	23	24	25					
⑤	③	④	④	⑤					

01

정답 ③

연도별 발굴 작업 비용을 구하면 다음과 같다.
- 2020년 : $(21 \times 120,000) + (10 \times 30,000) + (13 \times 200,000)$
 $= 5,420,000$원
- 2021년 : $(23 \times 120,000) + (4 \times 30,000) + (18 \times 200,000)$
 $= 6,480,000$원
- 2022년 : $(19 \times 120,000) + (12 \times 30,000) + (7 \times 200,000)$
 $= 4,040,000$원

따라서 발굴 작업 비용이 가장 많이 든 해는 2021년이며, 비용은 648만 원이다.

02

정답 ①

절도 발생 건수의 추이를 살펴보면 매년 증가와 감소를 반복한다. 따라서 빈칸에는 155,393보다 큰 숫자가 들어가야 한다.

03

정답 ④

제시된 종합청렴도 계산 공식을 바탕으로 내부청렴도에 관한 공식을 만들면 다음과 같다.

(내부청렴도)=[(종합청렴도)−(외부청렴도)×0.6−(고객평가)×0.1+(감점요인)]× $\frac{10}{3}$

이에 따라 연도별 내부청렴도를 구하면 다음과 같다.
- 2018년 : $\{6.23 - 8.0 \times 0.6 - 6.9 \times 0.1 + (0.7 + 0.7 + 0.2)\}$
 $\times \frac{10}{3} = 2.34 \times \frac{10}{3} = 7.8$점
- 2019년 : $\{6.21 - 8.0 \times 0.6 - 7.1 \times 0.1 + (0.7 + 0.8 + 0.2)\}$
 $\times \frac{10}{3} = 2.4 \times \frac{10}{3} = 8.0$점
- 2020년 : $\{6.16 - 8.0 \times 0.6 - 7.2 \times 0.1 + (0.7 + 0.8 + 0.2)\}$
 $\times \frac{10}{3} = 2.34 \times \frac{10}{3} = 7.8$점
- 2021년 : $\{6.8 - 8.1 \times 0.6 - 7.3 \times 0.1 + (0.5 + 0.4 + 0.2)\}$
 $\times \frac{10}{3} = 2.31 \times \frac{10}{3} = 7.7$점

따라서 내부청렴도가 가장 높은 해는 2019년, 가장 낮은 해는 2021년임을 알 수 있다.

04

정답 ⑤

3인 가구의 26℃ 이상 28℃ 미만일 때 에어컨 가동시간은 10.4시간으로 30℃ 이상일 때의 16시간의 $\frac{10.4}{16} \times 100 = 65\%$ 수준이다.

오답분석
① 1인 가구의 30℃이상일 때 일평균 에어컨 가동시간은 6.3시간으로 26℃ 미만일 때의 1.4시간보다 $\frac{6.3}{1.4} = 4.5$배 더 많다.
② 평균 실내온도가 28℃ 미만일 때, 자녀가 있는 2인 가구의 일평균 에어컨 가동시간은 자녀가 없을 때보다 2배 이상 많지만, 28℃ 이상일 경우에는 2배 미만이다.
③ 28℃ 이상 30℃ 미만일 때의 4인 가구의 일평균 에어컨 가동시간은 18.8시간이다.
④ 평균 실내온도가 26℃ 미만일 때와 28℃ 이상 30℃ 미만일 때는, 6인 가구 이상에서의 에어컨 가동시간은 5인 이상 가구보다 많지만, 나머지 두 구간에서는 적다.

05

정답 ③

ㄱ. 대형마트의 종이봉투 사용자는 $2,000 \times 0.05 = 100$명으로, 중형마트의 종이봉투 사용자 수인 $800 \times 0.02 = 16$명의 $\frac{100}{16} = 6.25$배이다.
ㄷ. 마트별 비닐봉투 사용자 수를 구하면 다음과 같다.
 - 대형마트 : $2,000 \times 0.07 = 140$명
 - 중형마트 : $800 \times 0.18 = 144$명
 - 개인마트 : $300 \times 0.21 = 63$명
 - 편의점 : $200 \times 0.78 = 156$명
 따라서 비닐봉투 사용률이 가장 높은 곳은 78%로 편의점이며, 비닐봉투 사용자 수가 가장 많은 곳도 156명으로 편의점이다.
ㄹ. 마트별 개인장바구니의 사용률은 대형마트가 44%, 중형마트가 36%, 개인마트가 29%이다. 따라서 마트의 규모가 커질수록 개인장바구니 사용률이 커짐을 알 수 있다.

오답분석
ㄴ. 종량제봉투 사용자 수를 구하면 다음과 같다.
 - 대형마트 : $2,000 \times 0.28 = 560$명
 - 중형마트 : $800 \times 0.37 = 296$명
 - 개인마트 : $300 \times 0.43 = 129$명
 - 편의점 : $200 \times 0.13 = 26$명
 - 전체 종량제봉투 사용자 수 :
 $560 + 296 + 129 + 26 = 1,011$명
 따라서 대형마트의 종량제봉투 사용자 수인 560명은 전체 종량제봉투 사용자 수인 1,011명의 절반을 넘는다.

06

정답 ③

연령대별 조사대상자 중 개인컵 사용자 수를 구하면 다음과 같다.

- 20대 미만 : $4,200 \times 0.17 = 714$명
- 20대 : $5,800 \times 0.29 = 1,682$명
- 30대 : $6,400 \times 0.26 = 1,664$명
- 40대 : $3,600 \times 0.24 = 864$명

따라서 조사대상자 중 개인컵 사용자 수가 가장 많은 연령대는 20대이고, 개인컵 사용률이 가장 높은 연령대도 20대이다.

오답분석

① 성별 개인컵 사용자 수를 구하면 다음과 같다.
- 남성 : $11,000 \times 0.1 = 1,100$명
- 여성 : $9,000 \times 0.22 = 1,980$명

따라서 조사대상자 중 개인컵 사용자 수는 여성이 남성의 $\dfrac{1,980}{1,100} = 1.8$배에 해당한다.

② 조사대상자 중 20·30대는 각각 5,800명, 6,400명으로 총 12,200명이다. 이는 전체 조사대상자인 20,000명의 $\dfrac{12,200}{20,000} \times 100 = 61\%$이다.

④ 40대 조사대상자에서 개인컵 사용자 수는 $3,600 \times 0.24 = 864$명으로 이 중 288명이 남성이라면, 여성은 $864 - 288 = 576$명이다. 따라서 여성의 수는 남성의 $\dfrac{576}{288} = 2$배에 해당한다.

⑤ 수도권 지역의 개인컵 사용률은 37%이고, 수도권 외 지역은 23%이므로 전자는 후자보다 14%가 아닌 14%p 더 높다.

07

정답 ④

2020과 2021년의 총 학자금 대출 신청건수를 구하면 다음과 같다.

- 2020년 : $1,921 + 2,760 + 2,195 + 1,148 + 1,632 + 1,224 = 10,880$건
- 2021년 : $2,320 + 3,588 + 2,468 + 1,543 + 1,927 + 1,482 = 13,328$건

따라서 2021년 총 학자금 대출신청건수는 2020년 대비 $\dfrac{13,328 - 10,880}{10,880} \times 100 = 22.5\%$ 증가하였다.

오답분석

① 학자금 대출 신청건수가 가장 많은 지역은 2020년은 2,760건으로 인천광역시이고, 2021년도 3,588건으로 인천광역시이다.

② 2021년 학자금 총 대출금액은 (대출 신청건수)×(평균 대출금액)으로 구할 수 있으므로 대구광역시와 부산광역시의 학자금 총 대출금액을 구하면 다음과 같다.
- 대구광역시 : $2,320 \times 688 = 1,596,160$만 원
- 부산광역시 : $2,468 \times 644 = 1,589,392$만 원

따라서 2021년 학자금 총 대출금액은 대구광역시가 부산광역시보다 많다.

③ 대전광역시의 2021년 학자금 평균 대출금액은 376만 원으로 전년인 235만 원 대비 $\dfrac{376}{235} = 1.6$배 증가하였다.

⑤ 2020년 전체학자금 대출 신청건수는 10,880건으로 그 중 광주광역시가 차지하는 비율은 $\dfrac{1,632}{10,880} \times 100 = 15\%$이다.

08

정답 ⑤

ㄷ. 청팀의 최종점수는 6,867점, 백팀의 최종점수는 5,862점으로 백팀은 청팀의 $\dfrac{5,862}{6,867} \times 100 = 85.4\%$이다.

ㄹ. 백팀이 구기종목에서 획득한 승점은 육상종목에서 획득한 승점의 $\dfrac{2,780}{3,082} \times 100 = 90.2\%$이므로 85% 이상이다.

오답분석

ㄱ. 전종목에서 가장 높은 승점을 획득한 부서는 2,752점의 운영팀이나, 가장 낮은 승점을 획득한 부서는 1,362점의 지원팀이다.

ㄴ. 청팀이 축구에서 획득한 승점은 청팀이 구기종목에서 획득한 승점의 $\dfrac{1,942}{4,038} \times 100 = 48.1\%$이므로 45% 이상이다.

09

정답 ②

2000년 대비 2010년의 평균 매매가격 증가율을 구하면 다음과 같다.

- 전국 : $\dfrac{14,645 - 10,100}{10,100} \times 100 = 45\%$
- 수도권 전체 : $\dfrac{18,500 - 12,500}{12,500} \times 100 = 48\%$

따라서 차이는 $48 - 45 = 3\%$p이다.

오답분석

① 2020년 평균 매매가격은 수도권이 22,200만 원, 전국이 18,500만 원으로 수도권은 전국의 $\dfrac{22,200}{18,500} = 1.2$배이고, 평균 전세가격은 수도권이 18,900만 원, 전국이 13,500만 원이므로 수도권은 전국의 $\dfrac{18,900}{13,500} = 1.4$배이다.

③ 2000년 전국의 평균 전세가격 6,762만 원으로 수도권 전체 평균 전세가격인 8,400만 원의 $\dfrac{6,762}{8,400} \times 100 = 80.5\%$이다.

④ 서울의 매매가격 증가율을 구하면 다음과 같다.
- 2010년 대비 2020년 매매가격 증가율 : $\dfrac{30,744 - 21,350}{21,350} \times 100 = 44\%$
- 2000년 대비 2010년 매매가격 증가율 : $\dfrac{21,350 - 17,500}{17,500} \times 100 = 22\%$

따라서 차이는 1.5배가 아닌 2배이다.

⑤ 2010년 평균 전세가격은 '서울(15,500만 원) – 경기(11,200만 원) – 인천(10,600만 원)'순이다.

10

등록 장애인 수가 가장 많은 장애등급은 6급이고, 가장 적은 장애등급은 1급이다. 그중 남성 장애인 수를 보면 $124,623 \times 3 = 373,869 < 389,601$이므로 3배 이상이다.

오답분석

① 2022년 여성과 남성 등록 장애인 수의 비는 약 2 : 3이다.

따라서 전체 장애인 수의 증가율은 $\dfrac{0.50 \times 2 + 5.50 \times 3}{2+3}$

$= 3.50\%$이다.

② 전년도 등급별 등록 장애인 수는 주어진 자료를 통해서 알 수 없다.

③ 장애등급 5급과 6급의 등록 장애인 수의 합은 $248,059 + 278,586 + 203,810 + 389,601 = 1,120,056$명이고, 전체 등록 장애인 수는 $2,517,312$명이므로 50% 이하이다.

⑤ 성별 등록 장애인 수 차이가 가장 작은 장애등급은 4급이고, 가장 큰 장애등급은 6급이다.

따라서 $\dfrac{190,772 + 203,810}{1,048,979} \times 100 ≒ 37.6\%$이다.

11

고령화지수를 구하는 공식을 바탕으로 65세 이상 인구를 구하면 다음과 같다.

$19.7 = \dfrac{(65세 이상 인구)}{50,000} \times 100$

→ (65세 이상 인구)$= 19.7 \times 500$

따라서 65세 이상 인구는 9,850명이다.

12

$\dfrac{107.1 - 69.9}{69.9} \times 100 ≒ 53\%$

13

㉠ 노인부양비 추이는 5년 단위로 계속 증가하고 있다.

㉢ $11.3 - 7.0 = 4.3\text{p}$

㉣ 5년 단위 증가폭 추이 : 2005년(7.9%), 2010년(15.5%), 2015년(26.8%), 2020년(37.2%)

오답분석

ㄴ. 고령화지수는 계속 증가하고 있지만 같은 비율로 증가하고 있지는 않다.

14

ㄱ. $35,075 - 32,052 = 3,023$명

ㄷ. A, C, D유형에서 비정규직 인원은 여성이 더 많다.

오답분석

ㄴ. C유형의 집체훈련 인원은 37,354명으로 C유형 전체인원에서 차지하는 비중은 약 98.9%이고, D유형의 집체훈련 인원은 17,872명으로 D유형 전체인원에서 차지하는 비중은 약 96.6%이다. 즉, 집체훈련 인원의 비중은 D유형이 C유형보다 낮다.

ㄹ. C유형 인터넷과정의 남성 수는 217명으로 197명인 여성보다 더 많다.

15

A유형으로 훈련을 받는 정규직 근로자 중 남성의 비율은 약 64.7%, B유형으로 훈련을 받는 정규직 근로자 중 남성의 비율은 약 82.9%이므로, 그 차이는 $82.9 - 64.7 = 18.2\text{p}$이다.

16

C유형의 비정규직 인원 중 남성의 비중은 $\dfrac{733}{2,693} \times 100 ≒$

27.2%, A유형의 비정규직 인원 중 남성의 비중은 $\dfrac{4,372}{10,547} \times$

$100 ≒ 41.5\%$이다.

오답분석

① 여성이 남성보다 비정규직 수가 많으므로 옳은 설명이다.

③ C유형이 D유형보다 총 인원수에서 두 배 정도 많은데 외국어과정은 4배 이상 많기 때문에 옳은 설명이다.

④ 개인지원방식에서 원격훈련 인원이 차지하는 비중은 약 1.8%이다.

⑤ D유형의 집체훈련과 원격훈련 모두 여성의 수가 많으므로 옳은 설명이다.

17

다문화 초등학생은 2012년에 비해 2021년에 $60,283 - 7,910 = 52,373$명 늘어났고, 다문화 고등학생은 2012년에 비해 2021년에 $8,388 - 340 = 8,048$명 늘었다.

18

초·중·고등학교 전체 학생 수는 점점 감소하고, 전체 다문화가정 학생 수는 점점 증가하고 있으므로 초·중·고등학교 전체 학생 수 대비 전체 다문화가정 학생 수의 비율은 계속 증가하고 있다.

① · ② 제시된 자료를 통해 알 수 있다.
③ 82,536－9,389＝73,147명
⑤ 8,388÷340≒24.7배

19

정답 ②

첫 번째 조건에서 2021년 11월 요가 회원은 $a＝50×1.2＝60$명이고, 세 번째 조건에서 2022년 1월 필라테스 예상 회원 수는 2021년 4분기 월 평균 회원 수가 되어야하므로 2022년 1월 필라테스 예상 회원 수 $d＝\dfrac{106＋110＋126}{3}＝\dfrac{342}{3}＝$ 114명이다.

두 번째 조건에 따라 2021년 12월 G.X 회원 수 c를 구하면 $(90＋98＋c)＋37＝106＋110＋126$
$→ c＝342－225 → c＝117$

b를 구하기 위해 방정식 $2a＋b＝c＋d$에 a, c, d에 해당되는 수를 대입하면 $b＋2×60＝117＋114 → b＝231－120$
$→ b＝111$

따라서 2021년 12월의 요가 회원 수는 111명이다.

20

정답 ⑤

• 관리직의 구직 대비 구인률 : $\dfrac{993}{2,951}×100≒34\%$

• 음식서비스 관련직의 구직 대비 취업률 : $\dfrac{458}{2,936}×100≒$ 16%

따라서 둘의 차이는 $34－16＝18\%$p이다.

21

정답 ⑤

영업원 및 판매 관련직의 구직 대비 취업률은 $\dfrac{733}{3,083}×100$ $≒24\%$이다.

① · ② · ③ · ④ 제시된 표를 통해 확인할 수 있다.

22

정답 ③

2021년에는 전년 대비 29,227명이 증가했으나, 2020년에는 전년 대비 46,911명이 증가했다.

① · ④ 표를 통해 쉽게 확인할 수 있다.
② 모든 나이에서 영유아 수가 두 어린이집 모두 증가하고 있다.
⑤ 민간 어린이집, 국 · 공립 어린이집, 법인 어린이집이 이에 해당한다.

23

정답 ④

2018년과 2021년 어린이집 전체 영유아의 수를 구하면 다음과 같다.
• 2018년
 : 501,838＋422,092＋211,521＝1,135,451명
• 2021년
 : 739,332＋455,033＋154,364＝1,348,729명

따라서 2018년과 2021년 어린이집 전체 영유아 수의 차는 1,348,729－1,135,451＝213,278명이다.

24

정답 ④

대략적으로 보아도 4,800의 30%와 2,700의 44% 중 4,800의 30%가 더 많은 수치라는 것을 알 수 있다. 계산을 했을 때 2019년 배구의 관중 수는 4,843×0.304≒1,472.3천명, 핸드볼의 관중 수는 2,756×0.438≒1,207.1천 명이다.

① 2018년에는 전년 대비 관중수용률이 증가했다.
② 2021년에는 야구의 관중수용률이 높다.
③ 관중수용률이 매년 증가한 종목은 야구와 축구뿐이다.
⑤ 농구는 '증가 － 증가 － 동일 － 동일 － 증가'의 추이를 보이고, 핸드볼은 '감소 － 동일 － 동일 － 감소 － 증가'의 추이를 보이고 있으므로 동일하지 않다.

25

정답 ⑤

관중수용률을 소수점 첫째 자리에서 반올림하면 야구 경기장 관중수용률은 66%, 축구 경기장 관중수용률은 35%이다. 2021년 야구 관중 수는 19,450×0.66＝12,837천 명, 축구 관중 수는 33,320×0.35＝11,662천 명이다.

따라서 야구 관중 수가 1,175천 명 많다.

01 언어비평검사 I (언어추리)

01	02	03	04	05	06	07	08	09	10
⑤	④	①	⑤	③	⑤	③	③	①	①
11	12	13	14	15	16	17	18	19	20
②	④	①	⑤	④	①	①	①	①	③

01 정답 ⑤

'좋은 자세로 공부한다.'를 A, '허리의 통증이 약해진다.'를 B, '공부를 오래 하다.'를 C, '성적이 올라간다.'를 D라고 하면, 첫 번째 명제는 ~B → ~A, 두 번째 명제는 C → D, 네 번째 명제는 ~D → ~A이므로 네 번째 명제가 도출되기 위해서는 세 번째 명제에 ~C → ~B가 필요하다.
따라서 대우 명제인 ⑤가 답이 된다.

02 정답 ④

비가 옴$=p$, 한강 물이 불어남$=q$, 보트를 탐$=r$, 자전거를 탐$=s$라고 하면, 각 명제는 순서대로 $p \to q$, $\sim p \to \sim r$, $\sim s \to q$이다. 앞의 두 명제를 연결하면 $r \to p \to q$이고, 결론이 $\sim s \to q$가 되기 위해서는 $\sim s \to r$이라는 명제가 추가로 필요하다.
따라서 빈칸에 들어갈 명제는 ④이다.

03 정답 ①

'병원을 가지 않음 → 사고가 나지 않음, 무단횡단을 함 → 병원에 감'에서 주어진 명제가 성립하려면 '무단횡단을 하면 사고가 난다.'라는 명제가 필요하다.
따라서 이 명제의 대우 명제인 ①이 적절하다.

04 정답 ⑤

첫 번째와 세 번째 명제에 의해 족구를 잘하는 사람은 펜싱을 잘하고, 펜싱을 잘하는 사람은 검도를 잘한다.
따라서 빈칸에는 ⑤가 적절하다.

05 정답 ③

성준이는 볼펜을 좋아하고, 볼펜을 좋아하는 사람은 수정테이프를 좋아한다. 따라서 성준이는 수정테이프를 좋아한다.

06 정답 ⑤

세 번째, 네 번째 명제에 의해, 종열이와 지훈이는 춤을 추지 않았다. 또한, 두 번째 명제의 대우에 의해, 재현이가 춤을 추었고, 첫 번째 명제에 따라 서현이가 춤을 추었다.

07 정답 ③

'커피를 좋아함'을 p, '홍차를 좋아함'을 q, '우유를 좋아함'을 r, '콜라를 좋아함'을 s라고 하면 $p \to q \to \sim r \to s$가 성립한다.
따라서 $p \to s$이므로 커피를 좋아하는 사람은 콜라를 좋아한다.

08 정답 ③

주어진 조건을 정리하면 '진달래를 좋아함 → 감성적 → 보라색을 좋아함 → 백합을 좋아하지 않음'이므로 진달래를 좋아하는 사람은 보라색을 좋아한다.

09 정답 ①

가장 높은 등급을 1등급, 가장 낮은 등급을 5등급이라 하면 네 번째 조건에 의해, 가는 3등급을 받는다. 또한 첫 번째 조건에 의해 마는 4등급 또는 5등급이다. 이때, 두 번째 조건에 의해, 마가 4등급, 다가 5등급을 받음을 알 수 있다.

10 정답 ①

'탕수육을 좋아함'을 p, '족발을 좋아함'을 q, '깐풍기를 좋아함'을 r, '김치찌개를 좋아함'을 s, '냉면을 좋아함'을 t라고 한다면, 다음과 같은 명제가 성립된다.

PART 2

- 탕수육을 좋아하면 족발을 좋아한다. : $p \rightarrow q$
- 깐풍기를 좋아하면 김치찌개를 좋아하지 않는다. : $r \rightarrow \sim s$
- 김치찌개를 좋아하면 냉면을 좋아한다. : $s \rightarrow t$
- 김치찌개를 좋아하지 않으면 족발을 좋아하지 않는다. : $\sim s \rightarrow \sim q$

이에 따라 명제 A는 $p \rightarrow q$와 $q \rightarrow s$(대우명제)이므로 $p \rightarrow s$임을 알 수 있다.

따라서 명제 A는 옳고, 명제 B는 주어진 정보를 가지고 추론해낼 수 없다.

11

정답 ②

제시된 조건을 정리하면 다음과 같다.

구분	빨간색	주황색	노란색	초록색	파란색	남색	보라색
현수	×	×	×		×	×	
인환		○					
종훈	×	×		×			×
윤재		×	×				

- A : 현수가 가져올 수 있는 물감은 초록색과 보라색 물감이 맞지만, 현수가 둘 중 하나만 가져오고 윤재와 인환이가 나머지 하나를 가져올 수도 있으므로 옳은지 틀린지 판단할 수 없다.
- B : 인환이가 주황색 물감 한 개만 가져온다면, 노란색 물감을 가져올 수 있는 사람은 종훈이뿐이므로 옳은 판단이다.

12

정답 ④

제시된 조건을 정리하면 E → B → F → G → D → C → A의 순서로 계약이 체결됐다. 따라서 다섯 번째로 채결한 계약은 D이다.

13

정답 ①

A ~ E 중 살아남은 A, B, C에서 2명은 늑대 인간이며, 남은 1명은 드라큘라이다. 또한 D, E의 캐릭터는 서로 같지 않으므로 D와 E는 각각 늑대 인간 또는 드라큘라를 선택하였다. 따라서 이 팀의 3명은 늑대 인간 캐릭터를, 2명은 드라큘라 캐릭터를 선택하였다.

[오답분석]
② B는 드라큘라일 수도 늑대 인간일 수도 있다.
③ C는 늑대 인간일 수도 드라큘라일 수도 있다.
④ 늑대 인간의 수가 드라큘라의 수보다 많다.
⑤ D와 E는 서로 다른 캐릭터를 선택했을 뿐 어떤 캐릭터를 선택하였는지는 알 수 없다.

14

정답 ⑤

A와 C의 성적 순위에 대한 B와 E의 진술이 서로 엇갈리고 있으므로, B의 진술이 참인 경우와 E의 진술이 참인 경우로 나누어 생각해본다.

- B의 진술이 거짓이고 E의 진술이 참인 경우 : B가 거짓을 말한 것이 되어야 하므로 'B는 E보다 성적이 낮다.'도 거짓이 되어야 하는데, 만약 B가 E보다 성적이 높다면 A의 진술 중 'E는 1등이다.' 역시 거짓이 되어야 하므로 거짓이 2명 이상이 되어 모순이다. 따라서 B의 진술이 참이어야 한다.
- B의 진술이 참이고 E의 진술이 거짓인 경우 : 1등은 E, 2등은 B, 3등은 D, 4등은 C, 5등은 A가 되므로 모든 조건이 성립한다.

15

정답 ④

언어적 오류에 해당하는 범주의 오류로, 서로 다른 범주에 속하는 것을 같은 범주의 것으로 혼동하는 데서 생기는 오류이다.

[오답분석]
①·②·③·⑤ 자료적 오류에 해당하는 성급한 일반화의 오류로, 제한된 정보나 부적합한 증거 또는 대표성을 결여한 사례를 근거로 일반화하는 오류이다.

16

정답 ①

언어적 오류에 해당하는 강조의 오류로, 문장의 어느 한 부분만 강조하여 발생하는 오류이다.

[오답분석]
②·③·④·⑤ 심리적 오류에 해당하는 군중에 호소하는 오류로, 군중 심리를 자극하여 논지를 받아들이게 하는 오류이다.

17

정답 ①

제시문은 원천 봉쇄의 오류로 나올 법한 반대 의견을 아예 묵살해버리는 오류이다.

[오답분석]
② 무지에 호소하는 오류
③ 군중에 호소하는 오류
④ 결합의 오류
⑤ 원인 오판의 오류

18

사람이 다른 사람과 교제를 할 때, 상대방에 대한 자신의 인상을 관리하려는 속성이 있다는 것이지 타인에 의해 자신의 인상이 관리된다는 내용은 본문에 나와 있지 않다.

19

광고 혹은 내가 다른 사람의 눈에 어떻게 보일 것인가 하는 점에서 20세기 대중문화는 새로운 인간형을 탄생시켰다.

20

해당 내용은 본문에 나와 있지 않으므로 알 수 없다.

---

02 언어비평검사 Ⅱ (독해)

01	02	03	04	05	06	07	08	09	10
③	④	⑤	④	②	④	④	③	⑤	④
11	12	13	14	15	16	17	18	19	20
④	⑤	⑤	②	④	③	⑤	③	⑤	①
21	22	23	24	25					
⑤	①	①	③	④					

01

세 번째 문단의 '수급자들의 근로소득 공제율이 낮아 근로를 하고 싶어도 수급자 탈락을 우려해 일을 하지 않거나 일부러 적게 하는 경우도 생겨나고 있다.'를 볼 때, 수급자들은 수급자 탈락을 우려해 근로를 피하고 있으므로 근로소득 공제율을 높이는 것은 탈수급을 촉진하기 보다는 근로 의욕을 촉진한다는 것이 가장 적절하다.

오답분석
① 첫 번째 문단의 '신청조차 할 수 없도록 한 복지제도가 많아 역차별 논란'이라는 내용과, 마지막 문단의 '기초수급자들은 생계급여를 받는다는 이유로 긴급복지지원제도 · 국민내일배움카드 · 노인일자리사업 · 구직촉진수당 · 연금(기초 · 공적연금) 등 5가지 복지제도에 신청조차 할 수 없다.'라는 내용을 통해 알 수 있다.
② 세 번째 문단에 따르면, 근로를 하다가 수급자 탈락을 할 가능성이 있어 근로 이전보다 생계가 어려워질 수도 있다.
④ 네 번째 문단의 '수급자들은 생필품조차 제대로 구입하지 못하고 있는 것으로 나타났으며'라는 내용을 통해 알 수 있다.
⑤ 국민내일배움카드 사용과 국민취업지원제도의 구직촉진수당 지급으로 수급자들이 자기개발을 할 수 있도록 하여 취업할 여건을 제공해줄 수 있다.

02

(나)는 '반면', (다)는 '이처럼', (라)는 '가령'으로 시작하므로 첫 번째 문장으로 적절하지 않다. 따라서 (가)가 첫 번째 문장으로 적절하다. 다음으로 전통적 인식론자의 의견을 예시로 보여준 (라)가 적절하며, 이어서 그와 반대되는 베이즈주의자의 의견이 제시되는 (나)가 적절하다. 마지막으로 (나)의 내용을 결론짓는 (다)의 순으로 나열되는 것이 가장 적절하다.

03

제시된 문단은 선택적 함묵증을 불안장애로 분류하고 있다. 그러므로 불안장애에 대한 구체적인 설명 및 행동을 설명하는 (라) 문단이 이어지는 것이 적절하다. 다음에는 불안장애인 선택적 함묵증을 치료하기 위한 방안인 (가) 문단이 적절하고, (가) 문단에서의 제시한 치료방법의 구체적 방안 중 하나인 '미술 치료'를 언급한 (다) 문단이 이어지는 것이 적절하다. 마지막으로 (다) 문단에서 언급한 '미술 치료'가 선택적 함묵증의 증상을 보이는 아동에게 어떠한 영향을 미치는지 언급한 (나) 문단 순으로 나열되는 것이 가장 적절하다.

04 　　정답 ④

세 번째 문단에서 '상품에 응용된 과학 기술이 복잡해지고 첨단화되면서 상품 정보에 대한 소비자의 정확한 이해도 기대하기 어려워졌다.'는 내용과 일맥상통한다.

05 　　정답 ②

빈칸 바로 뒤의 문장에서 '자신의 주머니'와 이에 따른 대안의 한계를 지적하고 있으므로 빈칸에는 정부나 기업 차원이 아닌 개인 차원의 대안이 들어가야 한다. 따라서 ②가 가장 적절하다.

06 　　정답 ④

제시문에서 금융권, 의료업계, 국세청 등 다양한 영역에서 빅데이터가 활용되고 있는 사례들을 열거하고 있다.

07 　　정답 ④

제시문의 두 번째 문단에서 전기자동차 산업이 확충되고 있음을 언급하면서 구리가 전기자동차의 배터리를 만드는 데 핵심 재료임을 언급하고 있다.

오답분석

① · ⑤ 제시문에서 언급하고 있는 내용이 아니므로 핵심 내용으로 보기 어렵다.
② 제시문에서 '그린 열풍'을 언급하고 있으나 그 이유는 제시되어 있지 않다.
③ 제시문에서 산업금속 공급난이 우려된다고 하나, 그로 인한 문제가 제시되어 있지는 않다.

08 　　정답 ③

기준작의 설정을 전적으로 기록에만 의존하는 것도 곤란하다. 왜냐하면 물질자료와 달리 기록은 상황에 따라 왜곡되거나 윤색될 수도 있고, 후대에 가필되는 경우도 있기 때문이다. 따라서 작품에 명문이 있다 하더라도 기준작으로 삼기 위해서는 그것이 과연 신뢰할 만한 사료인가에 대한 엄정한 사료적 비판이 선행되어야 한다.

09 　　정답 ⑤

쇼펜하우어는 표상의 세계 안에서의 이성의 역할, 즉 시간과 공간, 인과율을 통해서 세계를 파악하는 주인의 역할을 함에도 불구하고 이 이성이 다시 의지에 종속됨으로써 제한적이며 표면적일 수밖에 없다는 한계를 지적하고 있다.

오답분석

① 세계의 본질은 의지의 세계라는 내용은 쇼펜하우어 주장의 핵심 내용이라는 점에서는 옳지만, 제시문의 주요 내용은 주관 또는 이성 인식으로 만들어내는 표상의 세계는 결국 한계를 가질 수밖에 없다는 것이다.
② 제시문에서는 표상 세계의 한계를 지적했을 뿐, 표상 세계의 극복과 그 해결 방안에 대한 내용은 없다.
③ 제시문에서 의지의 세계와 표상 세계는 의지가 표상을 지배하는 종속관계라는 차이를 파악할 수는 있으나, 중심 내용으로는 적절하지 않다.
④ 쇼펜하우어가 주관 또는 이성을 표상의 세계를 이끌어 가는 능력으로 주장하고 있다는 점에서 타당하나 글의 중심 내용은 아니다.

10 　　정답 ④

독서 심리 치료의 성공 사례는 이론적 기초에 해당하지 않는다.

11 　　정답 ④

지역 축제들 각각의 특색이 없는 것은 사람들이 축제를 찾지 않는 충분한 이유가 되며, 이에 대해 그 지역만의 특성을 보여줄 수 있는 프로그램을 개발한다는 방안은 적절하다.

12 　　정답 ⑤

세 번째 문단에서 저작권의 의의는 인류의 지적 자원에서 영감을 얻은 결과물을 다시 인류에게 되돌려주는 데 있다고 하였으므로 ⑤의 내용은 적절하지 않다.

13 　　정답 ⑤

저작권이 지나치게 사적 재산권을 행사하는 도구로 인식되어 있는 현실의 문제점을 지적하며 저작권을 사적 재산권의 측면에서가 아니라 공익적 측면에서 바라볼 필요가 있음을 제시하고 있다.

14 　　정답 ②

제시문에서는 저작권 소유자 중심의 저작권 논리를 비판하며 저작권이 의의를 가지려면 저작물이 사회적으로 공유되어야 한다고 주장하고 있다. 이에 대한 비판으로는 ②가 적절하다.

15

정답 ④

제시문은 미국 대통령 후보 선거제도 중 하나인 '코커스'에 대한 설명과 아이오와주에서 코커스 개최시기가 변경된 아이오와주, 그리고 아이오와주 선거 운영 방식의 변화에 대하여 서술하고 있다. 빈칸 앞에서는 개최시기를 1월로 옮긴 아이오와주 공화당의 이야기를, 빈칸 뒤에서는 아이오와주 선거 운영 방식의 변화와 같은 다른 주제에 대해서 다루고 있으므로, 빈칸 앞과 이어지는 '아이오와주는 미국의 대선후보 선출 과정에서 민주당과 공화당 모두 가장 먼저 코커스를 실시하는 주가 되었다.'가 오는 것이 적절하다.

오답분석

① 선거 운영 방식이 달라진 것이 아니라 코커스를 실시하는 시기가 달라진 것이다.
② 제시문에서는 민주당과 공화당 사이가 악화될 계기가 언급되어 있지 않다.
③ 제시문에서는 아이오와주에서 코커스의 개정을 요구했다는 근거를 찾을 수 없다.
⑤ 아이오와주가 코커스 제도에 대해 부정적이었다는 근거를 찾을 수 없다.

16

정답 ③

제시문에서는 P2P 대출에 대한 여러 가지 견해는 확인할 수 없다.

오답분석

① P2P 대출중개 구조를 직접중개형과 간접중개형으로 구분하여 설명하고 있음을 확인할 수 있다.
② P2P 대출의 위험 분산 측면에서 P2P 대출의 특징을 은행의 경우와 비교하여 설명하고 있음을 확인할 수 있다.
④ 첫 문단에서 P2P 대출에 대해 정의내리고 있음을 확인할 수 있다.
⑤ 우리나라의 P2P 대출중개 구조와 대출 특징을 예시로 들어 설명하고 있음을 확인할 수 있다.

17

정답 ⑤

P2P 대출은 개인이 온라인으로 쉽게 분산투자하면서 고위험 대출도 가능해지고 새로운 시장이 발생되어 전체적 시장이 확장되는 효과를 누릴 수 있다.

오답분석

① P2P 대출업체는 금융기관의 건전성 규제가 적용되지 않아 비용이 절감된다.
② 온라인 중개 특성으로 다수가 참여하여 위험이 분산되므로 위험성은 현저히 줄어든다.
③ 우리나라는 상대적으로 대출에 대한 부정적 인식이 강해 성장세에 있는 나라에 비해 빠른 성장은 보이지 못하고 있다.
④ 직접중개형 P2P 대출에 대한 설명이다.

18

정답 ③

P2P 대출은 정부 통제하에 있는 일률적인 금리구조에서 벗어난다.

오답분석

① P2P 대출은 신용정보의 수집, 신용평가와 같은 기능 및 대출금 상환 등의 서비스를 중개기관이 제공함으로써 신용리스크에 대한 통제를 기존 금융기관과 유사한 수준으로 실행할 수 있다.
② 신용위험이 여러 자금공급자에게 분산될 수 있도록 설계되어 위험성은 현저히 줄어든다.
④ 금융기관의 건전성 규제 등이 적용되지 않아 절감된 비용이 투자자와 차입자에게 이익으로 제공되는 시스템으로 운영되고 있다.
⑤ 저금리시대에 사는 현재에 있어 정부 통제하에 있는 일률적인 금리구조에서 벗어나 고수익을 달성할 수 있다는 프로세스로 인하여 투자자들에게 인기를 끌고 있다.

19

정답 ⑤

제시문에서 펀드 가입 절차에 대한 내용은 찾아볼 수 없다.

오답분석

① 세 번째 문단에서 확인할 수 있다.
② 첫 번째 문단에서 확인할 수 있다.
③ 마지막 문단에서 확인할 수 있다.
④ 두 번째 문단에서 확인할 수 있다.

20

정답 ①

주식 투자 펀드의 수익률 차이가 심하게 나는 것은 주식이 경기 변동의 영향을 많이 받기 때문이다.

오답분석

② 채권 투자 펀드에 대한 설명이다.
③ 채권을 사서 번 이익에서 투자 기관의 수수료를 뺀 금액이 수익이 된다.
④ 주식 투자 펀드에 대한 설명이다.
⑤ 주식 투자 펀드와 채권 투자 펀드 모두 투자 기관의 수수료가 존재한다.

21

정답 ⑤

제시문에 의하면 물수제비 발생에는 던진 돌의 세기와 적절한 각도 그리고 회전이 중요한 변수가 됨을 알 수 있다. 물론 물의 표면장력과 공기의 저항도 변수가 될 수 있다.
세 번째 문단의 내용으로 미루어 볼 때, 돌이 수면에 부딪친 후 운동에너지가 계속 유지되면 물수제비가 잘 일어난다는 것을 알 수 있다.

오답분석

① 돌의 무게가 물수제비 횟수와 비례한다고 볼 수 없다.
② 돌의 표면과 물의 표면장력과의 관계를 유추할 수 있는 근거가 없다.
③ 회전이 공기 저항과 관련은 있을 수 있지만 최소화한다는 진술은 잘못이다. 왜냐하면 회전의 방향에 따라 공기 저항이 커질 수도 있기 때문이다.
④ 첫 번째 문단에서 물수제비의 횟수는 돌의 속도가 빠를수록 증가한다고 했으므로 중력과 물수제비 횟수가 비례한다고 볼 수는 없다.

22
정답 ①

자연 현상이 아닌 프리즘이라는 발명품을 통해 빛을 분리하고 그것을 이용하여 무지개의 빛깔을 규명해냈다는 것은 발명품을 활용한 정도로 볼 수 있다. 반면에 ㉠은 물수제비라는 생활 주변의 자연 현상에서 그 원리를 찾아내 발명으로 연결시킨 경우를 말한다.

23
정답 ①

기업의 입장에서는 사회적 마모 기간이 짧은 게 유리하기 때문에 이를 위해 노력한다. 하지만 품질이 나빠지거나 전에 비해 발전하지 않은 것은 아니다.

24
정답 ③

㉠은 기업들이 더 많은 이익을 내기 위해 디자인의 향상에 몰두하는 것이 바람직하다는 판단이다. 즉, 상품의 사회적 마모를 짧게 해서 소비를 계속 증가시키기 위한 방안인데, 이것에 대한 반론이 되기 위해서는 이 주장이 지니고 있는 문제점을 비판하여야 한다. ㉠이 지니고 있는 가장 큰 문제점은 '과연 성능 향상 없는 디자인 변화가 소비를 촉진시킬 수 있는 것인가?'가 되어야 한다. 디자인 변화는 분명히 상품의 소비를 촉진시킬 수 있는 효과적 방법 중의 하나이지만 '성능이나 기능, 내구성'의 향상이 전제되지 않았을 때는 효과를 내기 힘들기 때문이다.

25
정답 ④

㉡은 자본주의 상품의 모순을 설명하고 있는 부분인데, '상품의 기능이나 성능, 내구성이 향상되었는데도 상품의 생명이 짧아지는 것'을 의미한다. 이에 대한 사례로는 상품을 아직 충분히 쓸 수 있는데도 불구하고 새로운 상품을 구매하는 행위이다.

03 수리비평검사

01	02	03	04	05	06	07	08	09	10
④	①	⑤	③	③	②	⑤	④	③	①
11	12	13	14	15	16	17	18	19	20
②	②	③	③	①	②	③	①	⑤	⑤
21	22	23	24	25					
④	②	③	⑤	②					

01
정답 ④

각 학년의 평균 신장 증가율을 구하면 다음과 같다

- 1학년 : $\dfrac{162.5-160.2}{160.2} ≒ 1.43\%$

- 2학년 : $\dfrac{168.7-163.5}{163.5} ≒ 3.18\%$

- 3학년 : $\dfrac{171.5-168.7}{168.7} ≒ 1.66\%$

따라서 평균 신장 증가율이 큰 순서는 2학년 – 3학년 – 1학년 순서이다.

02
정답 ①

㉠ 연령대별 '매우불만족'이라고 응답한 비율은 10대가 19%, 20대가 17%, 30대가 10%, 40대가 8%, 50대가 3%로 연령대가 높아질수록 그 비율은 낮아진다.
㉢ 연령대별 부정적인 답변을 구하면 다음과 같다.
- 10대 : 28+19=47%
- 20대 : 28+17=45%
- 30대 : 39+10=49%
- 40대 : 16+8=24%
- 50대 : 23+3=26%
따라서 모든 연령대에서 부정적인 답변이 50% 미만이므로 긍정적인 답변은 50% 이상이다.

오답분석

㉡ '매우만족'과 '만족'이라고 응답한 비율은 다음과 같다.
- 10대 : 8+11=19%
- 20대 : 3+13=16%
- 30대 : 5+10=15%
- 40대 : 11+17=28%
- 50대 : 14+18=32%
따라서 가장 낮은 연령대는 30대이다.
㉣ • 50대에서 '불만족' 또는 '매우불만족'이라고 응답한 비율 : 23+3=26%
- 50대에서 '만족' 또는 '매우만족'이라고 응답한 비율 : 14+18=32%

따라서 $\dfrac{26}{32}×100=81.25\%$로 80% 이상이다.

03   정답 ⑤

2019년 인구성장률은 0.63%, 2022년 인구성장률 0.39%이다. 2022년 인구성장률은 2019년 인구성장률에서 40% 감소한 값인 $0.63 \times (1-0.4) = 0.378\%$보다 값이 크므로 40% 미만으로 감소하였다.

오답분석

① 표를 보면 2019년 이후 인구성장률이 매년 감소하고 있으므로 옳은 설명이다.
② 2017년부터 2022년까지 인구성장률이 가장 낮았던 해는 2022년이며, 합계출산율도 2022년에 가장 낮았다.
③ 인구성장률과 합계출산율은 모두 2018년에는 전년 대비 감소하고, 2019년에는 전년 대비 증가하였으므로 옳은 설명이다.
④ 인구성장률이 높은 순서로 나열하면 2019년 – 2017년, 2020년 – 2018년 – 2021년 – 2022년이다. 합계출산율이 높은 순서로 나열하면 2017년 – 2020년 – 2019년 – 2018년 – 2021년 – 2022년이므로 인구성장률과 합계출산율이 두 번째로 높은 해는 2020년이다.

04   정답 ③

산업 및 가계별로 대기배출량을 구하면 다음과 같다.
• 농업, 임업 및 어업 :

$$\left(10,400 \times \frac{30}{100}\right) + \left(810 \times \frac{20}{100}\right) + \left(12,000 \times \frac{40}{100}\right)$$
$$+ \left(0 \times \frac{10}{100}\right) = 8,082$$

• 석유, 화학 및 관련제품 :

$$\left(6,350 \times \frac{30}{100}\right) + \left(600 \times \frac{20}{100}\right) + \left(4,800 \times \frac{40}{100}\right)$$
$$+ \left(0.03 \times \frac{10}{100}\right) = 3,945.003$$

• 전기, 가스, 증기 및 수도사업 :

$$\left(25,700 \times \frac{30}{100}\right) + \left(2,300 \times \frac{20}{100}\right) + \left(340 \times \frac{40}{100}\right)$$
$$+ \left(0 \times \frac{10}{100}\right) = 8,306$$

• 건설업 :

$$\left(3,500 \times \frac{30}{100}\right) + \left(13 \times \frac{20}{100}\right) + \left(24 \times \frac{40}{100}\right) + \left(0 \times \frac{10}{100}\right)$$
$$= 1,062.2$$

• 가계부문 :

$$\left(5,400 \times \frac{30}{100}\right) + \left(100 \times \frac{20}{100}\right) + \left(390 \times \frac{40}{100}\right)$$
$$+ \left(0 \times \frac{10}{100}\right) = 1,796$$

따라서 대기배출량이 가장 많은 부문인 '전기, 가스, 증기 및 수도사업' 부문의 대기배출량을 줄여야 한다.

05   정답 ③

2020년 전년 대비 각 시설의 증가량은 축구장 60개소, 체육관 58개소, 간이운동장 789개소, 테니스장 62개소이다. 따라서 $639 + 11,458 = 12,097$개소이다.

06   정답 ②

$$\frac{529}{467+529+9,531+428+1,387} \times 100 ≒ 4.3\%$$

07   정답 ⑤

2021년 공공체육시설의 수는 총 16,127개소($=649+681+12,194+565+2,038$)이다.

08   정답 ④

ㄱ. 한국, 독일, 영국, 미국 4개국이 전년 대비 연구비가 감소했다.
ㄷ. 전년 대비 2018년 한국, 중국, 독일의 연구개발비 증가율을 각각 구하면 다음과 같다.
• 한국 : $\frac{33,684-28,641}{28,641} \times 100 ≒ 17.6\%$
• 중국 : $\frac{48,771-37,664}{37,664} \times 100 ≒ 29.5\%$
• 독일 : $\frac{84,148-73,737}{73,737} \times 100 ≒ 14.1\%$
따라서 중국, 한국, 독일 순서로 증가율이 높다.

오답분석

ㄴ. 연구개발비가 2배 이상 증가한 국가가 없는 것에 비해 중국이 2.84배 이상 증가하였으므로 증가율이 가장 큰 것을 알 수 있다. 따라서 증가율이 가장 큰 국가는 중국이고, 영국이 $\frac{40,291-39,421}{39,421} \times 100 ≒ 2.2\%$로 가장 작다.

09   정답 ③

• 2020년 한국의 응용연구비 : $29,703 \times 0.2 = 5,940.6$백만 달러
• 2020년 미국의 개발연구비 : $401,576 \times 0.6 = 240,945.6$ 백만 달러
따라서 2020년 미국의 개발연구비는 한국의 응용연구비의 약 $240,945.6 \div 5,940.6 ≒ 40.6$배이다.

10

정답 ①

독일이 기초연구비 비율이 가장 높고, 응용연구비 비율도 가장 높다.

오답분석
ㄴ. 개발연구비 비율이 가장 높은 나라와 가장 낮은 나라의 비율 차이는 약 $82-35=47\%$p, 기초연구비 비율이 가장 높은 나라와 가장 낮은 나라의 비율 차이는 약 $25-5=20\%$p이다.
ㄷ. 기초연구비 비율이 두 번째로 높은 나라는 한국이고, 개발연구비 비율은 세 번째이다.

11

정답 ②

유통업의 경우 9점을 받은 현지의 엄격한 규제 요인이 가장 강력한 진입 장벽으로 작용하므로 유통업체인 E사가 몽골 시장으로 진출할 경우, 해당 요인이 시장의 진입을 방해하는 요소로 작용할 가능성이 가장 큰 것을 알 수 있다.

오답분석
① 초기 진입 비용 요인의 경우 유통업(5점)보다 식ㆍ음료업(7점)의 점수가 더 높고, 유통업은 현지의 엄격한 규제 요인(9점)이 가장 강력한 진입 장벽으로 작용한다.
③ 몽골 기업의 시장 점유율 요인의 경우 제조업(5점)보다 유통업(7점)의 점수가 더 높으며, 제조업은 현지의 엄격한 규제 요인(8점)이 가장 강력한 진입 장벽으로 작용한다.
④ 문화적 이질감이 가장 강력한 진입 장벽으로 작용하는 업종은 해당 요인에 가장 높은 점수를 부여한 서비스업(8점)이다.
⑤ 서비스업은 초기 진입 비용이 타 업종에 비해 적게 든다.

12

정답 ②

• 공연음악 시장 규모 : 2023년의 예상 후원 시장 규모는 $6,305+118=6,423$백만 달러이고, 티켓 판매 시장 규모는 $22,324+740=23,064$백만 달러이므로 2023년 공연음악 시장 규모는 $6,423+23,064=29,487$백만 달러이다.
• 스트리밍 시장 규모 : 2018년 스트리밍 시장의 규모가 1,530백만 달러이므로, 2023년의 스트리밍 시장 규모는 $1,530 \times 2.5=3,825$백만 달러이다.
• 오프라인 음반 시장 규모 : 2023년 오프라인 음반 시장 규모를 x백만 달러라고 하면, $\dfrac{x-8,551}{8,551} \times 100=-6\%$

$\rightarrow x=-\dfrac{6}{100} \times 8,551+8,551 \fallingdotseq 8,037.9$백만 달러이다.

따라서 공연음악은 29,487백만 달러, 스트리밍은 3,825백만 달러, 오프라인 음악은 8,037.9백만 달러이다.

13

정답 ③

투자비중을 고려하여 상품별 투자금액과 6개월 동안의 투자수익을 구하면 다음과 같다.
• 상품별 투자금액
 - A(주식) : $2,000 \times 0.4=800$만 원
 - B(채권) : $2,000 \times 0.3=600$만 원
 - C(예금) : $2,000 \times 0.3=600$만 원
• 6개월 동안의 투자수익
 - A(주식) : $800 \times \left[1+\left(0.10 \times \dfrac{6}{12}\right)\right]=840$만 원
 - B(채권) : $600 \times \left[1+\left(0.04 \times \dfrac{6}{12}\right)\right]=612$만 원
 - C(예금) : $600 \times \left[1+\left(0.02 \times \dfrac{6}{12}\right)\right]=606$만 원

따라서 $840+612+606=2,058$만 원이다.

14

정답 ③

농ㆍ축ㆍ수산물별 각각의 부적합건수 비율은 다음과 같다.
• 농산물 : $\dfrac{1,725}{146,305} \times 100 \fallingdotseq 1.18\%$
• 축산물 : $\dfrac{1,909}{441,574} \times 100 \fallingdotseq 0.43\%$
• 수산물 : $\dfrac{284}{21,910} \times 100 \fallingdotseq 1.30\%$

따라서 부적합건수 비율이 가장 높은 것은 수산물이다.

오답분석
① 생산단계에서의 수산물 부적합건수 비율은 $\dfrac{235}{12,922} \times 100 \fallingdotseq 1.82\%$이고, 농산물 부적합건수 비율은 $\dfrac{1,209}{91,211} \times 100 \fallingdotseq 1.33\%$이다.
② 농ㆍ축ㆍ수산물의 부적합건수의 평균은 $(1,725+1,909+284) \div 3=1,306$건이다.
④ 농산물 유통단계의 부적합건수는 516건으로 49건인 수산물 부적합건수의 10배 이상이다.
⑤ 부적합건수가 가장 많은 건수는 축산물의 생산단계에서의 부적합건수로 0.43%이다. 부적합건수가 가장 적은 건수는 수산물의 유통단계에서의 부적합건수이고 $\dfrac{49}{8,988} \times 100 \fallingdotseq 0.55\%$이므로 두 건수의 비율의 차이는 $0.55\%-0.43\%=0.12\%$p이다.

15

정답 ①

영화의 매출액은 매년 전체 매출액의 약 50%를 차지함을 알수 있다.

오답분석

② 2015 ~ 2016년 전년 대비 매출액의 증감 추이는 게임의 경우 '감소 – 증가'이고, 음원은 '증가 – 증가'이다.

③ 2019년과 2021년 음원 매출액은 SNS 매출액의 2배 미만이다.

④ 2016년에 SNS의 매출액은 전년에 비해 감소하였다.

⑤ 2019년에 전년 대비 매출액 증가율이 가장 큰 콘텐츠 유형은 SNS이다.

16

정답 ②

ㄱ. 응답자 2,000명 중 남성을 x 명, 여성을 y 명이라고 하면, 주유 할인을 선택한 응답자는 $2,000 \times 0.2 = 400$명이므로 $0.18x + 0.22y = 400$으로 나타낼 수 있다.

$x + y = 2,000$ … ㉠

$0.18x + 0.22y = 400$ … ㉡

㉠과 ㉡을 연립하여 풀면 $x = 1,000$, $y = 1,000$으로 남성과 여성의 비율이 동일함을 알 수 있다.

ㄹ. 가장 많은 남성 응답자(24%)가 영화관 할인을 선택하였으며, 여성 역시 가장 많은 응답자(23%)가 영화관 할인을 선택하였다.

오답분석

ㄴ. 남성의 경우 응답자의 18%인 180명이 편의점 할인을 선택하였고, 여성의 경우 7%인 70명이 편의점 할인을 선택하였다. 따라서 편의점 할인 서비스는 여성보다 남성 응답자가 더 선호하는 것을 알 수 있다.

ㄷ. 남성 응답자 수는 1,000명이므로 온라인 쇼핑 할인을 선택한 남성은 $1,000 \times 0.1 = 100$명이다.

17

정답 ③

A지원자는 상황판단능력, D지원자는 수리능력에서 과락이므로 제외하고, 나머지 지원자들의 점수를 합격 점수 산출법에 따라 구하면 다음과 같다.

• B지원자 : $(65 \times 0.6) + (70 \times 0.3) + (55 \times 0.4) = 82$점
• C지원자 : $(60 \times 0.6) + (55 \times 0.3) + (50 \times 0.4) = 72.5$점
• E지원자 : $(90 \times 0.6) + (80 \times 0.3) + (49 \times 0.4) = 97.6$점

따라서 총점이 80점 이상인 B지원자와 E지원자가 최종 합격자이다.

18

정답 ①

성별 고등학교 진학률을 구하면 다음과 같다.

• 남성의 고등학교 진학률 : $\dfrac{861,517}{908,388} \times 100 ≒ 94.8\%$

• 여성의 고등학교 진학률 : $\dfrac{838,650}{865,323} \times 100 ≒ 96.9\%$

19

정답 ⑤

공립 중학교의 남녀별 졸업자 수가 제시되어 있지 않으므로 알 수 없다.

20

정답 ⑤

$(5,946 + 6,735 + 131 + 2,313 + 11) - (5,850 + 5,476 + 126 + 1,755 + 10) = 15,136 - 13,217 = 1,919$개소

21

정답 ④

2019년의 전년 대비 각 시설의 증가율을 구하면 다음과 같다.

• 초등학교 : $\dfrac{5,654 - 5,526}{5,526} \times 100 ≒ 2.32\%$

• 유치원 : $\dfrac{2,781 - 2,602}{2,602} \times 100 ≒ 6.88\%$

• 특수학교 : $\dfrac{107 - 93}{93} \times 100 ≒ 15.05\%$

• 보육시설 : $\dfrac{1,042 - 778}{778} \times 100 ≒ 33.93\%$

• 학원 : $\dfrac{8 - 7}{7} \times 100 ≒ 14.29\%$

따라서 보육시설의 증가율이 가장 크다.

22

정답 ②

2022년의 어린이보호구역의 합계는 $15,136(= 5,946 + 6,735 + 131 + 2,313 + 11)$개소이고, 2017년 어린이보호구역의 합계는 $8,434(= 5,365 + 2,369 + 76 + 619 + 5)$개소이므로 2022년 어린이보호구역은 2017년보다 총 6,702개소 증가했다.

23

정답 ③

㉰ : $6,194 - (530 + 23 + 581 + 180 + 2,000) = 2,880$억 원

㉱ : $\dfrac{3,798 - 2,880}{2,880} \times 100 = \dfrac{918}{2,880} \times 100 ≒ 32\%$

24

• 차입한 금액 : $4,500+530+8,030+5,000=18,060$억 원
• 대여한 금액 : $2,880+3,798+23+1,200=7,901$억 원

오답분석

① 2020년 차입금이 530억 원이고, 2021년 차입금이 8,030억 원이므로 증감률은 $\dfrac{8,030-530}{530}\times100\fallingdotseq1,415\%$이다.

② $530+8,030+581+581+2,000=11,722$억 원

③ 이랜드파크의 총 차입액은 $530+4,500+8,030+5,000$ $=18,060$억 원이고, $\dfrac{5,000}{18,060}\times100\fallingdotseq27.7\%$이므로 약 28%를 대여했다.

④ 2년 동안 581억 원씩 차입했다.

25

23번의 해설에 따라 증감률은 40% 이하이다.

오답분석

① $4,500+8,030+5,000=17,530$억 원

③ $\dfrac{23,109}{6,194}\fallingdotseq3.7$배

④ $\dfrac{4,500+8,030+5,000}{23,109}\times100\fallingdotseq75.9\%$

⑤ 이랜드건설이 5,000억 원으로 이랜드리테일을 제외하고 차입금을 가장 많이 대여해준 회사이다.

01 언어비평검사 I (언어추리)

01	02	03	04	05	06	07	08	09	10
③	②	④	①	②	⑤	③	④	①	②
11	12	13	14	15	16	17	18	19	20
①	⑤	②	②	②	①	③	①	②	②

01 정답 ③

어떤 자료에 대해 잘못 판단하여 이를 논거로 삼을 경우 범하게 되는 오류인 자료적 오류에 해당한다. 나머지는 어떤 주장에 대해 논리적으로 타당한 근거를 제시 하지 않고, 심리적인 면에 기대어 상대방을 설득하려고 할 때 발생하는 오류인 심리적 오류에 해당한다.

02 정답 ②

심리적 오류인 부적합한 권위에 호소하는 오류에 해당한다.

오답분석

①·③·④·⑤ 우연(원칙 혼동)의 오류

03 정답 ④

④는 전건 부정의 오류에 해당한다.

오답분석

①·②·③·⑤ 후건 긍정의 오류

04 정답 ①

오답분석

② 군중에 호소하는 오류
③ 인신공격의 오류
④ 원천 봉쇄의 오류
⑤ 발생학적 오류

05 정답 ②

제시된 명제만으로는 진실 여부를 판별할 수 없다.

오답분석

① 첫 번째와 두 번째 명제에 의해 참이다.
③ 두 번째 명제로부터 참이라는 것을 알 수 있다.
④ 두 번째와 세 번째 명제를 통해 참이라는 것을 알 수 있다.
⑤ 모든 사람이 자신을 비방하지 않는 사람에게 호의적이라고 했을 때, 세 번째 명제에 의해 참이다.

06 정답 ⑤

'티라노사우르스'를 p, '공룡'을 q, '곤충을 먹음'을 r, '직립보행을 함'을 s라고 하면, 각 명제는 순서대로 $p \rightarrow q$, $r \rightarrow \sim q$, $\sim r \rightarrow s$이다. 두 번째 명제의 대우와 첫 번째·세 번째 명제를 정리하면 $p \rightarrow q \rightarrow \sim r \rightarrow s$이므로 $p \rightarrow s$가 성립한다.

07 정답 ③

정직한 사람은 이웃이 많고, 이웃이 많은 사람은 외롭지 않을 것이다. 따라서 정직한 사람은 외롭지 않을 것이다.

08 정답 ④

'요리'를 p, '설거지'를 q, '주문 받기'를 r, '음식 서빙'을 s라고 하면 '$p \rightarrow \sim q \rightarrow \sim s \rightarrow \sim r$'이 성립한다.

09 정답 ①

주어진 조건을 정리하면 다음과 같다.
• 지영 : 보라색 공책, 다른 색 공책
• 미주 : 보라색 공책
• 수진 : 빨간색 공책, 다른 색 공책
따라서 지영이의 공책 중 보라색이 있으므로, 지영이의 공책은 책상 위에 있다.

10

정답 ②

제시문의 조건을 다음과 같은 두 가지의 경우로 정리할 수 있다.

구분	시계	귀걸이	목걸이	반지
경우 1	a	$a+5,000$	$2a+4,000$	$a+2,000$
경우 2	a	$a-5,000$	$2a-16,000$	$a-8,000$

- A : 경우 2에서는 목걸이가 12,000원일 때 시계의 가격은 14,000원이지만, 경우 1에서는 목걸이가 12,000원일 때 시계의 가격은 4,000원이다. 따라서 목걸이가 12,000원일 때 시계가 14,000원인지의 여부는 주어진 조건만으로 알 수 없다.
- B : 경우 1에서는 시계가 1,000원일 때, 경우 2에서는 시계가 11,000원일 때, 귀걸이와 목걸이의 가격이 같다. 두 경우 모두에서 반지의 가격은 3,000원이다.

11

정답 ①

제시문의 조건을 다음과 같은 두 가지의 경우로 정리할 수 있다.

구분	체육복		교복	
	남학생	여학생	남학생	여학생
경우 1	3명	6명	4명	7명
경우 2	6명	3명	4명	7명

- A : 두 가지 경우 모두 교복을 입은 여학생은 7명이다.
- B : 두 가지 경우 모두 체육복을 입은 여학생보다 교복을 입은 여학생이 더 많다.

12

정답 ⑤

주어진 조건을 정리하면 다음과 같다.
닭고기<소고기<오리고기<생선, 닭고기<돼지고기
- A : 태민이가 돼지고기보다 오리고기를 더 좋아하는지는 알 수 없다.
- B : 생선보다 돼지고기를 더 좋아할 가능성도 있기 때문에 생선을 가장 좋아하는지도 알 수 없다.

13

정답 ②

국어를 싫어하는 학생은 수학을 좋아하고, 수학을 좋아하면 영어를 싫어한다. 따라서 국어를 싫어하는 학생은 영어도 싫어한다고 할 수 있다.

14

정답 ②

주어진 조건을 정리하면 다음과 같다.

구분	1	2	3	4	5	6
경우 1	D	B	C	E	A	F
경우 2	D	B	C	F	A	E
경우 3	D	B	F	C	A	E
경우 4	D	F	B	C	A	E
경우 5	F	D	B	C	E	A

따라서 어떤 경우에도 B는 C보다 빨리 뛰어내린다.

15

정답 ②

제시문에서 새로운 사회의 도래는 베블런의 과시소비이론으로 설명하기 어려운 소비행태인 상류층이 '아래로 내려가는 현상'을 가져왔다고 언급하고 있다.

16

정답 ①

제시문에 따르면 현대사회에서는 서민들이 사치품을 쓸 수 있게 되었기 때문에 더 이상 사치품의 사용이 상류층을 표시하는 상징이 될 수 없으므로, 상류층은 서민들과 구별되기 위해 오히려 '아래로 내려가는' 소비행태를 보인다. 따라서 서민들의 사치품 소비로 인해 오히려 상류층은 사치품 소비를 지양한다.

17

정답 ③

서민들이 사치스러운 생활을 한다고 해서 물질만능주의가 가속화되는지 아닌지는 제시문의 내용만으로는 알 수 없다.

18

정답 ①

아인슈타인이 주장한 광량자설은 빛이 파동이면서 동시에 입자인 이중적인 본질을 가지고 있다는 것이었다.

19

정답 ②

뉴턴의 가설은 그의 권위에 의해 오랫동안 정설로 여겨졌지만, 토머스 영의 겹실틈 실험에 의해 빛의 파동설이 증명되었다.

20

정답 ②

일자 형태의 띠가 두 개 나타나면 빛은 입자임이 맞으나, 겹실틈 실험 결과 보강 간섭이 일어난 곳은 밝아지고 상쇄 간섭이 일어난 곳은 어두워지는 간섭무늬가 연속적으로 나타났다.

01	02	03	04	05	06	07	08	09	10
⑤	④	③	④	③	①	④	②	③	③
11	12	13	14	15	16	17	18	19	20
④	④	②	①	④	①	④	⑤	②	⑤
21	22	23	24	25					
⑤	④	④	③	③					

01
정답 ⑤

제시문은 디젤 엔진과 가솔린 엔진을 비교하며, 디젤 엔진의 특징과 효율성을 설명하고 있다. 따라서 (바) 루돌프 디젤의 새로운 엔진 개발 → (나) 기존 가솔린 엔진의 단점 → (아) 가솔린 엔진의 기본 원리 → (가) 가솔린 엔진의 노킹 현상 → (마) 디젤 엔진의 기본 원리 - (사) 디젤 엔진의 높은 압축 비율 → (다) 오늘날 자동차 엔진으로 자리 잡은 디젤 엔진 → (라) 기술 발전으로 디젤 엔진의 문제 극복 순으로 나열하는 것이 적절하다.

02
정답 ④

제시문은 이글루가 따듯해질 수 있는 원리에 대해 설명하고 있다. 따라서 (나) 에스키모는 이글루를 연상시킴 → (라) 이글루는 눈으로 만든 집임에도 불구하고 따듯함 → (가) 눈 벽돌로 이글루를 만들고 안에서 불을 피움 → (마) 온도가 올라가면 눈이 녹으면서 벽의 빈틈을 메우고 눈이 녹으면 출입구를 열어 물을 얼림 → (다) 이 과정을 반복하면서 눈 벽돌집은 얼음집으로 변하여 내부가 따듯해짐 순으로 나열하는 것이 적절하다.

03
정답 ③

제시문은 역사드라마에 대해 설명하는 글이다. (가) 역사드라마는 현대를 살아가는 시청자에 의해 능동적으로 해석됨 → (라) 역사드라마가 가지고 있는 속성 → (나) 현대를 지향하는 역사드라마 → (다) 역사드라마를 통한 현대와 과거 등장인물의 소통 순으로 나열하는 것이 적절하다.

04
정답 ④

제시문은 현대 건축가 르 코르뷔지에의 업적에 대해 설명하고 있다. 먼저, 현대 건축의 거장으로 불리는 르 코르뷔지에를 소개하는 (라) 문단이 나오고, 르 코르뷔지에가 만든 도미노 이론의 정의를 설명하는 (가) 문단이 나와야 한다. 다음으로 도미노 이론을 설명하는 (다) 문단이 나오고 마지막으로 도미노 이론의 연구와 적용되고 있는 다양한 건물을 설명하는 (나) 문단이 나오는 것이 적절하다.

05
정답 ③

제시문의 첫 번째 문단에 따르면, 저장강박증이 있는 사람들은 물건에 대한 애정이 없어서 관리를 하지 않는다고 진술하고 있다.

06
정답 ①

치명적인 이빨이나 발톱을 가진 동물들은 살상 능력이 크기 때문에 자신의 종에 대한 공격을 제어할 억제 메커니즘이 필요했고, 그것이 진화의 과정에 반영되었다고 했으므로 적절한 내용이다.

[오답분석]
②·③ 인간은 신체적으로 미약한 힘을 지녔기 때문에 자신의 힘만으로 자기 종을 죽인다는 것이 어려웠을 뿐 공격성은 학습이나 지능과 관계가 없다.
④ 인간의 공격적인 본능은 긍정적인 측면과 부정적인 측면을 모두 포함해서 오늘날 인류를 있게 한 중요한 요소이다.
⑤ 인간은 진화가 아닌 기술의 발달로 살상 능력을 지니게 되었다.

07
정답 ④

아이들이 따뜻한 구들에 누워 자는 것이 습관이 되어 사지의 활동량이 적어 발육이 늦어진 것이지, 체온을 높였기 때문에 발육이 늦어진 것은 아니다.

[오답분석]
①·② 두 번째 문단 세 번째 문장에서 확인할 수 있다.
③·⑤ 두 번째 문단 두 번째 문장에서 확인할 수 있다.

08
정답 ②

고야가 이성의 존재를 부정했다는 내용은 제시되어 있지 않다. 다섯 번째 문장 '세상이 완전하게 이성에 의해서만 지배되지 않음을 표현하고 있을 뿐이다.'를 통해 고야가 이성의 존재를 부정했다는 내용이 적절하지 않음을 알 수 있다.

09
정답 ③

ⓒ의 앞에 있는 문장과 ⓒ을 포함한 문장은 여름철 감기 예방법을 설명하므로 나열의 의미를 나타내는 부사 '또한'이 적절하다. '그러므로'는 인과 관계를 나타내므로 적절하지 않다.

[오답분석]
① ㉠을 포함한 문단은 여름철 감기에 걸리는 원인을 설명하고 있다. 따라서 ㉠은 문단 내용과 어울리지 않아 통일성을 해치므로 삭제한다.

PART 2

② ⓒ의 '노출되어지다'의 형태소를 분석하면 '노출'이라는 어근에 '-되다'와 '지다'가 결합된 것이다. 여기서 '-되다'는 피동의 뜻을 더하고 동사를 만드는 접미사이다. '지다'는 동사 뒤에서 '-어지다' 구성으로 쓰여 남의 힘에 의해 앞말이 뜻하는 행동을 입음을 나타내는 보조 동사이다. 따라서 피동 표현이 중복된 것이다.

④ ⓔ에서 '하다'의 목적어는 '기침'이며, '열'을 목적어로 하는 동사가 없다. '하다'라는 동사 하나에 목적어 두 개가 연결된 것인데, '열을 한다.'는 의미가 성립되지 않는다. 따라서 '열이 나거나'로 고쳐야 한다.

⑤ ⓜ에서 '소량(少量)'의 '소(少)'는 '적다'는 뜻이므로 '조금씩'과 의미가 중복된다. 따라서 '소량으로'를 삭제해야 한다.

10
정답 ③

'잠재(潛在)'는 겉으로 드러나지 않고 속에 잠겨 있거나 숨어 있다는 뜻으로 글의 맥락과 일치하지 않다. 글의 맥락상 '뒤섞이어 있음'을 의미하는 '혼재(混在)'가 적절하다.

11
정답 ④

미생물을 끓는 물에 노출하면 영양세포나 진핵포자는 죽일 수 있으나, 세균의 내생포자는 사멸시키지 못한다. 멸균은 포자, 박테리아, 바이러스 등을 완전히 파괴하거나 제거하는 것이므로 물을 끓여서 하는 열처리 방식으로는 멸균이 불가능함을 알 수 있다. 따라서 빈칸에 들어갈 내용으로는 소독은 가능하지만, 멸균은 불가능하다는 내용이 가장 적절하다.

12
정답 ④

제시문의 두 번째 문단에서 확인할 수 있다.

[오답분석]

① 조성은 음악에서 화성이나 멜로디가 하나의 음 또는 하나의 화음을 중심으로 일정한 체계를 유지하는 것이다.

② 무조 음악은 조성에서 벗어나 자유롭게 표현하고자 한 것이므로, 발전한 형태라고 말할 수 없다.

③ 무조 음악은 한 옥타브 안의 음 각각에 동등한 가치를 두었다.

⑤ 쇤베르크의 12음 기법은 무조 음악이 지닌 자유로움에 조성의 체계성을 더하고자 탄생한 기법이다.

13
정답 ②

제시문의 첫 번째 문단에서는 높아지는 의료보장제도의 필요성에 대해 언급하고 있으며, 두 번째 문단과 세 번째 문단에서는 의료보장제도의 개념에 대하여 이야기하고 있다. 마지막 문단에서는 이러한 의료보장제도의 유형으로 의료보험 방식과 국가보건서비스 방식에 대해 설명하고 있다. 따라서 이 글의 주제로 가장 적절한 것은 의료보장제도의 개념과 유형이다.

14
정답 ①

제시문은 현대 회화의 새로운 경향을 설명하고 있는데, 대상의 사실적 재현에서 벗어나고자 하는 경향이 형태와 색채의 해방을 가져온다는 점에 주목하여 서술하고 있다. 그리고 마지막 문단에서 의미 정보와 미적 정보의 개념을 끌어들여, 현대 회화는 형식 요소 자체가 지닌 아름다움을 중시하는 미적 정보 전달을 위주로 한다는 것을 밝히고 있다.

15
정답 ④

(라)에서는 대상의 재현에 그치지 않는 현대미술의 특징을 전개하면서 현대예술의 오브제화의 시작을 말하고 있다. 따라서 (라)에서는 개념에 대한 재조명과 새로운 범위를 확정하는 방법이라고 해야 적절하다.

[오답분석]

(가)에서 우리가 그림을 감상할 때 일어날 수 있는 경험과 관련지어 화제를 제시하고 있으며, (나)에서는 실제의 작품을 예로 들고 인용의 방법을 사용하여 내용을 전개하고 있다. 그리고 (다)에서는 칸딘스키의 견해가 시사하는 바가 무엇인지에 초점을 두어 서술하고, (마)에서는 '의미 정보'와 '미적 정보'라는 참신한 개념을 끌어들여 글을 마무리 짓는다.

16
정답 ①

㉠의 다음 문장에 '예술 자체가 하나의 사물이 되어, 작품과 일상적 사물의 구별은 이제 사라지게 된 것이다.'라는 서술이 있는데, 이로 미루어 오브제 예술은 일상적 사물을 작품 속에 그대로 사용한 것임을 추론할 수 있다. ①은 '침대'라는 일상적 사물을 그대로 작품 속에 사용하고 있다.

17
정답 ④

제시문에서 동물의 의사 표현 방법으로 제시한 것은 색깔이나 모습, 행동을 통한 시각적 방법과 소리를 이용하는 방법, 냄새를 이용하는 방법이다. 그러나 서식지와 관련된 내용은 제시되어 있지 않다.

18
정답 ⑤

제시문은 동물의 네 가지 의사 표현 수단을 구체적 사례를 들어가며 제시하고 있다. 그러나 이러한 의사 표현 방법의 장단점을 대조하며 서술하고 있지는 않다.

19
정답 ②

동물의 의사 표현을 알아보는 방법은 동일한 상황에서 일관되게 반복되는 행동을 하는지를 관찰하는 것이며, 이에 해당되는 경우 일단 의사 표현으로 간주한다. 이후 상황을 다양하게 변화시켜 반복 관찰하고 그 결과를 분석하여 의미를 알아낼 수 있다. 따라서 이에 근거하여 보기의 사례에 대한 동물학자의 답변으로 가장 적절한 것은 ②이다. 일회적인 행위를 통해 그것이 어떤 의미를 표현한 것인지는 아직 알 수 없으며, 반복적으로 나타나는 행동인지를 확인한 뒤에야 의사 표현인지 아닌지를 알 수 있다.

20
정답 ⑤

교양 있는 사람을 문화인이라고 부르는 예를 들었지만, 문화 자체가 교양 있는 사람들만 이해하고 지켜나가는 것으로 규정하지는 않았다.

21
정답 ⑤

(나) 문단의 뒷부분에서 글쓴이는 문화의 상이한 업적에 대해 문화적 서열을 적용할 수 있는가를 묻고 있다. 이는 곧 '문화의 우열을 나누는 것이 가능한가?'에 대한 물음이다.

22
정답 ④

과학의 진보로 인한 창조적 업적으로 볼 수 있으나, 인명 살상이라는 부정적인 면을 가졌으므로 ㉠에는 인명 살상용 원자폭탄의 개발이 사례로 가장 적절하다.

23
정답 ④

화폐 통용을 위해서는 화폐가 유통될 수 있는 시장이 성장해야 하고, 농업생산력이 발전해야 한다. 그러나 서민들은 물품화폐를 더 선호하였고 일부 계층에서만 화폐가 유통되었다. 즉, 광범위한 동전 유통이 실패한 것이다. 화폐의 수요량은 화폐가 유통된 이후의 조선 후기에 문제가 되었다.

24
정답 ③

㉡에서 동전의 폐지를 주장하는 이유는 동전으로 인한 문제점 때문이었다. 그러나 폐지된 이후의 경제는 또 다른 문제점을 낳았다. 따라서 경제의 효율성이라는 측면에서 문제점을 가지고 있으며 현실적인 요구를 간과한 주장이다.

25
정답 ③

영조가 동전을 주조하기로 결정한 것은 동전의 주조를 금지하였을 때 화폐 유통 질서와 상품 경제에 큰 타격을 입었기 때문이며, 고리대금의 폐해 또한 심각했기 때문이다. 따라서 경제 활동을 원활히 하기 위해 다시 동전을 주조했음을 알 수 있다.

03 수리비평검사

01	02	03	04	05	06	07	08	09	10
①	③	④	②	②	④	①	②	③	①
11	12	13	14	15	16	17	18	19	20
②	③	②	②	⑤	⑤	③	③	④	①
21	22	23	24	25					
⑤	④	⑤	②	①					

01

정답 ①

제시된 표에서 50대 해외·국내여행 평균횟수는 매년 1.2회씩 증가하는 것을 알 수 있다.
따라서 빈칸에 들어갈 수는 31.2+1.2=32.4회이다.

02

정답 ③

ㄴ. 2021년 대비 일본의 증감률은 $\frac{360-290,092}{290,092}\times100$ ≒ -99.9%이며, 러시아의 증감률은 $\frac{1,223-34,205}{34,205}\times100$ ≒ -96.4%로 일본의 증감률이 더 낮다.

ㄷ. 2021년 4월 중국, 일본, 대만, 미국, 홍콩의 방한 입국자는 $493,250+290,092+113,072+102,524+76,104$ $=1,075,042$명으로 백만 명 이상이다.

[오답분석]

ㄱ. 2021년 대비 인도네시아의 증감률은 $\frac{40,867-94,010}{94,010}$ $\times100$ ≒ -56.5%, 미국의 증감률은 $\frac{126,681-307,268}{307,268}$ $\times100$ ≒ -58.8%로 미국의 증감률이 더 낮다.

ㄹ. 2022년 대비 4월의 중국의 감소된 수는 $493,250-3,935$ $=489,315$명이고, 일본, 대만, 미국의 감소된 수는 각각 $290,092-360=289,732$명, $113,072-155=112,917$명, $102,524-6,417=96,107$명이다. 따라서 세 국가의 감소된 수는 498,756명으로 중국의 감소된 수가 더 적다.

03

정답 ④

특수학교뿐 아니라 초등학교와 고등학교도 정규직 영양사보다 비정규직 영양사가 더 적다.

[오답분석]

① 급식인력은 4개의 학교 중 초등학교가 34,184명으로 가장 많다.
② 초등학교, 중학교, 고등학교의 영양사와 조리사는 천 단위의 수인 데 반해 조리보조원은 만 단위이고 특수학교도 조리보조원이 211명으로 가장 많으므로, 조리보조원이 차지하는 비율이 가장 높다는 것을 알 수 있다.
③ 중학교 정규직 영양사는 626명이고 고등학교 비정규직 영양사는 603명이므로, 중학교 정규직 영양사가 고등학교 비정규직 영양사보다 $626-603=23$명 더 많다.
⑤ 영양사 정규직 비율은 중학교가 $45.87(\frac{626}{1427}\times100)$, 특수학교가 $94.69(\frac{107}{113}\times100)$로, 특수학교가 중학교보다 2배 이상 높다.

04

정답 ②

A금붕어, B금붕어가 팔리는 일을 n일이라고 하고, 남은 금붕어의 수를 각각 a_n, b_n이라고 하자.
A금붕어는 하루에 121마리씩 감소하고 있으므로 $a_n=1,675$ $-121(n-1)=1,796-121n$이다.
$1,796-121\times10=1,796-1,210=586$
10일 차에 남은 A금붕어는 586마리이다.
B금붕어는 매일 3, 5, 9, 15, …마리씩 감소하고 있고, 계차의 차는 2, 4, 6, …이다.

1,000 997 992 983 968 945 912 867 808 733
　　　 −3 −5 −9 −15 −23 −33 −45 −59 −75
　　　　 −2 −4 −6 −8 −10 −12 −14 −16

10일 차에 남은 B금붕어는 733마리이다.
따라서 A금붕어는 586마리, B금붕어는 733마리가 남았다.

05

정답 ②

최초 투입한 원유의 양을 aL라 하자.
• LPG를 생산하고 남은 원유의 양 : $(1-0.05a)=0.95a$L
• 휘발유를 생산하고 남은 원유의 양 : $0.95a(1-0.2)=$ $0.76a$L
• 등유를 생산하고 남은 원유의 양 : $0.76a(1-0.5)=0.38a$L
• 경유를 생산하고 남은 원유의 양 : $0.38a(1-0.1)=0.342$ aL
따라서 아스팔트의 생산량은 $0.342a\times0.04=0.01368a$L이고, 아스팔트는 최초 투입한 원유량의 $0.01368\times100=$ 1.368%가 생산된다

06

정답 ④

• 지환 : 2014년부터 2017년까지 방송수신료 매출액은 전년 대비 증가 – 감소 – 감소 – 증가의 추이이고, 프로그램 판매 매출액은 전년 대비 감소 – 증가 – 증가 – 감소의 추이를 보이고 있다. 따라서 방송수신료 매출액의 증감추이와 반대되는 추이를 보이는 항목이 존재한다.

- 동현 : 각 항목의 매출액 순위는 광고 – 방송수신료 – 기타 사업 – 협찬 – 기타 방송사업 – 프로그램 판매 순서이며, 2013년부터 2017년까지 이 순위는 계속 유지된다.
- 세미 : 2013년 대비 2017년에 매출액이 상승하지 않은 항목은 방송수신료, 협찬으로 총 2개이다.

[오답분석]

- 소영 : 항목별로 최대 매출액과 최소 매출액의 차를 구해보면 다음과 같다.
  - 방송수신료 : $5,717-5,325=392$천만 원
  - 광고 : $23,825-21,437=2,388$천만 원
  - 협찬 : $3,306-3,085=221$천만 원
  - 프로그램 판매 : $1,322-1,195=127$천만 원
  - 기타 방송사업 : $2,145-1,961=184$천만 원
  - 기타 사업 : $4,281-4,204=77$천만 원

  기타 사업의 매출액 변동폭은 7억 7천만 원이므로, 모든 항목의 매출액이 10억 원 이상의 변동폭을 보인 것은 아니다.

07 정답 ①

사고건수가 가장 많은 교통사고 유형은 '신호위반(88,000건)'이지만, 사망자와 부상자가 가장 많은 교통사고 유형은 '중앙선침범(2,400명, 120,000명)'이다.

[오답분석]

② 횡단보도사고 및 앞지르기위반의 사고건수 대비 사망자 비율은 다음과 같다.

- 횡단보도사고 : $\dfrac{480}{1,200}\times100=40\%$
- 앞지르기위반 : $\dfrac{640}{3,200}\times100=20\%$

따라서 횡단보도사고가 앞지르기위반의 2배이다.

③ 신호위반과 중앙선침범으로 인한 사고는 $88,000+80,000=168,000$건으로 전체 사고의 절반인 $183,520\div2=91,760$건보다 많다.

④ 음주운전사고로 인한 부상자 수(3,360명)는 사고건수(2,800건)의 $3,360\div2,800=1.2$배이다.

⑤ 앞지르기위반으로 인한 부상자 수는 3,648명으로 이는 사망자수인 640명의 $3,648\div640=5.7$배로 5배 이상이다.

08 정답 ②

ㄱ. $2,141\times1.3\fallingdotseq2,783<2,925$이므로 옳다.
ㄷ. 2022년 4월 미국인 제주도 관광객 수는 2,056명으로 2021년 4월 홍콩인 제주도 관광객 수의 35%인 $6,066\times0.35\fallingdotseq2,123$명보다 적다.

[오답분석]

ㄴ. 제시된 자료는 2022년 4월의 전년 대비 증감률에 대한 것이므로, 제시된 자료만으로는 2022년 3월과 4월을 비교할 수 없다.

ㄹ. 기타를 제외한 2022년 4월 제주도 관광객이 전년 동월 대비 25% 이상 감소한 아시아 국가는 홍콩, 싱가포르, 말레이시아, 인도네시아 4개국이다.

09 정답 ③

2012 ~ 2021년 평균 부채 비율은 $(61.6+100.4+86.5+80.6+79.9+89.3+113.1+150.6+149.7+135.3)\div10=104.7\%$이므로 10년간의 평균 부채 비율은 90% 이상이다.

[오답분석]

① 2015년 대비 2016년 자본금 증가폭은 $33,560-26,278=7,282$억 원으로, 2013 ~ 2021년 중 자본금의 변화가 가장 컸다.

② 전년 대비 부채 비율이 증가한 해는 2013년, 2017년, 2018년, 2019년이므로 연도별 부채비율 증가폭을 계산하면 다음과 같다.

- 2013년 : $100.4-61.6=38.8\%$p
- 2017년 : $89.3-79.9=9.4\%$p
- 2018년 : $113.1-89.3=23.8\%$p
- 2019년 : $150.6-113.1=37.5\%$p

따라서 부채 비율이 전년 대비 가장 많이 증가한 해는 2013년이다.

④ 2021년의 자산과 자본은 10년 중 가장 많았지만, 그만큼 부채도 가장 많은 것을 확인할 수 있다.

⑤ E사의 자산과 부채는 2014년부터 8년간 꾸준히 증가한 것을 확인할 수 있다.

10 정답 ①

800g 소포의 개수를 x, 2.4kg 소포의 개수를 y라 하면
$800\times x+2,400\times y\le16,000\rightarrow x+3y\le20\cdots\textcircled{\tiny ㉠}$
B회사는 동일지역, C회사는 타지역이므로
$4,000\times x+6,000\times y=60,000$
$\rightarrow2x+3y=30\rightarrow3y=30-2x\cdots\textcircled{\tiny ㉡}$
㉡을 ㉠에 대입하면
$x+30-2x\le20\rightarrow x\ge10\cdots\textcircled{\tiny ㉢}$
따라서 ㉡, ㉢을 동시에 만족하는 x, y값은 $x=12$, $y=20$이다.

11 정답 ②

음식점까지의 거리를 $x$km라 하면 역에서 음식점까지 왕복하는 데 걸리는 시간과 음식을 포장하는 데 걸리는 시간이 1시간 30분 이내여야 하므로
$$\frac{x}{3}+\frac{15}{60}+\frac{x}{3}\le\frac{3}{2}$$
양변에 60을 곱하면
$20x+15+20x\le90\rightarrow40x\le75$
$$\therefore x\le\frac{75}{40}=1.875$$

즉, 역과 음식점 사이 거리는 1.875km 이내여야 하므로 갈 수 있는 음식점은 'N버거'와 'B도시락'이다.
따라서 K사원이 구입할 수 있는 음식은 햄버거와 도시락이다.

12
정답 ③

제시된 표에서 40대와 50대 장애인 취업자의 수를 구하면 다음과 같다.
- 40대 장애인 취업자 수 : (50대 장애인 취업자 수)×2= 1,665×2=3,330명
- 50대 장애인 취업자 수 : (9,706−2,128−1,510−1,073) ÷3=1,665명

13
정답 ②

제시된 표에서 20대 장애인 취업자의 전년 대비 2021년의 증감을 구하면 다음과 같다.
$$\frac{1,946-1,918}{1,946}\times100≒1.4\%$$
따라서 약 1.4% 감소했음을 알 수 있다.

14
정답 ②

황아영의 총점은 85+82+90=257점이며, 성수민이 언어와 수리영역에서 획득한 점수는 각각 93점과 88점으로 총 181점이다.
따라서 황아영보다 높은 총점을 기록하기 위해서는 257−181=76점을 초과하여 획득해야 한다.

15
정답 ⑤

주어진 자료만을 가지고는 확인할 수 없다.

오답분석
① 하정은이 94+90=184점으로 가장 높다.
② 하정은의 총점은 94+90+84=268점이며, 양현아의 총점은 88+76+97=261점이다. 268×0.05=13.4이므로, 양현아는 하정은의 총점의 95% 이상을 획득했다.
③ 신민경은 수리와 상황판단영역에서 각각 91점과 88점을 획득하였고, 언어영역에서 얻을 수 있는 최고점은 84점이므로 획득 가능한 총점의 최댓값은 263점이다.
④ 김진원의 언어영역 점수는 90점이고, 수리와 상황판단영역에서 얻을 수 있는 최고점은 각각 75점, 83점이므로 김진원이 획득 가능한 총점의 최댓값은 248점이다.

16
정답 ⑤

- 2021년 7월 서울특별시의 소비심리지수 : 128.8
- 2021년 12월 서울특별시의 소비심리지수 : 102.8

- 2021년 7월 대비 2021년 12월의 소비심리지수 감소율
$$:\ \frac{128.8-102.8}{128.8}\times100≒20.19\%$$
따라서 2021년 12월 소비심리지수 감소율은 19% 이상이다.

17
정답 ③

- 경상북도의 2021년 9월 소비심리지수 : 100.0
- 2021년 10월 소비심리지수 : 96.4
  → 소비심리지수 감소율 : $\frac{100-96.4}{100}\times100=3.6\%$
- 대전광역시의 2021년 9월 소비심리지수 : 120.0
- 2021년 12월 소비심리지수 : 113.0
  → 소비심리지수 감소율 : $\frac{120.0-113.0}{120.0}\times100≒5.8\%$
따라서 감소율의 합은 3.6+5.8=9.4%이다.

18
정답 ③

ㄱ. 그리스가 4.4천 명, 한국은 1.4천 명이다. 1.4×4=5.6 >4.4이므로 4배가 넘지 않는다.
ㄴ. 주어진 자료만으로 10년 이내에 한국이 프랑스의 수치를 넘어선다는 것을 알 수 없다.

오답분석
ㄷ. 그리스가 5.4천 명으로 가장 많고, 한국이 1.7천 명으로 가장 적다. 1.7×3=5.1<5.4이므로 3배 이상이다.

19
정답 ④

한국이 1.6천 명으로 가장 적고, 그리스가 4.9천 명으로 가장 많다.

오답분석
① 네덜란드는 3.7천 명이고, 그리스가 5.0천 명으로 가장 많다. 따라서 그리스에 비해 1.3천 명 적다.
② 한국이 매년 수치가 가장 적다는 사실을 볼 때, 한국의 의료 서비스 지수가 멕시코보다 더 열악하다고 할 수 있다.
③ 2005 ~ 2016년에는 두 배가 안 되는 수치를 보이고 있다.
⑤ 한국의 활동 의사 수와 가장 비슷한 나라는 멕시코이다.

20
정답 ①

2012년 고혈압 증세가 있는 70세 이상의 남자는 48.8%로 절반인 50%가 되지 않는다.

21

연령대별 2012년 남자와 여자의 고혈압 분포의 차를 구하면
다음과 같다.

• 30 ~ 39세 : 18.6−6.2=12.4%p
• 40 ~ 49세 : 30.5−19.6=10.9%p
• 50 ~ 59세 : 42.2−37.2=5%p
• 60 ~ 69세 : 44.0−50.6=−6.6%p
• 70세 이상 : 48.8−63.4=−14.6%p

따라서 70세 이상이 가장 큰 차이를 보이고 있음을 알 수 있다.

22

남자 40 ~ 49세와 여자 50 ~ 59세의 평균을 구하면 다음과
같다.

• 남자 40 ~ 49세 평균 : $\dfrac{30.5+20.8}{2}=25.65\%$

• 여자 50 ~ 59세 평균 : $\dfrac{37.2+30.9}{2}=34.05\%$

따라서 각각 평균의 합은 25.65+34.05=59.7%이다.

23

A사 71점, B사 70점, C사 75점으로 직원들의 만족도는 75점
인 C사가 가장 높다.

24

A사 22점, B사 27점, C사 26점으로 가격과 성능의 만족도
합은 27점인 B사가 가장 높다.

25

A사 24점, B사 19점, C사 21점으로 안전성과 연비의 합은
24점인 A사가 가장 높다.

PART 2

지식에 대한 투자가 가장 이윤이 많이 남는 법이다.

– 벤자민 프랭클린 –

ESAT 이랜드그룹 인적성검사 답안지

언어비평검사 I (언어추리)

문번	1	2	3	4	5
1	①	②	③	④	⑤
2	①	②	③	④	⑤
3	①	②	③	④	⑤
4	①	②	③	④	⑤
5	①	②	③	④	⑤
6	①	②	③	④	⑤
7	①	②	③	④	⑤
8	①	②	③	④	⑤
9	①	②	③	④	⑤
10	①	②	③	④	⑤
11	①	②	③	④	⑤
12	①	②	③	④	⑤
13	①	②	③	④	⑤
14	①	②	③	④	⑤
15	①	②	③	④	⑤
16	①	②	③	④	⑤
17	①	②	③	④	⑤
18	①	②	③	④	⑤
19	①	②	③	④	⑤
20	①	②	③	④	⑤

언어비평검사 II (독해)

문번	1	2	3	4	5
1	①	②	③	④	⑤
2	①	②	③	④	⑤
3	①	②	③	④	⑤
4	①	②	③	④	⑤
5	①	②	③	④	⑤
6	①	②	③	④	⑤
7	①	②	③	④	⑤
8	①	②	③	④	⑤
9	①	②	③	④	⑤
10	①	②	③	④	⑤
11	①	②	③	④	⑤
12	①	②	③	④	⑤
13	①	②	③	④	⑤
14	①	②	③	④	⑤
15	①	②	③	④	⑤
16	①	②	③	④	⑤
17	①	②	③	④	⑤
18	①	②	③	④	⑤
19	①	②	③	④	⑤
20	①	②	③	④	⑤

문번	1	2	3	4	5
21	①	②	③	④	⑤
22	①	②	③	④	⑤
23	①	②	③	④	⑤
24	①	②	③	④	⑤
25	①	②	③	④	⑤

고사장

성 명

수 험 번 호

⓪	①	②	③	④	⑤	⑥	⑦	⑧	⑨
⓪	①	②	③	④	⑤	⑥	⑦	⑧	⑨
⓪	①	②	③	④	⑤	⑥	⑦	⑧	⑨
⓪	①	②	③	④	⑤	⑥	⑦	⑧	⑨
⓪	①	②	③	④	⑤	⑥	⑦	⑧	⑨
⓪	①	②	③	④	⑤	⑥	⑦	⑧	⑨
⓪	①	②	③	④	⑤	⑥	⑦	⑧	⑨

감독위원 확인

인

※ 절취선을 따라 분리하여 실제 시험과 같이 사용하면 더욱 효과적입니다.

ESAT 이랜드그룹 인적성검사 답안지

수험번호

| 0 | 1 | 2 | 3 | 4 | 5 | 6 | 7 | 8 | 9 |

수리비평검사

문번	1	2	3	4	5
1	①	②	③	④	⑤
2	①	②	③	④	⑤
3	①	②	③	④	⑤
4	①	②	③	④	⑤
5	①	②	③	④	⑤
6	①	②	③	④	⑤
7	①	②	③	④	⑤
8	①	②	③	④	⑤
9	①	②	③	④	⑤
10	①	②	③	④	⑤
11	①	②	③	④	⑤
12	①	②	③	④	⑤
13	①	②	③	④	⑤
14	①	②	③	④	⑤
15	①	②	③	④	⑤
16	①	②	③	④	⑤
17	①	②	③	④	⑤
18	①	②	③	④	⑤
19	①	②	③	④	⑤
20	①	②	③	④	⑤

상황판단검사

문번	1	2	3	4	5	문번	1	2	3	4	5
1	①	②	③	④	⑤	21	①	②	③	④	⑤
2	①	②	③	④	⑤	22	①	②	③	④	⑤
3	①	②	③	④	⑤	23	①	②	③	④	⑤
4	①	②	③	④	⑤	24	①	②	③	④	⑤
5	①	②	③	④	⑤	25	①	②	③	④	⑤
6	①	②	③	④	⑤	26	①	②	③	④	⑤
7	①	②	③	④	⑤	27	①	②	③	④	⑤
8	①	②	③	④	⑤	28	①	②	③	④	⑤
9	①	②	③	④	⑤	29	①	②	③	④	⑤
10	①	②	③	④	⑤	30	①	②	③	④	⑤
11	①	②	③	④	⑤	31	①	②	③	④	⑤
12	①	②	③	④	⑤	32	①	②	③	④	⑤
13	①	②	③	④	⑤						
14	①	②	③	④	⑤						
15	①	②	③	④	⑤						
16	①	②	③	④	⑤						
17	①	②	③	④	⑤						
18	①	②	③	④	⑤						
19	①	②	③	④	⑤						
20	①	②	③	④	⑤						

ESAT 이랜드그룹 인적성검사 답안지

※ 절취선을 따라 분리하여 실제 시험과 같이 사용하면 더욱 효과적입니다.

언어비평검사 I (언어추리)

문번	1	2	3	4	5
1	①	②	③	④	⑤
2	①	②	③	④	⑤
3	①	②	③	④	⑤
4	①	②	③	④	⑤
5	①	②	③	④	⑤
6	①	②	③	④	⑤
7	①	②	③	④	⑤
8	①	②	③	④	⑤
9	①	②	③	④	⑤
10	①	②	③	④	⑤
11	①	②	③	④	⑤
12	①	②	③	④	⑤
13	①	②	③	④	⑤
14	①	②	③	④	⑤
15	①	②	③	④	⑤
16	①	②	③	④	⑤
17	①	②	③	④	⑤
18	①	②	③	④	⑤
19	①	②	③	④	⑤
20	①	②	③	④	⑤

언어비평검사 II (독해)

문번	1	2	3	4	5
1	①	②	③	④	⑤
2	①	②	③	④	⑤
3	①	②	③	④	⑤
4	①	②	③	④	⑤
5	①	②	③	④	⑤
6	①	②	③	④	⑤
7	①	②	③	④	⑤
8	①	②	③	④	⑤
9	①	②	③	④	⑤
10	①	②	③	④	⑤
11	①	②	③	④	⑤
12	①	②	③	④	⑤
13	①	②	③	④	⑤
14	①	②	③	④	⑤
15	①	②	③	④	⑤
16	①	②	③	④	⑤
17	①	②	③	④	⑤
18	①	②	③	④	⑤
19	①	②	③	④	⑤
20	①	②	③	④	⑤
21	①	②	③	④	⑤
22	①	②	③	④	⑤
23	①	②	③	④	⑤
24	①	②	③	④	⑤
25	①	②	③	④	⑤

교사장

성 명

수 험 번 호

⊖	⊖	⊖	⊖	⊖	⊖	⊖
①	①	①	①	①	①	①
②	②	②	②	②	②	②
③	③	③	③	③	③	③
④	④	④	④	④	④	④
⑤	⑤	⑤	⑤	⑤	⑤	⑤
⑥	⑥	⑥	⑥	⑥	⑥	⑥
⑦	⑦	⑦	⑦	⑦	⑦	⑦
⑧	⑧	⑧	⑧	⑧	⑧	⑧
⑨	⑨	⑨	⑨	⑨	⑨	⑨

감독위원 확인

(인)

ESAT 이랜드그룹 인적성검사 답안지

교시장

성명

수험번호

⓪	⓪	⓪	⓪	⓪	⓪	⓪
①	①	①	①	①	①	①
②	②	②	②	②	②	②
③	③	③	③	③	③	③
④	④	④	④	④	④	④
⑤	⑤	⑤	⑤	⑤	⑤	⑤
⑥	⑥	⑥	⑥	⑥	⑥	⑥
⑦	⑦	⑦	⑦	⑦	⑦	⑦
⑧	⑧	⑧	⑧	⑧	⑧	⑧
⑨	⑨	⑨	⑨	⑨	⑨	⑨

감독위원 확인

(인)

수리비평검사

문번	1	2	3	4	5
1	①	②	③	④	⑤
2	①	②	③	④	⑤
3	①	②	③	④	⑤
4	①	②	③	④	⑤
5	①	②	③	④	⑤
6	①	②	③	④	⑤
7	①	②	③	④	⑤
8	①	②	③	④	⑤
9	①	②	③	④	⑤
10	①	②	③	④	⑤
11	①	②	③	④	⑤
12	①	②	③	④	⑤
13	①	②	③	④	⑤
14	①	②	③	④	⑤
15	①	②	③	④	⑤
16	①	②	③	④	⑤
17	①	②	③	④	⑤
18	①	②	③	④	⑤
19	①	②	③	④	⑤
20	①	②	③	④	⑤

인적성검사

상황판단검사

문번	1	2	3	4	5
1	①	②	③	④	⑤
2	①	②	③	④	⑤
3	①	②	③	④	⑤
4	①	②	③	④	⑤
5	①	②	③	④	⑤
6	①	②	③	④	⑤
7	①	②	③	④	⑤
8	①	②	③	④	⑤
9	①	②	③	④	⑤
10	①	②	③	④	⑤
11	①	②	③	④	⑤
12	①	②	③	④	⑤
13	①	②	③	④	⑤
14	①	②	③	④	⑤
15	①	②	③	④	⑤
16	①	②	③	④	⑤
17	①	②	③	④	⑤
18	①	②	③	④	⑤
19	①	②	③	④	⑤
20	①	②	③	④	⑤

문번	1	2	3	4	5
21	①	②	③	④	⑤
22	①	②	③	④	⑤
23	①	②	③	④	⑤
24	①	②	③	④	⑤
25	①	②	③	④	⑤
26	①	②	③	④	⑤
27	①	②	③	④	⑤
28	①	②	③	④	⑤
29	①	②	③	④	⑤
30	①	②	③	④	⑤
31	①	②	③	④	⑤
32	①	②	③	④	⑤

ESAT 이랜드그룹 인적성검사 답안지

언어비평검사 I (언어추리)

문번	1	2	3	4	5
1	①	②	③	④	⑤
2	①	②	③	④	⑤
3	①	②	③	④	⑤
4	①	②	③	④	⑤
5	①	②	③	④	⑤
6	①	②	③	④	⑤
7	①	②	③	④	⑤
8	①	②	③	④	⑤
9	①	②	③	④	⑤
10	①	②	③	④	⑤
11	①	②	③	④	⑤
12	①	②	③	④	⑤
13	①	②	③	④	⑤
14	①	②	③	④	⑤
15	①	②	③	④	⑤
16	①	②	③	④	⑤
17	①	②	③	④	⑤
18	①	②	③	④	⑤
19	①	②	③	④	⑤
20	①	②	③	④	⑤

언어비평검사 II (독해)

문번	1	2	3	4	5
1	①	②	③	④	⑤
2	①	②	③	④	⑤
3	①	②	③	④	⑤
4	①	②	③	④	⑤
5	①	②	③	④	⑤
6	①	②	③	④	⑤
7	①	②	③	④	⑤
8	①	②	③	④	⑤
9	①	②	③	④	⑤
10	①	②	③	④	⑤
11	①	②	③	④	⑤
12	①	②	③	④	⑤
13	①	②	③	④	⑤
14	①	②	③	④	⑤
15	①	②	③	④	⑤
16	①	②	③	④	⑤
17	①	②	③	④	⑤
18	①	②	③	④	⑤
19	①	②	③	④	⑤
20	①	②	③	④	⑤
21	①	②	③	④	⑤
22	①	②	③	④	⑤
23	①	②	③	④	⑤
24	①	②	③	④	⑤
25	①	②	③	④	⑤

고사장

성 명

수 험 번 호

⓪	⓪	⓪	⓪	⓪	⓪	⓪
①	①	①	①	①	①	①
②	②	②	②	②	②	②
③	③	③	③	③	③	③
④	④	④	④	④	④	④
⑤	⑤	⑤	⑤	⑤	⑤	⑤
⑥	⑥	⑥	⑥	⑥	⑥	⑥
⑦	⑦	⑦	⑦	⑦	⑦	⑦
⑧	⑧	⑧	⑧	⑧	⑧	⑧
⑨	⑨	⑨	⑨	⑨	⑨	⑨

감독위원 확인

인

고사장

성 명

수 험 번 호

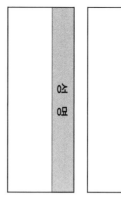

감독위원 확인

인

ESAT 이랜드그룹 인적성검사 답안지

수리비평검사

문번	1	2	3	4	5
1	①	②	③	④	⑤
2	①	②	③	④	⑤
3	①	②	③	④	⑤
4	①	②	③	④	⑤
5	①	②	③	④	⑤
6	①	②	③	④	⑤
7	①	②	③	④	⑤
8	①	②	③	④	⑤
9	①	②	③	④	⑤
10	①	②	③	④	⑤
11	①	②	③	④	⑤
12	①	②	③	④	⑤
13	①	②	③	④	⑤
14	①	②	③	④	⑤
15	①	②	③	④	⑤
16	①	②	③	④	⑤
17	①	②	③	④	⑤
18	①	②	③	④	⑤
19	①	②	③	④	⑤
20	①	②	③	④	⑤

상황판단검사

문번	1	2	3	4	5
1	①	②	③	④	⑤
2	①	②	③	④	⑤
3	①	②	③	④	⑤
4	①	②	③	④	⑤
5	①	②	③	④	⑤
6	①	②	③	④	⑤
7	①	②	③	④	⑤
8	①	②	③	④	⑤
9	①	②	③	④	⑤
10	①	②	③	④	⑤
11	①	②	③	④	⑤
12	①	②	③	④	⑤
13	①	②	③	④	⑤
14	①	②	③	④	⑤
15	①	②	③	④	⑤
16	①	②	③	④	⑤
17	①	②	③	④	⑤
18	①	②	③	④	⑤
19	①	②	③	④	⑤
20	①	②	③	④	⑤

인성검사

문번	1	2	3	4	5
21	①	②	③	④	⑤
22	①	②	③	④	⑤
23	①	②	③	④	⑤
24	①	②	③	④	⑤
25	①	②	③	④	⑤
26	①	②	③	④	⑤
27	①	②	③	④	⑤
28	①	②	③	④	⑤
29	①	②	③	④	⑤
30	①	②	③	④	⑤
31	①	②	③	④	⑤
32	①	②	③	④	⑤

ESAT 이랜드그룹 인적성검사 답안지

※ 절취선을 따라 분리하여 실제 시험과 같이 사용하면 더욱 효과적입니다.

언어비평검사 I (언어추리)

문번	1	2	3	4	5
1	①	②	③	④	⑤
2	①	②	③	④	⑤
3	①	②	③	④	⑤
4	①	②	③	④	⑤
5	①	②	③	④	⑤
6	①	②	③	④	⑤
7	①	②	③	④	⑤
8	①	②	③	④	⑤
9	①	②	③	④	⑤
10	①	②	③	④	⑤
11	①	②	③	④	⑤
12	①	②	③	④	⑤
13	①	②	③	④	⑤
14	①	②	③	④	⑤
15	①	②	③	④	⑤
16	①	②	③	④	⑤
17	①	②	③	④	⑤
18	①	②	③	④	⑤
19	①	②	③	④	⑤
20	①	②	③	④	⑤

언어비평검사 II (독해)

문번	1	2	3	4	5
1	①	②	③	④	⑤
2	①	②	③	④	⑤
3	①	②	③	④	⑤
4	①	②	③	④	⑤
5	①	②	③	④	⑤
6	①	②	③	④	⑤
7	①	②	③	④	⑤
8	①	②	③	④	⑤
9	①	②	③	④	⑤
10	①	②	③	④	⑤
11	①	②	③	④	⑤
12	①	②	③	④	⑤
13	①	②	③	④	⑤
14	①	②	③	④	⑤
15	①	②	③	④	⑤
16	①	②	③	④	⑤
17	①	②	③	④	⑤
18	①	②	③	④	⑤
19	①	②	③	④	⑤
20	①	②	③	④	⑤

문번	1	2	3	4	5
21	①	②	③	④	⑤
22	①	②	③	④	⑤
23	①	②	③	④	⑤
24	①	②	③	④	⑤
25	①	②	③	④	⑤

고사장

성 명

수 험 번 호

⓪	①	②	③	④	⑤	⑥	⑦	⑧	⑨
⓪	①	②	③	④	⑤	⑥	⑦	⑧	⑨
⓪	①	②	③	④	⑤	⑥	⑦	⑧	⑨
⓪	①	②	③	④	⑤	⑥	⑦	⑧	⑨
⓪	①	②	③	④	⑤	⑥	⑦	⑧	⑨
⓪	①	②	③	④	⑤	⑥	⑦	⑧	⑨
⓪	①	②	③	④	⑤	⑥	⑦	⑧	⑨

감독위원 확인

인

ESAT 이랜드그룹 인적성검사 답안지

고사장

성 명

수험번호

감독위원 확인

인

수리비평검사

문번	1	2	3	4	5
1	①	②	③	④	⑤
2	①	②	③	④	⑤
3	①	②	③	④	⑤
4	①	②	③	④	⑤
5	①	②	③	④	⑤
6	①	②	③	④	⑤
7	①	②	③	④	⑤
8	①	②	③	④	⑤
9	①	②	③	④	⑤
10	①	②	③	④	⑤
11	①	②	③	④	⑤
12	①	②	③	④	⑤
13	①	②	③	④	⑤
14	①	②	③	④	⑤
15	①	②	③	④	⑤
16	①	②	③	④	⑤
17	①	②	③	④	⑤
18	①	②	③	④	⑤
19	①	②	③	④	⑤
20	①	②	③	④	⑤

상황판단검사

문번	1	2	3	4	5
1	①	②	③	④	⑤
2	①	②	③	④	⑤
3	①	②	③	④	⑤
4	①	②	③	④	⑤
5	①	②	③	④	⑤
6	①	②	③	④	⑤
7	①	②	③	④	⑤
8	①	②	③	④	⑤
9	①	②	③	④	⑤
10	①	②	③	④	⑤
11	①	②	③	④	⑤
12	①	②	③	④	⑤
13	①	②	③	④	⑤
14	①	②	③	④	⑤
15	①	②	③	④	⑤
16	①	②	③	④	⑤
17	①	②	③	④	⑤
18	①	②	③	④	⑤
19	①	②	③	④	⑤
20	①	②	③	④	⑤

문번	1	2	3	4	5
21	①	②	③	④	⑤
22	①	②	③	④	⑤
23	①	②	③	④	⑤
24	①	②	③	④	⑤
25	①	②	③	④	⑤
26	①	②	③	④	⑤
27	①	②	③	④	⑤
28	①	②	③	④	⑤
29	①	②	③	④	⑤
30	①	②	③	④	⑤
31	①	②	③	④	⑤
32	①	②	③	④	⑤

2023 하반기 SD에듀 ESAT 이랜드그룹 인적성검사
7개년 기출 + 모의고사 5회 + 무료이랜드특강

개정8판1쇄 발행	2023년 08월 30일 (인쇄 2023년 07월 31일)
초 판 발 행	2019년 04월 05일 (인쇄 2019년 02월 26일)
발 행 인	박영일
책 임 편 집	이해욱
편 저	SDC(Sidae Data Center)
편 집 진 행	이근희 · 이종훈
표지디자인	김도연
편집디자인	김경원 · 장성복
발 행 처	(주)시대고시기획
출 판 등 록	제10-1521호
주 소	서울시 마포구 큰우물로 75 [도화동 538 성지 B/D] 9F
전 화	1600-3600
팩 스	02-701-8823
홈 페 이 지	www.sdedu.co.kr
I S B N	979-11-383-5576-6 (13320)
정 가	24,000원